全国电力行业“十四五”规划教材
高等教育电气与自动化类专业系列

中国电力教育协会
高校电气类专业精品教材

普通高等教育“十一五”国家级规划教材
PUTONG GAODENG JIAOYU SHIYIWU GUOJIAJI GUIHUA JIAOCAI

电力市场（第四版）

DIAN LI SHI CHANG

主　编　杜松怀
副主编　温步瀛　蒋传文　苏　娟
编　写　周兴华　杨明皓　卢凤君
主　审　张勇传　林荣文

中国电力出版社
CHINA ELECTRIC POWER PRESS

内 容 提 要

本书为全国电力行业“十四五”规划教材。

本书是为适应我国电力系统商业化运营对电力市场专业人才培养的需求而编写的。全书共十一章，主要内容包括电力市场的内涵及发展历程，电力市场研究的热点问题，电力系统市场化运营的经济学原理，电力市场结构及运营模式，电力市场中的电价，动态OPF与电力市场经济性能的研究，电力市场的负荷预测与电价预测，电力市场输电服务分析，电力市场辅助服务分析，电力市场中发电厂商的竞价策略，配电侧电力市场分析，电力市场技术支持系统等。

本书主要作为高等院校电气类、农业电气化与自动化、经济管理等专业的教材，也可作为从事电力系统规划、预测、调度、运行、管理等人员的参考书。

图书在版编目（CIP）数据

电力市场/杜松怀主编.—4版.—北京：中国电力出版社，2023.2（2023.11重印）
ISBN 978-7-5198-6844-4

Ⅰ.①电… Ⅱ.①杜… Ⅲ.①电力市场－高等学校－教材 Ⅳ.①F407.61

中国版本图书馆CIP数据核字（2022）第104151号

出版发行：中国电力出版社
地　　址：北京市东城区北京站西街19号（邮政编码100005）
网　　址：http://www.cepp.sgcc.com.cn
责任编辑：雷　锦（010-63412530）
责任校对：黄　蓓　朱丽芳
装帧设计：王红柳
责任印制：吴　迪

印　　刷：三河市航远印刷有限公司
版　　次：2004年3月第一版　2008年7月第三版　2023年2月第四版
印　　次：2023年11月北京第二十次印刷
开　　本：787毫米×1092毫米　16开本
印　　张：17.25
字　　数：428千字
定　　价：56.00元

序

从19世纪的蒸汽机技术，到20世纪的电力系统，再到20世纪末期至今的计算机、IT、空间技术和信息技术，每一次技术革命无不给人类社会带来发展和繁荣。电力系统是现代社会中最重要、最复杂的系统工程之一，长期以来实行垂直一体化的垄断经营模式。这种模式在规模化经济高速发展的年代是正确的，并已成功实施了一百多年。然而，随着电力技术的进步，由于市场规模和覆盖地域增长性的制约、新能源（尤其是高比例可再生能源）电力系统的快速发展、包含冷、热、电的多样性分布式能源系统的出现，以及电力系统供电能力的提高，逐步凸显出现代社会中能源垄断经营所带来的种种弊端。逐步引入竞争机制、提高电力系统的运营效率、发挥电价的杠杆作用，为国民经济发展提供优质、可靠和低成本的能源平台，已经成为我国当前电力市场改革迫切需要解决的重大战略问题。

20世纪90年代以来，世界各国掀起了电力市场改革的浪潮，基本思想为对垂直一体化经营的电力系统，不同程度地放松或解除管制、引入竞争，提高效率。改革的核心是将发电、输电、配电和用电的主要功能分解成在商业运营方面相互独立的实体，将电力、电量、输电服务、辅助服务等商品尽可能精确地在现货和远期市场表示为电价，将电力系统的各种操作或调控以经济尺度加以衡量，并在所有的市场参与者之间公平、公正地分摊相关成本和费用。

英国和美国是电力市场的开拓者，巴西、阿根廷、澳大利亚、新西兰、挪威（北欧），以及欧盟电力市场经过多年的运行，积累了丰富的实践经验。我国自1996年下半年开始，电力供需矛盾缓解而且基本平衡，结束了自20世纪70年代以来连续20多年的全国性缺电局面，基本满足了国民经济发展和人民生活对电力的需求。随着电力工业的迅速发展，装机容量不断快速增加，城乡电网建设和改造规模及质量显著提升，需求侧管理水平不断提高，源—网—荷协调发展及调度手段日趋丰富和完善，电力工业市场化运营的技术条件和政策环境日趋成熟。为此，我国于1998年开始“厂网分开、竞价上网”试点；2002年12月发布国发〔5〕号《电力体制改革方案》，正式启动初级电力市场建设；2015年3月，中共中央、国务院联合发布中发〔2015〕9号文件，明确提出了《关于进一步深化电力体制改革的若干意见》。由此，我国的电力市场改革已经从最初第一阶段“以省为实体”的试点探索，发展到第二阶段“以区域市场”为主的运营模式，再推进到了目前第三阶段的“零售和自由竞争”模式。

近年来，我国已经初步完成了电网公司、独立发电商、独立售电商、独立电力交易中心等市场主体的重构工作，并且正在全面梳理和改革电力调度机制、交易机制、运营机制以及利益分配机制，逐步实现从发电竞争、到趸售竞争、再到零售竞争的深度竞争电力市场运营模式。这种运营模式不仅为我国电力工业带来了巨大的发展机遇，也对传统电力系统在各个环节带来了巨大的冲击和挑战。电力市场是一门新兴的综合性学科，它不仅具有很强的理论性、实践性和发展性，有时还具有较强的时间性和政策指导性。我国的电力市场尚未成熟，仍处于不断完善的过程，在建设过程中必须结合中国实际并具有中国特色。

全面建设电力市场需要大量高级专门人才，高等院校在这方面有义不容辞的责任。在培养电力技术、计算机技术、网络技术、通信与自动化技术人才的同时，还要培养经济学和管理技术人才。从更高层面上看，还需要在电力市场总体规划、运营和监管方面，培养既懂电力技术，又懂经济管理的高级复合型专门人才。本书作者及团队，长期在高等学校从事电力系统教学科研及电力市场的研究，先后完成了区域电力市场综合改革方案、发电侧报价决策支持系统、电力市场经济补偿、省级电力市场电价机制、华北区域电力市场监管方法、电网企业效绩管理系统、配电侧电力市场研究等多项国家和省部级课题。本次修订工作，是在第三版内容的基础上，针对国家电力改革的新形势、新要求，结合电力市场课题研究成果及实际应用案例，对相关章节进行深入细致的修改、补充和完善。

值此本书出版之际，特向本书全体作者表示祝贺，同时希望再接再厉，不断汲取新的成果，勇于探索、不断创新，为我国的高等教育事业做出更大的贡献。

中国工程院院士 张勇传

前　言

本书作为普通高等教育“十一五”国家级规划教材、2007～2009年度电力行业精品教材、2020年中国电力教育协会电气类专业精品教材，受到了国内同行及师生们的普遍关注和好评。为了满足新电改对电力市场化技术和高级专门人才培养的需要，本书对原稿中的过时用语和一些内容进行了修正和调整。第一章重新对我国电力体制改革的历史进程、阶段性成果及最新进展进行了系统梳理和分类；第三章新增加了“世界主要电力市场ISO和PX设置情况”“世界主要电力市场建设情况”“我国电力市场的法律和政策保障”等内容；第六章增加了基于网格搜索的支持向量机短期负荷预测方法；第十章增加了新电改背景下售电公司的购售电途径与经营模式。

由于作者水平所限，书中难免有不妥或纰漏之处，恳请读者批评指正。

作　者

2022年12月

第一版前言

20世纪90年代以来，电力市场得到了快速的发展。进入21世纪的今天，中国电力工业迎来了打破垄断、引入竞争、提高效率的历史性改革机遇，同时也面临诸多技术、经济、管理等问题。解决这些问题是一项非常复杂的系统工程，需要因地制宜、积极稳妥、理论紧密联系实际的科学态度和科学方法。

电力市场是一门新兴的综合性学科，具有较强的工程性和政策性，这就决定了电力市场的许多理论和方法将随着改革的深入和运营模式的变化而不断发展和完善。本书作为普通高等教育“十五”规划教材，是为适应我国电力市场改革对人才培养的需要而编写的。教材的大部分内容直接来自作者近年来的科研和教学实践，同时在编写过程中参考了部分其他文献和技术资料，在此向有关作者表示感谢。

本书内容涵盖了发电竞争、趸售竞争和零售竞争的主要技术环节。第一章为绪论，介绍我国电力工业的改革历程、电力市场的内涵以及研究的热点与难点问题。第二章介绍电力工业市场化运营的经济学原理，包括资源有效配置、需求与供给、市场均衡与成本分析、市场结构分析、博弈论的应用、风险理论、政府与市场。第三章介绍电力市场结构及运营模式，包括电力工业重构产生的新实体及其应用组合，英国、美国、澳大利亚、挪威、瑞典等国的电力市场，我国电力市场的建设与实施模式。第四章介绍电力市场中的电价，包括制定电价的理论与方法以及实时电价理论。第五章介绍动态OPF与电力市场经济性能研究，定量分析松弛节点电压对整个系统的发电总成本、有功和无功网损以及平衡机组出力的影响。第六章介绍电力市场的负荷预测与电价预测，阐述负荷预测的方法及存在的问题，介绍现货电价预测的理论和基本方法，提出了电价灾变时刻灰色预测与灾变预警系统的设计理念。第七章介绍电力市场输电服务分析，阐述输电服务的基本概念及费用构成，详细介绍输电定价和网损分摊的常用方法。第八章介绍电力市场辅助服务分析，包括各种辅助服务的定义及定价方法。第九章介绍电力市场中发电厂商的竞价策略及优化算法。第十章介绍配电侧电力市场的相关技术问题，包括农村电力网与电力市场、DSM与IRP、省级电网企业效绩管理的系统分析与构建。第十一章介绍电力市场技术支持系统，包括电能量计量系统、EMS、报价处理系统、交易管理系统、合同管理系统、结算系统、即时信息系统、发电商竞价管理系统和数据网络系统。

本书由中国农业大学杜松怀博士担任主编，并编著第一章、第三～第七章、第十一章；第二章和第八章由福州大学温步瀛博士编著；第九章由上海交通大学蒋传文博士编著；第十章由中国农业大学杨明皓教授和卢凤君教授共同编著。全书由中国工程院院士张勇传教授主审，提出了许多宝贵意见，在此表示衷心的感谢。由于作者水平有限，书中难免有不妥或错误之处，恳请读者批评指正。

编　者

2003年12月

第二版前言

为贯彻落实教育部《关于进一步加强高等学校本科教学工作的若干意见》和《教育部关于以就业为导向深化高等职业教育改革的若干意见》的精神，加强教材建设，确保教材质量，中国电力教育协会组织制订了普通高等教育“十一五”教材规划。该规划强调适应不同层次、不同类型院校，满足学科发展和人才培养的需求，坚持专业基础课教材与教学急需的专业教材并重、新编与修订相结合。本书为修订教材。

在维持第一版教材内容及体系基本不变的基础上，本书进行了局部修改、补充和完善。在第三章，修订和完善了第三节英国电力市场的NETA模式和BETTA模式，并增加了第八节“电力市场改革的总体思考”；在第六章，增加了第四节“基于多因素小波分析的神经网络短期现货电价预测方法”及相应算例；在第七章第五节“输电服务中的网损分摊”中，增加了基于核仁理论的网损分摊方法及相应算例等。

中国农业大学博士研究生苏娟、北京中恒博瑞数字电力有限公司工程师周兴华参加了部分内容的修订工作，在此表示衷心的感谢。

由于作者水平有限，书中难免有不妥或错误之处，恳请读者批评指正。

作　者

2006年10月

第三版前言

本书的第一、二版出版后，受到同行们的普遍关注和好评，2007年7月被评为“电力行业精品教材”，8月被中国电力企业联合会列为“2007～2010年电力行业继续教育科目指南参考教材”。2008年初本书第三版被列为普通高等教育“十一五”国家级规划教材，因此修订出版。

本书在维持前两版教材内容及体系基本不变的基础上，进行了局部修改和完善，吸取了广大读者的宝贵建议和意见，更新了部分概念和内容，使之更适应各高校师生的教学需要。全书结构严谨、体系完整，在“本科—硕士—博士”三个不同层次的电力市场课程体系及教学过程中，立足于电力市场共性问题，详细分析了目前国内外较为成熟的理论与方法，充分体现了电力市场研究的热点、难点问题，并反映了当前电力系统经济运行和管理方面的最新科研成果。

本书第三版承蒙中国工程院院士张勇传教授及福州大学林荣文教授主审，提出了许多宝贵意见，在此表示衷心的感谢。

由于作者水平有限，书中难免有不妥或纰漏之处，恳请读者批评指正。

作　者

2008年5月

目 录

电力市场（第四版）
综合资源

第一章 绪 论

第一节 电力市场的内涵与基本概念

我国是世界上最早生产电力的国家之一，1882年就在上海南京路装机发电。从20世纪80年代开始，中国电力工业进入了高参数、大机组、高电压、大电网阶段。目前，我国电力系统形成了六个区域性电网（华北、东北、华东、华中、西北和南方电网）和一个由国家电网公司代管的省级电网——西藏自治区电网，实行中央、区域、省、地（市）、县的五级纵向调度体系，即国调（国家电力调度通信中心）、网调（区域电力调度通信中心）、省调、地调和县调中心，并将实现以三峡电站为核心，以北、中、南三大送电通道为主体，南北网间多点互联、纵向通道联系紧密、运行灵活的全国电网互联，实现大区甚至全国范围内的资源优化配置。

20世纪80年代以来，我国的电力体制改革不断推进和完善，为电力工业和国民经济的健康稳定发展做出了巨大贡献。我国从1992年引入电力市场概念，之后不断开展电力市场相关理论的研究和模拟电力市场的实践与探索。我国的电力体制改革，可以归纳为以下五个发展阶段。

（1）1985年至20世纪90年代初期，集资办电阶段。目的在于根除缺电和拉闸限电现象，解决最基本的电力短缺问题。

（2）20世纪90年代初至1997年，成立国家电力公司，探索和实行现代企业制度阶段。

（3）1998至2001年，撤销电力工业部，以省为单位进行“厂网分开、竞价上网”试点阶段。

（4）2002至2014年，中国初级电力市场正式启动与建设阶段。2002年，国务院发布《电力体制改革方案》并宣布成立国家电力监管委员会和11家公司。当时新成立的国家电力监管委员会（2013年并入国家能源局），负责市场统计、统一发布信息、组建监管信息系统，提出电价调整建议，监督电力生产标准，颁发、管理电力业务许可证，处理电力纠纷、监督社会服务政策的实施，电力监管机构审计，以及电力监管的国际比较研究。上述11家公司中，包括2家电网公司（国家电网公司、中国南方电网有限公司），5家发电公司（中国华能集团公司、中国大唐集团公司、中国华电集团公司、中国国电集团公司、中国电力投资集团公司），4家辅业集团公司（中国电力工程顾问集团公司、中国水电工程顾问集团公司、中国水利水电建设集团公司、中国葛洲坝集团公司）。

电价是电力市场的杠杆，是电力体制改革的重要组成部分，对于建立和培育电力市场、优化电力资源配置具有重要意义。2003年，国务院办公厅正式印发《电价改革方案》。该方案围绕《电力体制改革方案》文件精神，搭建了一套完整的电价改革框架，分别提出了电价改革的“长期目标”和“近期目标”。电价改革“长期目标”是在进一步改革电力体制的基础上，将电价划分为上网电价、输电价格、配电价格和终端销售电价，发电、售电价格由市场竞争形成，输电、配电价格由政府制定。电价改革“近期目标”是在厂网分开的基础上，建立与发电环节适度竞争相适应的上网电价机制，初步建立有利于促进电网健康发展的输配电价格机制，实现销售电价与上网电价联动；优化销售电价结构，具备条件的地区，在合理制定输配电价的基础上，试行较高电压等级或较大用电量的用户直接向发电企业购电。为了保证该电价改革方案的进一步落实，2004年国家发改委印发《关于建立煤电价格联动机制的意见》；2005年出台了《上网电价管理暂行办法》《输配电价管理暂行办法》《销售电价管理暂行办法》等三个配套管理办法。

2006至2013年，我国的电力市场改革在艰难的探索中前行。期间，先后出台了《关于“十一五”深化电力体制改革的实施意见》《关于加快推进电价改革的若干意见》《关于当前开展电力用户与发电企业直接交易有关事项的通知》等文件，对于实现“主辅分离”、发电侧竞争，以及大用户直购电等，起到了积极的推动作用。

2014年，国家发改委印发《关于深圳市开展输配电价改革试点的通知》，自此拉开了新一轮电力市场深化改革的序幕。

（5）2015年至今，深化电力体制改革阶段（俗称“新电改”）。2002年以来，经过十多年的建设和发展，我国基本形成了“厂网分开、竞价上网”的发电侧市场竞争局面，积累了丰富的实践经验，取得了显著的阶段性成果。但与此同时，电力行业的发展仍然存在诸多突出矛盾和深层次问题，主要表现在买方市场尚未真正形成、独立成熟的市场主体相对匮乏、市场理论及区域实践碎片化、电价缺乏经济导向信号等。为此，国务院于 2015 年 3 月颁布了《进一步深化电力体制改革的若干意见》，标志着新一轮电力市场改革正式开始。

“新电改”的改革目标是建立更加完善的电力市场机制，更加聚焦电力的充裕性、交易的公平性、市场的经济性和安全性以及能源的清洁性。其改革思路是延续、继承、巩固和发扬《电力体制改革方案》文件精神，适应新能源革命和法制社会的要求，厘清垄断环节和竞争性环节。其改革内容是：一是解决好竞争机制问题，做到“放开两头（发电侧和售电侧）、管住中间（输电环节）”；二是解决好供需关系问题，满足市场均衡，实现合约交易、直购电交易同步发展，逐步缩减计划电量比例，适度扩大市场电量空间；三是协调好“政府与市场”的关系，实现市场准入、过程监管、交易机构（组织实施和信息公开）三方之间的有效配合；四是在一批省市电力企业进行输配电价改革或综合改革试点，确保电力改革有序推进。

一、电力市场的定义与基本特征

市场是商品交易关系的总和。换句话说，市场是进行商品交易的场所，是商品交易的全过程。就经济学意义而言，市场由供给和需求两个基本要素构成，供求双方相互作用、相互协调，使市场趋于均衡。健康市场的共同特征应该是：价格随需求变化，价格变化影响需求量；买卖市场机制，买方或卖方无垄断行为。

我国电力市场的发展应循序渐进，稳步发展。按照电力市场发展的程度，可将其划分为初级电力市场和发达电力市场两大类。初级电力市场往往只限于发电侧竞争，输电、配电和用电仍将实行垄断经营。其基本内涵是，调度和交易中心将只采用那些生产成本或报价低于市场价格的发电商所提供的充足和可靠的电力，满足系统的负荷需求。显然，那种“只要建成发电厂，就要安排发电出力”的传统观念已经过时。从普遍性角度出发，本书定义的电力市场泛指成熟的、各环节解除或放松管制的、充分竞争的广义电力市场。

1. 电力市场的定义

狭义的电力市场一般是指发电市场、输配电市场、供电市场、用电市场、电建市场等。广义的电力市场，可以根据商品的市场属性和电力商品的特殊性加以说明，但目前还没有统一的定义。目前比较流行的几种定义如下：

（1）电力市场是采用法律、经济等手段，本着公平竞争、自愿互利的原则，对电力系统中发电、输电、供电、用电等各环节的成员，组织协调运行的管理机制和执行系统的总和。电力市场的管理机制是指，主要借助经济手段进行管理，不同于传统的行政管理机制。电力市场的执行系统包括贸易场所、计量系统、计算机系统、通信系统等。

（2）电力市场是电力买主和卖主相互作用，以决定其电价和电量的过程。

（3）电力市场是电网商业化运营的规范化的环境和场所。

（4）电力市场是电力供方和需方分别以利润最大化和成本最小化为目标，按照约定的规则并以输电网为媒介联系起来，通过自主竞争和经济合同的形式，进行电能交易的一种组织体系和电能配置方式。

2. 电力市场的基本特征

电力市场的基本特征是：开放性、竞争性、计划性和协调性。与传统垄断的电力系统相比，电力市场最大的特征是具有开放性和竞争性。与普通的商品市场相比，电力市场则具有计划性和协作性。

二、构成电力市场的要素

（1）市场主体。与其他商品市场一样，电力市场的市场主体也是由商品生产者、消费者、经营者和市场管理者组成。在传统电力系统中，用户始终处于被动的“负荷”地位，而在电力市场中，用户则具有一定的选择性和能动性。由于电力交易的需要，电力市场中的成员可以在供应者和用户两者之间转换角色。

（2）市场客体。普通商品市场的客体是指买卖双方交易的对象，即商品。电力市场的客体与市场本身的发达程度有关，主要包括电力（电量）、辅助服务或期权等。电力市场有别于其他商品市场之处，就在于电力生产、输送、消费必须同时完成，具有供需动态平衡的特殊性。这一特点是其他任何商品所不具备的。

（3）市场载体。普通商品市场的载体通常是指网点设施、仓储设施、运输设施、通信设施、交易场所等。电力市场的载体是“电网”。由于电网具有自然垄断的属性，常常由国家或其委托的公司统一管理，为了保证电力市场的公平和公正，电网必须对所有市场成员无条件地开放。

(4) 市场电价。电价是电力市场的核心和杠杆，是电力市场中传递供求变化最敏感的信号，也是体现管理思想的重要工具。与此同时，电价也有其自发性和盲目性的一面，政府管理部门应进行适度调控和监管，保证价格总水平基本稳定，维护公平竞争。研究电价的关键是电价形成机制和电价结构。

电价形成机制是指遵循价值规律和供需调节规律，由市场形成价格的定价机制。电价结构通常包括电价构成和电价体系两部分。电价构成包括市场成本、期间费用、利润和税金四部分。电价体系是指不同商品之间的比价关系和同种商品价格在不同流转环节的差价关系，以及它们之间的有机联系。电价体系可以经常变动，它在一定程度上是由国民经济的运动而引起的。

随着电力市场的成熟和完善，“电力商品”将不仅仅限于电力和电量，围绕电力平衡存在的各种服务也将成为商品，并在电力市场中大量交易。可见，电力市场中的电价问题更加突出和复杂，电价的多样性必然要求建立完整和可操作的电价监督和管理体系，必须研究和推出较为完善和可行的交易电价理论。

(5) 市场规则。电力市场应该具备各种详细的规则，譬如：市场进入规则、交易规则、竞争规则和运行规则。这些规则可以通过立法的形式完成，例如《中华人民共和国公司法》《中华人民共和国合同法》《中华人民共和国反不正当竞争法》《中华人民共和国电力法》等，并在适当的时候及时修订和完善。

(6) 市场监管。市场监管是指依靠行政组织、司法组织、经济组织、新闻媒体等，按照市场规则，对市场行为和市场运行过程进行监督的全过程。市场监管应该具备六项职能：预见职能、监督职能、判断职能、补救职能、仲裁职能和情报职能。

三、电力市场的总体目标

电力市场的总体目标是：打破垄断，引入竞争，提高效率，降低成本，健全电价机制，优化资源配置，促进电力发展，推进全国联网，构建政府监管下的政企分开、公平竞争、开放有序、健康发展的电力市场体系。

在电力市场改革的过程中，不同的市场成员或利益主体对改革目标的理解和界定也是不同的，这些目标之间常常出现矛盾。例如，政府的目标是保障资源优化配置和国民经济可持续性发展的宏观战略计划的制订和实施；电力公司的目标是利润最大化，并力图通过各种手段保持在市场竞争中的有利地位；股东的目标是获得较高的投资回报；企业员工的目标是工作有保障、高收入和自身价值的实现；消费者的目标是能购买到价格低廉、安全、稳定、可靠的电力，同时能够获得优质服务；燃料供应商的目标是保证其能源供应市场的份额和相关投资；环境保护组织的目标是控制电力企业造成的环境污染，保持生态平衡；电力监管机构的目标是通过竞争实现最优选择和市场均衡，通过监管实现整体利益和价值的最大化。

在电力市场的不同阶段，必须明确改革的主要目标和次要目标。在任何时期，都必须首先保证电力系统的安全、可靠和稳定运行。在初期的电力市场中，应更多地关注电力投资和融资，以适当超前国民经济发展速度的思路建设各类电厂，扩大发电规模，加强电网和基础设施建设，构建先进、实用的电力市场技术支持系统。在成熟和比较发达的电力市场中，买方市场的格局已经形成，发电侧和零售侧市场的参与者为数众多，市场力受到监督、制约和控制，改革的焦点应该集中在提高竞争力度、降低电价和成本、提高电力系统运行和交易市场运营的效率和效益，为国民经济的发展提供一个可靠的、低成本的能源供应平台。

四、实施电力市场的必然性

实施电力市场的关键在于打破垄断、引入竞争。垄断带来的弊端可以归纳为：排斥竞争，使消费者利益集体受损；垄断市场，剥夺消费者的知情权和选择权；通过非正当提价而非提高效率的方法改善企业收益；企业惰性增加，对新技术的敏感性逐渐丧失；管理水平低下，竞争意识和竞争力明显下降。

改革开放以来，我国电力工业发展迅速，有力地支持了国民经济的快速发展。但是，发电、输电、配电实行一体化垄断经营的旧的电力体制，越来越不适应社会主义市场经济体制的要求，由此引发的社会不公问题日益突出。其主要表现为：电力行业三高两低现象（即成本高、价格高、群体收入高，服务质量低和经营效率低）突出；高耗能企业和独立发电厂（IPPs，目前已经占到全国装机总容量的近50%）呼唤竞争机制；省间经济壁垒严重干扰资源优化配置，造成社会浪费并增大了环境污染程度。同时，中国加入WTO、步入全球经济一体化，也要求电力工业进行市场化运作。

另一方面，从理论上说，电力是商品，本身具有价值和使用价值，这种商品理应进入竞争的行列。计划经济体制下的垂直一体化垄断经营模式，导致政企不分和政府直接干预，电力企业毫无市场主体地位而逐渐失去活力。据调查，由行政权力限制竞争者进入市场所产生的行政性垄断现象最为突出。我国垄断体制下的电力项目，是先指定还贷年限和投资回报率，反过来测算需要的电价，并要求政府给予利益上的某些承诺。电价不是由市场形成，而是由企业操纵；企业不是主动参与竞争来提高效益，而是简单地依靠附加电费的方法获取利润。因此常有这样的报道："某县农网改造后线损下降，电价却上升：有的竟高达 5 元/(kW·h)"。此外，电力项目过度采用先进设备、随意组团出国考察、提前投资等乱花钱现象屡见不鲜。

根据党中央、国务院对垄断行业进行改革的总体部署，国务院于 2002 年 3 月正式批准了我国的《电力体制改革方案》，电力市场改革势在必行。当前，我国打破电力垄断具有很多有利因素，它们将成为推动电力改革的原动力。这些因素包括以下几点。

（1）改革目标明确。在进入 WTO 的背景下，为各行业提供一个可靠的、低成本的平台。

（2）技术进步。电力调度技术日臻完善，灵活交流输电（FACTS）和超高压直流输电技术使电力关口的通关能力、控制能力和交易灵活性大为提高；电源建设和电网建设的加强，将有力地缓解输电拥堵现象，降低阻塞管理的成本。

（3）能源多样性促进竞争。能源的多样性（如太阳能、天然气等分布式发电技术）给消费者带来更多选择，导致电力供应和销售竞争加剧，有助于改善服务，提高竞争质量。

（4）电力买方市场正在形成。电力供需矛盾的缓解将使电力生产从以产定销转向以销定产。随着国家对电源建设规划的调整和长期发展策略的确定，我国的电力市场将按照预先设计的方案快速发展，必将完成由卖方市场向买方市场的转变。

（5）有现成的市场模式可以借鉴。世界各国多年的实践，为我国提供了多种可供借鉴的电力市场模式，如美国加州、PJM 和 NEPOOL 电力市场模式、英国电力库（Power Pool）模式等，可使改革免走或少走弯路。

（6）巨大的经济效益和社会效益。其主要体现在如下方面。

1）提供低成本的平台。电价降低或维持在其合理范围内，将使全行业的生产成本和服务成本显著下降，提高国内产品的竞争力，推动国民经济健康稳定发展。

2）服务质量提高，投诉减少。

3）有利于综合资源规划和需求侧管理的实施。

4）有利于吸引国内外投资，增加有效投入。

5）有利于电力调度从行政命令型向自愿联合型发展。

6）市场收益巨大。假设全国年度发电总量的 15%参与现货市场，85%参与远期市场或期货市场，则每年的交易额和交易效益将非常庞大。

第二节　电力市场的基本原则

一、"公平、公正、公开"的市场原则

电力市场是一项复杂的系统工程，也是一种开放性、综合性和发展性的学科。其开放性是指世界各国共同面临的课题，综合性是指科技、经济、政治、社会的融合体，发展性是指电力市场理论的不断完善和补充。电力市场的改革必须周密设计、稳步推进。从宏观的角度看，电力市场的基本原则与其他商品市场相同，都应遵循"公平、公正、公开"，即所谓的"三公"原则。

"公平"是指对所有参与者一视同仁，没有歧视和特殊保护。例如，对发电厂实行竞价上网，竞争前机会均等，竞争结果令各方满意；对用户按真实成本收费，减少交叉补贴。"公正"是指市场规则，如合理的定价机制、竞争规则和监管法规（裁判时无偏向）等。"公开"是指对市场交易必要信息的公开，如生产成本、定价标准（如上网和下网电价、网络收费）、网络拥堵、计量、计划变更等。这样在电力市场下，发电商可以根据上网电价，确定和调整自己的报价策略，随时了解自己的运行经济状况；用户可以依据零售电价制定最优用电计划、调整用电结构。通过电价杠杆，由电力市场将供电和用电双方紧密联系起来，各自选择理想的贸易方式，实现经济互动和具有电价弹性的电力调度和市场均衡模式。

在某种意义上，公平原则必然要求一定的公开性。同时，要想实现真正的"三公"，必须有严格的监管

体系作保障，并要具体做到以下几点：

(1) 开放电网。如果不在输配电环节引入竞争和开放电网，发电侧竞争产生的效益就不可能流畅地传递到最终用户，电力市场改革的最终目标也就根本无法实现。

(2) 扩大供需双方自由选择交易对象和交易数量的权力。

(3) 完善法律和监管体系。

(4) 净化竞争环境，规范竞争行为。市场竞争的结果，取决于竞争环境和竞争机制的完善程度。“净化竞争环境，规范竞争行为”应当成为所有市场参与者自觉的行动。否则可以想象得到，仅靠仲裁、打官司解决纠纷的市场，其改革必定不能成功。在这方面，惩罚的作用有时会远远大于“奖励”的作用，这点应该引起管理者的足够重视。

二、电力市场的平等竞争

“三公”原则更多地体现在电力市场是否能够做到平等竞争。对发电商而言，他们最关心的是发电计划和上网电价（即电力交易中心的购买价格）。在美国，独立发电运营商（IPP）通过和约形式确定发电计划和结算方法。发电商与电力公司、电力公司与电力公司之间签订贸易合同，明确规定发电计划、结算电价、计量关口位置及违约处罚办法。在英国，既有实时交易，也有长期和约交易。最著名的要属英国的Power Pool强制型电力库模式，它已成为当今许多国家的现货市场的典型参考运营模式。在电力库中，交易中心起着核心的作用，它购买所有参与电力库贸易的发电商的电量，然后卖给地区供电公司和大用户。随着电力市场改革的深入，“大用户”的概念逐渐消失，市场对所有用户原则上均一视同仁。

事实上，用户与其他市场成员之间的利益通过电网紧密相连。大多数情况下，其利益走向是一致的。促进消费、扩大内需始终是电力工业发展的前提和动力，电力市场应围绕这一主题展开工作，并力求做到用户间的平等。具体操作时，应按用户的实际供电成本收费；对不同种类的用户合理分摊成本，减少交叉补贴。在设计电价时，应考虑区分电压等级和负荷率；制定无功电价和可靠性电价，实行可中断电价，开办“电力可靠险”等新险种；采用丰、枯电价和峰谷电价，最终过渡到实时电价；逐步扩大用户自由选择的权利。在理想的自由竞争的电力市场中，供方和用户有自由选择对方的权利。但是在实际的电力市场中，由于电力商品的特殊性，很难“完全满足”这种自由选择的要求。由于受系统潮流和安全约束的限制，必须将经济合同与电力平衡实行统一调度、统一管理。

三、我国实施电力市场的总体思路如下。

根据发达国家电力市场的经验和教训，我国实施电力市场改革的总体思路如下。

(1) 可持续性发展，调整电力结构。以市场为导向、以经济效益为中心、以科技进步为动力、以实现资源优化配置和可持续发展为目标，加快电网建设和全国联网步伐，从速度型转到效益型；发展水电和核电，调整电力生产结构，实现可持续性发展。

(2) 依靠科技进步。采用超临界参数机组、联合循环机组、燃料电池等新的发电技术，提高化石能转化为电能的效率，采用新技术、新设备提高电能在终端市场的利用效率，实施洁净煤发电、大区电网互联、节能节电、开发新能源和电力信息化等跨世纪科技工程。

(3) 深化企业体制改革，逐步实现公司化改组、商业化运营及法制化管理。

(4) 坚持“四步走”的改革方针。第一步，成立国家电力公司，撤销电力工业部，完成体制过渡和职能交接。第二步，实现政企分开和公司化改组，加强城乡电网建设，实施“厂网分开、竞价上网”试点。第三步，2001～2010年，重组国家电力公司，完成跨大区联网，形成全国联合电网和统一调度，全面实行“厂网分开、竞价上网”，在全国范围内实现资源优化配置。第四步，2010年以后，逐步将发、输、配、售各环节分开，逐步将电力交易与电力调度的职能分开，建立规范有序的电力市场，全面引入竞争机制。

第三节 电力市场研究的热点与难点

电力市场给传统电力工业带来了巨大冲击。从宏观上看，需要打破垄断、放松管制，建立现代企业制度；需要建立全新的交易模式及公平的电价和分配机制；需要完善的技术支持系统和监管体系。从微观上看，需要解决发、输、配电和用电各环节的软硬件技术问题，其热点和难点问题有电力市场技术支持系统，能量管理系统扩展，优化潮流技术，输电服务与辅助服务定价，信息管理和电子商务，可中断负荷管理、需求侧管理与综合资源规划；电力市场的调度模式与交易模式，需求预测与系统规划、电价预测与灾变预警，电力市场经济性能分析与风险管理，竞争力与市场力，电力市场指标偏离之经济补偿，配电侧电力市场实施方案等。

在一个完整的电力市场中，应根据主次和优先次序，统筹解决好电力市场在理论和实践中存在的关键技术问题。

一、电力市场技术支持系统

在电力市场环境下，电网运营管理机构应当成为电网安全经济运行的调度中心、结算中心、经营中心和信息发布中心。因此，一套完整的电力市场技术支持系统应当包括 EMS 系统、电能计量系统、负荷和电价预报系统、自适应性评估管理系统、合同管理系统、期货交易管理系统、调度决策支持系统、即时信息系统、结算系统、发电公司竞价管理系统、配电公司及大用户数据申报系统等。

电力市场技术支持系统的复杂程度取决于电力市场的运营模式：买电型运营模式比较简单，批发型运营模式次之，零售型运营模式最为复杂。选择什么样的技术支持系统，应当与电力市场的模式相适应，必须在考虑扩展性的同时，与电力市场的发展保持同步。

二、电力市场中 EMS 系统的扩展

EMS 系统除包括数据采集与监视系统、负荷预测、发电与输电计划、自动发电控制、在线经济调度、网络状态估计、预想事故与潮流分析、开断计划等传统内容外，还应包括实时电价计算、最大输电能力计算、输电路径优化、输电费用计算、输电服务预调度和实时调度等内容。因此，要在改造原有应用软件的基础上，不断开发新的应用软件。

三、电力市场下 OPF 面临的挑战

最优潮流描述的问题是，在满足系统和物理约束的条件下，对目标函数寻求最优解，通过调节控制变量使目标函数值达到最小，同时满足系统对控制变量、状态变量及函数变量的运行限制。换言之，OPF 的计算目的是优化电力系统的静态运行条件。

20 世纪 90 年代，世界范围的电力市场改革把经济性提到了一个新的高度，给 OPF 的研究带来了许多新的挑战，如节点实时电价计算、输电服务定价、辅助服务定价、系统传输容量计算等，同时也对算法本身提出了更高的要求。这些挑战突出表现在如下方面。

电力系统规划：应尽量减少非线性、非灵活性等因素的影响，实现考虑电力市场交易因素的电压、无功规划及弹性需求预测。

电力市场：透明性、价格竞争、输电开放、分类定价。

功能扩展：传输容量评估、输电生产模拟、电容布点、输电服务定价。

在线应用：鲁棒性、再调度、离散控制、软件兼容性。

四、电力市场结构及运营模式

电力工业放松管制后出现了许多全新的实体。这些实体包括：发电商、发电经纪商、电力交易中心、系统操作员、辅助服务供应商、电网拥有者、计划协调者、配电商和零售商。研究和确定这些实体的功能及其组合，以及相应的市场结构和交易模式，是电力市场成功运营的前提。

电力市场不存在特定的“标准模式”，适合本国国情的市场结构和监管体系才是电力市场健康、稳定发展的关键。在我国，如何在分层分区的市场结构框架下，同步建设跨区和省级电力市场，建立远期市场、期货市场、现货市场及平衡市场，成立电力交易中心（PX）和国家电网公司（NGC）一体化的电力系统调度员（SO），研究基于电子商务的调度运营模式，避免市场崩溃等，也一直是人们研究的热门话题之一。

五、动态 OPF 与电力市场经济性能研究

在竞争性的电力市场中，调度的目标函数通常有两种：一是系统的运行总成本最低，另一个是根据交易和竞价要求，使整个电力市场的购电费用最少。OPF 是研究电力市场经济运行、安全和经济调度的最重要的工具之一，用它可进行有功无功一体化定价、可用传输容量（ATC）和发电容量计算、拥堵管理及交易匹配等。更重要的是，在市场机制下用 OPF 寻求发电总成本最低或购电费用最少的运行方案，已经成为电力交易中心和电力公司追求的主要目标。因此，研究影响最优潮流优化结果和电力市场经济性能的因素，从中找出提高运营效率和经济效益的规律和方法，将是非常重要的。

分析表明，在众多运行因素中，松弛节点的位置及该节点电压的幅值对优化结果有直接的影响。这就产生一个新的思想：在网络拓扑和系统负荷确定的情况下，同时运用常规潮流（如BX型潮流程序）和OPF潮流程序，通过调整松弛节点（$V\theta$ 节点）的电压，研究它们对优化结果和电力市场经济性能的影响。具体措施是，在具有功率调节能力的发电机组间，合理分摊每次迭代过程中产生的不平衡功率，使每台有调节能力的机组均参与不平衡功率的分配和调整，既能提高OPF解的合理性，又能保证OPF的快速收敛。研究内容包括：松弛节点电压对优化程序收敛性能的影响，对发电总成本的影响，对有功网损的影响，对无功网损的影响，以及地处松弛节点的平衡机组的有功、无功出力的变化规律。

六、发电成本分析与机组出力优化调度

通过对动态OPF及电力市场经济性能的研究就会发现，调节松弛节点电压会不同程度地改变各发电机节点的有功和无功出力。对发电商而言，增加无功出力势必影响其有功出力和提供有功备用的能力和效益，从而直接影响本厂的效益和竞争质量。

在发电侧开放的电力市场中，如何核算发电厂的无功生产成本，如何在有功总负荷一定时，在各个机组间合理分配有功和无功出力、制定全厂的优化运行方案，已经成为当前发电商十分关心的重要问题。

七、电力市场的负荷预测与电价预测

1. 负荷预测

在放松管制的电力市场中，负荷预测和电价预测是进行优化决策的基础。电价预测的精度直接影响交易的收益和风险。因此，市场参与者急需一种有效的电价预测和电价灾变预警工具。借助这种工具，发电商可以进行策略报价，获得更多的利润；电厂投资者可以正确选址和评估盈利状况；用户则可确定合理的购电量和购电时段，降低自己的生产成本。

电力市场对负荷预测精度要求很高，它关系到发电计划的质量以及交易调整量的大小。也就是说，负荷预测精度对电价和电费会产生较大影响。负荷预测值过高将导致整个市场电价抬升；负荷预测值过低，则会有大量的非平衡电量进入实时电力市场（平衡市场）和辅助服务市场，而这两个市场的价格往往远高于日交易市场，从而带来了较高的价格风险。

2. 电价预测

多年来，人们找到了许多有效的负荷预测方法。然而，这些方法并不像人们想象的那样能够轻易地预测电力市场中的电价。虽然电价曲线与负荷曲线在时间变化上基本一致，但与后者相比，电价变化不具备增长性，而且受更多非确定性因素（如供需变化、燃料价格波动、元件开断、网络阻塞、市场力等）的影响。这些非确定性因素很难检测和量化，更无法直接纳入电价预测模型。因此，预测电价要比预测负荷困难得多。

3. 电价灾变时刻预测与灾变预警

电价平稳的电力市场能够优化竞争环境，促进社会发展，提高全社会的经济效益和社会效益。相反，电价的剧烈波动甚至经常“灾变”则会带来巨大危害。电价的剧烈变化即灾变，通常仅出现在现货市场中而且常常出乎人们的预料。其特点是，电价数值很高但持续时间较短。

电价一旦灾变，其数值往往上升到正常值的十几到几十倍，对整个电力市场将带来严重的不良影响。如何准确预测未来电价高峰或电价灾变发生的时刻，如何协调电力市场的主要软件、设计完整的电价预测及电价灾变预警系统，是电力市场运营机制是否完善的一个重要特征。

八、输电服务分析与定价

输电服务始终是电力市场中最热门的研究课题之一。西方许多国家的电力市场已在很大程度上解除了管制，实现了发、输、配和零售电力的分离。我国目前虽未做到这一点，但趋势是将输电服务从发电和配电中剥离，实行独立定价。因此，研究与输电服务密切相关的技术问题，如输电成本和网损分摊，具有非常重要的意义。

九、辅助服务分析与定价

辅助服务是指为保证电能质量和电力系统安全而采取的任何辅助措施，它是我国电力市场改革必须全面考虑和解决的一个重要方面。电力市场越发达，存在的辅助服务项目也就越多，交易品种也越丰富。目前，比较常见而且容易量化的辅助服务项目有：调峰，调频，无功和黑启动。辅助服务的价格与电能的价格一起，构成了电力市场价格体系的基础。与电能价格的研究相比，对辅助服务定价的研究起步较晚，而且仍未形成具有完善理论基础、系统性和操作性很强的技术体系。造成辅助服务的理论与实践环节经常脱

节的因素很多，而且十分复杂。在实际中，大多只能通过简化条件和操作过程等办法满足工程的需要。

在垂直一体化运营的电力系统中，通常都是采用最为简单的办法解决辅助服务的价格和收费问题。最常见的方法是，将年度总额固定的各项辅助服务费用，平均分摊到每个交易时段进行处理和结算。目前，我国有不少模拟电力市场和初级电力市场，其决策者和设计者虽然考虑了对辅助服务的奖惩，但仍十分粗糙。对于未来不同电力市场模式下辅助服务的内涵、定价理论、交易模式等，仍需进行深入细致的研究和验证。

习题与思考题

1. 试阐述电力技术、市场理论、计算机技术、自动控制理论在电力市场运营中的作用？
2. 试解释电力市场的概念与内涵。
3. 试简述电力市场研究的热点与难点问题。
4. 试分析我国实施电力市场的必然性。

第二章　电力工业市场化运营的经济学原理

第一节　能源、资源及其有效配置

一、能源与资源

能源是重要的物质资源，它与电力生产息息相关。能源按其来源不同可以分为四类。第一类能源来自太阳能。除了直接的太阳辐射能量之外，煤、石油、天然气等石化燃料，以及生物质能、水能、风能、海洋能等资源均间接来自太阳能。第二类能源是以热能形式储藏于地球内部的地热能，如地下热水、地下蒸气、干热岩体等。第三类能源是地球上的铀、钍等核裂变资源和氘、氚、锂等核聚变资源。第四类能源是月球、太阳等星体对地球的引力为主所产生的能量，如月球引力为主产生的潮汐能。

能源可按其使用情况进行分类，详细情况见表 2-1。凡可直接从自然界取得而不改变其基本形态的能源称为一次能源。由一次能源经过加工或转换，成为另一种形态的能源称为二次能源。在一定历史时期和科学技术水平下，已被人们广泛应用的能源，称为常规能源。那些虽然古老，但采用新的、先进的科学技术而被广泛应用的能源称为新能源。凡在自然界中可以不断再生并有规律地得到补充的能源，称为可再生能源。经过亿万年形成的，在短期内无法恢复的能源称为非可再生能源。

表 2-1　　能源种类与分类

能　源	一次能源	常规能源	可再生能源：水力
			非可再生能源：煤、石油、天然气、核裂变
		新能源	可再生能源：太阳能、风能、生物质能、海洋能、地热能
			非可再生能源：核聚变材料
	二次能源	电力、焦炭、煤气、汽油、煤油、柴油、重油、沼气、蒸汽、热水	

社会生产力的发展，主要依靠科学技术现代化和有效能源投入的增加。尽管能源资源的范围随着科学技术的发展而不断扩大，但有些重要的非再生能源，如煤炭、石油、天然气等，由于在工农业生产和人民生活中大量使用，既作原料又作燃料，资源相当紧缺。因此，如何优化资源配置、提高能源的利用率，对人类的生存繁衍和国民经济的发展具有十分重要的意义。

二、资源稀缺性及其有效配置

人类生存最基本的条件，是满足自身生存的需要。人类的需要是多种多样的，但总的来说可以归纳为两类：一类是由人的生理本性或所处的自然地理环境而产生的需要，具体地说就是吃、穿、住、用、行等的需要。另一类是由社会决定的或历史条件形成的需要，这种需要由人所生活的社会环境提出来，并根据人们所处的社会历史条件的变化而改变其结构、扩大其规模。如人类取暖就经历了燃料烤火、电暖炉直至今日的空调器。人类需要所呈现出的，不断由低级向高级发展，并不断扩充其规模的这种趋向，就是所谓的需求无限性。

在任何时期或地区，相对于经济主体消费尽可能多的商品和服务的愿望，资源总是稀缺的，人们的愿望总是超过实际的生产能力。换句话说，每一种经济都会面临资源稀缺的问题。在资源稀缺性这一前提下，经济学研究的一个基本问题就是资源配置（Resources allocation）问题。我们说一种资源配置是有效的，是指不可能增加一种商品的生产而不从另一种商品的生产中抽取资源，从而减少另一种商品的产量。

以市场调节为手段，实现资源配置的经济体制称为市场经济。在市场经济体制下，价格机制起着中心调节的作用，国家辅之以宏观干预和调控，资源根据市场价格信号的变化，在各部门间自由转移。总的来说，资源会从价格较低的部门向价格较高的部门转移，这样就实现了资源从经济效益较低的部门向经济效益较高的部门的转移，从而实现了资源的有效配置。

三、电力资源的有效配置

电能是由一次能源转换而成的二次能源，也可以很方便地转换为其他形式的能源。用电能代替其他能源，可以提高能源的利用效率。例如，用电动机代替柴油机可节能50%左右。电能适宜于大量生产和远距离输送，使用方便、洁净、经济。生活用电是衡量人类文明的重要标志之一。

研究电力市场中资源优化配置的效果，就是以电力交易为对象，研究货币或资金在市场成员之间的流动情况。作为社会主义市场经济的基本特征，市场在资源配置中起着基础性的作用，这也是建立电力市场机制的前提。只有当电力市场的交易成本很高时，企业和政府才能替代市场完成资源配置的任务。当然，纯粹按照价格机制来组织生产也会带来一些显性成本，如价格搜索、交易谈判及签订合约的成本。

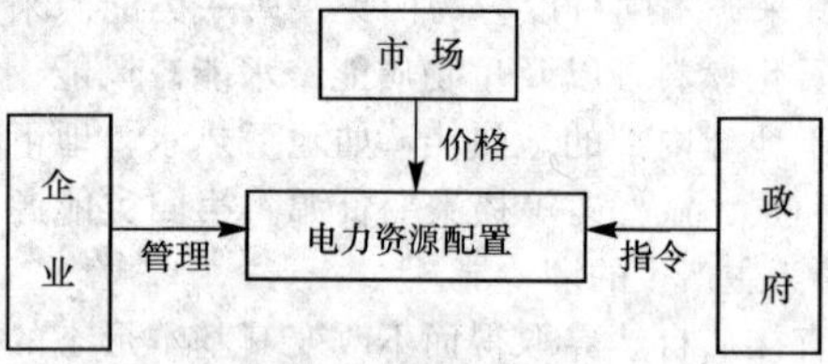

图 2-1　电力资源配置的三种作用力

图 2-1 示出了电力资源配置的三种作用力：市场、企业和政府。在资源配置的过程中，这三者将在不同环境和不同时期发挥作用。首先，市场价格对资源配置起着决定性的作用。对电厂选址而言，如何安排建厂位置，使其既满足用电需求，又能降低社会总成本，是实现资源优化配置的重要标志。其次，市场配置资源的过程，也就是竞争机制、组织制度、政策法规和管理机制等综合发挥作用的过程。最后，由于电力能源的重要性，国家必须从能源战略的高度对其进行适度的宏观调控和监管。例如，“西电东送”就是通过政府对电力市场、产业布局和结构调整进行的全面优化和排序。

由此可见，引入竞争机制、实现电力商品化，可以最大限度地满足日益增长的工农业生产和人民生活的需求，是实现资源有效配置的关键和核心。

第二节　需求与供给

经济学大致可分为微观经济学和宏观经济学两大部分。宏观经济分析是以整个国民经济的活动作为研究对象，分析一个国家的国民生产总值和国民收入的变动及其与社会就业、经济周期波动、通货膨胀、经济增长、财政和金融等之间的关系。微观经济分析是宏观经济分析的前提。它采取个量分析方法，分析单个经济单位（例如单个企业、单个消费者）的经济活动，单个市场的价格和供求变动等。

微观经济学研究的是微观或“小型”经济单位的经济行为，它是众多经济学课程中最基本和极为重要的一门学科。在现代化生产条件下，社会经济运行首先表现为微观经济运行。因此在对国民经济活动进行考察，或对社会总供给、总需求和一般物价水平进行分析时，应当首先了解单个商品的供给、需求与价格之间的关系。对企业而言，消费者对其产品的需求量是该企业获利的决定性因素，从而需求预测也就成了企业制定长期规划的关键。要想得到准确的预测信息，必须掌握与之密切相关的基本知识。

一、需求、需求量和需求曲线

需求（Demand）是指消费者在某一特定时期内，在每一价格水平上愿意并且能够购买的商品数量。经济分析中所指的需求为有效需求，它是购买欲望和购买能力的统一体。仅有购买欲望，但无购买能力，不能形成对商品的真正需求；虽有购买力，但没有购买欲望，也不能形成对商品的真正需求。

就对象而言，需求可分为个人需求和社会需求（市场需求）。就满足程度而言，需求可分为直接需求和派生需求，如对空调机的需求增加，就会导致对压缩机、制冷剂及电力需求的增加。

影响需求的因素很多，主要有商品自身的价格、相关商品的价格、消费者的收入水平、消费者爱好或偏好、消费者对未来的预期、社会人口状况等。如果把影响需求的各种因素作为自变量，把需求作为因变量，则可以用函数表示影响需求的因素与需求之间的关系，这种函数称为需求函数。以 Q_d 代表需求，x_1，$x_2,\cdots,x_n$ 代表影响需求的因素，则需求函数可表示为

$$Q_d = D(x_1, x_2, \cdots, x_n) \tag{2-1}$$

式（2-1）表示的一般需求函数只是列出了许多影响需求的变量，而用于需求预测的需求函数则必须是明确的。也就是说，需求量与每个自变量的关系必须具体和明确。例如，已知某国彩电市场的需求函数为

$$Q_d = a_1x_1 + a_2x_2 + a_3x_3 + a_4x_4 \tag{2-2}$$

式（2-2）表明，彩电在某年内的需求量 Q_d 是彩电平均价格 x_1、人均可支配收入 x_2、居民户数 x_3、广告费用 x_4 的线性函数。a_1，a_2，a_3，a_4 称为需求量函数的参数。假定这些参数为已知，则由需求函数能准确地预测彩电的需求量。例如

$$Q_d = -200x_1 + 100x_2 + 0.3x_3 + 0.05x_4 \tag{2-3}$$

式（2-3）表明，若彩电平均价格每提高 1 美元，彩电需求量将减少 200 台；人均可支配收入每增长 1 美元，需求量将增长 100 台；居民户数每增加 1 户，需求量将增长 0.3 台；广告费用每增长 1 美元，需求量将增长 0.05 台。

如果只考虑需求量与价格之间的关系，把商品本身的价格作为影响需求的唯一因素，以 P 代表价格，则需求函数可以简化为

$$Q_d = D(P) \tag{2-4}$$

需求曲线如图 2-2 所示，横轴 Q_d 代表需求量，纵轴 P 代表价格。需求曲线一般向右下方倾斜，它表明需求量随商品本身价格的上升而减少，随商品本身价格的下降而增加。这一理论被称为需求定理。

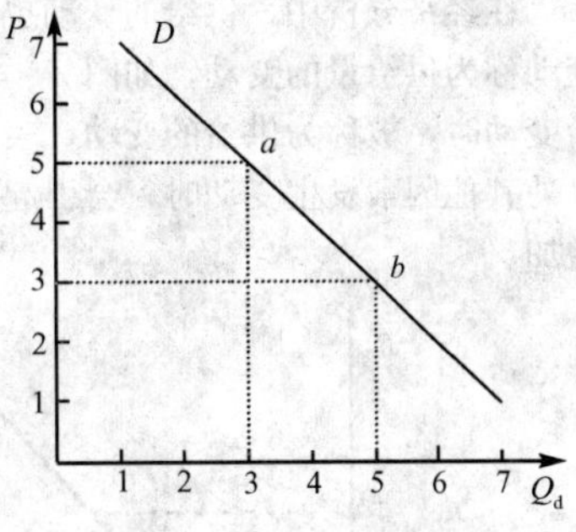

图 2-2　需求曲线

有些商品的情况与需求定理不一致，例如炫耀性商品与吉芬商品。炫耀性商品指显示人们身份地位的商品，如首饰、豪华轿车等商品。这种商品以高价显示主人的特殊身份和社会地位，往往在价格下降时需求减少。吉芬商品指低档生活必需品。这种商品具有价格上升时需求量上升的特点。（这是美国经济学家吉芬发现，故这种商品以吉芬的名字命名）。还有一些商品，小幅度升降价，需求按正常情况变动，大幅度升降价，人们就会采取观望的态度，需求将出现不规则的变化，例如证券和黄金市场就常有这种情况。但在一般情况下，经济分析主要研究的是一般需求与价格变化的关系，即价格上升时，需求量下降；价格下降时，需求量上升。

在经济分析中，需求的变动可以分为需求量的变动和需求的变动两种。需求量的变动是需求量随价格的变动而变动，表现为在同一需求曲线上点的移动。例如在图 2-2 中，价格为 5 时，需求量为 3，表现为图中点 a；当价格下降为 3 时，需求量为 5，图中相应的点从 a 移动到 b。

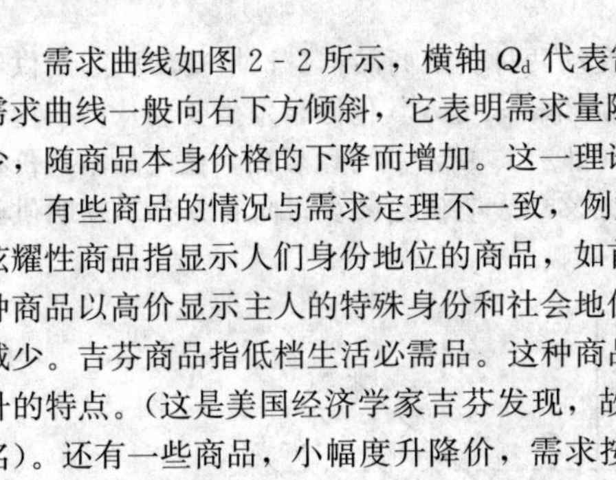

图 2-3　需求曲线的平行移动

需求的变动是商品本身价格未变，而消费者的收入水平、相关商品的价格、消费者的偏好等其他因素发生变动。表现为需求曲线的平行移动，如图2-3所示。假设价格 P_0 不变，收入发生变动。当收入增加时，消费者的购买力增强，需求从 Q_0 增加到 Q_2，需求曲线由 D_0 向上移至 D_2；当收入减少时，消费者的购买力减弱，需求从 Q_0 减少到 Q_1，需求曲线由 D_0 下移至 D_1。

因此，当商品本身价格以外的其他因素发生变化时，会引起需求曲线的整体移动，需求曲线向右方移动表明需求增加，向左方移动表明需求减少。

二、供给、供给量和供给曲线

供给（Supply）是指在某一特定的时间内和一定的价格条件下，生产者愿意并可能出售的产品，包括新提供的物品和已有的存货。供给是供给欲望和供给能力的统一体。仅具备供给欲望，但不具备提供产品的能力，不能形成真正的供给；同样，仅具备供给产品的能力，但生产者不愿进行生产，也不能形成真正的供给。

影响供给的因素比影响需求的因素更为复杂，既有经济因素，也有非经济因素。它除了受商品本身价格影响外，还受生产厂商的生产目标、相关产品的价格、生产要素的成本、生产技术水平、政府宏观调控政策等的影响。在市场经济条件下，生产者的总的目标是利润最大化。但在一定时期内，生产者为了占领市场，其生产目标还可能是产量的最大化或销售收入的最大化。在某些特定的情况下，生产者还可能有其他政治的或社会道义的目标。生产者的生产目标对供给数量有重要的影响。

另外，在互补商品之间，一种商品的需求会随另一种商品价格的下降而增加，这种商品需求的增加会

引起该商品价格的上升，从而使供给增加，反之亦然，如汽车和石油。在替代商品之间，一种商品的需求随另一种商品价格的上升而增加，这种商品需求的增加会引起该商品价格的上升，从而使供给增加，反之则使供给减少，如铝合金和木材。

若以 Q_s 代表供给，以 $x_1, x_2, \cdots, x_n$ 代表影响供给的因素，供给函数可表示为

$$Q_s = S(x_1, x_2, \cdots, x_n) \tag{2-5}$$

如果只考虑供给量与价格之间的关系，把商品本身的价格作为影响供给的唯一因素。以 P 代表价格，那么供给函数可简化为

$$Q_s = S(P) \tag{2-6}$$

供给曲线如图 2 - 4 所示，一般向右上方倾斜。它表明，价格与数量之间存在正比关系，即商品的供给量与其价格成同方向变动，被称为供给定理。

在经济分析中，供给的变动也分为供给量的变动和供给的变动两种。由商品本身价格变动引起的供给变动称为供给量的变动，如图 2 - 4 中从 a 点变动到 b 点。当商品价格未变，其他因素发生变动从而引起供给变动时，被称为供给的变动，表现为供给曲线的平行移动，如图 2 - 5 所示。可以看出，在商品本身价格以外其他因素发生变动时，会引起供给曲线整体的移动，向左方移动表明供给减少，向右方移动表明供给增加。

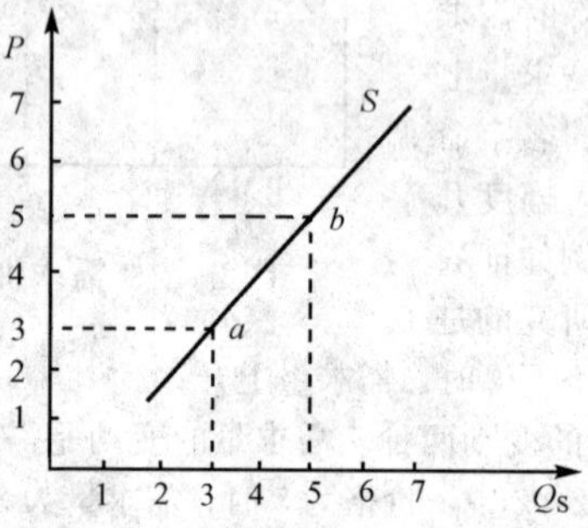

图 2 - 4　供给曲线

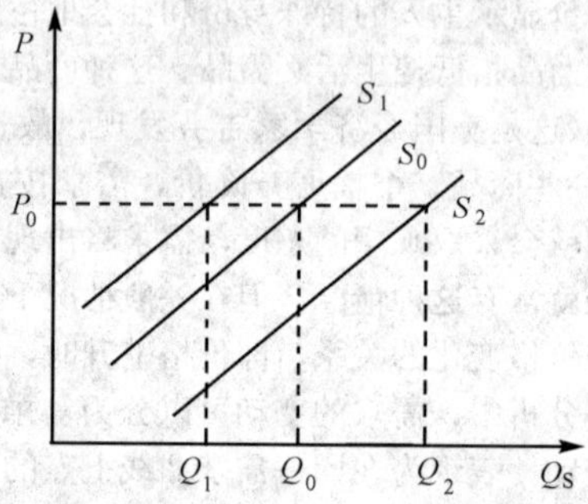

图 2 - 5　供给曲线的平行移动

三、需求弹性和供给弹性

弹性（Elasticity）是一个非常有用的概念，这里的需求或供给弹性均指价格弹性。

1. 需求价格弹性

若用 Q 代表需求量，ΔQ 代表需求量变化的百分比，用 P 代表价格，ΔP 代表价格变化的百分比，则需求的价格弹性 E_d 可用公式表示为

$$E_d = \frac{\Delta Q/Q}{\Delta P/P} = \frac{\Delta Q}{\Delta P} \times \frac{P}{Q} \tag{2-7}$$

不同商品的需求弹性相差甚远，按照弹性值的大小可以划分为以下几种情况：

(1) $|E_d| > 1$，称需求富于弹性。

(2) $|E_d| = 1$，称单元弹性。

(3) $0 < |E_d| < 1$，称需求缺乏弹性。

(4) $|E_d| = 0$，称需求完全缺乏弹性。此时无论价格如何变化，需求量都不改变。

(5) $|E_d| \to \infty$，称需求完全富于弹性。此时，商品价格在现行水平上稍微提高一点点，需求会立即下降到零。

在现实生活中，需求完全缺乏弹性和需求完全富于弹性这两种极端情况是非常罕见的。弹性值一般都在 $0 \sim \infty$ 之间，其大小主要与以下因素有关：商品的必需程度、商品的可替代性、在总开支中的比重、商品类别的大小、时间长短等。

2. 供给价格弹性

供给价格弹性（E_S）与需求价格弹性（E_d）是完全对称的，其定义为

$$E_S = 供给量变化的百分比 / 价格变化的百分比$$

$$=\frac{\Delta Q_S/Q_S}{\Delta P/P}=\frac{\Delta Q_S}{\Delta P}\times\frac{P}{Q_S} \quad (2-8)$$

根据供给法则，供给曲线的斜率一般为正，供给的价格弹性应为正数。如果 $E_S>1$，称为供给富于弹性；$E_S=\infty$，称供给完全富于弹性，此时在某一特定价格下，厂商愿意提供任意数量的产品，而价格只要降低一点点，供给量就会骤然降至零；$E_S=1$，称为供给单元特性；$E_S<1$，称为供给缺乏特性；$E_S=0$，称为供给完全缺乏特性，此时无论价格如何变化，供给量将始终不变。

影响供给价格弹性的因素主要有：进入或退出市场的难易程度、所考察的供给者商品类别的大小、时间长短、产量大小等。

四、电的需求与供给

电的需求是指在特定的时期内，在不同的电价水平下，用户想要并能够获得的电力和电量。电的需求分为电量的需求和电力的需求两种形式。其中电量的需求是时间的函数；电力的需求是用户对电功率的需求。电的需求具有普遍性、时间性、规律性的特征。普遍性是指用户面广，用电类型复杂；时间性主要是指用户随着时间的变化而变化；规律性是指看似无序的大量用电的状态下，电的需求具有一定的规律性，如季节用电规律、每日峰谷用电规律等都是客观存在的。根据不同的统计要求，电的需求量通常以用电量、用电容量或最大需量来表示。

如果按客户用电报装期的长短因素这一标志来划分，客户的用电容量通常分为近期用电容量和远期用电容量。近期用电容量即为建立供用电关系时，双方签订供用电合同的容量，是电力市场近期交易的依据，称之为现实电力需求；远期用电容量作为设计供电设施时的预留能力和电网规划的参考依据，是电力市场的远期交易量，所以称之为潜在电力需求。在电力市场运营中，这两个需求量是十分重要的，它们既是决定电力交易量的基础，也是进行电力市场预测的主要内容。按照用电需求的类别可以将客户的用电容量分为工业用电容量、商业用电容量、居民用电容量、农业用电容量等；根据执照用电需求的时间点，又可划分为峰荷容量、低谷容量、腰荷容量。

电力需求的形成和增减是由于经济社会中各种影响因素的共同作用形成的。影响电力需求的主要因素有如下几个方面：

(1) 电价对需求的影响。在电力需求的形成过程中，价格是主要影响因素之一。电是公用品，具有普遍性，不论电价高低，每家每户不能缺电，但是其购买的数量多少，与电的价格密切相关。一般来说，在其他条件不变的情况下，用电客户对电及其服务的需求量和它们的价格呈相反方向变化。例如，当电价及其报装费用提高，人们就会少用电；当电价降低时，人们就会多用电。

(2) 电力投资对电力需求的影响。若用经济学中有关生产函数的理论来观察电力生产过程，那么电力生产是指通过各种生产要素的组合来制造电能产品的过程，这个过程也被人们称为投入产出的过程。这里的生产要素包括电能生产中使用的各种资源，如劳动力、资本和土地，还包括电力企业家的才能。

电力生产要素的数量及其组合方式与发（售）电量存在着一定的依存关系。电力生产函数可表示为

$$Q=F(L,K,N,E) \quad (2-9)$$

式中：Q 代表发（售）电量；L 代表劳动力；K 代表资本；N 代表土地；E 代表企业家的才能。

在短期内，电力企业家和土地是两个固定不变的量。一般情况下，各种生产要素投入量的增加，将使发（售）电量相应的增加。

投资对电力需求的影响最为明显。例如，全国农网改造工程使得农村电力需求量比改造前有了较大的增长。

(3) 城乡居民生活质量的提高对电力需求的影响。随着家用电器的普及，居民用电量递增幅度较大，特别是夏季空调负荷的增加，导致居民夏季用电需求量直线上升，随着家用电器的降价，人民生活水平的提高表现为较快实现电气化、信息化和现代化。这一切都将增加电力市场的有效需求。

(4) 替代能源对电力需求的影响。随着我国经济的迅速发展，给电力企业经营管理带来的挑战主要表现为，原有的能源供应体制已经不再适应各地区大幅度增长的能源需求。政府提出的“西气东输”能源战略也主要是为解决我国东部能源需求大幅度增长的困境。通过“西气东输”，在我国经济的核心地域创建一个整合性能源市场，为工业和居民提供低成本的能源，使经济获得一次强有力的推动，以应对竞争越来越激烈的世界市场。这一切战略的变化，都会给电力公司的用电需求带来直接的影响。

（5）需求侧管理对电力需求的影响。近年来，各国电力企业对电力市场的需求侧管理越来越重视，这是因为全球气候变暖、能源资源的减少、酸雨和贫困等世界性难题日益受到重视，并将可持续发展战略提高到重要的地位，由此产生的社会对环境保护的要求，使得人们对电力企业发、售电带来的负面效应产生了抵制行为，例如发电厂的排污和噪声、占用耕地建设输电走廊、电磁波对人体的干扰等。由此，被称为“需求侧管理”的电力企业新业务应运而生。

需求侧管理对电力需求量的影响，是以“高效与节能并重”为中心的。因此，推广需求侧管理对电力企业来讲，直接的电能消费量是降低的，它的好处在于通过低谷电的有效利用，改善负荷特性、降低线损，使电力企业减少电源投资。从总的情况看，需求侧管理会使社会效益和电力企业的经济效益提高，因此人们又称之为“负瓦革命”。

（6）新经济对电力需求的影响。新经济是针对传统经济而言的，是以信息技术为导向的经济，主要特征为：经济高增长与低通货膨胀共存。其主要内容是经济以国际经济互联网为中心，进行包括能源资源在内的全球资源的优化配置，使得实物运送的流程大大缩短，通过信息的高速流动来高效引导物流。可以看到，新经济对整个宏观经济的影响是，经济持续增长、就业率高、通货膨胀率低，而经济持续增长将带动电力需求的增长，二者基本上是同步变动的。

总之，电力需求与国家和地区的发展速度、产业布局、经济政策等有关，与用户负荷特性、本地区电力发展状况、历年装机容量、电网覆盖率、自备电厂容量、线损率、电力市场交换价格及电力市场允许外区电量进入的限制性政策相关。此外，电力需求还受到主要能源价格以及电力市场监管力度等因素的影响。

第三节　市场均衡与成本分析

一、市场均衡

均衡最初是一个物理学上的概念，系指一个系统的特殊状态，对立的各种力量对这个系统发生作用，它们正好相互抵消，作用的结果等于零。在微观经济分析中，需求价格是指消费者对一定数量商品所愿意支付的价格，供给价格是指生产者为提供一定数量商品所愿意接受的价格。均衡价格是指某种商品的需求与供给达到均衡时的价格，也就是这种商品的市场需求曲线与市场供给曲线相交时的价格，如图 2 - 6 所示。均衡价格（Equilibrium Price）反映了商品的价值。图 2 - 6 中，D 是需求曲线，S 是供给曲线，E 是均衡点，P_0 表示均衡价格，Q_0 表示均衡数量。

均衡价格的形成即是价格决定的过程，它是经过市场供求的自发调节而形成的。假定某种商品的价格上升到 P'，高于均衡价格 P_0，于是需求量就减少为 Q_1，小于均衡点的需求量 Q_0，而供给量却因价格上升而增加到 Q_2。这样就形成了供过于求，出现生产过剩。但这只是暂时的现象。需求少，供给多，将导致价格下降，一直下降到均衡价格 P_0 时，供给量与需求量相等，从而达到市场均衡。

另一方面，如图 2 - 7 所示，假定商品价格为 P''，低于均衡价格 P_0，那么需求量将增加到 Q''，大于均衡点的需求量 Q_0；另外，由于价格低，生产者减少出货量至 Q'。这样就形成了供不应求，出现商品短缺。但这也只是暂时现象。需求多和供给少，将导致价格上升，一直升到 P_0 时，供给量与需求量相等，从而达到市场均衡。

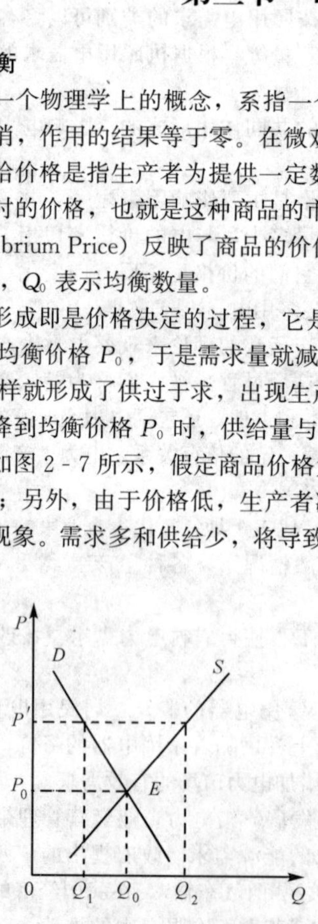

图 2 - 6　均衡价格的形成

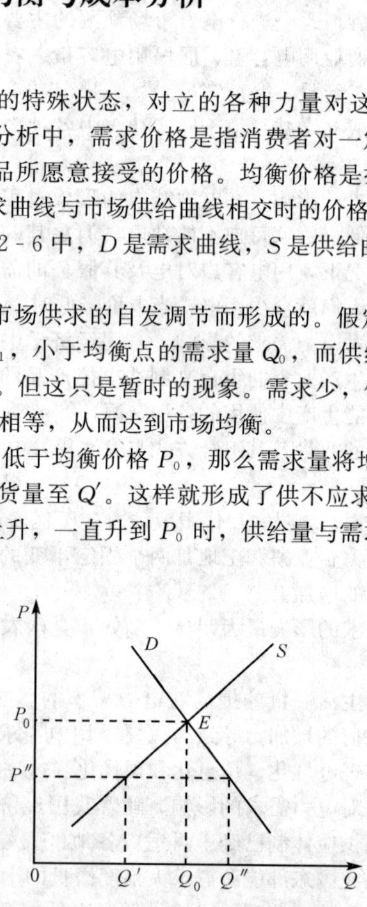

图 2 - 7　市场的自动均衡调节

需求大于供给，价格将会上升；需求小于供给，价格将会下降。这种现象被称为供求定律。市场供给将围绕均衡价格上下波动而调节，使市场的无规律性的自动调节呈现规律性。

均衡价格是在假定商品的价格只取决于它本身，不受其他商品价格和供求状况的影响，并假定货币的购买力是不变的条件下形成的。如果考虑消费者收入等因素的影响，则均衡价格将偏离原来均衡点，将建立新的平衡点，在此不作更深入的分析。

二、电力市场均衡分析

1. 电力市场均衡的基本概念

均衡分析是经济学家分析市场运行的最普遍的方法。电力市场均衡是指市场中电力供给与电力需求的暂态平衡，它是研究市场机制如何运作的一个基本概念。诸如市场中价格的决定、资源的最优配置、生产要素的充分利用和经济的稳定增长等市场整体特征，都是在均衡的假设基础上得到的。电力市场的均衡要求电力供应与电力需求实时保持动态平衡，即

需电量＝供电量＝发电量－厂用电量－供电线损

均衡有两种定义方式：一种是狭义均衡；另一种是广义均衡。狭义均衡表现为整个市场有一组均衡价格，以此来保证所有市场的供求都相等，电力企业和用户就唯一地根据电价信号做出自己的行为选择。这种狭义均衡不考虑在均衡实现之前，从非均衡到均衡的变化过程。这种市场均衡，理论上不分析电力市场交易的失败（如交易违约），只是建立在价格信号上的均衡状态，也不考虑交易数量的调整。因此，在这种狭义均衡市场中，不出现对用户容量和发电出力等数量信号的调整。广义均衡是指构成某一经济系统的相互作用的变量，它们的值经过调整，使该系统不再存在继续变动的倾向，市场处于相对稳定状态。

两种均衡有联系又有区别。如果用狭义均衡来分析电力市场机制，其标准是：只有当所有市场供给与需求平衡时，市场才处于均衡，否则就是非均衡；广义均衡分析的标准是：不管市场处于什么状态——持续的电力短缺或持续的电力需求不旺，只要这些状态经过各种变量的数值调整，电力市场就会因此获得一定的信号，用以调节电力生产、电力消费，使电力企业与用户的交易行为得到相互的协调，电力市场的交易活动达到相对稳定，可以说这就是一种均衡，而且是一种广义上的均衡。这种电力市场供应与需求的广义均衡，最简明的范例即为电力规划。例如，对多个负荷中心的电力供应是由多个发电商提供的。在满足每一负荷中心的电力电量需求的同时，又使得每一个发电商的生产能力得到最大限度发挥，在双方供应和需求达到平衡时，还要使得输电费用最节省。在各种可行的方案中可以逐步优化为成本最低的或者比较满意的方案。这个过程就是电力市场通过供求机制实现广义均衡的过程。

在需求和供给达到相对平衡时，我们称这时的价格和交易量为均衡价格和均衡交易量。但是这种均衡是一种暂时状态，许多因素都会随时影响需求和供给，从而打破这种均衡，并寻求在新的条件下达到均衡。因此我们认为，价格是需求量和供应量的最大影响因素，三者之间相互作用，使电力市场的价格围绕其均衡水平而上下波动。

当然，在电力市场中，电价也有其导向作用，受市场承认的电价水平对电力需求和供给量会产生影响。在进一步分析市场时，我们应该明确，在市场所包括的区域和一定的时间长度内，当需求和供给在某个区域和时间范围内，需求量大于供给量时，说明价格较低；当供给量超过需求量时，说明价格较高。但是需求和供给是指购买愿望、生产愿望和购买能力的统一，三者缺一不可。价格的形成最终由需求量和供给量决定。

2. 电力市场均衡的条件

电力市场是一个复杂的系统，电能交易活动也不可能自发形成。电力市场机制是一套“精密的装置”，好似有规律运动的天体结构。这一结构能够高效运转的动力，是在电能交易活动中电力商的利润最大化行为和电能趸售商或用户的效用最大化行为。要想使得每一个市场的电力供给和需求相等，其关键是通过供需双方的交易谈判，形成电能交易均衡状态，此时的电价被称为均衡价格。对于电力市场来说，其显著效果表现在，通过均衡价格把电力市场交易主体的分散决策的秩序变得有序化，从而避免信息不完备和人为因素造成的市场交易混乱。

电力市场的均衡是要靠两种调整过程来实现的。供求双方的价格谈判，事实上是在进行有利于双方的价格调整和数量调整，通过这些调整去实现电能交易的供求平衡。价格调整即通过电价的涨落使得供需平衡。例如，从20世纪末开始，由于全国不少地区电力供应相对过剩，一些电力公司在电力市场需求不旺时，

采用对居民实施“每月用电超过200kW·h就可降低电价0.03元/（kW·h）”等优惠政策。通过这种价格调整使电力公司的售电量得以增加，从而调整了电能供求的均衡水平，满足了用户的用电需求。

数量调整即通过发供电量的增减使得供给与需求平衡。例如华北地区实施的“9511工程”，保证首都用电不再拉闸限电。这种由供电方进行的主动性供电数量的调整，是促进电力供求均衡的有效措施。但需要说明的是，通过电力供求双方的数量调整和价格调整，从而获得供求均衡的方法不是惟一的。因此可以明确指出，实现电力市场均衡的条件，是在电力市场交易过程中进行动态的、全方位的价格调整和数量调整。

3. 电力市场均衡与供求机制的关系

竞争均衡的一个重要性质是，每一件商品都将以边际成本作为定价基础来销售。如果价格超过边际成本，生产者就会扩大商品生产而增加利润。反之，如果生产这种产品，边际成本超过价格时，生产者就会缩减生产。由此可见，电力市场的供求机制在电力市场运营过程中，通过供需双方的有效调节实现供求均衡状态。

在计划经济时期，电力部门通常要花大量的精力去实现电力供需平衡，例如，不惜投入巨资建电源或者超计划发电，也不惜采用计划指标、拉闸限电的方式来限制需方用电，以此达到表面上，或者称为是技术上的“供需平衡”。这是一种强制用户被动适应供电方要求的平衡，是一种压抑用电需求的简单平衡。但是如今，在建设电力市场的时期，考虑到建电源受到环境保护的约束，拉闸限电受到对用户优质服务的约束，我们就不能再依靠上述简单的平衡方法，而要将运作市场的观念倒过来，在充分了解用户用电需求基础上，通过电力市场供求机制，全面运筹电力供给资源，最大限度地满足用户用电的需求，实现真正意义上的电力供求平衡。所以，电力供求机制是电力市场健康发展的内在功能，而电力供需均衡是电力市场得以健康运行的标志。前者是内因，后者是外因；前者是本质，后者是表象。如果没有有效、灵活的电力市场供求调节机制，电力交易双方就难以实现有效的市场均衡。如果电力市场供求机制不完善，电力市场均衡就不复存在，也就更谈不上是电力市场的公平交易。

三、生产分析

企业从事生产与经营的目的是为了能从销售产品中获取收入与成本之间的差额，即利润，并力图使利润最大化。这就要求企业根据市场需求情况，在不同的生产规模下，实现各种生产要素的合理投入和最佳组合，使成本最低，产量最佳。

（一）生产函数

生产是把投入变为产出的过程，投入的是各种生产要素，产出的是产品。生产要素是生产中所使用的各种资源，一般包括劳动、资本、土地和企业家的才能。

生产要素可分为不变生产要素和可变生产要素。不变生产要素指在一定时期（短期）内数量不随产量的变化而变化的生产要素，如火力发电厂的厂房、锅炉、汽轮机、发电机等。可变生产要素指数量总是随着产量变化而变化的生产要素，如发电量增加，作为可变生产要素的燃料要增加、给水要增加。然而就长期而言，生产规模则可以改变，所有投入的生产要素数量都是可以变动的。

生产函数（Production function）反映投入与产出的关系，它表示在一定时期内，在一定的技术水平条件下，生产要素的投入与产品的最大产出之间的数量关系。以Q代表总产量，用x_1，x_2，…，x_n代表各生产要素，则生产函数可表示为

$$Q=f(x_1,x_2,\cdots,x_n) \tag{2-10}$$

生产函数有两个基本特征。第一，若生产要素的投入量不同，则商品的产出量也不同，一般来讲，投入量越多，产出量也越多。第二，厂商采用的生产技术决定生产函数的具体形式，生产技术与生产函数之间存在对应关系。

（二）边际生产力递减规律

通过经济学分析可以发现，在技术给定和其他要素投入不变的情况下，连续增加某单位某一种要素所带来的产量的增量迟早会出现下降（即使开始阶段可能会上升），这一规律就是边际生产力递减规律，又称为边际报酬递减规律。

从边际生产力递减规律可知，在其他条件不变的情况下，要素投入越多，产出不一定越大，并不是任何投入都能带来最大的产出。通过对边际生产力递减规律的了解，生产厂商可以制定出合理的投入策略。

（三）规模报酬

在长期内，当所有要素投入和产量都能改变时，研究投入变化与产量变化之间的关系问题，就是通常所说的规模报酬（Returns to scale）问题。

投入—产出的规模报酬问题存在三种可能性：如果所有要素投入按同比例增加也带来产出的同比例增加，称为规模报酬不变（Constant returns to scale）；如果所有要素投入按同比例增加带来产出更大比例的增加，称为规模报酬递增（Increasing returns to scale）；如果所有要素投入按同比例增加带来产出的减少，称为规模报酬递减（Decreasing returns to scale）。

带来规模经济的各种因素都是有一定极限的。当生产规模达到一定程度后，进一步享受规模经济的优势就越来越困难。此时，规模不经济的因素将逐渐占据上风。例如，发电厂的规模越大，输电距离就越远，电能损耗也随之加大，从而导致单位成本上升。

就电力工业而言，在其发展的初期，由于电网规模较小，系统具有很大的扩展余地，规模经济性因素占据主导地位，采用垄断式的垂直一体化经营方式能够满足高速发展的要求。随着超高压骨干网络的加强、完善和普及，再想通过地理性或地域性扩张以扩大供电规模将越来越困难，从而经济报酬不变或经济报酬递减的现象显露出来，并逐渐成为制约电力工业发展的主要原因。

（四）生产成本

成本是经济学最基本的概念之一，成本分析在市场分析中占据重要地位。就最一般的意义而言，成本是指为了达成某种目的或获得某种商品所付出的代价。在经济学分析中，生产成本是显性成本和隐性成本的综合；在会计学中，生产成本只包括显性成本。

一般情况下，成本（cost）和费用（expense）在经济分析中是同义词。

1. 机会成本

机会成本（Opportunity cost）是经济学分析中一个十分有用的概念。它是指把一定的资源用于生产某种产品时而不得不放弃的生产另一种产品的价值。或者说，机会成本是在若干备选方案中选定某一方案而放弃另一方案所丧失的潜在的收益。例如，某煤矿地处偏僻，可以采用铁路往外地输送煤炭的方案，也可以采用就地建电厂往外送电的方案，建电厂方案所获得的收益就成为采用铁路输送煤炭方案的机会成本。又如，某企业主用自己的资金办企业的机会成本，等于他把这笔资金借给别人可能得到的利息。

严格说来，机会成本通常并不是实际发生的成本，而是在选择资源用途时所产生的观念上的成本。这种观念上的成本，不仅影响厂商的决策，也会影响个人的决策及行为。

2. 固定成本与变动成本

固定成本（Fixed cost）是指厂商在短期内无法改变的那些固定投入带来的成本，主要包括购置机器设备和厂房的费用（租用厂房和设备的租金）、贷款利息、折旧费、财产税、管理人员工资及劳保福利、各种保险金等。固定成本是一个相对概念，从长期来看不存在任何固定成本。

变动成本（Variable cost）是指厂商在短期内可以改变的那些可变投入带来的成本，通常包括原材料和燃料的费用、工人工资、水电费、销货佣金等。在会计学中，变动成本又被称为直接费用。

（五）生产成本分析

在微观经济分析中，经常用成本函数表示生产成本与产量之间的关系。成本函数依存于生产函数及生产要素的价格，并可分为短期成本函数和长期成本函数。前者用于近期的经营分析，后者一般用于长期的经营规划。

1. 短期成本

短期成本（Short range cost）的短期，是指生产者在这段时间内不能调整其生产要素。短期成本由固定成本和可变成本组成，一些重要的、与之相关的概念包括总成本、固定成本、可变成本、平均成本、边际成本等。

（1）总成本、固定成本和可变成本。固定成本和可变成本的定义前面已经介绍，总成本（短期成本）是该两者的总和。

（2）边际成本（Marginal cost）。边际成本是指生产者每增加或减少一个单位产品而使总成本变动的数值。若用 TC 表示总成本，Q 表示总产量，则边际成本（MC）可用微分公式表示为

$$MC=\frac{\Delta TC}{\Delta Q}=\frac{\mathrm{d}TC}{\mathrm{d}Q} \tag{2-11}$$

边际成本有短期边际成本和长期边际成本之分，分别用于短期成本分析和长期成本分析。

2. 长期成本

长期成本（Long range cost）的长期是指生产者在这段时间内可以调整生产要素，换句话说，所有的生产要素都是可以变动的。由此可知，长期成本中只有可变成本，不存在所谓的固定成本。

第四节 市场结构分析

决定市场结构的因素主要有市场上卖者和买者的数量及产品的特性。国民经济发展越快，人们的实际收入就提高得越多，购买商品的支付能力就越强，市场就越繁荣。对某种商品而言，随着买卖双方数量的增多，市场竞争就会加剧。此外，消费者的文化程度、流动性也会影响市场的竞争程度；产品自身的物质特性也会影响其市场竞争力，例如，容易腐烂的水果类产品，其市场竞争力就比较低。

商品的特性能够影响销售该商品的市场结构。如果某种商品的替代品增多，其市场竞争就会加剧。如果以卖方行为和市场竞争程度为依据，市场结构可以划分为完全竞争市场、完全垄断市场、垄断竞争市场和寡头垄断市场四类。就市场效率而言，完全竞争市场优于垄断竞争市场，垄断竞争市场优于寡头垄断市场，寡头垄断市场又优于完全垄断市场。

一、完全竞争市场

在经济学模型中，完全竞争（Perfect competition）市场具有特定的含义。在一个完全竞争的行业中，每家厂商都失去了“个性”，并且不必考虑自己的行动会对整个市场带来什么影响，因为每家厂商在市场中所占的份额都是微不足道的。也就是说，完全竞争市场是不受任何个体阻碍和干扰的市场。

1. 完全竞争市场的必备条件

经济学意义上的完全竞争市场必须符合以下四个条件。

(1) 大量买者和卖者。市场上必须有足够多的买者和卖者，任何一个市场成员所占的市场份额都将微不足道，从而无法通过自己的买卖行为影响总产量或市场价格。通俗地讲，这一条件叫作买卖双方无垄断行为。

(2) 资源完全自由流动。买者和卖者可以自由进出市场，各种生产资源可以完全自由流动。

(3) 同质产品。市场上销售的商品为标准化产品，是同质的和无差别的，买者对于具体的卖者并无特别的偏爱。

(4) 信息充分。生产者与消费者对市场信息都能充分了解，也就是说，市场信息畅通，买者和卖者都能掌握有关产品的成本、价格和质量等“情报”。

2. 收益规律

由于买、卖双方无垄断行为，商品的价格必然依靠市场的力量来决定。在完全竞争市场上，企业的平均收益和边际收益都等于市场价格。这就意味着，无论企业向市场上提供多少数量的商品，平均收益和边际收益都不随着数量变动而变动。因此，企业的经营决策，就是按照市场的既定价格决定能获得最大利润的产量水平。

3. 优缺点

优点：完全竞争市场能使企业在平均成本最低点上进行生产，资源得到了有效的利用，消费者能以低价购买所需的商品，买卖双方公平合理。因此，完全竞争市场是理想的、富有效率的市场结构。

缺点：产品无差异，不能满足不同偏好的消费者的需求，且对企业的生产规模的扩展无形中起了限制作用。

二、完全垄断市场

完全垄断（Monopoly）市场又称为独家垄断市场，是指市场完全由一家厂商所控制。垄断市场可以分为两类：完全政府垄断或完全私人垄断。

1. 完全垄断市场的基本条件

(1) 规模经济。某些产品的生产具有显著的规模经济性，其规模报酬递增阶段可以持续到很高的产量和很大的规模，在这个过程中，由一家厂商来供应整个市场的生产成本要比几家厂商瓜分市场的生产成本低得多。这种现象被形象地称为“自然垄断”，因为形成壁垒或垄断并非个体因素所能为。

（2）专利或特许权。由于政治、经济上的各种因素，如技术专利、政府对某些行业颁发营业许可证或进入资格等，也会导致市场壁垒。

（3）对资源的控制。如果一家厂商控制了生产某种商品所必需的资源，它往往就会成为该产品市场的垄断者。此时，对购买者而言没有替代品，也就没有选择权。

总之，形成完全垄断市场的原因可以概括为以下几点。①由于企业的一次性投资巨大，固定成本远远高于可变成本，一旦形成生产规模就应充分利用其生产能力，出现多个企业则不经济。②由于资源的稀缺性，单个企业可能通过专利权或国家授予的经营权进行独占。③对于关系国计民生的行业，在一定时期内，国家进行重点扶持和控制，以利于促进经济的发展。

2. 收益规律

在完全垄断条件下，厂商可以独家规定卖价，其总收益是价格递减条件下的总收益，厂商每多提供一单位商品，卖价就要下降。厂商仍然是根据边际收益（*MR*）等于边际成本（*MC*）的原则决定产量，以获得最大利润。当 $MR>MC$ 时，表明继续增加产量仍可增加收益；当 $MR<MC$ 时，表明继续增加产量将会使收益减少。

3. 优缺点

优点：如果许多小企业通过相互兼并而形成垄断企业，则有利于社会分工，实行大规模生产和经营，降低成本，提高经济效益。

缺点：由于垄断企业可以通过限制产量来提高市场价格，从而获取超额利润，因此一般不会在平均成本的最低点上进行生产。由于缺乏有效的市场竞争，市场价格往往高于生产成本，所提供的产量不是最优的，资源没有得到充分利用，同时消费者的利益也受到损害。由于不存在竞争的压力，缺乏改进产品、进行技术革新的动力。完全垄断市场被认为是经济效益最低的一种市场结构。

政府对垄断企业的管制措施：政府直接控制垄断行业的商品市场价格，防止垄断企业获取过高的经济利润，对垄断企业的超额利润收以重税。

三、垄断竞争市场

垄断竞争（Monopolistic competition）市场是介于完全竞争市场和完全垄断市场之间的一种市场结构，既存在有限度的垄断，也存在不完全的竞争。与寡头垄断市场相比，垄断竞争市场的特性更靠近完全竞争市场。

1. 垄断竞争市场的特点

（1）同一产品类别内的企业的数量很多，相互之间存在着竞争。

（2）不同企业的同类产品之间在性能、价格等方面有差异。

（3）企业可自由进入或退出市场。

（4）买者和卖者都能得到完全的商品信息。

垄断竞争市场与完全竞争市场的主要区别在于，企业提供的产品存在差异；与垄断市场的主要区别在于，市场上存在大量的替代品和竞争者。

2. 收益规律

商品的价格由市场和垄断企业共同决定。在短期内，企业的数目不变，没有企业退出，也没有新企业进入市场。为了追求利润最大化，垄断竞争企业在选择产量时仍然遵循边际收益等于边际成本的原则。由于受需求大小的制约，垄断竞争企业在短期内可能处于获超额利润、获正常利润、亏损或关门停厂的状态。在短期内，企业即使不生产也要负担固定成本，所以企业是否继续生产，要以产品卖价是否低于平均可变成本为转移，而不以有无超额利润为转移。

但从长期情况看，当供给大于需求，市场价格下降到接近或低于平均可变成本时，有的企业将会减少产量，甚至退出生产，从而使市场供给数量减少。这时，若存在超额利润，又会吸引新企业进入该行业，使供给增加，当超额利润消失时，就不再吸引新的企业加入，市场达到均衡。

3. 优缺点

优点：垄断竞争条件下的产品是多样化的，有差别的，与完全竞争市场的单调产品比较，能较好地满足众多消费者的不同偏好。由于商标、服务态度等能构成商品的差别，从而能促进企业保持商标信誉，提高产品质量，改进服务方式。垄断竞争企业既有竞争对手的威胁，又有一定的垄断因素可以保障技术创新的收益。

缺点：垄断竞争企业决不会在其平均成本的最低点上进行生产，市场价格高于企业的边际成本；市场的资源利用率和经济效益比完全竞争市场低，但比垄断市场高。

总之，垄断竞争市场富有效率的竞争有利于促进技术进步和社会发展，抵消或者超过了它的弊端所带来的影响，因而被认为是当代可行的市场经济模型。

四、寡头垄断市场

1. 寡头垄断市场的特点

寡头（Oligopoly）垄断市场中只有几家大企业提供行业的大部分产品，这几家企业在行业总产量中各占较大的市场份额，可在很大程度上影响市场的价格，因而一家企业的供给行为将会对其他企业的生产和收益产生较大的影响。形成寡头的主要原因是规模经济的发展结果。

与其他三种市场结构不同的是，寡头市场的厂商存在相互依存的关系，这是寡头市场最突出的特点。也就是说，一个厂商在采取某种行动时必须考虑其他厂商的反应，因为这种反应会对其他厂商的决策产生影响。在完全竞争的市场中，厂商的行为是完全独立的，没有必要去考虑其他厂商的反应。在完全垄断市场中，垄断厂商垄断了整个行业，也不存在对其行动产生反应的对手。在垄断竞争市场中，由于厂商的数目较多，各自所占市场份额较小，因此其他厂商的反应可以忽略不计。

寡头垄断市场存在的相互依存的关系，给寡头们的决策带来很大的不确定性，同时也使得对寡头市场的理论分析具有较大的难度，特别是对其均衡价格、均衡产量的决定难以得出完美和确定的结论。为此，在现代经济学中发展出许多有力的数学工具，如最具代表性的博弈论，来分析寡头厂商之间的关系。

2. 收益规律

在寡头垄断条件下，产品价格并非由市场关系决定，而是少数寡头垄断者通过协议或默契来制定。寡头垄断企业同样选择在边际成本等于边际收益的水平上进行生产，每家企业首先要推测竞争对手的产量，然后根据利润最大化的原则来确定自己的产量。

3. 优缺点

优点：寡头垄断市场存在竞争，可带来产品的多样化和技术革新。寡头垄断市场的效率高于完全垄断市场，但低于垄断竞争市场。

缺点：企业不会在平均成本的最低点上进行生产，寡头市场价格往往高于边际成本，使社会效益受到损失，资源不能得到最好的利用。

五、电力市场结构分析

电力市场与普通商品市场一样，生产者按照“边际收益等于边际成本”的利润最大化原则确定产量，既存在垄断，也存在竞争。从世界各国电力工业的发展来看，总的趋势是朝着完全竞争的市场结构发展。在不同的电力管理体制下，电力经营模式大体上可以分为四种：

1. 垄断模式

集发电、输电、配电为一体，进行统一垄断经营。为限制垄断利润，国家通过法律法规手段对电价实行管制。

这种模式在一段时期内，对电力工业积累资金、大规模滚动发展、统一电网规划和建设起到了重大的作用。但随着电力供应的扩大，电力供需矛盾的缓和，这种模式的弊端（主要是经济效率低）就逐步显露出来。国家已不堪电力投资的重负，而且国有资产的增值、保值责任难以落实。因此，这种模式已不能适应当今电力生产的发展，必须引入竞争的市场机制。

2. 发电竞争模式

该模式即厂网分开、竞价上网的运营模式。在这一模式下，输电和配电仍然是垄断经营。这种模式允许存在独立发电厂 IPP（Independent Power Producer），但 IPP 生产的电力仍由电网垄断企业单独收购，再卖给广大电力用户。

IPP 的出现表明，发电侧电力市场得以形成。虽然市场上只有一个买者，但毕竟存在买与卖分开，毕竟有成本的核算、价格的确定、利润的分配、资源的利用等市场经济因素。这种模式将市场机制初步引入发电领域，使电力的供给增加，它预示着零售电力市场必将出现。

3. 趸售竞争模式

这种模式的标志是：发电竞争，输电网开放（但配电网仍然垄断经营），大用户获得选择权，其核心是输电网开放。鉴于此，又有人将其称为电力转运模式。

发电企业公平竞争、竞价上网，允许电力大用户直接从发电企业购买低价的电力，通过统一电网或互联电网予以转运。所谓转运就是由发电企业和用户直接签订购电合同，通过交纳过网费的办法，利用输配电网，由输电公司负责转运电能。在电力转运模式中，有竞争的发电市场，也有垄断经营的输电市场和竞争的销售市场。如果能像其他商品的中间商一样，电网作为电力（商品）的载体，能进入商业化运营，在发电企业和用户之间起推介和传递商品的作用，那么就会推动电力进入零售市场。

4. 零售竞争模式

零售竞争模式的标志是：发电竞争，输电网和配电网开放，所有用户均获得选择权，其核心是配电侧电力市场全面开放。

从1990年开始，首先是英国，然后是挪威、澳大利亚、美国等国家实行这种模式。实行这种模式的目的是通过电力市场的竞争降低用户电价。这种模式将发电、输电、配电企业相分离，各自成为独立的经营实体，按市场均衡原理，由市场定价或实行合同定价。它打破了传统的电力一体化管理模式，形成了电力供给的多家竞争的格局，为发电企业报价竞争上网，为用户自主选择发电商、配电商，为生产者与消费者形成真正的买卖关系创造了市场条件，使电力充分显示出商品特性。

要实行配电网开放的电力市场，必须具备如下条件。

（1）供需关系得到充分缓和并且供过于求。

（2）电网有运营方式上的灵活性，能够适应运营条件的改变而引起的潮流变化。

（3）定价机制要有较高的透明度。信息技术先进、市场信息畅通、生产者与消费者对市场信息能充分了解。

（4）有一套科学、合理的电力市场的法规和技术手段。

（5）政府予以全力的支持。

我国电力工业引入竞争机制，构筑电力市场，专家学者应积极探索，企业界应谨慎实践。对于电力企业来说，首先要分析影响企业竞争战略的因素，正确制定和不断调整竞争战略，在竞争中取胜，获取较好的经济效益。当前影响电力企业竞争战略的因素主要有以下几个方面。

（1）传统观念因素。由于电力生产自身特点和基础性、公益性的影响，长期处于自然垄断状态，以行政手段为主管理并控制电力生产与销售全过程，电力企业和社会公众都已经自然接受。但从市场经济理论和效益观点出发，实行有效竞争是资源优化配置的有效手段，然而传统的思维方式束缚着实现有效竞争。这种束缚主要表现如下：

第一是“权”欲。实行政企分开，建立现代企业制度，市场主体到位，电力企业作为独立的法人实体，平等地参与市场竞争，这是建立电力市场的重要前提之一。从电力改革实践看，各级电力企业“恋权”思想严重，在管理模式上习惯于电力局时期的政府行政管理的思维，愿意行使政府的权利管电，难以实现真正意义上的政企分开。

第二是“电源”欲。“电厂大家办，电网国家管”已实行十多年，促进了电源建设的迅速发展，使电力供给达到相对平衡。然而各级电力企业对“厂网分开”存在疑虑。一方面认为电网要有足够的电源作支持，以保证电力系统安全稳定运行；另一方面，电源建设的出资方要求回报过高过快，上网电价集中在国家审批，电的出厂价定得过高，造成电价结构不合理，发电厂投资回报丰厚，对投资者具有一定的吸引力。

由于这些原因，电力企业在生产经营上习惯于抓电源企业建设，抓发电企业经营，甚至认为没有电源和发电就不是电力企业，就不能体现实力。这是一种认识上的误区。

（2）价格体系与价格结构因素。在电价管理体系上，目前实行的由国家审批发电企业电力出厂价（上网电价）和售电环节售电单价的管住两头的管理模式，不是按边际成本、合理利润加税金定价的方法，也就是说，目前的电价设计还不是按照市场经济规律的定价方法。在价格结构上，由于重发轻供思想支配，没有电网经营价格的概念，电网经营利润偏低，缺少发展空间和融资空间，发电环节定价过高，价格结构不合理。没有按电力市场需要形成价格管理体系，电力企业难以找准市场位置，尽快地发展自己，满足社会对电力的需求。

（3）市场规模与市场规则因素。实行市场定位，实行统一的市场规则，才能保证进入电力市场的电力经营企业进行公平竞争。对于市场定位，可以同步建设区域电力市场和省级电力市场，逐步实现全国联网，建立全国电力市场。同时，建立同级电力市场的市场规则，实行合理的市场准入制度，打破省间市场壁垒，实现资源合理配置，以取得最佳经济效益。

（4）电力供应安全稳定因素。电力供应的安全稳定是由高度自动化系统决定的。为适应电力市场需要，EMS要向更深更广的范围发展，为电力系统安全稳定运行和市场交易服务。在电力市场中，完成用电市场的负荷预测；发电商根据机组运行参数及可用性竞价投标；电网调度中心既要实行控制运行功能的安全稳定调度，又要作为电力交易中心为交易结算提供科学依据，还要通过实时信息系统提供实时信息交易电价，完成电力交易计划和交易过程。

第五节　博弈论及其在电力市场中的应用

一、博弈论的发展史及其分类

博弈论又称为对策论或竞赛论，其实质是一种方法论。它是一种使用严谨数学模型来解决现实中利害冲突的理论。由于冲突、合作、竞争等行为是现实中常见的现象，因此很多领域都能应用博弈论如军事领域、经济领域、政治外交等，解决诸如战术攻防、国际纠纷、定价定产、兼并收购、投标拍卖、工程管理、文化娱乐甚至动物进化等。

博弈论与常规的优化决策理论的不同之处在于：①博弈论中参与者在利益上有冲突；②参与者要各自做出优化决策，并企图使个人的利益最大化；③每个人的决策和他人之间有相互作用，即他人的决策会影响某个人，而某个人的决策也会影响他人；④在博弈论中一般假定参与决策的个体均为“理智的”，从而进行理性的逻辑思维。

有关博弈问题的研究可以追溯到19世纪经济学中关于对策的研究，如经济学家Cournot和Bertrand研究少数制造商操纵和控制市场问题的论文。以后数学家Borel和Zermelo也做了大量工作。Von Neumann在1928年发表了第一篇求解“零和”问题的具有里程碑性质的论文。但是直到1944年，求解“零和”问题的博弈理论才由Von Neumann（诺依曼）及Morgenstern（摩根斯坦）进一步发展，并形成专著《博弈论与经济行为》一书。该书的出版标志着博弈论理论体系的形成，并从此得到广泛的传播和应用。

博弈论的更为深远和重大的发展，是在20世纪50年代和60年代。其中最重要的就是1950年由Nash提出的Nash均衡（纳什均衡）概念。简单地说，纳什均衡是指在对手的策略既定的情况下，各个对局者所选择的策略都是最好的。或者这样说，纳什均衡是指一旦给定你的策略，我所选择的是最好的；一旦给定我的策略，你所选择的是最好的。

1994年三位长期致力于博弈论研究实践的学者纳什（Nash）、海萨尼、塞尔顿共同获得诺贝尔经济学奖，1996年的诺贝尔经济学奖又授予在博弈论应用方面有重大成就的经济学家。可见，博弈论在经济领域中的地位和作用得到了社会的承认和权威性的肯定。

博弈问题有多种不同的分类方法，相应的求解方法也有所不同。按参与者之间是否存在互相协作，可将博弈问题分为“非协作博弈”和“协作博弈”两大类；按参与者获利之和的特性，可划分为“零和”博弈和“非零和”博弈；按静态和动态的观点，可分为静态博弈和动态博弈。

1. 非协作博弈与协作博弈

非协作博弈是指参与者互相独立，各自争取最大利益的博弈。其广泛应用Nash均衡概念来求解。在Nash均衡上，如果某一个人的策略变化而其他人的策略保持不变，会导致这个人的获利减少。非协作博弈是研究少数制造商操控市场的若干标准问题的理论基础，对于研究市场力（即一个或多个个体、有意或无意地运用博弈方法，对市场进行操纵和控制的力量）有重大意义。

非协作博弈中有两个最经典的问题，即Cournot duopoly问题和Bertrand duopoly问题。前者又称为Cournot模型，问题中两个生产商生产同一种产品，每个厂商必须在不知另一厂商决策的情况下决定自己的产品数量以使其获利最大。已知产品的市场价格是两个生产商总产量的函数，且是下降型的需求函数（产量越多，市场价格越低）。后者又称为Bertrand模型，该问题中的两个生产同一产品的厂商，要求各自独立选择商品的价格，以使获利最大。

“协作博弈”一般是指基于参与者结成联合体，共同协作争取联合体的最大利益，再将利益进行内部分配的博弈，有关方法称为联合的或协作的博弈方法。例如安理会投票表决、OPEC（石油输出国联合组织）限产保价等问题。这类问题重点放在联盟利益的分配上，它的理论和方法广泛应用于利益损失的共同分担问题。其难度较大，大量地用于投标和分配问题上，并已在电力市场中的发电竞争、用户投标、输电与转运决策及相应成本分配以及研究市场力中得到了进一步的开发和应用。另外，对同一问题，参与者如采用协作博弈一般可以获得比采用不协作博弈更大的收益。

2. 零和博弈与非零和博弈

博弈问题还可按参与者获利之和的特性划分为“零和”博弈和“非零和”博弈。在前者中，一个参与者的获利直接等于另一参与者的损失。例如下棋、扑克牌之类博弈问题大多属于“零和”博弈。而在“非零和”博弈中，参与者的获利和损失则不相等，即其代数和不必为零。这是更大量的博弈问题，是数学家Nash首先提出和解决的，即著名的Nash均衡及其相应求解方法。Nash均衡的概念及其求解方法已成为博弈学家最重要的工具，并扩展适用于各种博弈问题之中。

3. 静态博弈与动态博弈

博弈问题还可按“静态”博弈和“动态”的博弈，以及对各方信息掌握完美与否分为四大类：静态的有完美信息的博弈问题、动态的有完美信息的博弈问题（例如下棋，双方都清楚对方下过的招数），静态的有不完美信息的博弈问题、动态的有不完美信息的博弈问题。另外，上述每一大类问题还可衍生出进一步的问题，如动态博弈中历史信息的完美与否，博弈是否不断重复，博弈中是否涉及“恐吓”或诈骗行为，博弈中是否有用非理性的行为来参与博弈，以及解决问题过程采用的形式是规范形式还是扩展形式等。

上述各种因素使实际的博弈问题十分复杂，并使一个实际问题的解由于求解人采用的假定、运用的模型与策略不同而导致不同的解，参与者获利就有很大不同。这就需要采用在实践中运用人工智能技术等各种方法不断完善对博弈问题的求解能力。同时，应注意其他参与方的策略是否会变化，因此还要使决策有适应性和鲁棒性。

二、博弈论的基本原理与方法

本节简要介绍博弈论的思想精髓和基本概念，从五个方面描述博弈论的模型

$$G=\{P,A,S,I,U\} \tag{2-12}$$

其中，P为局中人，博弈的参与者，也称为“博弈方”。局中人是能够独立决策、独立承担责任的个人或组织，以最终实现自身利益最大化为目标。

A为各局中人的所有可能的策略或行动的集合。根据该集合是否有限还是无限，也可分为有限博弈和无限博弈，后者表现为连续对策、重复博弈和微分对策等。

S为博弈的进程，也是博弈进行的次序。局中人同时行动的一次性决策的博弈，如齐威王和田忌赛马，为静态博弈；局中人行动有先后次序，如下棋，为动态博弈。

I为博弈信息，能够影响最后博弈结局的所有局中人的情报，如效用函数、响应函数、策略空间等。打仗强调“知己知彼，百战不殆”，可见信息在博弈中占重要的地位，博弈的赢在很大程度上依赖于信息的准确度与多寡。得益信息是博弈中的重要信息，如果博弈各方对各种局势下所有局中人的得益情况完全清楚，如齐威王和田忌赛马，各种马的组合对阵的结果双方都不言而喻，为完全信息博弈。又如投标拍卖，博弈各方均不清楚对方的估价，为不完全信息博弈。由于信息不完美，博弈的结果只能是概率期望，而不能像完美信息那样有确定的结果。

U为局中人的获得利益，也是博弈各方追求的最终目标。在零和博弈中各方利益之间是完全对立的。变和博弈有可能存在合作关系，争取双赢的局面。

不管博弈各方是合作、竞争、威胁还是暂时让步，博弈论模型的求解目标都是使自身最终的利益最大化，这种解建立在对方也采取各自“最好策略”为前提，各方最终达到一个力量均衡，也就是说谁也无法通过偏离均衡点而获得更多的利益。这就是博弈论求解的本质思想。

三、博弈论与电力市场

电力市场的诞生为博弈论的应用提供了一个良好的“舞台”。一方面，各个市场参与者要尽力运用博弈论使自己在和他人竞争中取得的利益最大化；另一方面，市场监管组织要用它来预测和判断在市场参与者

各方的博弈行为下是否发生操纵市场、哄抬价格等不合理的竞争现象。例如，一些发电公司利用“必开机组”的机会抬高电价。一些发电公司组成利益集团，联合投标，以求最大利润等，都属于企图操纵、控制电力市场的行为。其中不合理的行为，必须予以监督、阻止，以及惩罚。由于电能是一种非常特殊的商品，电能交易形式又呈现多样化，用博弈论模拟电力市场，模拟的结果可能更加接近实际，为市场模式设计提供依据。因此，博弈论在电力市场中的应用研究具有很大的理论价值和实际意义。

1. 在购售电决策方面的应用

购售电决策与电力市场的模式有很大关系，例如，是联营体模式还是双边合同模式的交易。前者由联营体收集各参与者的投标情况（价格和电量），然后按统一原则评标。评标可以是一次性的，也可以是一次评完后各参与者还可以根据结果修正投标的多次评标过程。后者的双边合同可以在购电和售电双方经过“讨价还价”后签约，而且双边合同有各种不同形式，如现货、期货和期权合同；以及可以有风险回避的功能，如差价合同（CFD）等。两种市场模式在博弈决策时有很大的区别。

联营体模式下，参与者众多，若干发电公司或若干购电商可以结成联合体去投标，也就是协作博弈问题，这可以比各自独立去投标取得更大的利益，所得利益在联营体内合理分配。一般在这类博弈决策时，网络的输送容量是不考虑的。在联营体模式下各参与者也可不合作而各自决策，也就是非协作博弈问题。这类问题现在大量采用 Nash 均衡的概念。求解有许多参与者的博弈问题的 Nash 均衡是一个难题。

在双边合同模式下，则常出现两个对立的参与者的局面，买卖双方必须进行针锋相对的非协作博弈，但为了减少风险也可让步。但这种两个对立的参与者间的非协作博弈又和多个参与者的情况不同，求解时往往把每方的可能决策变为有限个离散的决定，并用矩阵形式表示双方决定的各种可能的组合以及相应的获利，并可较快地据此得到 Nash 均衡。

市场的规则及电价原则也对博弈有重大影响。譬如，是采用统一的市场电价还是采用现货电价，市场电价是否有上、下限等。市场参与者本身的特点也对博弈决策有极大的影响，例如售电参与者是火电厂、水电厂、核电厂、自备电厂等，又如购电参与者是中间商、供电公司及有或无自备电厂的大工业用户等都会影响决策，以使自己的利益最大化。中间商若自己不拥有电厂，要按市场波动价买电，并以统一价售给用户；而供电公司可能拥有小电厂（一般成本较高），要决定自己生产多少、外购多少，以最小成本满足区内用户。

另外，购售的商品性质也影响博弈对策的方法，如是期货市场、日前市场、旋转备用市场还是实时平衡市场等。在计及网络输送容量极限时，网络的阻塞也成为博弈中失败或取胜的因素。系统其他调节控制性能（如无功/电压支持、稳定性控制等）也同样影响博弈决策。甚至电力系统的运行工况如峰谷负荷、设备是否停运而造成阻塞、特殊的气候等都可对决策造成影响。所有这些问题都应做进一步的研究。

2. 在区域间功率交换、转运和输电成本分配方面的应用

区域间功率交换可以取得益处，如我国的西电东送，可得到错峰效益和水火联合调度效益，还可提高系统可靠性，减少装机和备用容量，降低成本，提高经济效益。互联网间短期功率交换是一种经济运行手段，既有合作又有竞争。为了解决该问题，可用古诺模型和 Nash 谈判方法来决策出双方都可接受的交换功率和交易价格。这类博弈多是双边合同性质的，也可由更高一层机构进行中央管理，其决策优化方法有所不同。

博弈论也可用于相应网络和联络线上输电成本的合理分配。一般地，当两个区域电力系统的市场清算价不同时，市场清算价高的区域电力系统供电商从经济的角度出发会向市场清算价低的区域电网发电公司购电，并支付相应的输电费和过网费。这类电力跨网交易决策的特点是，必须计及相应联络线的传输极限和相应的输电费用（联络线使用费或其他区域电力系统过网费），并应计算区域间交易带来的各种效益的量化值，以确定最优交易量、价格及时间。这和上述同一电力系统内的购售电投标有所不同。因为在同一电力系统内市场参与者投标往往不计输电约束，并常由运行部门考虑安全约束问题，再对电力交易进行修正。因为同一电力系统内的联系紧密，一般认为不发生输电阻塞问题。如真有阻塞出现，可人为将它分为两个“区域”处理，则有“区域”间交易发生。

在互联电力系统电力交易中，如何应用博弈理论进行优化决策，还有待进一步深化研究。不同的市场形式，如集中交易还是分散（双边）交易；不同的市场规则和政策；联络线的转运容量约束及输电成本考虑；如何计算交易可能带来的利益及所需费用及最终的利益分配等都需深入研究。

3. 在研究市场行为方面的应用

由于电力市场中各参与者企图通过各种策略来优化自己的获利，一些企图控制市场的不合理行为也由此出现。在市场设计时如何运用博弈论指导市场设计和规则制定，尽可能防止这类行为发生，以及在市场运营时如何运用博弈论判别及分析这类行为，并予以防止及纠正，也是博弈论在电力市场中成功应用的一个领域。

例如，仿真及理论研究表明电力市场中参与者可以联合起来，运用协作博弈方法进行投标来控制市场，特别是在参与者数量较少，而其组成的联合体占有大量市场份额时，情况更加严重，即出现寡头垄断问题。因此市场运营中必须防止和阻止这类市场力。另外，如果有市场参与者利用线路阻塞、特殊事件（停运、事故）和气候、峰荷时段、联络线瓶颈造成的必须运行机会，运用博弈方法和策略哄抬电价，也应及时识别并予以纠正。

以上介绍了博弈论在电力市场中的三个方面的研究，在其他方面，如：供电局可用其作为负荷管理以便取得最大利益；在电力市场环境下进行电站规划及筹资建设时，也可用它来优化决策；拥有自备电厂的用户，既可以从公用电力系统购电，也可以自己发电来满足自身的需求，为解决两者的冲突，可构造有关的博弈模型（如 Stackleberg 模型）来分析，使电力系统降低出售电价，使普通用户得到更多的益处；为了解决转运市场的双边贸易中输电系统固定成本分摊问题，可构造出基于多人合作的博弈模型，可以计算出逐条线路逐笔交易的分摊费用等，因而有广阔的应用前景。

但是应用博弈论进行决策时也存在着一定的缺点，主要是：Nash 均衡求解的困难较大；竞争各方互相保密，从而由于对方策略信息未知造成的决策困难；分析计算中的假定及简化影响决策结果的可靠性等。为了弥补单纯使用博弈论进行电力市场中投标和决策的缺点，各种人工智能的方法，如人工神经元网络、模糊理论、遗传算法及专家系统都被应用于电力市场决策研究中。这些方法可相互结合，以便结合人的经验和智慧进行市场决策。

博弈论和电力市场理论都是很年轻的科学，两者都有广阔的发展天地，两者的结合可以互相促进、互相发展。

第六节　电力市场中的风险理论

由于竞争机制的引入，电力市场中存在着许多不确定因素，即风险。为了尽量避免和减少由其带来的损失和其他后果，有必要在电力市场中实施风险管理。电力市场中的风险管理是指电力市场中的有关参与方通过风险识别、衡量、分析等环节，有效地控制、处理电力市场风险的方法和过程。

一、电力市场风险管理的意义

1. 对电力市场参与者的意义

为参与者提供一个安全稳定的生产经营环境，为广大员工提供安全保障和各种安全措施，为其解决后顾之忧，从而可以集中精力投入生产经营。

（1）保障参与者经营目标顺利实现。实施风险管理有利于参与者把生产经营中面临的风险损失减少到最低程度，并在损失发生后及时提供各种必备的资金补偿，直接或间接地减少了企业的费用支出，有助于获得稳定和日益增长的盈利。

（2）促进参与企业决策的科学化、合理化，减少决策的风险性。风险管理是用系统科学的方法处置各种风险，有利于减少和消除参与企业的风险。

（3）提高参与企业的经营效益。一方面，风险管理将处理静态风险的各种费用进行合理分摊，减少了费用开支，提高间接经济效益；另一方面，风险管理可促使参与企业的其他职能部门提高经营管理效益，减少风险损失。

2. 对社会和经济的意义

（1）有利于资源优化配置。风险管理的实施，在很大程度上能减少风险损失或为风险损失提供经济补偿，促使更多的社会资源合理地流向所需部门。因此，风险管理有助于消除或减少风险所带来的社会资源的浪费，提高社会资源的利用程度。

（2）电力市场风险管理，有助于消除市场竞争机制给整个经济社会带来的灾害损失及其他连锁反应，有助于社会生产的顺利进行，促进经济稳定发展和经济效益的提高。

（3）有助于提供和创造有利于经济发展与保障人民生活的社会经济环境。它主要通过对损失的控制和风险发生后及时提供的经济补偿来实现。

二、电力市场风险管理分类

电力市场中构成风险的因素很多，为有效地实施风险管理，必须对电力市场中的风险管理进行分类。

（1）按电力市场中风险管理的对象可分为电价、容量和备用风险管理等。

（2）按电力市场中风险的成因可分为客观与主观风险管理。

（3）按风险涉及的范围可分为发电、输电、配送和用户环节风险管理。

（4）按风险的承担主体可分为发电、输电和用户方风险管理。

三、电力市场风险管理程序

1. 风险识别

风险识别是风险管理的基础。电力市场风险管理人员进行实地调研后，运用各种方法对电力市场中潜在和存在的各种风险进行系统归类和全面识别。

2. 风险衡量

风险衡量是指，对特定风险发生的可能性或损失的范围与程度进行估计与衡量。只有准确地衡量风险，才有助于有效地处置风险，并实现最小费用支出，获得最佳风险管理效果的目的。

3. 风险管理对策的选择

在前述两个阶段即风险分析的基础上，根据风险管理的目标和宗旨，选择风险管理的各种工具进行最优组合，以便有效地处置各种风险。

4. 执行与评估

风险管理决策实施及其效果评价，实质在于协调使用风险管理的各种工具。“执行”是指实施所选择的风险管理对策，且不断地通过各种信息反馈检查风险管理决策及其实施情况，并视实际情况不断地进行调整和修正，使之更接近风险管理目标。“评估”包括风险识别、风险衡量、选择各种处置风险的工具以及风险管理决策等各个方面的评估。

四、电力市场风险管理办法

风险管理办法一般分为控制法和财务法两种。

1. 控制法

控制法是指运用多种风险控制工具，力争在风险事故发生之前，消除各种风险隐患，降低风险事故发生的概率。在损失发生的时候，积极采取各种措施，使风险事故损失降低到最低限度。这个传统的风险管理技术在电力市场的风险管理中运用较为普遍，但随着市场经济环境的建立，更多的来自法律、技术、社会、经济和环境等多方面的压力，控制法暴露出了其局限性，加上种种因素的制约导致企业对各种风险预测不可能完全准确，常常使风险事故的发生无法避免。

2. 财务法

财务法是指风险事件发生后已经造成损失时，运用财务工具，对损失的后果给予及时补偿，促使其尽快恢复的一种方法，即电力市场中有关参与者在损失发生后以经济手段做出对损失的补偿。它包括风险自留与风险转嫁两种方法。

（1）风险自留。通过内部的资金融通或者借入资金补偿风险事故损失，即为风险自留。根据风险损失前有无资金安排，可分为有资金预备和无资金预备的风险自留。

无资金预备的风险自留，意味着要有意识地为风险事故损失进行支付，但在损失前无资金安排。如果有风险事故发生，则应从当年的净收入支付。无资金预备的风险自留必须谨慎使用，因为如果实际损失大于预期的损失，就会造成严重的财务后果，所以，该手段不是严格意义上的风险管理办法。有资金预备的风险自留是企业通过提取准备金，或安排应急借贷等多种形式筹措资金，确保在风险事故发生时，有现金可以支付。

企业自留筹措资金的方式有以下两种。

1）提留准备金。企业每年从现金流量中提取一笔资金积累起来作为意外损失准备金，以应付将来可能遭遇的风险损失。该准备金在损失发生前，可用以安全性高的、兑现能力强的投资活动。由于预期损失与实际损失可能存在差别，因此建立意外损失基金还需辅以其他控制型技术。

2）应急借贷。企业向银行或其他金融机构贷款，旨在风险损失发生时有资金弥补损失，以后用纯收入还款。借贷资金可以为风险自留提供有限的弥补风险事故损失机会。

电力企业生产经营的产品为电能，产品需求的普及性要求电力配送的渠道十分广泛，使得电力企业的资产分布具有广泛性、分散性、敞露性等特点，其遭受自然灾害和意外事故的频率较高，故电力企业对意外损失准备金的总量限额难以把握。另一方面，从电力企业的资产负债表可以看出，虽总资产价值高，但资产的流动性较差，而且在风险事故发生后向银行贷款有一定的难度，所以风险自留在电力企业风险管理中的使用受到限制。此外，由于过去对各种风险的有关信息的收集与登记、统计与整理做得不够，尤其是我国法律制度的逐步完善使电力企业面临着财产损失风险、责任风险、信用风险和人身风险的预测能力较低，这也制约了风险自留技术的使用。

(2) 风险的保险转移。保险转移是风险管理较为常用的方法之一，它是一种转移风险事故损失的方法。只要投保人按保险合同的约定，定期缴纳小额保险费，一旦保险合同约定的风险事故发生，保险人就应按照保险合同补偿保险人的损失。

虽然保险在发达国家是企业风险管理较为普遍的手段之一，但在中国，目前许多因素影响了电力企业运用保险技术来转移风险。首先是电力企业对风险保险转移成本与效益的考虑。在对某一风险进行投保时，应考虑到保险的期望损失值是否小于不投保的期望损失值，即考虑到投保的期限和保费与支出是否能换回期望的风险保障。如果说未来发生风险的期望损失金额还不及所缴纳的保险费，那么企业是不会投保的。其次是保险公司对承保风险的限制。商业保险公司为保证公司经营的稳定性，在承保时对风险有所筛选，只对满足可保风险的部分风险予以承保。最后，还有保险商品的适用性问题。电力企业风险有其自身的特点，财产风险暴露较多，涉及的风险种类也多，不仅包括财产风险、信用风险、人身风险，而且还包括责任风险，保险公司针对整个项目涉及一揽子保险商品的专业水准有限，影响了电力企业对保险技术的运用。这种情况随着保险公司经营水平的提高会有所改善。

在新的经营环境下，电力企业的风险意识正在逐步加强，风险保险转移的要求越来越强烈。保险公司为适应市场需求，于 1999 年在全国正式推出了“供电不胜任保险”，承保电力企业中断供电给第三者带来的人身伤害和用户的财产损失而承担的民事赔偿责任。该险种一经推出，就得到积极响应。

可以预计，保险作为一种市场化的风险转移手段，在电力企业的风险管理中扮演着越来越重要的角色。

习题与思考题

1. 如何划分能源的种类与分类？

2. 什么是需求曲线？什么是供给曲线？

3. 试简要论述市场均衡的基本原理。

4. 试简述电力市场生产成本的构成。

5. 单项选择题：电力市场中可用于交易的商品是（　　）。

A. 电力与电量　　B. 供电设备　　C. 发电设备　　D. 电力服务

6. 从市场结构出发，试分别论述垄断模式、发电竞争模式、趸售竞争模式、零售竞争模式的主要特征及其各自的优缺点。

7. 单项选择题：如果电力市场中存在大量买者和卖者，他们在市场中所占的份额均微不足道，无法通过个体的买卖行为影响市场总产量及市场价格，则这种市场属于什么市场类型（　　）。

A. 完全垄断市场　　B. 垄断竞争市场　　C. 寡头垄断市场　　D. 完全竞争市场

第三章 电力市场结构及其运营模式

第一节 引 言

电力市场是电力工业重构和市场化运营的必然结果，近二十多年来得到了迅速发展。20 世纪 80 年代末期，英国率先实行电力工业私有化改革，并提出了轰动世界的 De-regulation，即解除管制的理念。其含义是尽量减少市场管制和干预，并从商业运营的角度将发电、输电和配电的主要功能分解成相互独立的实体。

实际上，英国电力市场是将垄断的电力工业全面解除管制、引入竞争形成的，而美国的电力市场则是在全面私有化基础上进行的，它们是最具代表性的两种电力市场结构模式。英国的强制型电力库（Power Pool）模式、NETA 模式以及 BETTA 模式广受关注。美国加州的市场化改革虽然起步较晚，但却独树一帜，改革伊始就力图设计一种完美、超前和具有表率作用的市场模式。在 2001 年加州电力危机出现之前，这种模式曾一度受到许多学者的推崇。然而，加州电力市场仅仅运营了两年多的时间便出现了严重的电力危机，并导致惨重失败。这种结果远远超出了人们的预料，促使人们细致地思考改革中可能遇到的各种因素和困难，更加稳妥地进行电力市场化改革。加州电力危机的教训和英国电力市场的经验，将对我国电力市场结构和运营模式的设计产生深远影响。

目前，许多国家和地区都在相继进行电力体制改革、结构重组，建立电力市场，以此提高运营效率和效益。世界上主要的电力市场有英国电力市场；美国加州、PJM 和 NEPOOL 电力市场；澳大利亚电力市场；新西兰电力市场；阿根廷电力市场；北欧电力市场等。

不同国家电力市场的运营模式可以归纳为两大类：①发、供、用电沿用垂直一体化管理，只是进行有限和局部的改革。采用这种模式的国家有法国、日本、印度、苏格兰、巴基斯坦，以及美国的一些州。②发、供、用电环节解除或放松管制。采用这种市场模式的国家和地区有英国、美国加州、新西兰、澳大利亚、挪威、阿根廷、秘鲁、智利等。虽然各国电力市场的结构互不相同，改革所处阶段及所遇到的问题也不同，但它们都有一些共同的特点。

（1）电价改革是关键。

（2）规模效益日渐消失。垄断导致规模效益越来越低，已无法补偿因低效带来的损失。同时，规模效益的下降和非增性质，已经影响到了输电定价的经济学理论基础。

（3）发电侧首先引入竞争，现货与合同交易并举。

（4）供电领域逐步开放，先从大用户再到所有用户均可自由选择供电商。

（5）输电网垄断经营，挖掘和发挥其自然垄断的潜力。输电网的自然垄断特性说明，电网不能重复建设，应该组建国家电网公司实行开放式的垄断经营。

（6）在能源结构调整和新能源与可再生能源高比例接入电力系统的场景下，需要一种灵活高效并兼具经济导向作用的能源价格体系。

（7）实施有限但严格的监管。监管必不可少，且应具备实时反馈和灵活调节的功能。为了保护公众的利益，必须对具有垄断性质的环节实行有限的管制，其最终目的是用法律手段规范市场，保证市场竞争的公平和公正。

我国已经明确了分阶段实施电力市场的战略，确定了首先实行“厂网分开、竞价上网”的方针。早在 1998 年就开始了电力市场的试点，先后指定山东、浙江、上海、辽宁、吉林和黑龙江 6 家电力公司作为模拟试点单位，由此迈出了市场化运营的第一步。经过几年的市场培育和探索，国务院和原国家经贸委于 2002 年将最初确定的“省为实体”的改革方向调整为：完善现实的省级电力市场，加快发展区域电力市场，逐步培育国家电力市场；形成以区域电力市场为主，国家市场和省级市场为辅，统一开放、协调联动的电力市场体系。同时，围绕四个核心进行改革：厂网分开；竞价上网；建立科学合理的电价形成机制；建立国家级电力监管委员会。

在上述电力市场中，目前既保留了富有计划色彩的长期合约电量，又安排了具有竞争性质的竞价上网电量。为了保证市场的稳定性和改革的逐步推进，这些市场的合约电量均维持在总量的80%～85%，竞价上网电量仅占年度总电量的10%～15%。随着改革的不断深入和完善，参与竞价的电量份额和市场竞争力度将逐步加大，我国的电力市场改革必将走向成熟和成功。

第二节　电力工业重构产生的新实体及其应用组合

电力工业由传统模式走向电力市场引发了解除或放松管制（De-regulation）、机构重组的复杂过程，并衍生许多新的实体。这些实体包括：

（1）发电商G（Generator）；

（2）发电经纪商PM（Power Marketer）；

（3）电能交易中心PX（Power Exchange）；

（4）独立系统操作员ISO（Independent System Operator）；

（5）辅助服务供应商AS（Ancillary Service Provider）；

（6）电网拥有者GC（Grid Company）；

（7）计划协调者SC（Scheduling Coordinator）；

（8）零售商R（Retail Service Provider）；

（9）配电商D（Distribution Service Provider）。

上述实体中，有些我们已经熟知，另一些如ISO、PX、SC等则是电力市场环境所独有的，这些实体将在本章后面各节中分别加以分析和说明。

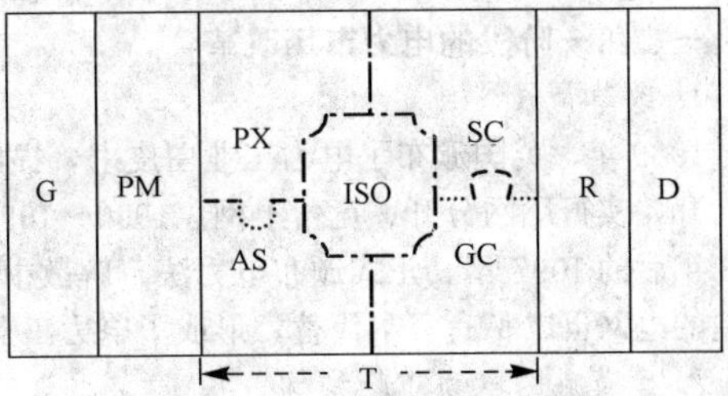

图3-1　各种实体在电力市场中的位置

不同实体在电力市场中的位置如图3-1所示。图中，输电部分T包括GC、ISO、PX、SC和AS五部分，是最重要、也是最复杂的环节。

根据市场结构的复杂程度，不同国家应用这些实体的组合方式有很大差别。其典型应用情况如下。

（1）英国电力库（Power Pool）模式。在英国第一次改革的电力市场中：只有NGC一个机构，它集ISO、PX和GC功能于一身；另设辅助服务交易商AS；没有计划协调机构SC。

（2）美国PJM电力市场。ISO与PX合二为一；SC、GC和AS相互独立。

（3）美国加州电力市场。所有机构（ISO、PX、SC、AS）都有，实行ISO和PX相互独立的结构模式。

（4）挪威电力市场。ISO与GC合而为一；PX、SC和AS独立运营。

在竞争性的电力市场中，各个实体对软件的具体要求可归纳为：

（1）GC：需要高水平的规划和分析工具，潮流及稳定分析软件。在电力市场环境下，需要考虑拥堵管理、可用输电容量和最大输电容量计算等软件。

（2）PX：带安全约束的UC程序，交易评估及结算软件，电子公告发布与信息交互处理系统。

（3）ISO：预调度和实时调度软件，最优潮流（OPF），预想事故分析，辅助服务交易软件。

（4）SC：系统优化软件，市场评估与合同优化，投标策略和计量软件。

第三节　英国的电力市场

英国电网包括英格兰和威尔士、苏格兰、北爱尔兰三个独立电网。前者已实行电力市场运营，后两者由于其用电量仅占全英国的10%，尚未进行市场化改革。市场化意义上的英国电网，通常是指英格兰和威尔士电网。到2000年为止，英国电力工业的基本情况如表3-1所示。

表 3-1 2000 年英国电力工业的现状

	装机容量（万 kW）	年发电量（亿 kW·h）	最高负荷（万 kW）
英格兰和威尔士	6200	—	5000
苏格兰电网	969	—	585
北爱尔兰电网	230	—	152
合　计	7399	3379	5737

英国电力市场的重大改革可以划分为四个阶段。

(1) 1989 年以前为垄断运营阶段。1989 年以前，电力由国家经营，为公有制。专设中央发电局（Central Electric Generation Bureau，CEGB），全面管理英格兰和威尔士电网的发电、输电和配电，实行高度垄断。

(2) 第一次改革阶段（1989～2000 年）。其标志是，以 1990 年 3 月 31 日成立的国家电网公司（NGC）为依托，采用强制型电力库模式。

(3) 第二次改革阶段（2000～2005 年）。此次改革 1997 年开始酝酿，2000 年正式运作。其标志是，引入了新的市场机制和交易模式 NETA（NEW ELECTRICITY TRADING ARRANGEMENTS）。

(4) 第三次改革阶段（2005 年至今）。其标志是，实施“英国电力交易和输电协议 BETTA（British Electricity Trading and Transmission Arrangements）”。

一、第一阶段的电力市场改革

1. 改革背景

1989 年，英国颁布了电力工业白皮书，提出将电力工业私有化和实行自由竞争的市场经济政策。1990 年，开始实行厂网分开、竞价上网。1990～1995 年，发电公司、配电公司、国家电网公司的股票陆续上市。到 8 年后的 1997 年，正式颁布电力法、解散中央发电局 CEGB，拍卖电厂和地区供电局的股份，并将国家控制的电网也以私有资本代替，形成了电力工业私有化的格局。

2. 改革后的电力市场结构

第一次电力市场改革后，英国电力市场的组织结构如图 3-2 所示。其主要特征如下：

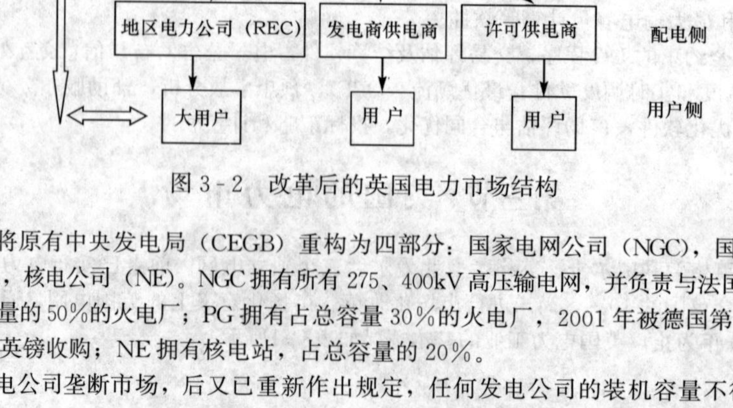

图 3-2 改革后的英国电力市场结构

(1) 发电侧。将原有中央发电局（CEGB）重构为四部分：国家电网公司（NGC），国家电力公司（NP），国家发电公司（PG），核电公司（NE）。NGC 拥有所有 275、400kV 高压输电网，并负责与法国和苏格兰的电气联络；NP 拥有占总容量的 50%的火电厂；PG 拥有占总容量 30%的火电厂，2001 年被德国第二大电力公司(E·ON 公司）以 51 亿英镑收购；NE 拥有核电站，占总容量的 20%。

为防止少数发电公司垄断市场，后又已重新作出规定，任何发电公司的装机容量不得超过系统总容量的 25%～30%，而且鼓励独立发电商 IPP。到 1997 年底，发电商和供电商（含从法国和从苏格兰进口的电力）的数量已经达到了 28 个。

(2) 配电侧。改革之初共有 12 家地区电力公司（REC），其中 8 家由美国公司控股，负责向终端用户供电。这些公司拥有 240V～132kV 的输配电网络，负责给终端用户售电。到 1997 年底，配电侧的供电商数量已经达到 33 个。

(3) 用户开放。从大用户到小用户，再到所有用户逐步开放。开放的对象，最初界定为 10MW，约 400 个用户；之后为 1000kW，约 5000 个用户；1994 年为 100kW，约 40000 个用户，1997 年增至约 55000 个。1998 年 4 月 1 日，取消功率的限制，所有用户原则上均可自由选择供电商。

(4) 市场监管。1999 年成立电力管理办公室 OFGEM 和电力供应主管机构 DGES，取代前期的电力管制办公室 OFFER。市场监管机构的职责是：保证满足用户用电需求，促进发电侧和用电侧竞争，保护用户合法权益，提高效率和经济运作，促进新技术的研究与发展，促进环境保护。

(5) 电力库（Pool）。是电力市场的交易中心，所有交易均需通过 Pool 实现。Pool 以电力库购买价格 PPP 购电，以电力库销售价格 PSP 售电。由于 Pool 中的电能价格存在不确定性（Volatile），因此交易双方需通过签订金融差价合同 CFD 或 EFA 共同承担价格风险。

3. 电力市场的交易方式

在电力市场中，买卖双方均通过电力库（Pool）进行交易。同时，为了规避市场价格波动带来的风险，允许供需双方签订长期的金融差价合同（CFD）。也就是说，金融差价合同只是买卖双方的事情，合同内容与电力交易中心无关。

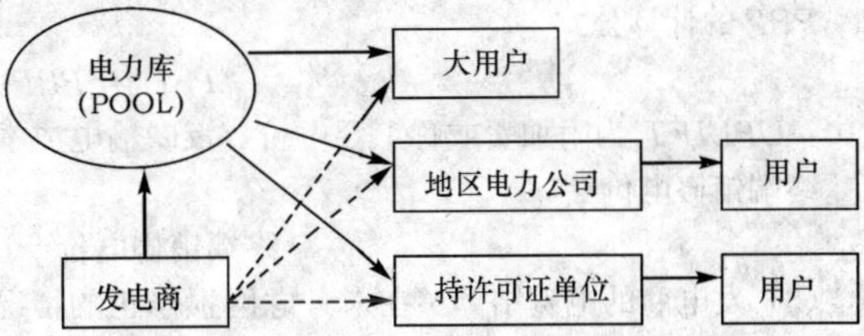

图 3-3 英国电力市场的两种贸易方式

第一阶段电力市场的交易模式如图3-3所示。图中实线代表商品流（即潮流），将交易各方和电力库连接起来；虚线表示参与金融差价合同，与买卖双方相连接。

4. 电力市场的运作时序、定价过程及电费结算

(1) 市场运作时序。市场运作原则是发电侧各独立发电公司竞价上网；NGC 负责输电网络的管理、维护、建设及系统调度、Pool 运作和结算。

每 0.5h 为一个交易时段，称为结算时段。每天 48 个时段，对应 48 个结算电价。电力市场中各种时段的划分如图 3-4 所示，具体如下：

1) 当日 05：00～次日 05：00 为一个计划日（Schedule day），价格按每个计划日进行申报。该时间段的选取是为了保证低谷负荷的平稳过渡，不同的电力市场可以根据具体情况定义不同的时间段。

2) 当日 00：00～次日 00：00 为一个结算日（Settlement day）。

3) 21：00 经一个计划日到下日 12：00 为一个可用容量申报期（Availability Declaration Period，ADP），也称"计划运行期"。

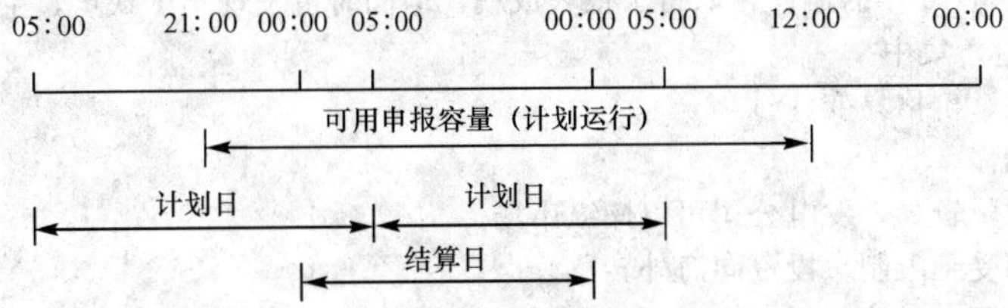

图 3-4 电力市场各种时段的划分

(2) 定价过程。①每天发电商申报发电价格和可用容量；②负荷预测；③排序，安排"无约束发电计划"（Unconstraited Schedule），满足负荷和备用需要；④计算电力库的购电价格 *PPP*（Pool Purchase Price）；⑤计算电力库的销售电价 *PSP*（Pool Sale Price）；⑥计算终端销售电价。

PPP 的计算公式为

$$PPP = SMP + CE \tag{3-1}$$

$$CE = LOLP \times (VOLL - SMP) \tag{3-2}$$

式中：SMP为System Marginal Price，系统边际运行电价（电量电价），英镑/（kW·h）。

根据机组参数和负荷预测数据，由ED程序算出。在英国，一般为15～45£/(MW·h)；[CE为基本电价(容量电价)，英镑/（kW·h)。其数值很小，一般可以忽略；] *LOLP* 为 Loss of load probability，容量不足概率，由电网公司计算。发达国家数值很小，如0.0002＝0.073天/年≪国际通用值0.2天/年；*VOLL* 为Value of lost load，停电损失值，每年由政府确定一次。如1998年为2£/（kW·h）[2000£/（MW·h）]，2000年为2.458£/(kW·h)。

实际算例：1991年3月21日，01：00～01：30时段的 *SMP*＝27.58£/（MW·h），*LOLP*＝0.0002，*VOLL*＝2000£/（MW·h)。则

$$PPP = SMP + LOLP \times (VOLL - SMP) = 27.58 + 0.394 = 27.974\text{£}/(\text{MW}\cdot\text{h})$$

由此可以看出，发达国家的 *PPP* 主要与 *SMP*（电量成本）相关，而与 *CE*（容量成本）关系不大。也就是说，来自容量成本的盈利很少，不鼓励容量投资。这与我国电力工业的现状不相符合。另外，*VOLL* 的数值相当宏观和模糊，当 *CE* 值很小时可勉强应用，但当 *CE* 值很大时则不能采用。还有，对 *CE* 的计算无法区分不同类型电厂的成本特性差别，如基荷机组和调峰机组固有的成本差异。

PSP 的计算公式

$$PSP = PPP + UPLIFT \tag{3-3}$$

式中：*UPLIFT* 为附加费或称上浮电价，反映输电成本的提升量，需另行计算和考核。

终端销售电价

$$终端销售电价 = PSP + 网损校正$$

（3）发电商的电费结算。在未考虑网损修正的情况下，参与竞争的发电机组因所处运行状态或性质的不同，其收益也不相同。各种情况下发电商所得电费的结算方法见表3-2。交易后一个月进行财务结算。每月25日将电费寄往或划拨到银行账号。若有争议或疑虑，允许在一定时间内提出异议或要求法院判决。

表3-2　发电商所得电费的结算规则

序号	运行情况	性质	电费结算
1	统调机组提供容量，已列入无约束调度计划，实际运行	计划	*PPP*＝*SMP*＋*CE*
2	统调机组提供容量，已列入无约束调度计划，但未运行	调节备用	（*PPP*－报价）即利润损失
3	统调机组提供容量，但未列入无约束调度计划，实际运行	调节发电	报价＋容量费
4	统调机组提供容量，但未列入无约束调度计划，实际未运行	停备	容量费

二、第二阶段的电力市场改革

1. Pool模式存在诸多缺点

英国电力市场经过近10年的运作，取得了很大成就，但同时也发现不少缺点，主要表现在如下方面。

（1）NGC的职能过于集中。

（2）缺少物理合同，价格易变。

（3）对用户开放缓慢。

（4）发电竞争者数量较少，发电公司可以操纵市场。

（5）由于利润空间受到限制，投资向海外转移。

（6）现有交易机制复杂、有缺陷。例如，个别发电商以零报价挤进市场，却能以同时段的 *SMP* 价格结算。

为此有人提出采用差别付费（pay as-bidding）的思想，试图对中标的发电商按其实际报价结算。但是，差别付费是否会在一段时间后，促使多数发电商的投标价格趋于一致，进而又返回到按 *SMP* 结算的路子上来，也是一个值得研究的课题。

2. 推行NETA新模式

为克服强制性电力库模式的缺点，英国于1997～1999年开始酝酿新一轮更为彻底的市场改革方案，并

完成了新方案的设计和法规的定义。从2000年12月起，新的电力市场模式（简称NETA）开始运行。设计NETA模式的出发点是：降低批发电价，比如10%；保证即时和长期供电可靠性；价格透明，使用户真正参与价格的制定过程；促进发电市场公平竞争，鼓励对环境型发电项目进行投资。

NETA模式的突出特点如下。

（1）细化市场，引入新的市场体系。NETA模式主要以双边交易为基础，由发电商自行调度所属机组，而不再由NGC进行集中调度，拥有远期、期货和期权市场、短期双边市场和平衡市场三级交易系统，外加一个结算中心。①远期、期货和期权市场：远期合同可以是双边金融合同（如CFD），也可以是物理合同，它占交易的大部分，对稳定电价起着决定性作用；期货和期权市场确定提前数年的电能贸易及价格，可更好地指导市场成员的投资决策、刺激技术革新、降低投资成本，也为交易双方躲避经济风险创造条件。合同市场由社会上的商品交易中心负责，它在某种意义上类似于加州的PX。②现货市场：与以往结构类似。③平衡市场：平衡市场在实时运行前4h开市，到相应时段运行结束时为止，滚动进行。用户可自由选择参与合同市场或平衡市场。如选择平衡市场，则无论供方还是需方，都只能与NGC签订平衡合同。除此之外，还有相应的拍卖机制。

（2）削减NGC的功能。新的机制下，NGC只负责平衡市场。平衡市场完成实时调度、阻塞调度及平衡合同的任务。系统平衡的费用（如辅助服务费用）与阻塞调度费用分开结算，这与以前将阻塞调度费用平均分摊的方法有本质的区别。

（3）开放各类市场，扩大用户参与。旧模式中用户不参加竞争，NGC仅利用发电报价和负荷预测结果，用网络约束修改发电计划实现供需平衡。新模式中，各类市场均对用户开放，实行自由贸易。

NETA模式的市场分类及签约方式如下。

（1）长期市场。基本特征：通过交易方的双边交易；交易不细化到每0.5h间隔；交易量很大；长期交易基于年度基本负荷；逐步向有组织的标准化产品交易过渡。

（2）中期市场。基本特征：可以通过交易方或交易中心进行电能买卖；交易基于季度、月或周的基本负荷；交易产品相对标准化；部分交易可以细化至0.5h的交易时段；交易量较大。

（3）短期市场。基本特征：可通过交易方、交易中心或日前拍卖进行电能买卖；标准化产品交易（0.5h或基于0.5h的简单组合）；参与者很多，但大多数交易量不大。

（4）实时市场（平衡市场）。基本特征：SO不具有直接控制发电机组的权力，只能根据不同位置的发电商或供电商的竞价来增加或减少出力以维持系统的平衡，并负责结算；体现发电机和用户在短时间内的反应能力；电能交易量有限。

长期、中期合同市场和短期市场都是由发电商和售电商签订供需合同。无论是以OTC（Over-The-Counter，不通过交易中心直接售电给用户）方式签订，还是通过PX签订，合同都将分解为每半小时的交易量。合同市场在实施前$T=C$时刻关闭。NETA实施之初，C为3.5h。通过积累运行经验并根据市场参与者的要求，C已减少为1h，C时刻前的半小时被称为截止期（Gate Closure）。在截止期内，市场参与者向调度中心SO和结算系统ELEXON提交合同位置、发电和需求方的有功功率大小等数据，如图3-5所示。

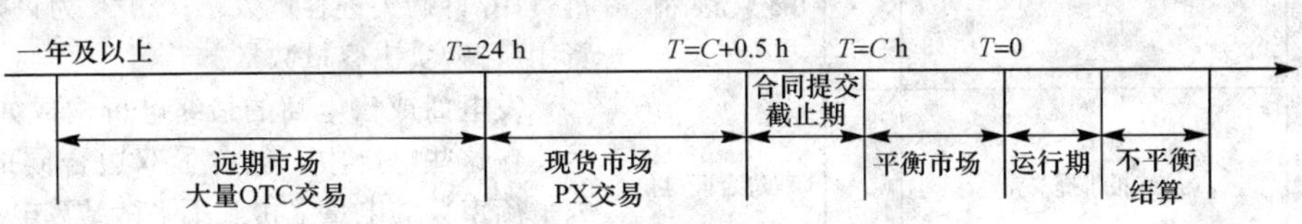

图3-5 NETA交易模式

3. 平衡市场的机制及其运作过程

（1）平衡市场的目的与实质。平衡调度的目的是使系统调度员能够按照收到的增减出力（负荷）及报价，调整发电和负荷水平，从而维持能量平衡和安全运行。与传统意义上的市场概念不同，在平衡调度机制中只有系统调度员（ISO）才能接收增加出力及其报价。因此单从这一角度上看，它并不是一个真正的完全自由竞争的市场。

平衡服务合同实际上是一种期权合同。通过签订期权合同，NGC可以只提前很短的时间通知参与平衡市场的成员调整其出力或负荷。这种平衡服务合同可以指定一些 Offers 或 Bids 以预先确定的价格进入平衡市场，并保证 Offers 和 Bids 的数量要足够多。为了引入这种非常灵活的平衡服务合同，对 Offers 和 Bids 的调度可能需要基于分钟级，同时结算系统也需要新的功能来将调度指令转化为 0.5h 调整量。

Offers 和 Bids 是指市场成员自愿向系统调度员申报的增减出力（或负荷）及其报价。Offers 是指发电商增加出力或用电方减少负荷而使系统裕度变大的报价，Bids 则是指发电商减少出力或用电方增加负荷而使得系统裕度变小的报价。平衡市场向提供 Offers 的成员付费，向提供 Bids 的成员收费。平衡调度的费用将按每个成员在每个交易周期内分别被接受的 Bids/Offers 进行计算。

如何建立一个先进的电力市场信息管理系统，并使其与现有的计算机系统充分实现信息共享，以满足电力市场平衡调度对信息传递的要求，这是一项比较艰巨的任务。

（2）设计平衡市场的原则。平衡市场机制应遵循以下原则：①按投标价格进行结算（pay-as-bid）；②不平衡结算时，实时调度电量按分钟进行累加；③在某个时段，参与平衡服务的市场成员和市场调度员都是确定的；④Bids 和 Offers 必须在市场关闭后发送给市场调度员，调度员不准在此之前接收任何 Bids 和 Offers，目前每个交易时段的平衡调度周期暂定为从该交易时段前 1h 开始直至该交易时段结束，共计 1.5h；⑤通过改变平衡机组的最大输出和输入限值，Bids 和 Offers 可以在调度员接收之前收回；⑥Bids 和 Offers 必须成对发送，每台平衡机组可以发送多对 Bids 和 Offers。

（3）平衡市场的结算。平衡市场的结算分为信息不平衡结算和能量结算两种。信息不平衡是指，平衡机组或负荷的最新申报出力或负荷水平（FPN—Final Physical Notification Data）与实际量测值之间存在差异。也就是说，向调度员提供不准确合同信息的市场成员需为此付出代价。对信息不平衡进行收费有助于促使市场成员尽可能提供准确的信息。

能量结算是指对调度员接受的 Bids 和 Offers 进行结算。实时交易中出现的能量不平衡，分别按系统买电价格 *SBP*（System Buy Price）和系统卖电价格 *SSP*（System Sell Price）进行结算。*SBP* 是指以成交电量为权重的加权 Offers 价格，*SSP* 则是指以成交电量为权重的加权 Bids 价格。这种结算方法简单明了，还可反映平衡市场除维持系统平衡之外的其他辅助服务的操作费用。

系统买电价格 *SBP* 和系统卖电价格 *SSP* 的计算公式分别为

$$SBP = \frac{\$TAQ + BCA}{TAQ + BVA} + BPA \tag{3-4}$$

$$SSP = \frac{\$TAB + SCA}{TAB + SVA} + SPA \tag{3-5}$$

式中：$\$TAQ$、$TAQ$ 分别为 SO 接受的 Offers 总费用和总数量；$\$TAB$、$TAB$ 分别为 SO 接受的 Bids 总费用和总数量；BCA、BVA 分别为 SO 买进系统服务的费用和数量；SCA、SVA 分别为 SO 卖出系统服务的费用和数量；BPA 为订购买进容量费用/订购买进容量数量；SPA 为订购卖出容量费用/订购卖出容量数量。

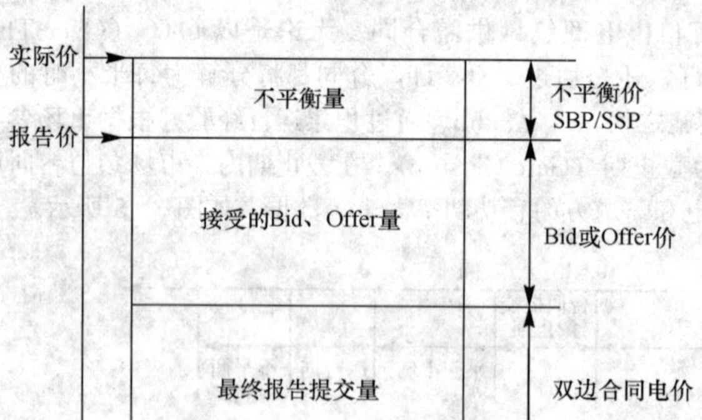

图 3-6　发电商或售电商的最终电价构成

发电商或售电商的最终电价构成如图 3-6 所示。在这些电价中，包含了双边合同的电量电价和平衡市场的电量电价及不平衡结算电价。

三、第三阶段的电力市场改革

1. 改革背景

1989 年以来，英格兰和威尔士地区的电力市场改革成效显著。参与市场竞争的发电公司已从 1990 年的 3 家增至当时的 36 家，市场电价持续降低，终端用户得到了益处。然而，苏格兰地区的电力体制改革却相对滞后，绝大部分市场被三家公司（苏格兰电力公司、苏格兰和南方能源公司及英国能源公司）垄断，限制了跨区电力输电，使缺乏市场竞争、市场容量小、供需极不平衡、电价居高不下等矛盾凸显。因此，苏格兰地区的整体电力市场改革势在必行。

2. 实施统一的“英国电力交易和输电协议—BETTA”

为了缓和供需矛盾，英国电力管理办公室（OFGEM）提出了新的改革设想，即对苏格兰电力体制进行改革，将NETA模式在全英国范围内推行，建立了统一的英国电力交易和输电协议（British Electricity Trading and Transmission Arrangements，简称BETTA）。该模式于2005年4月开始实施，旨在建立全英范围内的电力批发机制，促进电力市场的良性竞争。

BETTA模式的创新点如下。

（1）以NETA模式为基础，建立全国统一的电力交易、平衡和结算系统，统一了输电定价方法和电网使用权合同。制定了《英国电力平衡与结算规范》《联络线与系统使用规范》，在全国范围内实行单一的交易、平衡和结算机制，使电力市场的扩展、运行、管理、监管更为容易，运营成本更低。

（2）建立了唯一的国家级系统操作机构（Great Britain System Operator，简称GBSO），负责电力调度，保证系统安全和供电质量。

（3）修订《国家电网公司电网规范》和《苏格兰电网规范》，制定了新的、独立的《英国电网规范》。

（4）制定新的《系统运行机构与输电网拥有者协议》，明确界定了系统运行机构与输电网拥有者的职责范围。

（5）消除了跨大区电网的使用障碍。建立了新的英格兰—苏格兰高压电力输送网络，市场范围扩大，对参与者更加开放。

BETTA模式的主要优点如下。

（1）进一步消除垄断，降低电力市场的运行成本。在BETTA市场中，国家级系统操作机构GBSO负责全国电力系统的平衡与调度；国家电网公司的职责有了很大调整，它已不再是整个不列颠地区的系统运行机构，而只是英国输电系统的拥有者之一。

（2）提高了英国电力交易批发市场的竞争程度，促进了苏格兰地区电力市场的竞争与发展。引入BETTA模式后，市场参与者可与国内任何地方的其他参与者签订买卖合同，自由进行交易。对苏格兰地区而言，供应商面临范围更大、竞争更激烈的电力批发市场，并代表用户购买所需电力和电量；发电商将参与全国范围电力批发市场的竞争，可以方便、自由地与英格兰和威尔士地区的供应商进行买卖。

（3）促进可再生能源发电，实现能源合理配置。在BETTA市场中，苏格兰地区的可再生能源发电商能够与全英国的供电商直接交易，在提高发电量和发电设备利用率的同时，降低可再生能源发电的成本，促进可再生能源发电，实现能源合理配置。

第四节 美国的电力市场

美国电力市场放松管制的目的是引入竞争和降低电价。因此，在进行电力工业重构时产生了许多新的实体，如非盈利性的PX和ISO。PX的核心功能是提供一个电能交易的场所，而ISO则是负责系统调度和安全运行。美国各州电力市场的改革情况及运营模式相差很大，最有代表性的是以下三种模式：①PJM电力市场模式。将PX和ISO整合为一个的实体，提供优化的日前中央调度，采用著名的区域边际定价法LMP（Locational Marginal Price）。②Nevada和ERCOT电力市场模式。建立一个ISA（Independent System Administrator），与CAO（Control Area Operator）、RTO（Regional Transmission Operator）和Market相互协调。③加州电力市场模式。分别设立PX和ISO两个独立的实体。PX提供电能拍卖，ISO提供电网控制、稳定运行以及辅助服务的功能。此外，加州率先同时开放电力批发市场和零售市场，在各环节全面引入竞争。在初期的美国电力市场中，各州开放批发市场和零售市场的情况参见表3-3。本节将重点对加州电力市场进行分析和研究。

表3-3 初期美国各州开放批发市场与零售市场的情况

批发市场	零售市场	备　注
California	California	双侧同时开放

续表

批发市场	零售市场	备　注
NEPOOL	Massachusetts	单侧开放
PJM	Pennsylvania	
New York	Delaware	
Midwest	Rhode Island	
The Alliance	Illinois	
Nevada	Maine	
Texas	Montana	
Desert Southwest	Oklahoma	

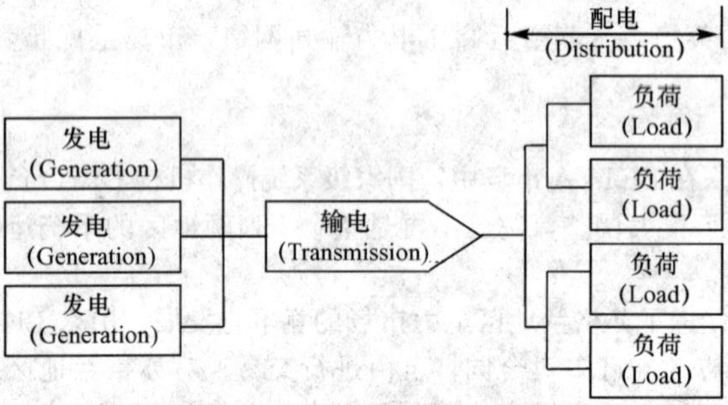

图 3-7　加州电力系统运行和监管范围示意图

一、加州电力系统结构及其监管体系

加州电力系统是一个十分复杂的综合体，它由州、地方或联邦代理商、私营企业及非盈利机构组成。图 3-7 所示为加州电力系统的结构及监管范围。就系统运行而言，其发电侧由私营运营商负责，输电部分由加州 ISO 负责，配电侧由配电公司负责。

加州电力系统主要由以下五个机构负责监管。

（1）加州能源委员会 CEC（California Energy Commission）。它是加州最主要的能源政策和能源规划制定机构，主要有 5 个功能：预测未来能源需求，保存并维护历史资料；新建电厂选址和颁发运营执照；促进能源使用效率，推进器具改造、制定相关标准；开发能源技术，支持和鼓励再生能源；处理能源紧急事态。

（2）加州环境资源管理局 ARB（Air Resources Board）。负责监管燃料电厂的气体排放情况。在考虑经济性能的同时，促进和保护公众的健康、福利和生态环境。

（3）加州能源监察局 EOB（Energy Oversight Board）。由立法机关组成，负责完成三项任务：对 ISO 和 PX 进行监视；确定服务内容及服务期限，任命 ISO 和 PX 的管理层成员；处理针对 ISO 大多数决定的上诉。

（4）加州公用事业委员会 PUC（Public Utilities Commission）。主要负责配电侧和负荷侧的管理。除此之外，还对私人拥有的电信、电力、天然气、水利、铁路和客运等进行管制，保证用户得到安全、可靠的服务并免受欺诈。

（5）联邦能源管制委员会 FERC（Federal Energy Regulation Commission）。FERC 是美国能源部所属的独立管制机构，其主要职能是：负责发电侧和输电侧的监管，管制州际电力输送以及批发电价；对私有、地方和州属的水电工程项目实行监视并颁发执照；管制州际的天然气运输及零售价格；管制州际石油的管道运输；监视相关的环境问题；监管会计和财务报告以及管辖内公司的行为。

二、加州电力市场的模式之争

加州是美国电力市场改革的先锋。1994 年，加州公共事业委员会发表蓝皮书，颁布环境保护、节约能源以及保护公众利益方面的政策，同时建议进行市场化改革，并提出了两种存在巨大差别的市场模式：电力库模式（Poolco）和双边市场模式（Bilateral Market）。前者即类似英国的电力库模式，后者为双边市场模式，又称直接上网模式 DA（Direct Access）。由于两种模式各自都有一定的缺陷和局限性，因此在改革初期引发了激烈的讨论。对电力库模式的批评集中在：垄断；系统复杂、昂贵；唯一的现货市场（Spot market）；CFD 差价合同的市场特性比较模糊；优化排序调度的结果可能导致高电价。对双边市场模式的批评则集中在：模糊（Vague），透明性差；商品的合同流向与物理流向不一致；缺乏价格发现机制；产生市场进入壁垒；在现货和实时市场中不存在。

在这一时期，太平洋煤气与电力公司（PG&E）主张采用BC模式、开放电网、实行零售转供。相反，南加州爱迪生电力公司（SCE）和圣地亚哥天然气与电力公司（SDG&E）则主张采用竞争性的趸售电力库模式。

1995年5月24日，加州公用事业委员会（CPUC）颁布了电力工业结构重组的建议。大多数委员主张，同时采用Poolco模式和双边市场模式进行市场竞争。1995年12月20日，CPUC就两个重组方案进行辩论，以3∶2的表决结果通过了Daniel Fessler提交的方案。即，将传统的供电服务分离成发电、输电和配电分离的三项功能，并采用"激励性管制机制"代替原来的"服务成本型"管制方式。

从理论上说，所提出的综合市场模式结合了单纯Pool模式和单纯双边市场模式的优点，是一种较为理想的电力市场模式。近年来，加州电力市场的改革有两个趋势：一是，将小时提前市场改造成当日市场（Day-of market）。当日市场负责24h（小时）的拍卖交易，每个时段的拍卖价格，全天有效。二是，重新审视统一定价（Uniform Pricing）和差别定价（Pay-as-Bid Pricing）策略，研究市场报价和定价的公正性和高效性。

三、加州电力市场及各实体的职能

1996年加州通过了AB1890法案，开始筹建ISO和PX。1998年加州电力市场正式运营，其主要实体如图3-8所示。图中实线和虚线箭头分别表示商品流和资金流，双向箭头表示信息流。

（一）电力公司与发电公司

加州三大电力公司PG&E、SCE和SDG&E拥有全州75%的电力，其余25%由地方公共事业部门提供。发电公司可直接售电给用户、经销商或电力联营公司，但所有交易必须通过SC或PX进行协调。加州前5家电力公司的基本情况如表3-4所示（按1998年销售额排名），最大的5家发电厂的基本情况如表3-5所示。可以看出，在当时，加州已经连续十多年来没有进行大规模的电源投资和建设。

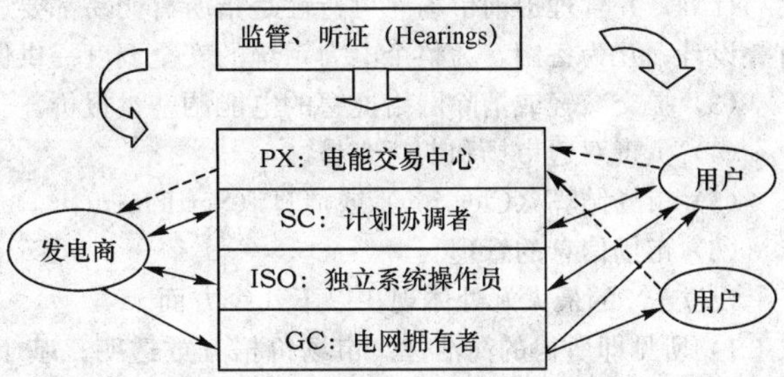

图3-8 加州电力市场的主要实体

表3-4 按年销售额排名的前5家电力公司 （10^2 万元）

电力公司	合计	住宅	商业	工业	其他
1. Southern California Edison Co	7105	2777	2726	1526	76
2. Pacific Gas and Electric Co	7032	2891	3138	931	72
3. Los Angeles Dept of Wtr & Pwr	2074	666	1156	215	37
4. San Diego Gas & Electric Co	1520	637	643	233	8
5. Sacramento Municipal Util Dist	711	338	63	304	5
总 计	18443	7310	7727	3209	198
占公司销售额的百分数	90	92	93	83	55

表3-5 加州最大的5家发电厂

发电厂	使用能源	所属公司	净装机容量（MW）	运行年限
1. Diablo Canyon	核能	PG & E Co	2160	13
2. San Onofre	核能	SCE Co	2150	15
3. AES Alamitos LLC	天然气	AES Southland LLC	2031	42
4. Pittsburg	天然气	PG&E Co	2022	44
5. Haynes	天然气	Los Angeles City	1570	36

（二）电网公司（GC）

电网公司拥有加州75%的骨干输电网络，覆盖加州面积的3/4，规模居美国第二和世界第五。其任务是输电规划、电网运行和收取过网费。

（三）计划协调员（SC）

加州共有35个计划协调员，这些协调员有如下职责。

（1）负责协调和安排发电调度、输电通道预留、为市场成员提供相应容量的电能。

（2）提交负荷预测结果及用户委托的次日或下一小时的交易计划（含网损调整）。

（3）提供辅助服务支持。

（4）负责支付ISO的费用以及与其他SC间的交易结算。

（四）CalPX

它是世界上规模最大的非盈利性电力交易机构，于1998年建成。其任务如下。

（1）进行次日短期、超短期负荷预测。

（2）根据成员报价确定市场清算价MCP（Market clearing price），制定可行的提前（次日或下一小时）交易计划，并管理提前市场。可行性是指所有交易都要通过ISO的安全性检验。PX与ISO的主要功能软件重叠设计，互为备用，为整个电力系统的安全调度提供保证。

（3）提交减轻或消除网络拥塞的电能调整量报价。

（4）负责双边市场和期货交易。

（5）市场结算（Clearing）或清算（Settlement）。

（6）市场信息的管理。

设立PX的最大好处体现在以下几个方面。

1）所见即所得的简洁性。市场价格开放透明；基于市场定价；市场价格适用于商人；市场可信无欺；由FERC监管公共规则和价格；贸易中立、非盈利；可以进行市场监督。

2）“一站式服务”的高效运营机制。计划协调功能；结算与信用管理功能；简便的物理交易功能；任何时段、不分交易量大小的透明交易功能；降低风险功能：将交货失败率降至最低，并实行信用风险管理。

（五）CaISO

加州的独立系统运营商（简称CaISO）为非盈利机构，于1997年5月建成，其正常运行费用由参与市场的各电力公司按电量分摊。CaISO除负责电力系统的安全运行外，还对关口计费、表计设置等进行监管。CalISO的主要职能如下。

（1）系统调度、保持发供电实时平衡和系统安全。

（2）执行PX制定的现货市场（日前市场、当日市场和1h提前市场）交易计划。

（3）协调网络可用传输容量ATC的使用，负责拥堵管理。

（4）根据SC和PX提交的预测计划，对辅助服务实行单一竞价拍卖，安排和运行交易计划。辅助服务可由SC所提交的发电厂提供，也可从其他SC处竞价购买。

（六）配电公司（UDC）

配电公司的主要职责如下。

（1）通过SC或PX批发电量，向用户供电。

（2）提供本地输配电服务，为用户供电。

（3）负责电能计量、收取电费和输配电费用。

（七）用户

所有用户，如居民、工业或商业用户等，均可直接购电。它们既可选择作为单一用户或作为组合负荷的一部分，根据公共费率和市场费率购电，也可选择按双边合同或差价合同从本地电力零售商、电能服务提供商或发电商处购买电力。

（八）电力服务提供商

通过SC或PX撮合电能买卖，收取电费和服务费，并向SC和发电商支付电费和辅助服务费。

四、加州电力市场的交易通道与机构间的协调

1. 加州电力市场的交易通道

就 ISO、PX 和 SC 而言，SC 起着中间协调员的作用。可以这样理解它的作用：PX 制定的交易计划呈交 ISO，如通不过 ISO 的安全验证，则将 ISO 的建议方案递交 SC，由 SC 协调成员重新报价和计划，将约束内部化（Internalization），再交由 PX 处理。反复数次后，终可达成协议，并完成次日的基本交易计划。

图 3-9 示出了加州电力市场中发电商、消费者、ISO、PX 及 SC 之间的交易通道。其中包括了双边合同、多边合同、实时电子贸易等交易方式。

值得注意的是，在 PX 和 ISO 负责的市场中，均采用单一拍卖机制决定电能、辅助服务和信息服务等产品的价格。

以电能产品为例，PX 采用单一拍卖机制，根据综合需求曲线和供给曲线的交叉点确定市场的清算价（MCP）。这似乎与 PowerPool 中决定 PSP 的方法类似，但两者却有显著的区别：

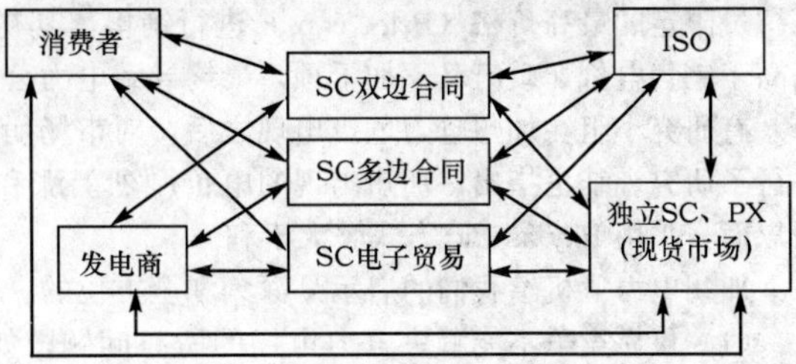

图 3-9　加州电力市场的交易通道

（1）加州电力市场因存在 PX 和 SC 两个独立的机构，市场成员的投标必须先行递交 SC，然后才能经 PX 和 ISO 调度，并确定电价和进行结算。

（2）英国的 Pool 模式中，所有投标均递交给 NGC，由它确定统一的系统边际成本（SMC）和销售价格 PSP。

2. PX 与 ISO 之间的协调

在实际电力市场中，PX 和 ISO 既要独立工作、保证业务和财务分开，又要保持密切合作，从而保证系统调度、电力平衡和各种交易的顺利完成。它们在时序上的配合关系如图3-10所示。

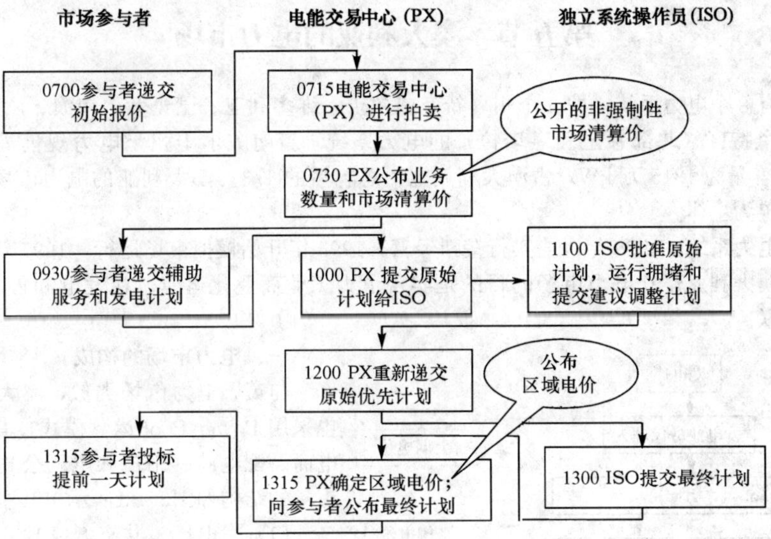

图 3-10　PX 与 ISO 之间的协调

五、加州电力危机的根源与启示

自 2000 年夏到 2001 年上半年，加州出现了严重的电力危机，并导致市场体系的瓦解。其表现为：①FERC 颁布紧急令。②ISO 频繁宣布能源警报，并经常大面积实施轮流断电。③2001 年 1 月 30 日 PX 宣布停牌交易，终止日前市场和当日市场的运营。④从 2001 年 3 月起大幅度提高电价（涨幅达 40%以上），以弥补巨大的趸售和零售电费差额，试图启用垄断条件下的解决方式挽救电力公司的破产。⑤2001年 4 月 6 日 PG&E 和 SCE 正式申请破产保护。

加州电力危机有如下主要根源。

（1）负荷急剧增加，但备用容量不足。

（2）电力设施利用率过高，调节裕度太小。

（3）一次能源价格持续飙升，使发电和购电成本迅速上升。

（4）AB1890 法案凸显其潜在的负面影响。因为，该法案规定电力供应商必须从发电商批发电力，再以不超过限定的最高价格（Price caps）进行销售，其初衷是鼓励电力公司竞争以降低电价。但因批发价格长期高于销售电价，政府又不加干预，最终导致电力公司严重亏损，申请破产保护。

有研究小组在加州电力危机出现之后，对市场崩溃的原因及 PX 中采用统一清算价和按报价付费的方案进行了研究。结论指出，加州出现的电价剧烈上涨和波动，与其采用的竞标方案和市场模式没有关系，对用户而言采用 Pay-as-Bid 方式弊大于利。

加州电力危机给我们的启示是深刻和全方位的：

（1）仅靠竞争不能解决电力市场的所有问题，如能源短缺、环境保护等。国家仍应宏观控制和协调，确保能源安全。

（2）监管机制要灵敏和灵活。建议我国只对输电环节实行最高限价，对上网和销售电价实行灵活的监管制度。

（3）重视系统规划、鼓励中长期电源和电网投资。

（4）重视区域电力市场的发展，实现资源统筹配置。

需要指出的是，加州电力危机似乎给人一种错觉，即电力市场变幻莫测、前景未卜，甚至有人对是否还要继续实行电力市场产生怀疑。实际上，就世界各国电力市场改革的情况看，加州电力市场的窘境只是一个表象，不能据此否定改革的方向，但必须研究市场模式、运作手段、市场监管、宏观政策调整及协调等比较突出的问题。因此，除了要关心电价、竞价理论、输电与辅助服务以及电力市场技术支持系统等具体技术外，还要重视市场中多种非技术因素的相互作用。

第五节　澳大利亚的电力市场

澳大利亚共有 8 个电力系统，即 6 个州（新南威尔士、维多利亚、昆士兰、南澳、西澳、塔斯马尼亚）的电力系统和 2 个特区（北部领土和堪培拉）的电力系统。新南威尔士州是电力规模最大的州，截止到 1999 年其装机总容量为 1315 万 kW，占澳大利亚电力总容量的 1/3。澳大利亚的电力市场改革主要以新南威尔士州电力系统为主体。

澳大利亚的电力系统，1989 年以前实行垄断经营，1993 年开始模拟市场运行，1997 年正式启动第一期国家电力市场。澳大利亚建立电力市场的目的是实现电力工业商业化运营，在发电和售电领域引入竞争，促进系统间的互联。

一、电力市场的构成

与英国电力市场类似，澳大利亚的电力市场也采用 Power Pool 运营模式，其市场主体包括发电商、配电商、用户和电网公司。澳大利亚电力市场的结构如图3 - 11所示，其主要特点如下。

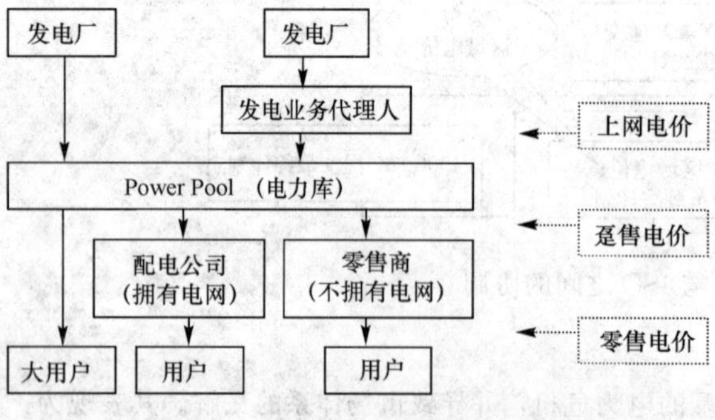

图 3 - 11　澳大利亚电力市场的结构

（1）发电厂。共有 8 家独立发电厂或发电公司，容量均大于 500MW。

（2）用户。以前只有大用户（如大于或等于 10MW）才能选择供电对象，自 1999 年 7 月后所有用户均可选择配电公司。

（3）配电公司或零售商。配电公司拥有网络、零售商不拥有网络。它们代表一般用户或不愿意参加批发电力市场的大用户购买电力。

（4）电力交易中心与系统操作员两个机构合二为一。

二、电力市场的贸易

1. 零售贸易

用户可选择零售贸易或批发贸易。零售贸易只能在用户和零售商之间进行。零售商购买批发电力，支付输电费，再将所有费用计入用户电价中。

原则上所有用户均可选择零售商，采用竞争电价。但到2000年，仅有15%的用户主动选择零售商，其余85%的小用户包括大量家庭用户，仍然执行政府每年审定一次的目录电价。

2. 批发贸易

批发贸易必须经过电力库，它有两种表现形式。

（1）长期双边合同（期货）。数量巨大的确定性交易。这种合同一般对外保密。

（2）短期提前市场。电力供求具有以下特点：电能不能储存；无法区分某一用户所用电力到底来自哪家电厂；供电量必须时刻等于用电量与网损之和。由于电力供需的动态平衡特性，很难精确预测负荷的瞬间变化或短时间突变。设计短期提前市场，可使参与者及时调整其发电或用电计划，减少市场风险。短期提前市场的市场成交价格（批发电价）按边际机组的价格每0.5h确定一次，步骤如下。

1）买方给出购电最高价；

2）卖方给出售电最低价；

3）根据买卖各方所报电量及报价形成两条阶梯状综合曲线，其交点即为市场成交价格；

4）所有出价高于结算价格的买方（图3-12中买方A、B、C）和出价低于结算价格的卖方（图3-12中卖方A、B、C、D）将参与贸易，其他成员因其报价不够合理而被当时的市场排除在外。

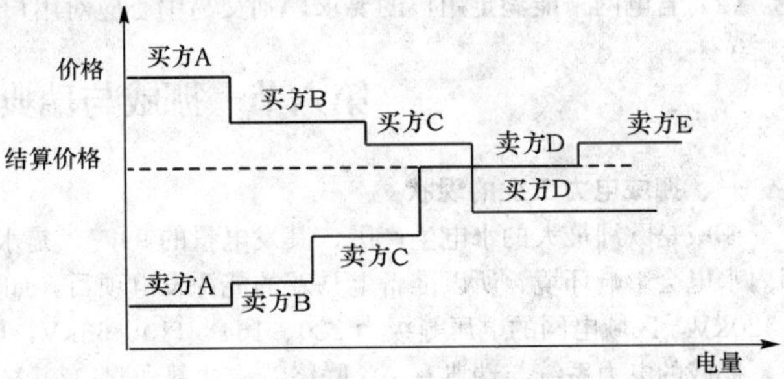

图3-12　短期提前交易市场的报价和贸易

3. 实时贸易与合同贸易

由于多种因素的影响，实时电价经常波动。所以，市场参与者一般都采用合同贸易和实时贸易结合的方式规避现货电价波动的风险。

实时贸易解决了发电商、用户未能在长期双边市场或短期提前市场中完成电能交换的问题。若用户未采用其他形式的交易，则其所有的用电量都将按实时电价计算。

三、电费结算

电费结算是电力市场中非常重要的一环，它需要很高的软/硬件环境，如智能计量表计、电费自动结算系统等。在电费结算的过程中，需要考虑各种市场的不同特性。下面举例说明电力市场中电费结算的主要过程。

【电费结算实例】某用户，总需求110MW，与某发电厂签订了长期双边物理合同，合同电量80MW，价格50＄/(MW·h)；另外以短期提前合同的形式，从现货市场购买10MW电力，价格为40＄/(MW·h)。合同流程如图3-13所示。

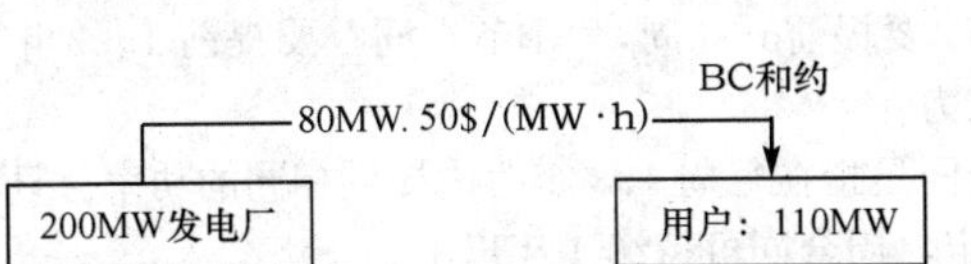

图3-13　合同交易与实时交易的贸易流向

设某时段该发电厂的实际出力为150MW，实时电价为30＄/(MW·h)，则各主体的电费账单为：

交易中心

付给发电厂（150－80）×30＝2100＄

从用户收取（20×30＋10×40）＝1000＄

差额2100＄－1000＄＝1100＄

用户

付给市场1000＄

付给电厂80×50＝4000＄

总支出4000＄＋1000＄＝5000＄

发电厂

营业额 4000＄＋2100＄＝6100＄

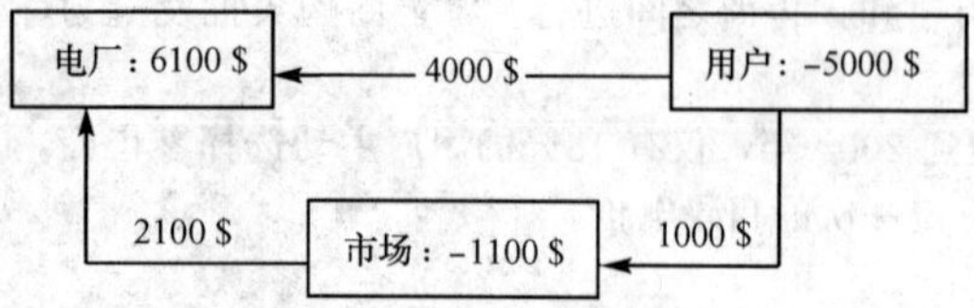

图 3-14 电费结算的资金流向

资金流向如图 3-14 所示。该例中“市场”即电力交易中心似乎亏损 1100＄，实则不然。原因是，交易中心尚有 40MW 的交易与这份合同无关，因而并未列出。为了规避电价波动带来的风险，澳大利亚迈跨利银行有限公司（Macouarie Bank）已参与电力市场的中介业务，开展市场价格保险，对发电商和零售商实行价格担保，减少经营风险。到 1996 年，该银行的这项业务已经初具规模。

四、输电费用

澳大利亚电力市场的输电服务以成本为基础进行定价。输电费用包括网络使用费、联网费（新用户）和市场管理费。网络费用不在交易合同中体现，按长期边际成本（50%按固定成本，25%按平均需求，另 25%按高峰、腰荷时的电量核算）进行定价，由政府每年核定一次。在进行费用结算时，需要考虑以下两种情况：

（1）若网间功率交换出现拥堵，则需考虑堵塞费用，使用者要支付较高的输电费用。

（2）若电网未能满足用户的要求，则交易中心应对用户给予经济上的补偿。

第六节　挪威与瑞典的电力市场

一、挪威电力工业的现状

挪威是欧洲最大的水电生产国，其发电量的 99.7%是水电。2000 年，挪威政府已经认识到再继续开发国内水电会影响环境，所以准备上马新的能源发电项目，如天然气发电等。挪威中央电网的电压等级为 300～420kV，区域电网的电压等级为 220、154、110、66kV，配电网的电压等级为 22～0.22kV。

挪威的电力系统与瑞典有 AC 联络线，北部通过 220kV 和 132kV 的 AC 线路与芬兰和苏联连接，南面有 3 条海底 UHV 电缆线路与丹麦相连，从而构成了世界上覆盖国家最多的电力市场—北欧电力市场。1991 年，挪威颁布新能源法，引入竞争机制，进行电力体制改革，要求输电网开放。

改革后的市场格局为国家能源联合公司拥有 30%的发电容量，市政拥有 55%，私人拥有 15%；国家电网公司重组为电力市场公司和国家控制中心两部分，拥有全国 80%的输电主网；其他电力公司约 100 家，配电公司 110 家。

二、挪威电力市场的种类

挪威的电力市场有日前市场、周市场、调节市场及对外贸易四种贸易形式。

（1）日前市场。即现货市场，提前 1 天决定第二天的价格。工作日每天 6～7 个价格，节假日 2～3 个价格。每小时内，合同功率不变。可见，挪威日前市场交易时段的规定与其他国家采用的每天 48 个上网电价和 24 个售电电价有明显不同。

（2）周市场（相当于 BC 和期货市场）。周市场是“长期合同”的统称，它可细分为“周合同”“4 周合同”和“季节合同”。“周合同”要提前 4～7 周，“4 周合同”要提前5～8周，“季节合同”要提前 1～3 年进行。周市场的交易内容包括：基本电力、峰值电力、低谷电力。

周市场中有两种合同：基荷合同和日功率合同。基荷合同是指在每周 168 小时内提供相同的功率。日功率合同是指工作日的早 7 时～晚 10 时提供相同功率。按规定，周合同可持续 1 年以上。

（3）调节市场。进行实时操作：电力市场公司负责电力招标，国家控制中心负责用电和发电的市场平衡。

（4）对外贸易。对外贸易合同有三种形式：6 个月以下合同、半年至 5 年合同、5 年以上合同。对外贸易由电力市场公司和政府进行管理。

三、输电价格

挪威的输电服务实行点费率（Point rate）制度。其内涵是：输电费由功率注入或流出点的位置决定。

不同地点（节点），输电价格不同。

基于输电成本的 80%与输电量和输电距离成比例。

四、联合运行、控制及支持服务

1. 联合运行与控制

国家电网公司负责电力系统的联合运行，包括联合旋转备用和紧急事故处理。国家电网公司下属的国家控制中心 NCC（National Control Center）具体负责电力系统的运行控制，内容包括：

(1) 网络潮流不越限；

(2) 频率偏差在限值之内（50Hz±0.1Hz）；

(3) 与邻国按协议交换电量，联络线路的 ACE 在允许范围之内。

2. 电力市场的“系统支持服务”

系统支持服务主要包括三部分的内容：

(1) 安全支持服务。发电机无功功率和频率控制，不计费。

(2) 与运行方式有关的支持服务。如水轮机组在最优经济点运行时，其最大出力与最优出力的差值作为备用，目前正在制订此类服务的收费标准。

(3) 强制型服务。是指国家电网公司强制各电力公司执行的支持服务，按相应的标准进行经济补偿。

五、联合电力交易所

1. 挪威—瑞典联合电力交易所的建立

挪威和瑞典两国有很长的边境线和许多联网点，最大可交换功率达 270 万千瓦。1996 年，挪威国家电网公司与瑞典斯文斯卡国家电网公司联合建立了“挪威—瑞典联合电力交易所”。

后来，挪威国家电网公司和瑞典斯文斯卡国家电网公司签约，给斯文斯卡 50%的挪威电网公司电力市场的股份，并将交易公司更名为“诺特勃尔—北欧电力交易所”。首府设在奥斯陆，在斯德哥尔摩有服务处。挪威参与者在奥斯陆交易，瑞典参与者在斯德哥尔摩交易。交易货币为挪威克朗和瑞典克朗，货币兑换完全有保证。

2. 现货市场的运作

每天上午，参与者递交他们第二天（0 时～24 时）每小时的买卖投标，建立买卖曲线，其交汇处就是成交电价和交易电量。中午关闭市场。14：00 前，交易所通知参与者第二天的交易电价和交易电量。若不满意，16：00 以前可以提出调整，必要时可重新计算电价和电量。

根据现货交易的结果，发电公司安排发电计划，并呈交斯文斯卡平衡服务和挪威国家电网公司的调节市场，随后便可确定运行计划。

第七节　世界主要电力市场模式比较与建设情况

一、世界主要电力市场模式比较

对比几个主要的电力市场，考察其输电网、发电厂和配电网的所有权，ISO 与 PX 的整合情况，双边合同签约情况，需求方报价，容量费，阻塞管理以及网损分摊方案等。各主要电力市场的具体情况见表 3-6。

表 3-6　　世界主要电力市场模式比较

	英国	挪威/瑞典	澳大利亚	新西兰	美国加州
所有权	全面私有化	输电网国有	同加州	输电网国有	仅出售 IPP
ISO 与 PX	集中	集中	分开	分开	分开
BC 合约	旧模式不允许	允许	不允许	允许	允许
需求方报价	作负发电处理	用需求报价确定负荷曲线	作负发电处理	与发电报价一起确定电价	用需求报价确定负荷曲线
容量费	单独考虑	不单独考虑	不单独考虑	不单独考虑	不单独考虑

续表

	英国	挪威/瑞典	澳大利亚	新西兰	美国加州
网络阻塞	平均分摊	分区定价	分区定价	节点定价	分区定价
网损	统一定价	分区边际定价	分区边际定价	动态节点定价	动态节点定价

二、世界主要电力市场 ISO 和 PX 设置情况

不同国家的电力市场，在输电环节都面临两个突出问题：一是，是否在电力调度中心之外再单独设置独立的电力交易中心（PX）；二是，是否实施输电与配电分离。本节重点分析世界主要电力市场的独立电力交易中心（PX）和电力调度中心（ISO）的设置及职能，见表 3-7。

表 3-7　世界主要国家电力市场 ISO 和 PX 设置及职能

	英国电力市场	北欧跨国电力市场	美国 PJM 电力市场	美国加州电力市场（2001 年前）
电力调度中心（ISO）	独立设置。 非交易类型主体。主要职能：①提供输电服务，负责电网实时平衡；②交易结束时负责平衡市场的结算；③从其他国家购买和出售备用电力；④开展辅助服务、联网等业务，并独立核算	独立设置。 主要职能：输电系统运营者（TSO）。 主要责任：在实时调度中处理电量不平衡和不可预见的事故	内嵌 PX 的 ISO（未单独设置 ISO 和 PX 两个机构），其性质属于，在其内部将调度和交易职能分开。 主要职能：①对所辖区域的趸售电量传输实施集中计划和调度；②作为中大西洋地区供电可靠性的协调者，负责执行北美电力可靠性委员会标准；③运行五个电力市场，其中包括在北美最具特色的电力趸售现货市场；④负责区域输电扩容计划的编组和执行；⑤为所有输电用户提供单一且统一的输电费表	独立设置： 主要职能：①系统调度、发电一供电实时平衡，保证系统安全稳定运行；②执行 PX 制订的现货市场（日前市场、当日市场和一小时提前市场）的交易计划；③协调网络可用传输容量（ATC）的使用，负责拥堵管理；④ 根据 SC 和 PX 提交的预测计划，对辅助服务实行单一竞价拍卖，运行交易计划
电力交易中心（PX）	独立设置。 主要职能：①综合交易、现货交易的通知和清算；②为短期合同、远期合同提供交易平台。③涉及日前市场、现货市场、提前市场、实时市场等；④提供第三方通知服务	独立设置。 主要职能：①电力交易和结算的组织与管理；②电力交易中心及其附属子公司负责北欧电力市场的交易和清算		独立设置。 主要职能：①预测次日负荷；②负责远期和期货合同；③安排现货市场，根据投标确定统一市场清算价；④与 ISO 交互，确定市场交易计划；⑤市场清算与结算；⑥市场信息发布与管理

三、世界主要电力市场建设情况

近年来世界主要国家（地区）的电力市场建设情况如表 3-8 所示。表中包含了市场名称、起始年份、交易机构 PX/市场模式、供电可靠性、发电效率、网损、劳动生产率等重要信息。英国电力市场建设最早，相应的市场信息也最为完整。在这些电力市场中，有些已经取得了巨大成功，有些则遭遇了不小挫折。还有些仍处于实践和探索之中。

表 3-8　世界主要国家和地区电力市场建设情况

序号	市场名称	起始年份	交易机构 PX/市场模式	供电可靠性	发电效率	网损	劳动生产率
1	英国电力市场	1989	1）所外交易：双边交易为主； 2）所内交易：月内短期和金融交易	逐年提高	不断提高	略有下降，变化不大	大幅提高

续表

序号	市场名称	起始年份	交易机构 PX/市场模式	供电可靠性	发电效率	网损	劳动生产率
2	美国电力市场 （PJM 模式）	1992	1）FERC：能源政策法案先行； 2）调度交易模式： ＊市场交易：日前市场、实时市场； ＊市场外交易：供需－双边合同。 3）市场体系：电能量市场、容量市场、金融输电权、辅助服务市场				
3	澳大利亚 国家电力市场	1990—1991	1）采用英国电力市场模式：发、输、配、售四个环节，自由充分竞争； 2）具有较为完善的辅助服务市场：AGC/调频/黑启动等； 3）国际能源署评价（2005 年）：通过电改拥有世界上最自由且充满活力的电力工业				
4	北欧电力市场 （5 国）	1991	1）世界上最早且真正意义上的跨国电力市场，涵盖挪威、瑞典、丹麦、芬兰和冰岛； 2）北欧联合电力交易所：市场参与者可在本国或本地独立进行交易；目前已有来自不同欧盟成员国 300 多个市场参与者通过该交易所进行交易； 3）物理市场：周市场、日前市场、日内平衡市场、实时平衡市场，辅助服务市场，调节市场，对外贸易； 4）金融市场：期货市场、远期市场、差价合约、期权合约、碳排放交易； 5）输配电价格：基于节点的点费率制				
5	欧盟统一电力市场	1989—2000	1）1989 年起，欧盟各成员国陆续开始电力市场改革； 2）1993 年，欧盟提出统一电力市场建设目标，并于 1996、2003 和 2009 年颁布三个电力改革法案：要求各国将垂直一体化电力公司的输电和配电业务实行法律分离；开放电力用户选择权；完全开放电力市场； 3）2014—2015 年，基本建成欧盟统一电力市场。采用四级市场模式，即双边合约跨境交易（确定物理输电权）、日前市场（联合出清）、日内市场（先到先得、撮合交易）、平衡市场（协调跨国平衡区域）； 4）2016—2030 年，考虑减少碳排放发展目标				
6	巴西电力市场	1995	1）逐步分离发/输/配环节，实行民营化，发电和输电仍由政府管理； 2）调度中心（ONS）与交易中心（CCEE）分离； 3）市场架构： ＊合约市场：管制合约 74%；自由合约 26%； ＊现货市场：短期市场（周调度周期）＋戴帽价格				
7	法国电力市场	2000	1）2000 年公布新电力法——《电力公共事业发展与革新》：启动电力市场化改革；设立电力监管委员会，实行发、输、配、售分离；对有选择权的用户提供供热、供气服务；成立独立的输电公司； 2）2007 年，所有用户均可自由选择售电商，输电和配电在法律上分离； 3）市场模式：双边批发市场（POWERNEXT）＋零售市场（保底售电商＋自由售电商）				
8	德国电力市场	1998	1）欧洲内陆规模最大的国家电力市场； 2）2009 年，实现所有权拆分（TSO）、经营权拆分（ISO）、管理权拆分（ITO）； 3）调度与交易分开； 4）市场类型：现货市场（日前市场）、日内市场、远期市场、备用市场				

续表

序号	市场名称	起始年份	交易机构PX/市场模式	供电可靠性	发电效率	网损	劳动生产率
9	俄罗斯电力市场	2008	1）2003年，《俄罗斯联邦电力法》批准生效； 2）2008年，形成相互分离的发、输、配、售业务； 3）2010年，重启国有企业私有化改革； 4）2012年：将配电公司和输电公司合并，组建俄罗斯电网公司；目前市场未全部开放； 5）交易模式：批发市场、容量市场、售电市场、期货金融市场				
10	加拿大电力市场	1996	1）独特的分省管理模式； 2）独立的市场运营者IMO：负责各省的发、输、配、售的经营和管理				
11	阿根廷电力市场	1989—1991	1）市场结构：借鉴英国和智利电力市场建设； 2）1997年8月，建立阿根廷—巴西互联电力市场； 3）交易模式：双边合同市场 ＋ 电力库				
12	新西兰电力市场	1987/1996	1）由“电力市场公司”专门经营； 2）设置合同市场、现货市场。	逐步放开市场：首先配电竞争，然后输电独立，再到发电竞争，最终实现所有环节的竞争			
13	韩国电力市场	2001	1）独立交易中心； 2）成本电力库模式：边际成本＋容量成本	已开始多年，但进展缓慢			
14	日本电力市场	1995	1）多次及时修订电力法； 2）2005年成型：发电侧竞争；输配电网开放；售电环节零售竞争； 3）成立电力批发交易所；交易模式：日前现货市场（30分钟出清）、远期合约市场（撮合交易）、自由合约市场				
15	印度电力市场	1998	1）立法先行； 2）1998—2003年，分四步进行发/输/配市场化和私有化改革； 3）重组模式：发电与输电独立；配售电一体化； 4）电价机制（两部制）：发电价格、输配电价、辅助服务价格（容量费/耗能费/调整费）				
16	南非及非洲电力市场	1998—2002	1）电气化程度很低、技术落后，近年来10多个国家开始电力改革，如埃及、南非、坦桑尼亚等； 2）南非1998年推出《电力改革白皮书》，电力改革受政治形势变化影响； 3）高标准改革目标与电力改革步伐缓慢形成鲜明对照				
17	跨国及区域电力市场	1992	1）大湄公河次区域电力市场：中国南方电网、泰国、越南、缅甸、老挝、柬埔寨； 2）中东区域电力市场（互联）：埃及、伊拉克、约旦、黎巴嫩、叙利亚、土耳其、利比亚； 3）中亚电力市场：南哈萨克斯坦、吉尔吉斯斯坦、塔吉克斯坦、土库曼斯坦、乌兹别克斯坦				

续表

序号	市场名称	起始年份	交易机构 PX/市场模式	供电可靠性	发电效率	网损	劳动生产率
18	中国电力市场	2002	1）1998—2001 年，省级电力市场试点为厂网分开、竞价上网，主辅分离； 2）2002 年，电力市场改革正式启动：探索国家级—区域级—省级三级电力市场架构模式，并在南方区域、华东区域、东北区域试点； 3）2015 年，新电改深化阶段：管住中间，放开两头；探索国家级和省级两级电力市场架构模式。 * 输配电价改革，有序放开发用电计划，增量配电网改革，培育售电市场——成立各类售电公司； * 建设相对独立的电力交易机构，培育中长期市场、现货市场、辅助服务市场				

第八节　我国电力市场的建设与实施

一、我国电力市场的层次结构

按照不同的发展阶段或按照不同的市场特征，电力市场可以分为：垄断型、买电型、批发竞争型和零售竞争型（或称为完全垄断、寡头垄断、垄断竞争和完全竞争型，也可称为垄断型、发电竞争型、输电开放型和配电开放型）。我国制订的分四步建设电力市场的框架正是这一思想的具体体现。然而，围绕电力市场的层次结构及交易模式，却存在诸多争议。有些最初认为是较好的市场模式，经模拟运行后却发现存在严重弊端。因此，需要重新审视这一问题。

目前我国已有 6 个区域电网和 1 个独立省网，形成了国家、大区、省、地和县的五级电网调度体系，实行纵向分层和分区控制。因此，首先面临的是在哪些层次建立电力市场的问题。

一种观点认为，市场规模越大其潜在效益也越大，建立全国性的统一电力市场最有利于资源的优化配置。因此应首先全面放开输电市场，建立一个国家级电力市场中心，然后在各地区成立地区性交易市场。显然，这种模式的物质基础是独立的国家电网公司和全国联网，目前还不具备这样的条件。理论和实践表明，统一的电力市场模式适合于较小的国家或地区，如英国、新西兰等，大国则应采用协调、分层分区的电力市场模式。

最早的一种观点是，在现行调度体制基础上，有计划地建立国家级、网级、省级、地区级和县级电力市场。其优点是层次清晰、易于机构重组和管理。但缺点也比较明显，由于层次过多，受技术设备和各级市场权利的制约，发电商、用户和交易中心之间自由选择的范围受到限制，容易导致垄断和较强的市场力，针对这种情况，有学者认为应减少中间层次和简化市场结构。其思路是以省为实体，跨省电力公司缩减为 ISO，取消地级和县级电力市场。显然，这样的方案需要大规模地与电网资产重组同步进行，而且未涉及国家电力市场的问题。

从 1998 年以来的试点情况看，单纯强调省为实体而忽视区域联合调度的作用，会导致许多不良后果。最突出的是地区垄断和省间经济壁垒，这一点已经造成整体的巨大经济损失和资源浪费。比如，某缺电地区有外省廉价电力不用，只用本地的高价电；国家花巨资投入的水电项目及其配套的 HVDC 跨省输电走廊，由于地区利益冲突无多少功率可送，更谈不上实现经济功率输送。

因此，从长远看，适合中国国情的市场结构或布局应当是：先建立区域级电力市场，实现跨区电网规划、运行和资源配置；然后建设和完善省级电力市场；最终逐步形成全国统一的电力批发市场与地方零售市场共同发展的格局。除独立省网外，应把竞价上网的重点从省级市场调整到大区范围进行。

区域电力市场的运营中心应该拥有跨省联络线和区内的超高压主干线路，并成为所在区域电力系统规划、电网调度和市场交易结算的中心。这种层次简单、结构分明的市场模式，必将全面提高电力市场的稳定性和电力系统的安全性，而且具有以下优点：

（1）符合电网自身的运行规律。电力交易以电网为载体，电网自身又是依据潮流而设计，具有密集区域结构和区间松散联络的特点，自然形成区内和区外交易，造成地区差别。

（2）大范围的电力市场格局，如西电东送和区域间水电资源互补的国民经济总体战略，有利于资源优化配置。

（3）省级电力市场具有很好的物质基础和组织结构。只要协调好省级各实体的利益与区域间经济利益分配的机制，就能保证整个电力市场的健康发展。

二、我国电力市场的调度运营模式

在电力市场调度运营方面，如何处理好电网拥有者、系统调度员和市场操作员之间的关系是最敏感、也是最重要的问题。

根据国内外的经验，比较理想的模式是组建以下几个最为关键的运营实体：独立发电商（IPPs）；电网公司（GC）；系统操作员（SO）和电力交易中心（PX）。这种模式从改革的酝酿阶段就应加以考虑，它既能满足市场竞争的要求，又有利于改革的平稳过渡。在现阶段，可将SO和GC捆绑在一个机构内，逐步实现PX的独立运营，最终像英国电力市场那样，将PX的功能移交给由电力监管部门认定的社会机构负责。

上述运营模式既不同于英国的Power Pool，也有别于加州模式。其意义在于：组建IPPs是基于发电侧竞价上网的需要；SO与GC一体化，适合我国的调度结构，有利于电力市场的平稳过渡。随着条件的不断成熟和运营经验的丰富，再考虑是否将SO独立出去。PX的最终独立，将有助于提供公平的交易平台。

目前，世界上ISO的运营模式可以归纳为两种类型：第一种是基于Pool的ISO，它是大多数电力市场采用的结构，如美国的PJM-ISO、NY-ISO和Cal-ISO；第二种则是近年来国内外学者提出的基于互联网和电子商务（E-commerce）的ISO，这是一个值得关注的动向。这里将给出基于Pool的ISO的不足之处和基于电子商务的ISO的优点。

1. Pool－ISO的不足之处

（1）中央调度系统仍属垂直垄断。

（2）安排预调度计划时未考虑系统备用和输电拥堵管理。为解决这一问题，必然要求ISO拥有和管理数量足够多的电能投标。这可能诱发垄断，进而需要增加相应的监管机构的数量，以维持电力市场的公平性。

（3）阻塞调度的价格由Pool根据竞标确定，这在调度上表现为高度随意和不可预测。譬如，某时段的现货电价为30＄/（MW·h），由调度确定、购电商承担的阻塞费用达数百美元/（MW·h），而该用户在第一时间内对此却一无所知，只能等到交易结束才会知晓。为此，Pool－ISO只能用差价合同（CFD）减少交易风险。然而，CFD既复杂又无法全部保值。

（4）Pool－ISO的建设费用昂贵。Pool－ISO常常要以巨资把已有的多个调度区合并，才能运行中央优化调度程序。加州1997～1998两个年度用在ISO和PX的建设费用高达7亿美元，使同期批发电力的成本增加了5％以上。

2. 基于互联网和E-commerce的ISO的优点

（1）随着Internet的发展和电子商务的日趋成熟，网上实时交易可以简化电力市场结构，提高调度和运营效率。

（2）可以实时、自动生成双边合同。所有参与者可瞬间匿名登录和查询相关数据。

（3）理论上说，可实现无间隙连续贸易。此外，交易周期的缩短又反过来降低了对容量备用的需求，减少了电力市场的运营成本。

（4）实施E-commerce ISO的投资较低。

三、我国电力市场的交易模式

在区域级和省级电力市场中，竞价交易与合同交易相结合是一种比较理想的交易模式。同时，应同步建立远期（期货）合同市场、现货市场和平衡市场。鉴于国情并考虑交易过程和结算的简单化，在初期电力市场中可不考虑期权市场。

另外，采用丰富的电价体系和交易品种，也是避免英国和加州电力市场单一电价体系弊端的有效途径。具体而言，远期和期货市场可由（独立）交易中心负责，通过合同方式实现批发电能的长期交易，达到稳定电价、化解交易风险的作用；现货市场和平衡市场由SO负责，采用竞价交易模式，实现短期电能的交易；阻塞管理、网损分摊及平衡市场所需的辅助服务（如调峰、调频、备用、黑启动）等，则应安排在平衡市场中完成。

一个可行的现货市场结构可以借鉴国外电力市场的经验，如图 3-15 所示。图中涵盖了除期货和远期市场以外的日前市场、小时提前市场、实时市场和辅助服务市场。

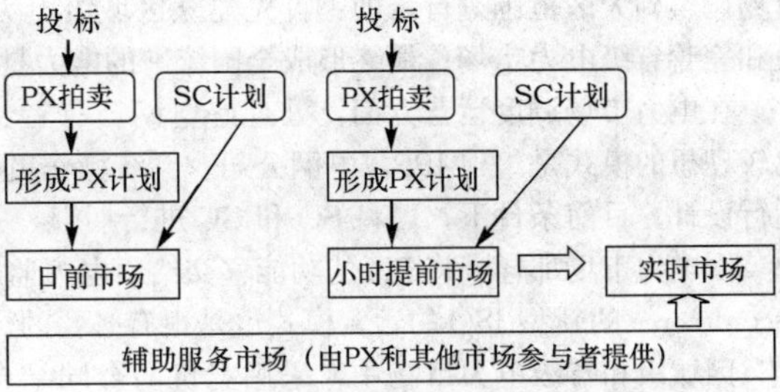

图 3-15　我国电力现货市场和辅助服务市场的预期模式

四、我国电力市场的监管

由前述分析可知，市场竞争是必要的，但又不是万能的。竞争并不能够从根本上解决电力市场的所有问题。如果意识不到这一点，将会在电力市场改革和实践中遭受挫折。换句话说，在今后实施的电力市场中，监管将是必需的，只是如何确定监管的范围、力度、效果、监管机构以及争议仲裁等，仍是一个尚未完全解决的重要课题。

由美国能源基金会资助并提出的一种监管机构模式，可以作为我国电力市场监管体系设置的主要参考依据。即，在全国范围内设立三级监管机构：国家级、区域级和省级监管委员会。国家级电力监管机构应直属国务院，按国家授权行使电力监管职能，对全国电力市场实行集中统一监管。其他监管机构可作为国家监管机构的派驻机构办事处。

五、我国电力市场的法律和政策保障

近年来，英国、美国、澳大利亚、北欧和欧盟等的改革实践表明，成功的电力市场必须立法先行和政策保障。我国近年来的电力市场改革，虽然在发电侧取得了显著成效，但在输电服务、辅助服务，以及零售竞争方面仍然存在诸多深层次的矛盾和问题，急需在国家立法、宏观政策及配套措施方面进行统筹和谋划。

我国 2002 年颁布了《电力体制改革方案》，2015 年出台了《进一步深化电力体制改革的若干意见》，为电力改革确定了宏观总基调和总框架。2016—2017 年，国家先后出台了一系列配套的细化文件，如《关于推进输配电价改革的实施意见》《关于推进电力市场建设的实施意见》《关于电力交易机构组建和规范运行的实施意见》《关于有序放开发用电计划的实施意见》《关于推进售电侧改革的实施意见》《关于加强和规范燃煤自备电厂监督管理的指导意见》《关于改善电力运行调节促进清洁能源多发满发的指导意见》《关于完善电力应急机制做好电力需求侧管理城市综合试点工作的通知》《关于完善跨省跨区电能交易价格形成机制有关问题的通知》，以及《电力市场运营基本规则》《电力中长期交易基本规则》《售电公司准入与退出管理办法》《有序放开配电网业务管理办法》《电力市场监管办法》等，为新电改的顺利推进和实施提供了全方位的政策保障和指导。

但与此同时，我国至今还没有推出一部能够满足电力市场深化改革需要的《电力法》。新电力法的修订工作需要尽快提上工作日程。可以期待，在国家立法和政策保障的条件下，通过不断自我完善，我国的电力体制改革必将朝着促进能源结构优化调整、经济效率有效提升、运行能力显著增强的方向稳步前行。

第九节　电力市场改革的总体思考

世界各国，包括中国，都在不同程度地探索电力工业产权结构的重构。发达国家先后解除和放松管制，独立发电商（IPP）不断涌现，促进了"厂网分离（Unbundling）"。各种新实体的出现，为电力市场的公平竞争和效率的提高奠定了基础。以发电厂竞价上网和输电网开放使用（Open Access）为特征的电力市场改革，正在成为改革与发展的主流。

无论在何种市场机制下，电网运行依然需要一个最低限度的集中控制或调度。因此，电力工业商业化运营后，垄断（输电、配电和系统控制）和竞争（发电竞争和售电竞争）必将长期共存。

电力工业重构产生了许多新实体，不同的电力市场具有不同的实体组合和结构模式。电力市场的发展是一个动态和不断完善的过程，不可能一步到位。同时，也没有现成的、完全相同的电力市场模式可以照搬，英国电力市场的不断改革以及加州电力市场的瓦解，都充分证明了这一点。

合理的市场结构是电力市场成功的前提。在分层分区的结构框架下，我国应把竞价上网的重点从省级市场调整到大区范围进行，即：首先建立区域级电力市场，实现跨区电网规划、运行和资源配置；然后建设和完善省级电力市场；最终形成全国统一的电力批发市场与地方零售市场共同发展的格局。

在电力市场调度运营方面，处理好电网拥有者、系统调度员和市场操作员之间的关系是十分重要的。比较理想的模式是组建 IPP、电网公司、系统操作员和电力交易中心。这种模式从改革方案的酝酿阶段就应进行设计。目前条件下，可将 SO 和 GC 进行捆绑，并在一个机构内逐步实现 PX 的独立运营，最终过渡到像英国电力市场那样，将 PX 的功能移交给由电力监管部门认定的社会机构负责。同时，研究基于互联网和 E-commerce 的新型 ISO 的运营模式也是很有必要的。

区域级和省级电力市场中，采用竞价与合同结合是比较理想的交易模式。应该同步建立远期（期货）合同市场、现货市场和平衡市场，以丰富电价体系和交易品种，避免过分依赖现货市场而造成的市场危机。在市场分工方面，远期和期货市场可由独立交易中心负责，通过合同方式实现批发电力的长期交易，达到稳定电价、化解交易风险的作用；现货市场和平衡市场可以由 SO 负责，采用竞价交易模式，实现短期电能的交易；阻塞管理、网损分摊和平衡市场所需的辅助服务应该安排在平衡市场中完成。

市场监管是电力市场不可或缺的重要内容，也是一个尚未完全解决的重要课题，我国应该尽快完善其机构和职能。

习题与思考题

1. 试分析世界范围内电力市场重构出现的各种新实体（以图形表示），并指出各个实体在市场中的职能。
2. 试分析并说明英国电力市场的组织结构及特征。
3. 试分析美国加州电力市场的组织结构及特征。
4. 试列出英国现货电力市场（Power Pool）中 PPP、PSP 的计算方法，并指出其优缺点。
5. 试提出一种可行的“现货市场—实时市场—辅助服务市场”结构模式。
6. 试分析和说明电力现货市场的 MCP 模式、PAB 模式两种常见出清方式。
7. 不同国家的电力市场，其输电环节改革所面临的突出难题是什么？
8. 试描述在日前市场中，市场参与者、电能交易中心和电力调度中心在时序和内容方面是如何相互协调的。

第四章 电力市场中的电价

第一节 制定电价的基本原则

《中华人民共和国电力法》简称《电力法》第 36 条规定，制定电价应坚持“合理补偿成本，合理确定收益，依法计入税金，公平负担”的原则，同时还应有利于促进合理用电及合理利用资源。由此可见，在考虑公平的基础上，电价就等于成本、利润和税金之和。

长期以来，我国电力行业一直采用基于成本的会计学定价方法。随着电力市场的不断完善和竞争程度的日趋激烈，人们对基于经济学原理的定价方法，如边际成本法、当量电价法等的研究越来越多并日渐成熟，它们在电力市场的实时电价和输电定价等方面将具有广阔的应用前景。

一、最低成本与合理成本原则

在商品经济中，收回成本叫作“保本”，可以维持简单再生产。

根据马克思主义经济学理论，在社会化大生产的经济条件下，制定价格所依据的产品成本是指生产同类产品的生产企业的部门平均成本，而不是某个企业的个别成本。只有企业的个别生产成本等于部门平均成本时，该企业才能维持简单再生产；如果企业的个别成本高于部门平均成本，则不能维持简单再生产。可见，在社会化大生产的经济条件下，部门平均成本（全行业的平均成本）才是最低价格。

电力行业的供电成本包括燃料费，水费，材料费，工资及福利费，折旧费（指提取的固定资产折旧），维修费，外购电力费，其他费用（办公费、宣传费、运输费、税金等）。在现实社会中，合理成本应当是电能在生产、输送过程中所发生的任何必要的会计成本，在数值上就等于一定时期内的总支出与总产量的商。贷款利率、债券发行费、环保投资等均属必要的合理成本，下列项目则应视为不合理成本。

（1）供求关系：用备用率指标衡量。若备用过多则多余容量的成本属于不合理成本。

（2）设备和燃料的采购价格：高出市场价格或管制价格的那部分成本为不合理成本。

（3）员工收入水平，即劳动力价格：若收入水平高出社会公认的标准，或连续几年内工资增幅大于社会平均增幅，则过高的部分应视为不合理成本。

（4）科技水平和管理水平：用国际通行的资本利用率指标和劳动效率指标进行评价。

（5）电能质量：凡质量未达标的电力或电能，其成本均应视为不合理成本。

二、合理收益原则

利润是劳动者创造的剩余价值的一部分。在测算电价时，可采用资金利润率乘以资金占用量计算利润的大小。电力行业的资金利润率水平要适当高于整个社会的平均资金利润率水平，但应以不获取超额利润为原则。其必然性体现在下列两个方面。

（1）电力要先行，其发展速度应稍高于国民经济的整体发展速度。

（2）要有足够的自我积累、自我发展和还贷付息的能力。电业部门既不获取超额利润，又要有合理的收益。

按照我国现行财务制度，企业利润包括：生产发展基金（公积金）、职工集体福利基金（公益金）、企业奖励基金或股东红利（股份公司）。合理利润应依供求关系的变化略高或略低于正常利润。正常利润就是资本的机会成本。

电力工业的正常利润应与社会总资本的盈利水平相当，即接近社会平均利润。社会平均利润水平应该比银行一年期的储蓄利率略高一点。许多发达国家也以此作为垄断性产业投资回报率的依据。

三、依法计入税金

在成本和利润水平确定之后，按国家税法的规定将税金纳入价格之中，这部分税金也叫价内税。价内税费一般都有统一的收费标准，仅就供需双方而言，价内税费是一个外部既定量，不必作专门的研究。

四、公平负担、等价交换原则

制定分类和分时电价，公平合理地分摊用户的用电费用。

五、促进合理用电与合理利用资源原则

电价的制定，应有利于改善国家能源生产和消费结构，有利于电力的有效使用。电价应能给用户以正确的用电信号，鼓励用户在适当的时候以适当的方式用电。

促进用户合理用电的原则，体现了供电方和用电方的合作。目前，流行的多种需求侧管理措施，均是这一原则的具体体现。例如，分时电价可以促进削峰填谷，功率因数调整电价可以鼓励用户进行无功补偿，可中断电价则可以鼓励用户承担系统备用。

第二节　制定电价的理论方法

一、计划经济条件下电价形成机制存在的问题

计划经济条件下的价格形成机制，虽然理论上讲是科学合理的，但在实践中由于缺少科学客观的方法去获得平均化的社会机制，只靠政府职能部门的少数人去制定具体的标准，这本身就包含了一定的主观随意性，更多地体现出“定性”而非“定量”的原则，在实践中很难达到科学合理的水平。因此，这种电价通常又被称为“管制电价”。

计划经济条件下电价机制的缺陷，一是表现在价格管理机能有严重缺陷，二是表现在价格管理体制僵化。具体表现在以下几个方面。

（1）价格管制原则不明确，存在很大弹性。在马克思主义关于价值量决定的理论中，“社会必要劳动时间”在实际操作时很难确定其边界值。目前的《电力法》也只能规定“合理成本”“合理利润”，既无量的界定，也无质的说明，只能依靠主观的判断。

（2）没有规范的定价方法。我国至今仍没有任何产业利润率标准，更没有确定以行业平均成本为基础的成本利润率和工资利润率。

（3）价格管制机构职能单一。多年来，我国一直没有能统管全国各行业的价格管制机构。各地的物价管理部门职能单一，除了能对产品或劳务定价外，对其他价格形成因素都无法控制。具体地说，物价部门不参与“市场准入”、需求侧管理及运营成本的监控，与被管制企业间的信息严重不协调。

（4）价格监管主体与客体关系倒置。国外对新建项目，先定价、后建厂。我国则是先建厂，后上报定价。其结果是，政府批准的项目在电价审批时就要首先予以保护。可以说，我国现行的指导性电价，既不是按计划机制形成的，也不是按边际成本法制定的，而是倒逼出来的。

（5）对价格管制机构的监督体系尚未建立。我国目前对价格管制机构的监督措施主要是申请复议和行政诉讼，而且对监管对象只限于违规罚款。对调价和定价行为没有形成有效、及时的社会约束力量。

二、市场经济条件下的电价形成机制

市场经济条件下的价格形成机制，本质上是指通过市场机制引导资源最佳配置的价格机制。

在任何情况下，资源的最佳配置作为一种稳定状态几乎是不存在的，即使存在也只能是一种瞬间状态。因此，正确理解价格合理性的方法应当是看它的调节方向和调节力度，是否与资源最佳配置的要求相一致。

三、电力投资与电价形成的特点

制定电价就应首先了解电力商品与其他普通商品的共性和不同的特点，了解影响电价的主要因素，以便在电价模型中恰当运用规则、充分反映电力生产和消费的客观规律。电力投资对电价的形成具有决定性的作用，它与电价的形成过程具有以下特点。

（1）资金密集。电力行业的人均固定资产净值是其他行业平均水平的几十倍。

（2）投资周期和运行周期长。建设期：火电至少 3～5 年，水电 5～10 年。运行期：火电 20 年，水电 50 年左右。

（3）产品单一，资本存量调整困难。

（4）发电和供电存在效益和安全一体化关系。

（5）电价对生产、消费具有明显的调节作用。

（6）电能消费存在区域差别。

（7）消费范围广泛，可替代性小，逐渐居于能源消费的主体地位。

（8）电能从生产到销售的全过程属于一个整体。与其他商品不同，它在零售过程中的增值非常小。

四、制定电价的理论方法

从理论上说，定价就是要确定电价水平和电价结构。

（一）电价水平

电价水平由电能基础价格和供求价格组成。基础价格反映电能的自身价值，对整个电价起着决定性作用；供求价格反映电能商品的市场紧缺程度，在某种程度上会对电价产生较大的影响。电价水平可用下列公式表示

$$电价水平=基础价格+供求价格 \tag{4-1}$$

$$基础电价=成本+利润+税金 \tag{4-2}$$

（二）电价结构

合理的电价结构不仅要反映电力生产的特性和用电特性，还要满足计量成本最低的要求。电价结构可分为供电电价结构、用电电价结构和调节电价结构。供电电价是指电力企业之间，如电厂与电网经营企业、电网经营企业与电网企业之间电力交易的价格，前者形成的电价被称为上网电价或收购电价，后者形成的电价叫作“转供（转运）电价”。用电电价结构可以分为一部制电价、两部制电价和三部制电价。调节电价一般采用峰谷电价、丰枯季节电价、功率因数调节电价等。

电价结构与电力市场模式紧密相关。在以往的电力系统和初期的发电侧竞争的电力市场中，可以采用上述电价结构。但在更加开放的电力市场机制下，输电网络开放、配电侧展开零售竞争，电价机构应当更加透明、公正，有利于各个环节的竞争。此时，应该考虑全网实时电价方案或发电、输电、配售电的三段式电价结构方案。

1. 供电电价结构

（1）上网电价。上网电价是指 IPP 向电网经营企业提供上网电量时与电网经营企业之间签订的结算价格。上网电价取决于电厂向电网提供效益的大小，分为容量电价和电量电价两部分。容量电价又可分为基荷容量电价和调峰容量电价。

我国的上网电价过去采用一部制电价，将发电企业的全部成本费用、利润及税金都计入电量电价，其优点是方法简单易行、直观、竞争力度大，对新机组竞价比较有利。其缺点是，在当前新老电厂的效率、污染及成本（还本付息）差异巨大的条件下，无法满足电力市场对公平竞争的要求。采用一部制电价的副作用很大。

1997 年以后，我国采用了两部制电价结构。随着电力市场的发展，学术界又提出了不少其他的上网电价模式，如电能价值当量分析法，基于 OPF 的 P、Q 一体化定价模型等。总体说来，在电力定价方面还有大量课题有待进一步研究和开发。

在竞价上网的体制下，应当遵循“按同类发电厂最低电价顺序上网”的原则。“同类电厂”具有两层含义：一种含义是指火电类、水电类或核电类电厂；另一种含义是指一般电厂、境外上市电厂、BOT 电厂或 TOT 电厂等。

1）一般集资、贷款建设和利用外资建设的 IPP 的上网电价。上网电价由发电成本、发电利润、发电税金构成公式为

$$上网电价=\frac{发电成本费用+发电利润+发电税金}{厂供电量} \tag{4-3}$$

$$发电成本=生产成本+财务费用$$

$$\begin{aligned}生产成本=&燃料成本+水费+材料费+工资福利费+折旧费\\&+大修费+购电费+其他费用\end{aligned}$$

$$财务费用=长期贷款利息+流动资金贷款利息+当年汇兑损益分摊额$$

$$发电利润=还贷利润+资本金收益$$

$$还贷利润=（当年应还贷款本金-当年折旧还贷款）/（1-所得税率）$$

$$资本金收益=\frac{资本金数额\times 资本金收益率}{1-所得税率}$$

$$\begin{aligned}发电税金=&[（成本费用+发电利润）-进项税扣除额]\times 增值税率\\&\times（1+城建税及教育附加税率）\end{aligned}$$

2）境外上市 IPP 的上网电价。截止到 1998 年底，境外上市发电企业有三家：华能国际电力股份有限公

司、山东华能发电股份有限公司、北京大唐发电股份有限公司。其电价水平均按固定资产净值收益率来确定。具体指标为：资本金部分税后15%，负债形成的资产部分收益率按15%扣除实际综合贷款利率后确定（最高扣除率不大于8%）。该电价结构国家并未明确承认，属于暂时操作性质。

3）BOT电厂的上网电价。BOT（Building Operation Transfer），即“建设—运营—移交”的全过程。广东沙角电厂、珠海电厂，广西来宾电厂，长沙电厂等属此类电厂。其含义是：外方得到电建项目，在国际资本市场筹集资本和私人资本投资建设，建成后在我国政府规定的特许期内进行经营，获得预期收益后，再将项目的所有权无偿移交给我国政府。BOT电厂的上网电价均经过招、投标加以确定。在特许期内，若因政策调整而使项目受到重大经济损失的，允许项目公司合理提高电价标准或延长项目特许期。

4）TOT电厂的上网电价。TOT（Transfer Operation Transfer），即“转让—运行—移交”的全过程。辽宁锦州电厂，陕西渭河电厂，陕西秦岭电厂等属此类电厂。其含义是：中方将已投产运行的电厂进行资产评估后，将部分产权出让给境外投资者，从境外投资者那儿一次性得到一笔资金。境外投资者在经营期内取得预期收益后，将电厂产权再移交中方。TOT方式有利于投资者避开建设过程可能出现的风险，有利于盘活企业的存量资产，引进资金，从而受到普遍欢迎。

此类电厂制定自己上网电价的原则是，保证经营期内的投资收益率。一般按照保证贷款还本付息和投资者投入的注册资本能够取得15%左右收益率的原则加以确定。

【案例】 某电厂一期工程1、2号机组上网电价计算。

某电厂一期工程1、2号机组总装机容量为2×50万kW，1991年11月30日开工，1号机组于1995年12月投产，2号机组于1996年6月投产。截止到1995年，总投资为52亿元。该厂一期工程累计借款52亿元，工程贷款的种类及利率情况见表4-1。

在市场严重缺电状况下，为加速电力工业的发展，电厂应以成本为导向进行定价，确保成本的回收。另外，为保证投资者利益，吸引投资，还应考虑还本付息，保证一定的利润。因此，大多可采用“成本导向定价法”来制定机组的上网电价。20世纪80年代，这种方法在我国得到了广泛的应用，对于筹措资金，推动电源建设，缓解供电矛盾，促进电力工业发展起到了关键的作用。

表4-1 某电厂一期工程贷款种类及利率

贷款种类	贷款额（万元）	利率（%）
基建委托贷款	11000	3.60
建行基建借款	92000	15.12
中央债券转建贷	22000	13.50
地方债券转建贷	5200	13.50
地方建贷	2000	15.12
地方投资转建贷	48000	15.12
地方电力债券	2000	16.00
地方电力债券	17000	14.76
主管局投资	36500	15.12
电力债券	6000	10.50
开行贷款	95000	15.12
开行专项贷款	25000	13.50
开行专项贷款	10000	13.50
开行硬贷	79481	15.12
建行贷款	19386	15.12
局自筹	6785	15.12
建行贷款	42648	15.12
合计	520000	

成本导向定价法的计算公式为

单位产品电价＝单位产品生产成本＋单位产品税后利润＋单位产品税金

1）基础数据如下：

①年利用小时：第一年4800h，以后年利用小时数为5500h。

②厂用电率：7.6%。

③固定资产形成率：100%。

④综合折旧率：7.26%。

⑤折旧还贷比例：前三年80%，以后50%。

⑥大修理费：按固定资产的2.5%计。

⑦职工人数：1667人；人均工资10000元/年。

⑧材料费：按固定资产的1%计。

⑨耗水量：1460万t；水价：0.149元/t。

⑩燃料数据：1996年计划用大同矿务局煤1254531t，西韩岭储运站煤165189t，计划外用煤155842t。大同矿务局天然煤到厂价为201.8元/t，其中：坑口煤价137.88元/t，运杂费52元/t，自备车费8.5元/t，折标煤单价252.25元/t。西韩岭储运站天然煤到厂价187.68元/t，其中：坑口煤价124元/t，运杂费52元/t，自备车费8.5元/t，折标煤单价261.76元/t。计划外用煤201.80元/t，单价构成同大同矿务局。点火助燃用轻油单价2260元/t，折标煤单价1581.37元/t；混合重油单价1370元/t，折标煤单价958.62元/t。

⑪所得税率：33%。

⑫增值税率：17%；城建税和教育附加为增值税额的10%。

⑬其他费用约16.13元/（MW·h）。

2）单位产品生产成本（含费用）的计算。

①厂供电量。按计划数，第一年利用小时4800h，以后年利用小时5500h，厂用电率7.6%。1996年发电量36亿kW·h，1997年为53.25亿kW·h，投产后10年平均值为52.925亿kW·h，折供电量10年平均为48.9027亿kW·h。

②燃料成本。通过对各种用煤、用油的用量及入厂单价的乘积进行加总测算，得燃料总成本33406万元，除以厂供电量，可得单位燃料成本为100.43元/（MW·h）。

③水费、材料费

单位水费=(耗水量×水价)/厂供电量=0.44[元/(MW·h)]

单位材料费=(固定资产总额×材料费所占比例)/厂供电量
=10.63[元/(MW·h)]

④工资及福利费

单位工资及福利费=(工资总额+福利费)/厂供电量
=3.89[元/(MW·h)]

⑤大修理费

单位大修理费=(固定资产总额×大修理费所占比例)/厂供电量
=26.58[元/(MW·h)]

⑥折旧费

单位折旧费=(固定资产总额×综合折旧率)/厂供电量
=77.20[元/(MW·h)]

⑦其他费用。单位其他费用为16.13[元/（MW·h)]

⑧财务费用。按各种贷款余额及利率计算预计今后五年年均利息，再除以平均厂供电量，得出各种资金的发电单位利息。五年平均财务费用58580万元，单位应还利息为119.79[元/（MW·h)]。

⑨单位发电生产成本（含费用）合计。将以上各项成本及费用加总得发电单位生产成本、费用为355.09[元/（MW·h)]。

3）单位产品利润计算。

成本导向定价法是在成本的基础上加上一定比例的单位成本的盈利率来考核利润，或以投资额等为基础，按社会、行业的平均盈利水平来核算利润。对于缺电状况的电力建设，要求必须保证贷款的偿还，成本的回收，一定的盈利额，即首先得保证当按规定的还贷折旧额不足以偿还贷款时，必须有足够的利润来偿还，并且企业利润偿还贷款后，还得有一定的留利水平。一般留利为税后利润的15%。可见，在贷款偿还期，利润额较大，但当贷款偿还后，利润水平将减少，电价水平也将因贷款已偿还而降低。下面将按以上要求和原则来核算利润。

①单位产量还贷额。SB厂截止于1995年底，累计借款52亿元。每年还贷额统一按10年还款期计算，各种借款还款额加总后，除以厂供电量，即得单位产量还贷额为106.33[元/（MW·h)]。

②单位产量折旧还贷额。以折旧的80%还贷，则得单位产量的折旧还贷额为61.76[元/（MW·h)]。

③单位产量利润还贷额

单位产量利润还贷额=单位产量还贷额−单位产量折旧还贷额

$$=106.33-61.76=44.57\ [元/(MW\cdot h)]$$

④单位产量利润。单位产量留利为单位税后利润的15%，单位税后利润52.44元/（MW·h)又为单位产量利润还贷额44.57元/（MW·h）与单位产量留利7.87元/（MW·h)之和，则得

单位产量税后利润 ＝单位产量利润还贷额/85%

＝44.57/85%＝52.44[元/(MW·h)]

含所得税的单位产量利润 ＝单位产量税后利润/(1－所得税率)

＝52.44/0.67＝78.27[元/(MW·h)]

其中所得税＝78.27×33%＝25.83[元/(MW·h)]

4）不含税上网电价的核算。

不含税上网电价 ＝发电单位生产成本、费用＋单位产量所得税＋单位产量税后利润

＝发电单位生产成本、费用＋单位产量利润(含所得税)

＝355.09＋78.27＝433.36[元/(MW·h)]

5）含税上网电价的核算。

增值税率为17%，城建税和教育附加为增值税的10%，则综合税率为17%×（1＋10%）＝18.7%。由此得出

含税上网电价＝不含税上网电价×(1＋18.7%)＝514.4[元/(MW·h)]。

6）结论。

该电厂一期工程1、2号机组的不含税上网价为：433.36［元/（MW·h)］，含税上网电价为514.40［元/（MW·h)］。

（2）网间互供电价。设A网向B网购电，则可视A网为B网的用户，而B网为A网的“电厂”。若B网提供的是季节性电能，而对A网来说不是季节性电能，则按利益均分思想确定的购电价格为

购电价格 $$B网电价+\frac{1}{2}(A网电价-B网电价)$$

（3）转运电价。在初级电力市场机制下，转运是指电网所有者提供输电设备，为另外的供电和用电两方提供输电服务的全过程。提供转运服务的电网一方有获得输电收益和补偿输电成本的权利。图4-1能够形象地说明转运服务的含义。

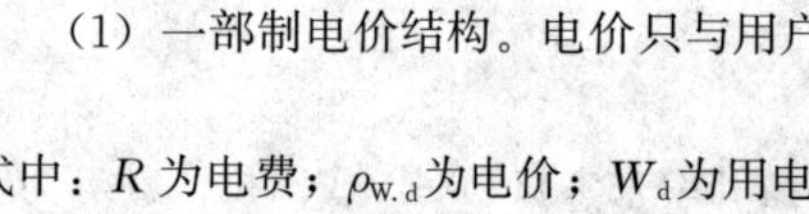

图4-1 转运服务的含义

出现转运的原始驱动力主要有地区成本差、紧急功率交换、一方长期缺电。转运合同有两种形式可供参考：一是美国采用的针对每项转运业务分别签订合同的方式；另一种是像英国那样，由电网规定统一的转运费标准，每0.5h公布一次。

2. 用电电价结构

用电电价结构又称销售电价结构，体现了用户合理分摊电力费用的原则。它与电压等级、用电时间、地理位置、无功特性及可靠性等因素有关。

（1）一部制电价结构。电价只与用户的用电量有关，模型最简单为

$$R=\rho_{W.d}W_d \quad (4-4)$$

式中：R为电费；$\rho_{W.d}$为电价；W_d为用电量。

特点：简单明了，易于理解，计量费用少。

适用对象：大多数用电量较少的客户，如居民用户。

（2）两部制电价结构。两部制电价较一部制电价有很大进步，是我国目前采用的最重要的一种电价制度。两部制电价由电力电价和电量电价两部分构成，可用公式表示为

$$R=\rho_{P.d}P_d+\rho_{W.d}W_d \quad (4-5)$$

式中：R为电费；$\rho_{P.d}$为电力电价；P_d为有功容量；$\rho_{W.d}$为电量电价；W_d为用电量。

电力电价反映供电的固定成本，即容量电价。即使用户不用电，供方也应做好供电的准备，从而产生相应的成本，这部分成本只与系统的容量有关。电量电价反映供电可变成本的大小及其回收情况。

不同性质的大用户应当有不同的两部制电价形式，才能较好地符合其真实的用电特性。对日负荷率高的大用户，应当推出“不分时的两部制电价结构”，因为系统的峰谷差不是由它们造成的，它们分摊的固定

费用主要与负荷量有关，且与用电时间关系不大。对负荷率低的大用户，应当推出“分时电价结构”，因为系统的峰谷差主要是由它们造成的，它们分摊的固定费用不仅与它们的负荷量有关，而且与负荷出现的时间和持续的时间有关。采用分时电价，不仅有利于用户间合理分摊电力企业支出的费用，也有利于调整日负荷曲线。

(3) 三部制电价结构。这是美国实行的用电电价结构。它将供电成本中的固定成本再加以细分，构成两个部分：电力成本和基本成本。电力成本的计算同前；基本成本包括营业设施折旧、工资福利、办公费用、接户线及电能表的成本、负荷管理设备等，它们与系统容量和发电量没有直接的关系。

三部制电价结构可用公式表示为

$$R=\rho_{P.d}P_d+\rho_{W.d}W_d+F \tag{4-6}$$

式中：F为基本费用。

【案例分析】我国现行的三种电价销售政策：省及省以上电网直供平均销售电价；趸售电价；农村电价。

(1) 省及省以上电网直供平均销售电价。省级电网的平均销售电价由平均上网电价加上供电成本、损耗、利润和税金构成。

以 1997 年为例，全国电网标准供电成本为 0.04 元/（kW·h），供电线损 7%～8%，供电平均利润 0.01 元/（kW·h）。此外，国家还另行征收了 0.02 元/（kW·h）的电力建设基金和 0.015～0.04 元/（kW·h）不等的三峡工程建设基金。部分地方政府层层加收了电力建设基金、电网改造基金等，又使用户支付的电价水平高出 0.05 元/（kW·h）左右。因此，输电总成本约为 0.163 元/（kW·h）。

上网电价：1997 年全国平均 0.27 元/（kW·h）。其中，1985 年以前投产的电厂为 0.24 元/（kW·h）；集资、贷款和外资建设的电厂为 0.32 元/（kW·h），其中 60 家新厂为 0.41 元/（kW·h），BOT 电厂为 0.45 元/（kW·h），TOT 电厂为 0.35 元/（kW·h）。

销售电价：1997 年省及省以上电网直供平均电价为 0.38 元/（kW·h），考虑各种加价另外高出 0.05 元/（kW·h），总计为 0.43 元/（kW·h）。

(2) 趸售电价。趸售电价是指省及省以上电网对县及县以下供电企业的售电价格。趸售电价按照省及省以上电网对用户的销售电价打折优惠后确定，其折扣率一般为 20%～28%。趸售企业对其用户执行国家审批的“目录电价”和省级物价部门核批的指导性销售电价。其经营管理的费用，由省及省以上电网销售电价与趸售电价的差价进行补偿。

(3) 农村电价。农村电价是指终端用户承担的电价，它由乡镇电管站（2000 年以后逐渐合并或取消）一级的电价和低压电网维护管理费两部分构成。低压电网维护管理费包括农村集体电力资产的运行维护费、电能损耗补偿费用及乡村电工的合理报酬。

据统计，1998 年 1～10 月全国农村用户最低电价只有 0.35～0.4 元/（kW·h），平均电价为 0.6～0.7 元/（kW·h）。加上地方层层“允许”的加价项目，绝大多数农民实际负担的电价超过 0.7 元/（kW·h），个别地区达到 1 元/（kW·h），甚至 2～4 元/（kW·h）。

可见，减轻农村和农民用电负担已刻不容缓。根据我国的电力规划，结合城网和农网改造工程的建设，将对电力体制进行重大改革，并逐步实现城乡用电同网、同质、同价。它对我国的农业电气化、信息化和自动化以及全面实现小康社会具有十分重要的作用。

例如，某地区电网 20 世纪 90 年代的趸售电价见表 4-2。中小化肥生产用电执行非工业、普通工业电价的，按该电价表中非工业、普通工业电价的 70%收取；执行大工业电价的，按该电价表中大工业电度电价的 72%收取，基本电价按此电价表执行。该地区的销售电价见表 4-3。

表 4-2　某地区电网趸售电价　[元/（kW·h）]

电价类别	县级趸售				县以下趸售			
	1～10kV		≥35kV		1～10kV		≥35kV	
	(一)	(二)	(一)	(二)	(一)	(二)	(一)	(二)
居民生活电价	0.16		0.16		0.174		0.174	

续表

电价类别	县级趸售				县以下趸售			
	1～10kV		≥35kV		1～10kV		≥35kV	
	(一)	(二)	(一)	(二)	(一)	(二)	(一)	(二)
非居民照明电价	0.254		0.254		0.268		0.268	
工业、非工业电价	0.214	0.210	0.206	0.188	0.244	0.237	0.235	0.227
农业生产电价	0.192		0.182		0.192		0.182	

表 4-3　某地区电网销售电价表

电价类别	电度电价						基本电价			
	不满 1kV		1～10kV		≥35kV		最大需量		变压器容量	
	(一)	(二)	(一)	(二)	(一)	(二)	(一)	(二)	(一)	(二)
居民生活电价	0.22		0.2		0.21					
非居民照明电价	0.336		0.329		0.329					
非工业、普通工业电价	0.309	0.304	0.302	0.294	0.291	0.281				
大工业电价			0.221	0.209	0.210	0.197	15.00	14.00	10.00	9.50
其中：电解、电石、电炉黄磷、合成氨			0.211		0.200		15.00		10.00	
农业生产电价	0.251		0.243		0.231					

3. 调节电价结构

调节电价是指为保证用户合理用电，借助经济手段改善用电结构，调整用电时间的一种差别付费政策。目前各地正式实施的调节性电价主要有：峰谷分时电价、丰枯分季节电价、功率因数调整电价。

（1）峰谷分时电价和丰枯分季节电价。峰谷分时电价：将日负荷曲线按时间划分为高峰、平段、低谷三个时段（如安徽电网：高峰 8h，平 6h，谷 10h），或仅划分高峰、低谷两个时段，实行高峰高价、低谷低价的政策。国内的峰谷电价大多相差 3～4 倍。

近一年来，各地电力系统峰谷用电容量矛盾加剧，导致大部分时间系统供过于求，仅在短时间内供应短缺的现象。因此，有必要进一步加大峰谷分时电价的调节力度。

以上海 2001 年 5 月 1 日起执行的政策为例，其分时电能表有日夜两个记度器，日盘在6：00～22：00 计数（高峰），电价为 0.61 元/（kW·h）；夜盘在 22：00～6：00（低谷）计数，电价为 0.30 元/（kW·h）。

峰谷电价最大的受益者当属夜间经常使用空调和电热水器的用户。据测算，综合考虑家电使用特性，上海居民在不改变使用习惯的情况下，安装分时电能表每天可节省 1/4 的用电量，按夜间每度电 0.30 元/（kW·h）计算，日均降低电费 12.7%。以每月 200 元电费计，可减少 25.4 元的支出。

至于丰枯季节性电价结构，则有利于充分利用丰水期的低价水能资源、减少燃料发电量和环境污染的程度。

【案例分析】实行分时电价后用户的负荷调整策略。

假设 A、B、C 厂的最大负荷均出现在系统的高峰时段，负荷水平分别为 500、920、3300kW。实行分时电价后，三个厂都采取一定的避峰措施，尽可能将高峰负荷转移至平段和谷段。在操作中，A 厂将高峰负荷全部移至各段；B 厂将高峰负荷一部分移至平段，其余大部分移至谷段；C 厂转移了部分高峰负荷，使高峰负荷降为 2593kW。三个厂避峰前后各时段的用电量情况见表 4-4。

表 4-4　**A、B、C 厂避峰前后各时段的用电量情况**　(MW)

用户	避峰前			避峰后		
	高峰	平峰	低谷	高峰	平峰	低谷
A 厂	1.79	1.10	0.00	0.00	1.10	1.79
B 厂	4.66	0.26	1.84	0.00	1.46	5.30
C 厂	16.12	14.02	2.73	13.39	14.02	5.46

如果在实行峰谷电价之后，低负荷率用户 A、B、C 厂仍不采取避峰措施，则其电费将显著增加。在采取避峰措施和重新安排用电时间后，各厂的电费支出和生产成本均可降低，同时也在一定程度上缓解了整个系统高峰缺电的矛盾，充分体现出电价的经济杠杆作用。各厂避峰前后平均电价水平的下降情况见表 4-5。

表 4-5　**各厂避峰前后平均电价水平**　[元/(kW·h)]

用户	避峰前电价	避峰后电价	电价降低额
A 厂	0.468	0.214	0.254
B 厂	0.406	0.112	0.294
C 厂	0.346	0.300	0.457

为了全面缓解尖峰负荷对电力系统的冲击，我国采取了一系列相应措施。1998 年以来，要求各供电公司采取错峰调荷措施：对大工业用户实行负荷率考核奖励、执行周修制度、签订大用户错峰用电协议；加强地方电厂调峰，在签订并网协议时明确电厂的调峰义务。

(2) 功率因数调整电价。功率因数标准共分 0.9、0.85、0.8 三档，适用于不同的用电对象。这一电价政策在技术上要求单独加装有功电能表和无功电能表，计算月平均功率因数 $\cos\varphi$。根据 $\cos\varphi$ 高于或低于标准的情况，按照电费调整表的要求调节电价。根据电力系统具体情况，对不需增设补偿设备，功率因数就能达到标准的用户，或距离电源点较近，电压质量较好，无需进一步提高用电功率因数的用户，经省级电力部门批准，可以降低功率因数标准值，不试行功率因数调整办法。

第三节　电价的计算方法

一、电价的计算步骤

电价计算需要四个基本步骤。

(1) 作未来计算期内的负荷预测，依此作出系统最优发展规划及资金计划。

(2) 核算供电成本。

(3) 计算基础电价，方法有三种：综合成本法；长期边际成本法；实时电价定价法。

(4) 根据基础电价，制定分类电价。

二、计算基础电价的三种方法

1. 综合成本法 (Embedded Cost Method)

思路：求取计算期内的全部供电成本，然后分摊到所有用户。计算步骤如下。

(1) 做出计算期内的电力发展规划和资金计划。

(2) 成本核算。逐项目核算供电成本，求和得到综合电力成本和电量成本。其中的折旧费应分成两部分：一部分是根据现有设备的账面成本计算得到的年折旧费；另一部分是在规划期内计划投入设备的年折旧费。

(3) 平均分摊成本，即

容量电价
$$\rho_{P.d}=\frac{C_{P.d}}{P_d} \qquad (4-7)$$

电量电价
$$\rho_{W.d}=\frac{C_{W.d}}{W_d} \tag{4-8}$$

式中：$C_{P.d}$为综合电力成本；$C_{W.d}$为综合电量成本；P_d为最大负荷容量；W_d为负荷用电量。

综合成本法具有以下一些特点：

（1）方法直观、简便，易操作。

（2）计算周期较长，相对稳定，有利于避免因投资高峰带来的电价波动。

（3）只根据以往账面计算折旧费，无法体现未来通货膨胀、能源和环境开支的增加等因素，有可能导致折旧费不足和企业资金状况恶化。

2. 长期边际成本方法 LRMC（Long Run Marginal Cost Method）

（1）LRMC 定价的理论依据。根据微观经济学理论，由于未来微增负荷的持续增长所产生的微增成本，称为长期边际成本。长期边际成本法定价的理论依据，是从全局考虑使社会总效益B_f最大化，即目标函数为

$$\begin{aligned}&\max B_f\\&B_f=B_e-C_d\\&C_d=C_{P.d}+C_{W.d}\end{aligned} \tag{4-9}$$

式中：B_f为消耗电能W_d后产生的社会净效益；B_e为用户使用电能W_d后产生的用电效益（未扣除电费）；C_d为系统总供电成本。

对B_f求偏导数，得

$$\begin{aligned}&\frac{\partial B_f}{\partial P_d}=\frac{\partial B_e}{\partial P_d}-\frac{\partial C_{P.d}}{\partial P_d}=0\\&\frac{\partial B_f}{\partial W_d}=\frac{\partial B_e}{\partial W_d}-\frac{\partial C_{W.d}}{\partial W_d}=0\end{aligned} \tag{4-10}$$

对用户而言，用电W_d产生的净效益为

$$B_d=B_e-\rho_{W.d}W_d-\rho_{P.d}P_d \tag{4-11}$$

用户的目标是使其B_d最大，即

$$\begin{aligned}&\frac{\partial B_d}{\partial P_d}=\frac{\partial B_e}{\partial P_d}-\rho_{P.d}=0 \quad\longleftrightarrow\quad \frac{\partial B_e}{\partial P_d}=\rho_{P.d}\\&\frac{\partial B_d}{\partial W_d}=\frac{\partial B_e}{\partial W_d}-\rho_{W.d}=0 \quad\longleftrightarrow\quad \frac{\partial B_e}{\partial W_d}=\rho_{W.d}\end{aligned} \tag{4-12}$$

将式（4-12）代入式（4-10），可得到以下结果

容量电价等于电力成本对负荷容量的微增率为

$$\frac{\partial C_{P.d}}{\partial P_d}=\rho_{P.d}$$

电量电价等于电量成本对负荷用电量的微增率

$$\frac{\partial C_{W.d}}{\partial W_d}=\rho_{W.d}$$

（2）LRMC 定价的计算过程及步骤：

1）预测负荷容量P_{d1}和用电量W_{d1}，计算供电容量成本$C_{P.d1}$和电量成本$C_{W.d1}$。

2）假设负荷容量和用电量分别从P_{d1}、W_{d1}变化到P_{d2}、W_{d2}，即有一微小增量

$$\begin{aligned}&\Delta P_d=P_{d2}-P_{d1}>0\\&\Delta W_d=W_{d2}-W_{d1}>0\end{aligned} \tag{4-13}$$

3）计算P_{d2}、W_{d2}下的容量成本$C_{P.d2}$和电量成本$C_{W.d2}$。

4）求容量成本增量$\Delta C_{P.d}$和电量成本增量$\Delta C_{W.d}$

$$\begin{aligned}&\Delta C_{P.d}=C_{P.d2}-C_{P.d1}\\&\Delta C_{W.d}=C_{W.d2}-C_{W.d1}\end{aligned} \tag{4-14}$$

5）用长期边际成本法定价

容量电价
$$\rho_{P.d}=\frac{\partial C_{P.d}}{\partial P_d}\approx\frac{\Delta C_{P.d}}{\Delta P_d} \tag{4-15}$$

电量电价　$$\rho_{W.d}=\frac{\partial C_{W.d}}{\partial W_d}\approx\frac{\Delta C_{W.d}}{\Delta W_d} \tag{4-16}$$

（3）LRMC定价的特点。长期边际成本法定价具有以下特点。

1）可以反映用户负荷增加时的供电边际成本。

2）能体现未来能源的价值。

3）计算周期较长，相对稳定，避免投资高峰时出现较大的电价波动。

4）某些与时间有关的宏观因素会直接影响边际成本法定价的实用性。

5）常常造成收支不平衡。一类情况是收入大于支出。如发电侧，其供电成本与供电量之间呈下凹型增长曲线。此时的系统边际供电成本（即供电成本函数对供电量的一阶导数）总是大于系统的平均供电成本。另一类情况是支出大于收入。如输电环节，其供电成本与供电量之间呈上凸型增长曲线。此时的系统边际供电成本总是小于系统的平均供电成本。

为了平衡收支情况，需要采取各种各样的修正措施，如拉姆齐修正法、加权最小二乘方法、直接附加费法等，这些措施会反过来影响边际成本定价的经济导向作用。

3. 短期边际成本法

综合成本方法和长期边际成本方法只能反映较长时期内（如1年或2年）的生产成本和总体负荷水平。分时电价也只能反映一段时间内日负荷及供电成本的统计规律，不能精确反映每日各时段的负荷及供电成本的变化。

短期边际成本法能够较好地反映较短时期内（如1天、1h、0.5h等）供电成本的变化情况。当测算的时间间隔越来越短，如30min、15min，甚至5min时，所计算出的短期边际成本在工程意义上又可称为“实时电价”。

实时电价能够反映短期内由负荷变化引起的生产成本的变化及用电量信息，指导用户正确用电。除此以外，在电力市场中，它与节点的位置密切相关。在同一时间刻度上，不同节点的电价具有明显的差异，这种差异既能体现交易自电力富裕地区向缺电地区流动的情况，又能反映出输电资源的利用和拥堵状况。因此，实时电价又常被称为“Spot price”。

实时电价的原理模型可用下面的数学表达式加以说明

$$\rho_{k.t}=\frac{\partial C_{W.d}}{\partial W_{k.d}} \tag{4-17}$$

$$\text{s.t.}\quad W_{g.t}=W_{d.t}+W_{l.t} \tag{4-18}$$

$$P_{Load}+P_{loss}\leqslant P_{G.max} \tag{4-19}$$

$$|P_{line}|\leqslant P_{max} \tag{4-20}$$

式中：k为用户编号；t为时段编号；$C_{W.d}$为电量成本（运行成本）；$W_{k.d}$为用户k在t时段的用电量；$W_{g.t}$为发出的总电能，$W_{d.t}$为用户消耗的电能；$W_{l.t}$为系统的电能损耗；$P_{G.max}$为系统发电总出力；P_{load}为系统总负荷；P_{loss}为系统总网损；P_{line}为线路实际潮流；P_{max}为线路允许最大传输容量。

其中，式（4-18）为电量平衡约束，式（4-19）为发电容量约束，式（4-20）为线路潮流约束。

实时电价非常适合于发电侧竞价上网的电价模型。它建立了电量成本与用电量W、用电时刻t和关口（即用户k，涉及地理位置、潮流断面、网损、传输拥挤等）这三个最主要因素之间的关系。从理论上说，它是最理想的一种定价模式。

换句话说，用实时电价法定价，可以提供每个交易时段、各个节点的实时电价参数和信息，便于电网间的交易结算和输电费用的计算，指导发电厂随时从经济上调整发电出力，促进用户主动承担备用与合理用电。

第四节　实时电价理论

一、实时电价的定义及其数学模型

实时电价是在考虑运行和基本投资的情况下，在给定的极短时段（如30min、15min、5min）内向用户提供电能的边际成本。

早在1980年，美国MIT的F. C. Schweppe教授就提出了这样的构想：要改变传统的供求模式，并建立电力市场，就应像计算电压和频率那样，计算和控制电能的价格，即采用Spot Price，它不仅随时间变化(最初设想为5min)，而且区分节点（Bus）位置、事故和可靠性电价。20世纪80年代中后期，正式提出并建立了实时电价理论。

根据Schweppe教授建立的数学模型，实时电价由八个分量组成，其表达式为

$$\rho_{k.t}=\gamma_{F.t}+\gamma_{M.t}+\gamma_{QS.t}+\gamma_{R.t}+\eta_{L.t}+\eta_{M.t}+\eta_{QS.t}+\eta_{R.t} \tag{4-21}$$

式中：$\rho_{k.t}$为第k用户在时段t的实时电价；γ为发电分量，包括$\gamma_{F.t}$、$\gamma_{M.t}$、$\gamma_{QS.t}$、$\gamma_{R.t}$4项；$\gamma_{F.t}$为边际发电燃料成本；$\gamma_{M.t}$为边际发电维护成本；$\gamma_{QS.t}$为发电质量分量；$\gamma_{R.t}$为发电收支平衡项；η为输电分量，包括$\eta_{L.t}$、$\eta_{M.t}$、$\eta_{QS.t}$、$\eta_{R.t}$4项；$\eta_{L.t}$为边际网损成本；$\eta_{M.t}$为边际网络维护成本；$\eta_{QS.t}$为网络供电质量分量；$\eta_{R.t}$为网络收支平衡项。

二、实时电价各分量的含义及其求解方法

1. 边际发电运行成本

边际发电运行成本是指边际发电燃料成本$\gamma_{F.t}$和边际发电维护成本$\gamma_{M.t}$两项之和，可简称为系统λ_t，计算公式为

$$\lambda_t=\frac{\partial[C_F(W_{g.t})+C_M(W_{g.t})]}{\partial W_{g.t}} \tag{4-22}$$

式中：C_F（$W_{g.t}$）、C_M（$W_{g.t}$）分别为系统发电量为$W_{g.t}$时的燃料总成本和维护总成本；λ_t与系统发电量$W_{g.t}$、机组状况、水的可用率以及电力公司间的交易等因素有关，λ_t随系统发电量$W_{g.t}$的增加而呈上升趋势。

2. 发电质量分量

发电质量分量$\gamma_{QS.t}$的大小反映出整个系统发电容量的充裕程度。当电力供应十分充足时，$\gamma_{QS.t}$的值接近于零；当电力非常紧缺时，其值增大并趋于VOLL（缺电损失值）。

3. 边际网损成本和边际网络维护成本

边际网损成本$\eta_{L.t}$，是指用户k的负荷$W_{d.t}$发生微增变化，进而引起网损增加所带来的成本，它与用户所在节点的位置有关。其数学表达式为

$$\eta_{L.t}=(\gamma_{F.t}+\gamma_{M.t}+\gamma_{QS.t})\frac{\partial W_{L.t}}{\partial W_{d.k.t}} \tag{4-23}$$

式中：$\frac{\partial W_{L.t}}{\partial W_{d.k.t}}$为第$k$个用户的网损微增率。

边际网络维护成本$\eta_{M.t}$，是指用户k的负荷$W_{d.t}$发生微增变化时，整个系统网络维护总成本所发生的微增变化。

4. 网络供电质量分量

网络供电质量分量$\eta_{QS.t}$反映用户k的负荷$W_{d.t}$发生微增变化时，电网各支路输送容量的充裕程度。当$W_{d.t}$微增时，如果第i条支路的实际潮流远远小于其允许传输容量，该支路的网络供电质量分量$\eta_{QS.k.i.t}$的数值将会很小；如果第i条支路的实际潮流接近其允许传输容量，$\eta_{QS.k.i.t}$的值将迅速增大。

第k用户的负荷$W_{d.t}$微增时，各支路$\eta_{QS.k.i.t}$之和即为第k用户总的网络供电质量分量$\eta_{QS.t}$。

5. 收支平衡项

由前述结论可知，实时电价的计算依据是边际成本理论。采用边际成本定价，必然带来收支不平衡问题。对实时电价而言，造成收支不平衡的原因主要有两个：

(1) 实时电价只考虑电量成本，如燃料费和维护费等，而不考虑容量成本。

(2) 从理论上说，边际成本必然高于或低于平均成本。

显然，为了实现系统的收支平衡，就必须在实时电价的表达式中加入相应的修正量或调整量，即对发电分量采用$\gamma_{R.t}$进行平衡，对输电分量采用$\eta_{R.t}$进行平衡。

平衡分量的存在，在一定程度上损害了边际成本定价方法本身所具有的优势——电力市场的经济导向作用。

三、对原始实时电价方法的评价

最初由Schweppe教授提出的实时电价理论，将经济学中的边际成本定价理论引入到电力市场的定价过

程之中，系统而精确地描述了节点电价与时间、地点（关口）、用电量这三个最主要因素间的数学关系，从物理意义和数学算法上将其划分为八个具体的费用项。原则上讲，实时电价反映短期供电边际成本，具有全社会效益最大的优点；提供各节点的实时电价参数，便于互联电网间的交易结算或转运费的计算；能够发出正确的激励信号，鼓励用户承担备用，合理用电，合理利用和配置资源。因此，它曾被认为是最理想的定价模式。

但是，限于时代的局限性，该算法仍然是以"厂网一家"的垂直垄断型经营模式为前提，依据传统经济调度理论（ED）和直流潮流（DC Flow）建立数学模型。该算法模型中的各项费用，不仅计算繁杂、不便于理解，而且简化了电网模型，忽略了无功的影响，更没有考虑输电服务费用等问题。因此，早期的实时电价理论已经不能适应当前和未来电力市场改革的需要，必须对其进行改进和完善，以适应不同阶段、不同性质的电力市场运营模式的需要。

四、实时电价研究的最新进展

近年来，国内外许多学者在上网电价、输电定价和辅助服务定价等方面进行了大量的研究，提出了不少新的定价策略。目前比较流行的是在实时电价理论基础上，采用经过改造的最优潮流模型，以节点为单位计算费用，进行定价。这主要是基于三个方面的考虑。

（1）可直接利用潮流程序的计算结果和设备使用情况计算各个节点的费用，具有很高的准确度。

（2）利用已有的数据采集系统可以获得各个节点的运行数据。

（3）现有 EMS 高级应用软件（如状态估计、优化潮流等）均以节点为对象进行分析，因此要求新的定价方法与之匹配。

此外自 20 世纪 90 年代以来，还有一些学者基于 OPF 和经济学理论，提出了能够同时计算各节点有功电价和无功电价的实时电价模型。这类模型有利于电力市场对有功和无功市场进行分类管理，也是一种可选的定价方式。

习题与思考题

1.《中华人民共和国电力法》规定的制定电价的基本原则是什么？

2. 我国的电价水平和电价结构是如何确定的？

3. 试列出计算基础电价的三种方法并分析各自的优缺点。

4. 试列出 F. C. Schweppe 教授提出的实时电价数学模型，从短期边际成本的角度分析其八个分量的物理意义，并作简单评价。

第五章 动态 OPF 与电力市场经济性能研究

第一节 引 言

随着电力工业市场化步伐的加快，电网互联、构建区域乃至全国电力市场已成为改革和发展的主流。在规模日益扩大的电力市场中，优化技术带来的经济效益越来越显著。与此同时，某些因素的变化对系统优化结果和电力市场经济性能产生的影响越来越不能忽视，它直接影响到电力市场的总体收益和电价水平。

在竞争性电力市场中，调度中心采用的目标函数通常有两种：一是整个系统的运行总成本最低，另一个则是根据交易和竞价要求，使交易中心的购电费用最少。最优潮流（OPF）是研究电力市场经济运行和安全经济调度的基本工具之一，用它可以进行有功无功一体化定价、可用传输容量（ATC）和发电容量计算，拥堵管理和交易匹配等。更为重要的是，在市场机制下用 OPF 寻求发电总成本最低的运行方案，已经成为交易中心和电力公司共同追求的主要目标。

研究发现，在众多运行因素中，松弛节点的位置及该点的电压幅值对优化程序的优化结果和收敛性有直接的影响。事实上，松弛节点的位置通常选择在担任调频任务的大型发电机母线，或本地区大型发电厂的母线，选择余地比较有限。相反，松弛节点的电压则有较大的变化范围，如 0.98～1.10p.u.。过去，人们只是用常规潮流程序对这类问题的部分内容进行探索和研究，并用于指导生产和电力调度，这样做存在的问题是：

（1）采用的工具只是常规潮流而非最优潮流程序，具有明显的局限性。

（2）分析的系统规模小、数量少，如局限于 IEEE－14 和 IEEE－30 节点系统，所得结论缺乏足够的代表性。

（3）只分析系统的有功和无功网损，未对电力市场中最为关心的系统发电成本等经济因素进行分析。

为此，应首先开发一套常规潮流程序和一套 OPF 程序，后者是研究和应用的关键，前者只是用于对比和分析。在求解 OPF 的过程中，为了合理地在所有可调发电机组之间分摊每次迭代产生的不平衡功率（多数情况下，其数值难以由单一平衡节点的机组承担），应该引入动态 OPF 的思想，使每台有调节能力的机组均参与不平衡功率的分配和调整。在此基础上，对特定系统同时应用上述两套软件，通过调整松弛节点电压，研究它们对优化结果和电力市场经济性能的影响，如程序收敛性、系统发电总成本、有功网损、无功网损以及松弛节点自身发电机组有功和无功出力的影响。

第二节 BX 型常规潮流程序设计

潮流计算是电力系统最重要的运算之一，基于 Newton 修正方程式的求解方法是最基本的一种方法。它收敛性较好，但迭代次数多，计算时间长。1974 年，Stott 提出了人们熟知的 P、Q 分解潮流计算方法，即所谓的 BX 标准型快速解耦法。该算法在内存需量和求解速度方面优于 Newton 法，但遇到 $r>x$ 的网络时，常导致不收敛。1989 年，Van Amerongen 提出了 BX 通用型快速解耦法，基本克服了 $r>x$ 网络不能收敛的问题。

一、BX 型快速解耦潮流算法

对拥有 n 个节点的系统，记第 i 节点的电压为 $\dot{V}_i$，注入电流为 $\dot{I}_i$，自导纳元素为 Y_{ii}；自 i 节点流向 j 节点的电流为 $\dot{I}_{ij}$；节点 i—j 之间的互导纳为 Y_{ij}。则该网络的基本方程式可用向量的形式简写为

$$\boldsymbol{I}=\boldsymbol{YV} \tag{5-1}$$

式中：$\boldsymbol{I}$ 为节点电流注入向量；$\boldsymbol{V}$ 为节点电压向量；$\boldsymbol{Y}$ 为对称和非奇异的节点导纳矩阵。

$$\boldsymbol{I}=[\dot{I}_1,\ \dot{I}_2\cdots\dot{I}_i\cdots\dot{I}_n]^T \tag{5-2}$$

$$\boldsymbol{V}=[\dot{V}_1,\dot{V}_2\cdots\dot{V}_i\cdots\dot{V}_n]^T \tag{5-3}$$

$$\boldsymbol{Y}=\begin{bmatrix} Y_{11} & Y_{12} & \cdots & Y_{1i} & \cdots & Y_{1n} \\ Y_{21} & Y_{22} & \cdots & Y_{2i} & \cdots & Y_{2n} \\ \vdots & \vdots & & \vdots & & \vdots \\ Y_{n1} & Y_{n2} & \cdots & Y_{ni} & \cdots & Y_{nn} \end{bmatrix} \tag{5-4}$$

$$\dot{V}_i=V_i e^{j\theta_i}=V_i(\cos\theta_i+j\sin\theta_i) \tag{5-5}$$

$$Y_{ij}=\frac{1}{r_{ij}+jx_{ij}}=G_{ij}+jB_{ij} \tag{5-6}$$

$$Y_{ii}=\dot{y}_{i0}-\sum_{\substack{j=1\\ j\neq i}}^{n}Y_{ij} \tag{5-7}$$

式中：r_{ij} 和 x_{ij} 分别为线路 $i-j$ 的电阻和电抗；G_{ij} 和 B_{ij} 为对应的电导和电纳；y_{i0} 为节点 i 的对地导纳。

对于变压器支路，采用归算到低压侧的短路阻抗串接一个无损耗的理想变压器来模拟。实际计算中，理想变压器的变比采用高压侧电压与低压侧电压的比值。为分析方便起见，可将式（5-1）展开成

$$\dot{I}_i=\sum_{j=1}^{n}Y_{ij}\dot{V}_j=\frac{(P_i+jQ_i)^*}{\overset{*}{V}_i},(i=1,2,\cdots,n) \tag{5-8}$$

将式（5-5）、式（5-6）代入式（5-8），并将虚部和实部分开，可得各个节点的有功、无功平衡方程式（下式为 PQ 节点列式）

$$\left.\begin{aligned} \Delta P_i &= P_i^{SP}-V_i\sum_{j\epsilon i}V_j(G_{ij}\cos\theta_{ij}+B_{ij}\sin\theta_{ij})=0 \\ \Delta Q_i &= Q_i^{SP}-V_i\sum_{j\epsilon i}V_j(G_{ij}\sin\theta_{ij}-B_{ij}\cos\theta_{ij})=0 \\ & \qquad (i=1,2,\cdots,n;i\neq s) \end{aligned}\right\} \tag{5-9}$$

式中：$j\epsilon i$ 表示与节点 i 相邻的节点 j，同时包括 $j=i$；P_i^{SP} 和 Q_i^{SP} 分别为节点 i 规定的有功注入功率和无功注入功率。

将式（5-8）在某一组预设的初值附近按照泰勒级数展开，同时略去高阶项，可得用矩阵形式表示的 Newton 法功率增量修正方程式

$$\begin{bmatrix}\Delta\boldsymbol{P}\\ \Delta\boldsymbol{Q}\end{bmatrix}=\begin{bmatrix}\boldsymbol{H} & \boldsymbol{N}\\ \boldsymbol{M} & \boldsymbol{L}\end{bmatrix}\begin{bmatrix}\Delta\boldsymbol{\theta}\\ \Delta\boldsymbol{V}\end{bmatrix} \tag{5-10}$$

其中，$\boldsymbol{H}$、$\boldsymbol{N}$、$\boldsymbol{M}$ 和 $\boldsymbol{L}$ 为雅可比矩阵，其计算公式分别为

$$\left.\begin{aligned} \boldsymbol{H}&=-\frac{\partial\Delta P}{\partial\theta}\\ \boldsymbol{N}&=-\frac{\partial\Delta P}{\partial V}\\ \boldsymbol{M}&=-\frac{\partial\Delta Q}{\partial\theta}\\ \boldsymbol{L}&=-\frac{\partial\Delta Q}{\partial V} \end{aligned}\right\} \tag{5-11}$$

为了进行解耦，先消去雅可比子阵 $\boldsymbol{M}$。将式（5-10）中 $\Delta\boldsymbol{P}$ 方程式前乘以 $-\boldsymbol{MH}^{-1}$，再与 $\Delta\boldsymbol{Q}$ 方程式相加，得

$$\begin{bmatrix}\Delta\boldsymbol{P}\\ \Delta\boldsymbol{Q}-\boldsymbol{MH}^{-1}\Delta\boldsymbol{P}\end{bmatrix}=\begin{bmatrix}\boldsymbol{H} & \boldsymbol{N}\\ 0 & \boldsymbol{L}-\boldsymbol{MH}^{-1}\boldsymbol{N}\end{bmatrix}\begin{bmatrix}\Delta\boldsymbol{\theta}\\ \Delta\boldsymbol{V}\end{bmatrix} \tag{5-12}$$

令等值变量
$$\boldsymbol{L}_{eq}=\boldsymbol{L}-\boldsymbol{MH}^{-1}\boldsymbol{N} \tag{5-13}$$

则式（5-12）的第二式演变为

$$\Delta\boldsymbol{Q}-\boldsymbol{MH}^{-1}\Delta\boldsymbol{P}=\boldsymbol{L}_{eq}\Delta\boldsymbol{V} \tag{5-14}$$

或者

$$\Delta\boldsymbol{V}=\boldsymbol{L}_{eq}^{-1}(\Delta\boldsymbol{Q}-\boldsymbol{MH}^{-1}\Delta\boldsymbol{P}) \tag{5-14a}$$

式（5-12）的第一式演变为

$$\Delta\boldsymbol{P}=\boldsymbol{H}\Delta\boldsymbol{\theta}+\boldsymbol{N}\Delta\boldsymbol{V} \tag{5-15}$$

或者

$$\Delta\boldsymbol{\theta}=\boldsymbol{H}^{-1}(\Delta\boldsymbol{P}-\boldsymbol{N}\Delta\boldsymbol{V}) \tag{5-15a}$$

对 $\boldsymbol{L}_{eq}$ 和 $\boldsymbol{H}$ 进行因子分解，并进行适当推导后可得最终的快速解耦迭代方程式

$$\left.\begin{aligned}\Delta\theta&=B'^{-1}\Delta P\\ \Delta V&=B''^{-1}\Delta Q\end{aligned}\right\} \tag{5-16}$$

式中：$\boldsymbol{B}'$ 为 $\boldsymbol{V}=1.0$p.u.，$\boldsymbol{\theta}=0$ 时的雅可比子矩阵 $\boldsymbol{H}$；$\boldsymbol{B}''$ 为 $\boldsymbol{V}=1.0$p.u.，$\boldsymbol{\theta}=0$ 时的雅可比子矩阵 $\boldsymbol{L}_{eq}$。$\boldsymbol{B}'$ 和 $\boldsymbol{B}''$ 的具体取值为

$$\boldsymbol{B}'=\begin{bmatrix}B'_{11} & B'_{12} & \cdots & B'_{1n}\\ B'_{21} & B'_{22} & \cdots & B'_{2n}\\ \vdots & \vdots & & \vdots\\ B'_{n1} & B'_{n2} & \cdots & B'_{nn}\end{bmatrix}$$

$$\boldsymbol{B}''=\begin{bmatrix}B''_{11} & B''_{12} & \cdots & B''_{1n}\\ B''_{21} & B''_{22} & \cdots & B''_{2n}\\ \vdots & \vdots & & \vdots\\ B''_{n1} & B''_{n2} & \cdots & B''_{nn}\end{bmatrix} \tag{5-17}$$

其中

$$B'_{ij}=\frac{-x_{ij}}{r_{ij}^2+x_{ij}^2}=b_{ij}$$

$$B'_{ii}=\frac{x_{ij}}{r_{ij}^2+x_{ij}^2}=-\sum_{j\omega i}b_{ij} \tag{5-18}$$

$$B''_{ij}\cong-\frac{1}{x_{ij}}$$

$$B''_{ii}\cong\sum_{j\omega i}\frac{1}{x_{ij}}-b_{i0} \tag{5-19}$$

式中：b_{i0} 为节点 i 的对地电纳；$j\omega i$ 表示与 i 相邻的所有节点 j，但不包括 $j=i$。

二、BX 型快速解耦潮流的程序流程

图 5-1 示出了 BX 型快速解耦潮流的程序框图。其中，采用 Gauss 消去法完成矩阵的因子分解，并按静态优化的方法完成节点的编号。

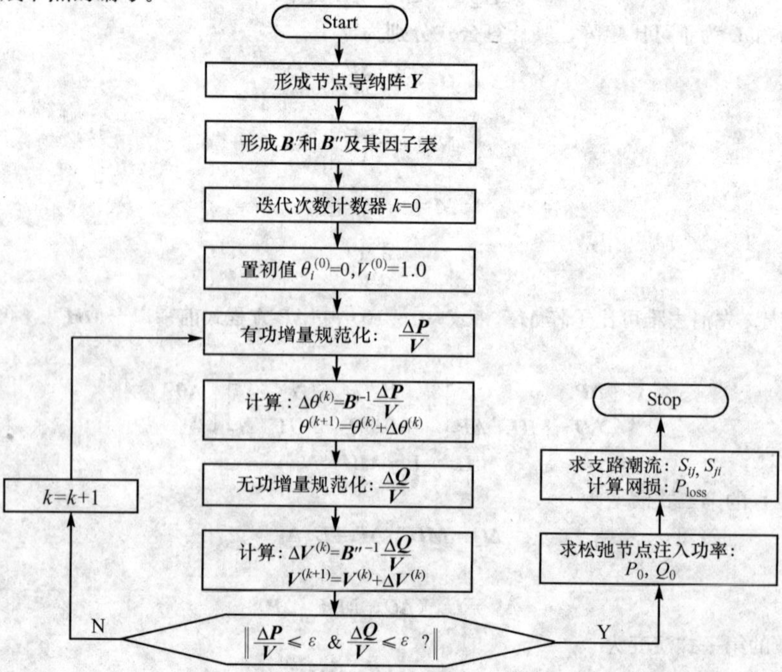

图 5-1　BX 型快速解耦潮流计算流程

三、支路潮流计算

支路 $i-j$ 的始端潮流（$P_{ij}+jQ_{ij}$）和末端潮流（$P_{ji}+jQ_{ij}$）的通用计算公式为

$$\left.\begin{aligned}P_{ij}&=-V_i^2(G_{ij}-g_{i0})+V_iV_j(G_{ij}\cos\theta_{ij}+B_{ij}\sin\theta_{ij})\\Q_{ij}&=-V_iV_j(B_{ij}\cos\theta_{ij}-G_{ij}\sin\theta_{ij})+V_i^2(B_{ij}-b_{i0})\end{aligned}\right\}\tag{5-20}$$

$$\left.\begin{aligned}P_{ji}&=-V_j^2(G_{ij}-g_{j0})+V_iV_j(G_{ij}\cos\theta_{ij}-B_{ij}\sin\theta_{ij})\\Q_{ji}&=-V_iV_j(B_{ij}\cos\theta_{ij}+G_{ij}\sin\theta_{ij})+V_j^2(B_{ij}-b_{j0})\end{aligned}\right\}\tag{5-21}$$

程序中根据几种特定情况，分别采取了相应的简化计算公式。其中，$\dot{y}_{i0}=g_{i0}+jb_{i0}$ 和 $\dot{y}_{j0}=g_{j0}+jb_{j0}$ 分别为节点 i 和节点 j 的对地导纳。

1. 无对地支路的线路和标准变比变压器支路

此时，应将 $g_{i0}=b_{i0}=0$；$g_{j0}=b_{j0}=0$ 代入式（5-20）和式（5-21）。

2. 有非标准变比变压器的支路

设变比 1 在 i 侧，变比 N 在 j 侧

$$\left.\begin{aligned}P_{ij}&=-NV_i^2G_{ij}+V_iV_j(G_{ij}\cos\theta_{ij}+B_{ij}\sin\theta_{ij})\\Q_{ij}&=-V_iV_j(B_{ij}\cos\theta_{ij}-G_{ij}\sin\theta_{ij})+NV_i^2B_{ij}\end{aligned}\right\}\tag{5-22}$$

$$\left.\begin{aligned}P_{ji}&=-\frac{1}{N}V_j^2G_{ij}+V_iV_j(G_{ij}\cos\theta_{ij}-B_{ij}\sin\theta_{ij})\\Q_{ji}&=-V_iV_j(B_{ij}\cos\theta_{ij}+G_{ij}\sin\theta_{ij})+\frac{1}{N}V_j^2B_{ij}\end{aligned}\right\}\tag{5-23}$$

如果变比 N 在 i 侧，只需将上两式中的 N 换成 $\frac{1}{N}$ 即可。

3. 有对地电容支路

此时，应将 $g_{i0}=g_{j0}=0$（但 $b_{i0}\neq 0$，$b_{j0}\neq 0$）代入式（5-20）和式（5-21）。

四、支路网损计算

设支路 $i-j$ 的有功网损为 ΔP_{ij}，无功网损为 ΔQ_{ij}，则

$$\Delta P_{ij}+j\Delta Q_{ij}=(P_{ij}+P_{ji})+j(Q_{ij}+Q_{ji})\tag{5-24}$$

第三节　系统优化工具——动态 OPF 设计

一、OPF 的基本问题

1. 电力系统优化技术的发展历程

20 世纪 60 年代末以前，单纯考虑优化的经济性因素，未考虑安全性因素，称之为电力系统经济运行或经济调度 ED（Economic Dispatch）。20 世纪 70 年代以后，出现了兼顾电能质量、安全性和经济性的较为完整的理论，即优化运行或优化调度（Optimal Dispatch）。

电力系统的经济调度，最早采用的是火电机组的“等耗量微增率准则”，约束条件仅为系统的有功平衡方程式。它解决的是如何在参加运行的发电机组之间经济分配有功负荷，以使全系统发电总成本（早期为总耗量）最小的优化问题。之后出现了计及网损的“协调方程式法”，用 B 系数法求解，这种方法得到了广泛的应用。

随着电力系统规模的扩大，运行水平的提高和计算条件的改善，对计算速度和安全性提出了更高的要求，上述所谓的“经典算法”已经不能满足要求。人们对优化运行的分析不再局限于有功功率的优化调度，而要求全面掌握电力系统运行的潮流分布及各节点电压等变量，以保证安全、经济、优质地发供电。因此，计及网络安全约束和电能质量，把电力系统的优化调度和潮流计算结合起来形成的 OPF 算法，就重新提上了日程。换句话说，OPF 的发展使得在优化过程中全面考虑 P、Q 调节，准确计入线路过载（即堵塞或拥挤）等安全约束问题，完整地给出优化的系统潮流信息（最佳资源配置），从而给出优化调度的方案成为现实。

上述 OPF 算法都是追求当前正常运行工况下的最优——在保质、保量供电的前提下运行最经济，但未考虑该运行方式是否安全。近年来，出现了考虑电力系统静态安全分析和暂态安全分析的 OPF 算法。通常将综

合考虑静态安全性和电力系统潮流的优化程序叫做静态安全 OPF，它构成了现代意义上的 OPF 问题。目前，暂态安全分析的在线应用还不成熟，尚有许多问题需要解决。而静态安全分析经过几十年的发展已经成熟，它是在当前正常运行方式下选择一组预想事故集，若对应每一预想事故，方程组均成立，则该运行方式是静态安全的。换句话说，一个系统是否是静态安全的，与分析时所选择的预想事故有关。如果预想事故选择得十分严酷，如向负荷中心供电的几条输电线同时开断，那么系统的任何运行方式都将是不安全的。

2. OPF 的目标函数

最优潮流（OPF）描述的问题是：在系统当前约束条件下，对目标函数寻求最优解。OPF 问题主要包括控制变量、约束条件和目标函数三方面的要素。控制变量包括发电机组的有功出力、无功出力，变压器的分接头，可以调整的双边交易或辅助服务交易的数量，就地无功资源，移相器及 FACTS 设备等。约束条件包括支路潮流约束、变量约束、双边交易平衡约束和时间段约束。OPF 的目标函数可以是以下四种类型中的一种：

（1）系统发电总成本最低

$$\min F_{\mathrm{g}} = \sum_{i=1}^{N_{\mathrm{g}}} \left(\frac{1}{2} a_i P_{\mathrm{g},i}^2 + b_i P_{\mathrm{g},i} + c_i \right) \tag{5-25}$$

（2）系统运行总成本最低：包括购电成本、提供辅助服务的成本、修改交易计划和调整控制变量的费用等。

（3）系统总网损最小

$$\min P_{\mathrm{L}} = F(P_{\mathrm{g.\,slack}}) \tag{5-26}$$

（4）无功规划容量成本最低

$$\min F_{\mathrm{q}} = \sum_{i=1}^{N_{\mathrm{c}}} S_{\mathrm{c}i}(q_{\mathrm{c}i}^{\mathrm{tot}} - q_{\mathrm{c}i}^{\mathrm{exist}}) - \sum_{i=1}^{N_{\mathrm{r}}} S_{\mathrm{r}i}(q_{\mathrm{r}i}^{\mathrm{tot}} - q_{\mathrm{r}i}^{\mathrm{exist}}) + S_{\mathrm{w}} P_{\mathrm{L}} \tag{5-27}$$

式中：F_{g}，F_{q}为系统发电总成本，无功规划容量成本；$P_{\mathrm{g},i}$，$P_{\mathrm{g.\,slack}}$，P_{L}为第 i 台发电机和松弛节点的有功功率，系统有功网损；a_i，b_i，c_i 为第 i 台机组发电成本函数的系数；$S_{\mathrm{c}i}$，$S_{\mathrm{r}i}$为单位容性或感性无功容量的成本；S_{w}为无功容量与有功网损之间的耦合系数；$q_{\mathrm{c}i}$，$q_{\mathrm{r}i}$为容性和感性无功容量；N_{g}，N_{c}，N_{r}为发电机、电容器组或电抗器的总个数；tot，exist 为上角，规划容量和现有容量。

3. OPF 的求解方法

数十年来，种类繁多的优化方法被应用于 OPF 问题。尤其是近年来，优化技术在电力系统运行和规划中的应用十分活跃。根据 OPF 解算方程和考虑范围深度的差别，OPF 问题划分成以下六类：

（1）Nonlinear Programming methods（NLP）；

（2）Quadratic Programming methods（QP）；

（3）Newton methods；

（4）Linear Programming Methods（LP）；

（5）Mixed Integer Programming Methods（MIP）；

（6）Interior Point Methods（IP）。

NLP 即非线性规划法，求解非线性目标函数和约束方程，约束条件包括等式和不等式方程，不等式约束带上下界限制。求解方法有 SUMT、Lagrange Multiplier 和 MINOS 法。QP 即二次规划法，是一种特殊形式的非线性规划，目标函数为二次型，约束为线性方程。可求解网损、电压、经济调度的 OPF 问题。通常采用 Quasi-Newton 法和基于灵敏度的方法求解。Newton 法常利用 Kuhn-Tucker 条件获得优化的必要条件，迭代求解非线性方程，其最大好处是可获得二次收敛特性。LP 即线性规划法，将目标函数和约束以非负变量、线性化的形式表达。采用单纯形法、改进单纯形法或对偶单纯形法求解。MIP 即混合整数规划，是 LP 的一种特殊类型，其约束方程中包括整数形变量。这种离散性变量的个数决定了问题的难度。采用 LP 和混合整数规划相结合，求解典型的 OPF 问题，如 Var 规划。其目标函数为线性，约束方程则是线性和非线性（带离散或整数变量）的组合。IP 即内点法，由 Karmarkar 发明和改进，求解速度和精度均明显优于单纯形法。IP 扩展到 NLP 和 QP 问题的应用，更证明了它超群的品质的能力。IP 法使运行和规划领域震惊的同时，已经成为一个研究的热点问题。

OPF 的求解方法也可以归纳为常规算法（如 Newton 法）和内点法两大类。常规算法具有研究历史长、理论成熟和运行经验丰富的优点，尤其是 Newton 法在实践中得到了广泛的应用；内点法具有计算速度快、对初值的选择要求不高和收敛性较好的优点，但目前仍在不断发展和完善之中。

二、Newton 法 OPF 的实现

本章取 OPF 的目标函数为系统总的发电成本最低，其数学列式为

$$\left.\begin{aligned}&\min F(\boldsymbol{y}) = \sum_{i=1}^{N_g}\left(\frac{1}{2}a_i P_{g,i}^2 + b_i P_{g,i} + c_i\right)\\ &\text{s.t.}\quad \boldsymbol{g}(\boldsymbol{y}) = \boldsymbol{0}\\ &\qquad\ \ \boldsymbol{h}(\boldsymbol{y}) \leqslant \boldsymbol{0}\end{aligned}\right\} \tag{5-28}$$

式中：$\boldsymbol{y}=(y_1, y_2, y_3, K)$ 为系统变量（向量）；变量 y_1，y_2，y_3，K 分别表示各机组有功和无功出力、节点电压和相角、主变压器抽头位置等；$F(\boldsymbol{y})$ 为目标函数，即系统的总发电成本，单位为＄/h；$\boldsymbol{g}(\boldsymbol{y})=\boldsymbol{0}$ 为等式约束集合，为节点注入功率平衡方程式；$\boldsymbol{h}(\boldsymbol{y})\leqslant\boldsymbol{0}$ 为由运行变量构成的各种不等式约束集合。

1. 先不考虑不等式约束

将 $\boldsymbol{g}(\boldsymbol{y})=\boldsymbol{0}$ 乘以 $K-T$ 乘子向量 λ 并代入式（5-28）的目标函数中，形成增广Lagrange目标函数

$$L(\boldsymbol{y}, \boldsymbol{\lambda}) = F(\boldsymbol{y}) - \lambda^T \boldsymbol{g}(\boldsymbol{y}) \tag{5-29}$$

根据 Kuhn-Tucker 定理，对式（3-29）的向量 $\boldsymbol{y}$ 和 $\boldsymbol{\lambda}$ 分别求一阶偏导数

$$\frac{\partial L}{\partial y} = \frac{\partial F}{\partial y} - \frac{\partial}{\partial y}(\lambda^T g) = \frac{\partial F}{\partial y} - J^T\lambda = \boldsymbol{0} \tag{5-30}$$

$$\frac{\partial L}{\partial \lambda} = -\frac{\partial}{\partial \lambda}(\lambda^T \boldsymbol{g}) = -\boldsymbol{g} = \boldsymbol{0} \tag{5-31}$$

然后对式（5-30）和式（5-31）分别在初值 $\boldsymbol{y}=\boldsymbol{y}^0+\boldsymbol{\Delta y}$ 和 $\boldsymbol{\lambda}=\boldsymbol{\lambda}^0+\boldsymbol{\Delta\lambda}$ 处用 Talor 级数展开，并忽略高阶项后得

$$\left.\begin{aligned}&\boldsymbol{H}\mid_0 \boldsymbol{\Delta y} - \boldsymbol{J}^T\mid_0 \Delta\lambda = -\frac{\partial L}{\partial \lambda}\mid_0\\ &-\boldsymbol{J}\mid_0 \boldsymbol{\Delta y} = -\frac{\partial L}{\partial \lambda}\mid_0\end{aligned}\right\} \tag{5-32}$$

式中，$\boldsymbol{J}=\dfrac{\partial \boldsymbol{g}}{\partial \boldsymbol{y}}=\begin{bmatrix}\dfrac{\partial g_1}{\partial y_1} & \dfrac{\partial g_1}{\partial y_2} & \dfrac{\partial g_1}{\partial y_3} & \cdots\\ \dfrac{\partial g_2}{\partial y_1} & \dfrac{\partial g_2}{\partial y_2} & \dfrac{\partial g_2}{\partial y_3} & \cdots\\ \vdots & \vdots & \vdots & \vdots\end{bmatrix}$ 为潮流方程的 Jacobi 矩阵，其中的 g_1、g_2 等分别为系统的等式约束表达式；$\boldsymbol{H}=\dfrac{\partial^2 L}{\partial^2 \boldsymbol{y}}$ 为 Hessian 矩阵。举例来说，其元素形式为 $\dfrac{\partial^2 L}{\partial P_i \cdot \partial P_i}$ 和 $\dfrac{\partial^2 L}{\partial P_i \cdot \partial P_j}$，其中的 P_i、P_j 分别为机组 i、j 的有功和无功出力；Δy 为系统变量的增量向量；$\Delta\lambda$ 为 $K-T$ 乘子的增量向量。

式（5-32）可写成矩阵形式

$$\begin{bmatrix}H & -J^T\\ -J & 0\end{bmatrix}_0 \begin{bmatrix}\Delta y\\ \Delta\boldsymbol{\lambda}\end{bmatrix} = \begin{bmatrix}\partial L/\partial y\\ \partial L/\partial \boldsymbol{\lambda}\end{bmatrix}_0 \tag{5-33}$$

式（5-33）可进一步简写为

$$\boldsymbol{W}^0\boldsymbol{\Delta z} = -\boldsymbol{d}^0 \text{ 或 } \boldsymbol{\Delta z} = -(\boldsymbol{w}^0)^{-1}\boldsymbol{d}^0 \tag{5-34}$$

梯度向量 $\boldsymbol{d}=\begin{bmatrix}\dfrac{\partial L}{\partial y} & \dfrac{\partial L}{\partial \lambda}\end{bmatrix}^T$

待求变量的增值向量 $\boldsymbol{\Delta z}=\begin{bmatrix}\Delta y\\ \Delta\lambda\end{bmatrix}$

$\boldsymbol{W}=\begin{bmatrix}\boldsymbol{H} & -\boldsymbol{J}^T\\ -\boldsymbol{J} & \boldsymbol{0}\end{bmatrix}$ 为系数矩阵，简称 W 矩阵，它由 Hessian 元素和 Jaccobi 元素构成，其求解过程中的矩阵结构形式如下

$$
\boldsymbol{W}=\begin{bmatrix}
H_{P_gP_g} & 0 & 0 & 0 & 0 & 1 & 0 & 0 & 0 & 0 & 0 & 0 \\
0 & H_{tt} & 0 & H_{t\theta} & H_{tv} & J & J & H_{t\theta} & H_{tv} & J & J & H_{t\mu} \\
0 & 0 & H_{bb} & 0 & 0 & 0 & 0 & 0 & H_{bv} & 0 & J & 0 \\
0 & H_{\theta t} & 0 & H_{\theta\theta} & H_{\theta V} & J & J & H_{\theta\theta} & H_{\theta V} & J & J & J \\
0 & H_{Vt} & 0 & H_{V\theta} & H_{VV} & J & J & H_{V\theta} & H_{VV} & J & J & J \\
1 & J & 0 & J & J & 0 & 0 & J & J & 0 & 0 & 0 \\
0 & J & 0 & J & J & 0 & s & J & J & 0 & 0 & 0 \\
0 & H_{\theta t} & 0 & H_{\theta\theta} & H_{\theta V} & J & J & H_{\theta\theta} & H_{\theta V} & J & J & J \\
0 & H_{Vt} & H_{Vb} & H_{V\theta} & H_{VV} & J & J & H_{V\theta} & H_{VV} & J & J & J \\
0 & J & 0 & J & J & 0 & 0 & J & J & 0 & 0 & 0 \\
0 & J & J & J & J & 0 & 0 & J & J & 0 & 0 & 0 \\
0 & H_{\mu t} & 0 & J & J & 0 & 0 & J & J & 0 & 0 & S_{ij}
\end{bmatrix}
\Leftrightarrow
\begin{matrix} P_{gi} \\ t \\ b \\ \theta_i \\ V_i \\ \lambda_{pi} \\ \lambda_{qi} \\ \theta_j \\ V_j \\ \lambda_{pj} \\ \lambda_{qj} \\ \mu_{ij} \end{matrix}
$$

式中：P_g 为发电机有功出力；t 为变压器变比；b 为并联电容器的电纳；V 和 θ 为节点电压和相角，λ_p 和 λ_q 分别为有功和无功平衡方程式的 Lagrange 乘子的对偶变量；μ_{ij} 为不等式约束的对偶变量；s 和 S_{ij} 为罚因子。

Hessian 元素具有如下形式

$$H_{V_i\theta_j}=\frac{\partial^2 L}{\partial V_i\partial\theta_j} \tag{5-35}$$

2. 再行考虑不等式约束的处理问题

这类约束有变量不等式约束和函数不等式约束两种，相应的处理方式如下：

（1）变量不等式约束：采用罚函数法进行处理。

（2）函数不等式约束：仅在雅可比矩阵 $\boldsymbol{J}$ 中加以考虑，而且忽略对 $\boldsymbol{W}$ 矩阵中 Hessian 子矩阵 $\boldsymbol{H}$ 的影响。这样做既可以简化计算和提高运行速度，又不影响算法的收敛性。

3. Newton 法 OPF 的主要计算流程

Step 1：设定松弛节点电压为某个值，如 $V_{\text{slack}}=0.95$；

Step 2：任意给定一组变量的初始值 $\boldsymbol{y}^0$ 和 $\boldsymbol{\lambda}^0$；

Step 3：求出 $\boldsymbol{W}^0$，$\boldsymbol{d}^0$；

Step 4：由式（5 - 34）求出 $\boldsymbol{\Delta z}^0$，得到 $\boldsymbol{z}_1=\boldsymbol{z}_0+\boldsymbol{\Delta z}^0$；

Step 5：将 $\boldsymbol{z}^1=\begin{bmatrix}\boldsymbol{y}\\ \boldsymbol{\lambda}\end{bmatrix}^1$ 带入下一个循环，求得 $\boldsymbol{\Delta z}^1$，…。以此类推，直到满足收敛条件为止。程序中设定的收敛条件为，右端梯度向量 $\boldsymbol{d}$ 的所有元素全部小于 5×10^{-5}。

Step 6：求出系统的发电总成本、各支路有功和无功潮流、网络损耗，以及各个节点的电压等物理量。

Step 7：将松弛节点电压 V_{slack} 按步长 0.01 增加，然后返回 Step 1，直到 $V_{\text{slack}}=1.10$p. u. 为止。

三、动态 OPF 设计与实现

根据潮流计算原理，每个节点的有功和无功功率平衡方程式为

$$P_{Gi}-P_{Di}-P_{ij}(\boldsymbol{V},\boldsymbol{\theta})=0 \quad (i=1,2,\cdots,N,j\omega i) \tag{5-36}$$

$$Q_{Gi}-Q_{Di}-Q_{ij}(\boldsymbol{V},\boldsymbol{\theta})=0 \quad (i=1,2,\cdots,N,j\omega i) \tag{5-37}$$

$$P_{ij}(\boldsymbol{V},\boldsymbol{\theta})=V_i\sum_{j\omega i}V_j(G_{ij}\cos\theta_{ij}+B_{ij}\sin\theta_{ij}) \tag{5-38}$$

$$Q_{ij}(\boldsymbol{V},\boldsymbol{\theta})=V_i\sum_{j\omega i}V_j(G_{ij}\sin\theta_{ij}-B_{ij}\cos\theta_{ij}) \tag{5-39}$$

式中：P_{Gi} 和 P_{Di} 为节点 i 的发电机有功出力和所带负荷；N 为网络节点总个数；P_{ij}（$\boldsymbol{V}$，$\boldsymbol{\theta}$）为由节点 i 流向节点 j 的有功潮流。与无功功率有关的符号含义与此相似。

下面以有功功率平衡方程为例进行分析，无功功率的处理方式与此相似。将式（5 - 36）的 N 个方程式（含 $V\theta$ 节点）求和，可得整个系统的有功功率平衡方程式

$$\sum_{i=1}^{N}P_{Gi}-\sum_{i=1}^{N}P_{Di}-P_{\text{LOSS}}(\boldsymbol{V},\boldsymbol{\theta})=0 \tag{5-40}$$

其中，$P_{\mathrm{LOSS}}=\sum_{i=1}^{N}P_{ij}$ 为整个网络的总网损。此式只有在 OPF 程序完全收敛后才能成立。换句话说，在收敛前的每次迭代过程中，都会导致上式的不平衡，即造成发电机总出力与负荷有功和总网损之间出现功率缺额 $\Delta P_{\mathrm{nobal}}$。用公式表示，则为

$$\Delta P_{\mathrm{nobal}}=\sum_{i=1}^{N}P_{\mathrm{G}i}-\sum_{i=1}^{N}P_{\mathrm{D}i}-P_{\mathrm{LOSS}}(\boldsymbol{V},\boldsymbol{\theta}) \tag{5-41}$$

这种缺额可能因多种原因（如松弛节点电压改变、大型机组开断等）形成较大缺口，有时它会导致单一松弛节点（$V\theta$ 节点）无力单独承担的问题。为了克服这一缺陷，在算法的每一次迭代之前，首先将这种功率缺额同时分摊到具有调节余地的所有发电机组，然后再进行正式迭代。这种多节点参与功率不平衡量调节的原则，形成了动态 OPF 的思想。其实现方法为：

（1）系统中只设一个 $V\theta$ 节点。

（2）所有电厂（或机组）分别按照比例 α_i 承担功率缺额 $\Delta P_{\mathrm{nobal}}$

$$\Delta P'_i=\alpha_i\Delta P_{\mathrm{nobal}}(i=1,2,\cdots,G;G\text{为发电机组总数}) \tag{5-42}$$

$$\sum_{i=1}^{G}\alpha_i=1 \tag{5-43}$$

（3）修正节点 i 的有功发电出力，也即调整该节点的有功功率平衡方程式

$$\Delta P_i=\sum_{i=1}^{N}P_{\mathrm{G}i}-\sum_{i=1}^{N}P_{\mathrm{D}i}-P_{\mathrm{LOSS}}(\boldsymbol{V},\boldsymbol{\theta})-\alpha_i\Delta P_{\mathrm{nobal}}=0 \tag{5-44}$$

（4）按照调整后的节点发电出力参与下一次的潮流迭代运算。

确定不平衡功率分配因子 α_i 的大小应考虑到系统的具体情况和电力市场的交易模式。在 POOL 模式下可以按邮票法（发电容量）确定分配因子；在双边贸易（BC）体系下，可以按每个发电商的电力（或电量）成交量确定分配因子；在 POOL 和 BC 共存的电力市场中，可将参与 POOL 和参与 BC 贸易的发电商分别对待，并按某种加权处理原则确定分配因子。本章用邮票法确定分配因子 α_i，这在我国的初级电力市场中是可行的。具体处理原则如下。

1）按每台机组的额定发电容量 $P_{\mathrm{ge},i}$ 确定其分配因子 α_i

$$\alpha_i=\frac{P_{\mathrm{ge},i}}{\sum_{i=1}^{G}P_{\mathrm{ge},i}} \tag{5-45}$$

2）如果某台机组的出力达到边界，则自动令其 $\alpha_i=0$，排除在可调机组之外。同时，将总的可调节机组数目减 1。

第四节　仿真系统模型的确定

用于测试的 IEEE—11、14、30、118 仿真系统的负荷水平和发电机经济参数列于表 5-1，这些系统的拓扑结构请参阅其他相关文献。限于篇幅，每个试验系统的线路和变压器参数、电容器容量及其位置等数据未予列出。

表 5-1 同时列出了每个系统的发电机节点编号和节点类型。每个系统只设一个 $V\theta$ 节点，其余发电机节点（用符号 Swing 表示）均同时参与不平衡功率的调节。若不特别指出，后文所提的松弛节点均指系统中唯一的 $V\theta$ 节点。

表 5-1　各试验系统的负荷水平及机组经济参数

试验系统	负荷水平（MW/Mvar）		节点编号	节点类型	发电机经济参数		
	有功功率	无功功率			a_i	b_i	c_i
IEEE—11	47.08	46.00	1	$V\theta$	500	300	0
			8	Swing	1250	100	0

续表

试验系统	负荷水平（MW/Mvar）		节点编号	节点类型	发电机经济参数		
	有功功率	无功功率			a_i	b_i	c_i
IEEE－14	259.00	73.50	1	$V\theta$	63	200	0
			2	Swing	350	175	0
			3		1250	100	0
			6		166.8	325	0
			8		500	300	0
IEEE－30	283.40	126.20	1	$V\theta$	75	200	0
			2	Swing	350	175	0
			5		1250	100	0
			8		166.8	325	0
			11		500	300	0
			13		500	300	0
IEEF－118	4480	2034	1	Swing	1250	100	0
			4		1250	100	0
			6		1250	100	0
			8		1250	100	0
			10		75	200	0
			12		500	300	0
			15		1250	100	0
			18		1250	100	0
			19		1250	100	0
			24		1250	100	0
			25		166.8	325	0
			26		166.8	325	0
			27		1250	100	0
			31		1250	100	0
			32		1250	100	0
			34		1250	100	0
			36		1250	100	0
			40		1250	100	0
			42		1250	100	0
			46		1250	100	0
			49		166.8	325	0
			54		500	300	0
			55		1250	100	0
			56		1250	100	0
			59		350	175	0
			61		350	175	0
			62		1250	100	0
			65		166.8	325	0
			66		166.8	325	0
			69	$V\theta$	500	300	0
			70	Swing	500	300	0
			72		1250	100	0
			73		1250	100	0
			74		1250	100	0
			76		1250	100	0
			77		1250	100	0
			80		75	200	0
			85		1250	100	0
			87		1250	100	0
			89		75	200	0
			90		1250	100	0
			91		1250	100	0
			92		500	300	0
			99		1250	100	0
			100		166.8	325	0
			103		500	300	0

续表

试验系统	负荷水平（MW/Mvar）		节点编号	节点类型	发电机经济参数		
	有功功率	无功功率			a_i	b_i	c_i
IEEF－118	4480	2034	104	Swing	1250	100	0
			105		1250	100	0
			107		1250	100	0
			110		1250	100	0
			111		500	300	0
			112		1250	100	0
			113		1250	100	0
			116		1250	100	0

第五节　松弛节点电压对优化程序收敛性的影响

松弛节点电压对优化程序收敛性能的影响如图 5-2 所示。由仿真结果可以看出，迭代次数与松弛节点电压的数值密切相关，但无明显规律可循。同一个系统，同样的物理约束条件，其迭代次数可能相差很多。

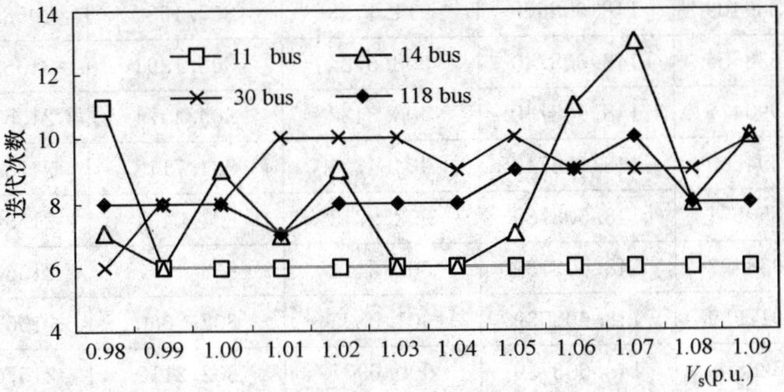

图 5-2　迭代次数与松弛节点电压的关系

对于 IEEE－11 节点系统，除 V_s（表示松弛节点电压，下同）＝0.98 时为 11 次迭代外，其他情况的迭代次数均为 6 次，不受松弛节点电压的影响，这与该系统规模较小和电源结构比较简单有关。IEEE－14、30 节点系统的迭代次数波动最大，对松弛节点电压非常敏感。其中 14 节点系统最为明显，其迭代次数少到 6 次，多到 13 次（V_s＝1.07）。对于规模更大的 IEEE－118 节点系统，程序的主迭代次数介于 7 次和 10 次之间，迭代收敛的稳定性不如 11 节点系统，但优于 14 和 30 节点系统。

研究表明，程序的迭代时间主要取决于系统的规模。系统节点数越多，迭代就越耗时，两者呈单调递增的关系。仿真结果可以说明这一点，假设松弛节点电压均为 V_s＝1.0 p.u.，则 IEEE－11、14、30 和 118 节点系统的迭代收敛时间分别为 0.11、0.22、0.27s 和 1.43s，如图 5-3 所示。

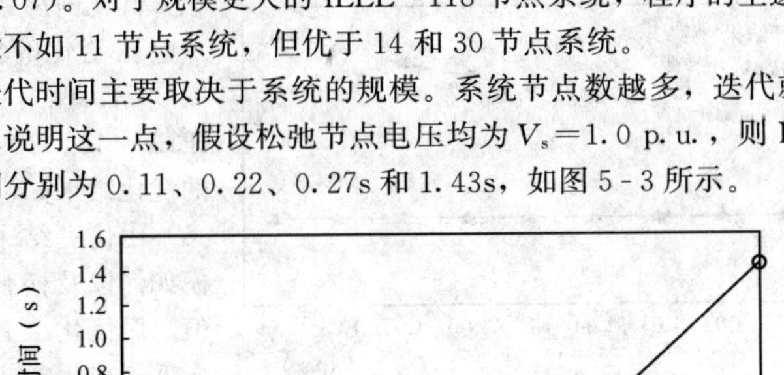

图 5-3　不同规模系统的迭代计算时间

第六节 松弛节点电压对系统发电总成本的影响

一、优化工具在电力市场中的作用

为了研究优化工具在电力市场中的作用，本章专门设计两套潮流程序，即BX型常规潮流程序和改进的动态OPF程序，用来分析、研究和比较优化工具在电力市场中的作用。其技术路线是：假定松弛节点电压为某个确定值，在相同条件下，首先用常规潮流程序计算系统的初始潮流和相应的发电总成本，再用OPF程序计算系统的优化潮流和相应的发电总成本。在此基础上，比较优化前后系统发电总成本的变化情况。接下来，重新调整松弛节点电压的幅值，重复上述过程，进而得到发电成本随松弛节点电压变化的规律。表5-2列出了两套程序在IEEE—11、30和118系统的仿真结果。

表5-2 优化前后系统发电总成本随松弛节点电压的变化 （$/hr）

V_s（p. u.）	IEEE—11节点系统		IEEE—30节点系统		IEEE—118节点系统	
	BX常规潮流	优化潮流	BX常规潮流	优化潮流	BX常规潮流	优化潮流
0.98	152.339409	148.608678	911.1793	807.1682	19585.7859	18823.4151
0.99	152.638654	148.608740	908.5784	806.1391	21559.7034	18818.8966
1.00	152.990477	148.608740	906.3422	805.4074	21557.1013	18814.7054
1.01	153.394569	148.608740	904.4728	804.7118	21556.6267	18810.8410
1.02	153.850651	148.608739	902.9718	804.0494	21558.2766	18807.3159
1.03	154.358497	148.608739	901.8411	803.4177	21562.0527	18804.1441
1.04	154.917939	148.608739	901.0825	802.8060	21567.9615	18801.3367
1.05	155.528888	148.608739	900.6977	802.2112	21576.0139	18799.0541
1.06	156.191348	148.608738	900.6884	801.6327	21586.2253	18797.0512
1.07	156.905431	148.608738	901.0563	801.0697	21598.6160	18795.5872
1.08	157.671375	148.608738	901.8032	800.5220	21613.2103	18794.5926
1.09	158.489565	148.608738	902.9308	792.9889	21630.0370	18794.1046

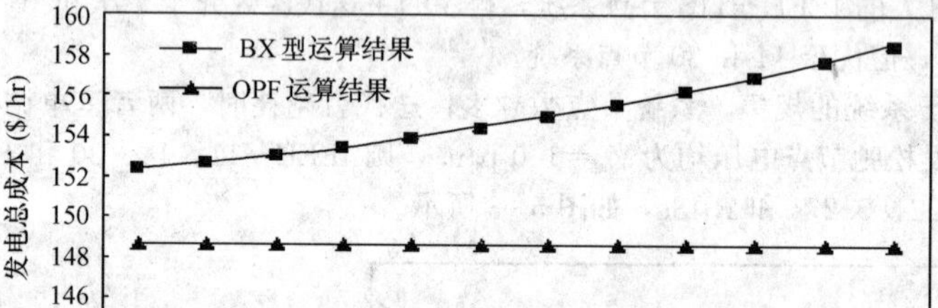

图5-4 11节点系统发电成本优化结果

优化前后系统发电总成本随松弛节点电压变化的情况，也可用曲线表示。图5-4、图5-5和图5-6分别示出了IEEE—11、30、118系统的发电总成本的优化结果。

由仿真结果可以看出，无论系统规模如何以及松弛节点电压取什么样的数值，用优化工具获得的发电总费用均明显低于采用常规潮流程序所得到的调度费用。换句话说，采用优化技术显著地降低了整个系统的发电总成本，能够获得理想的经济效益。

二、松弛节点电压变化对优化结果的影响

首先分析BX型常规潮流程序的运算结果。由表5-2可知，随着松弛节点电压幅值的增加，11节点系统的发电总费用有单调非线性增加的趋势，从 $V_s=0.98$ 时的152.339409增加到 $V_s=1.09$ 时的158.489565，两者的费用相差约4.4%。从经济意义上说，似乎应该使系统运行在较低松弛节点电压的位置。然而，事实证明这种观点是不正确的，它有可能给系统操作员以错误的导向。30节点系统发电总费用

的变化曲线则呈下凹形，即数值由大到小，然后再由小到大发生变化。118节点系统的情况与30节点系统的情况比较相似，发电费用曲线总体上呈不太明显的下凹性。因此可以看出：松弛节点电压的幅值对常规潮流程序的计算结果有较大影响，且无规律可循。

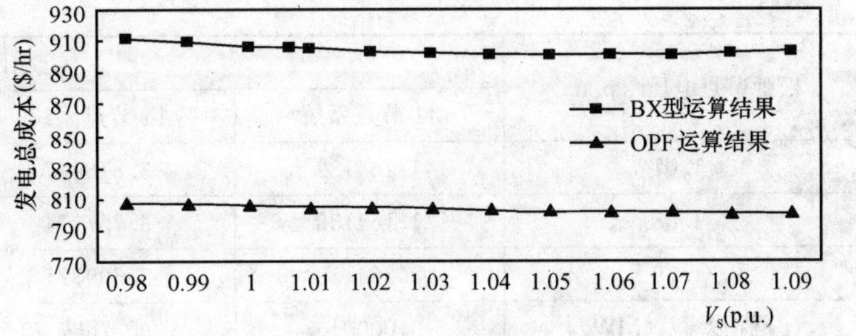

图5-5 30节点系统发电成本优化结果

再来观察最优潮流程序的运算结果。随着松弛节点电压的增加，优化程序获得的发电总费用有单调下降的趋势。在11节点简单系统中，因只有2台机组，且负荷水平较低，优化结果几乎不变。在30节点系统中，优化结果从 $V_s=0.98$ 时的807.1682下降到 $V_s=1.09$ 时的792.9889 \$/hr，差额高达总运行费的1.8%。在118节点系统中，优化费用更是从 $V_s=0.98$ 时的18823.4151 \$/hr下降到 $V_s=1.09$ 时的18794.1046 \$/hr，差额高达29.3105 \$/hr。若以每年8760h计，而且维持该发电计划不变，则发电总费用的差额将达到 25.676×10^4 \$。对更大系统而言，这笔收入是不能忽视的。

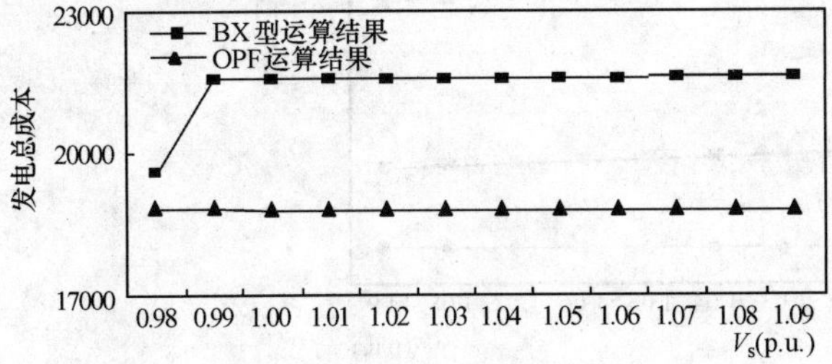

图5-6 118节点系统发电成本优化结果

可见从经济角度看，电力系统应该运行在尽可能高的松弛电压位置，以便尽可能降低系统的发电总成本。由此不难得出结论：在保证系统稳定储备的条件下，如果采用优化工具确定系统的运行方式，并使系统运行在尽可能高的松弛节点电压位置，电力交易中心将能最大限度地降低系统的发电总成本，从而获取额外收益。

第七节 松弛节点电压对系统有功网损的影响

松弛节点电压对系统有功网损的影响见表5-3。图5-7示出了IEEE－11、14、30节点系统有功网损的变化曲线，图5-8单独绘出了IEEE－118节点系统的有功网损变化曲线。可以得出这样的结论：系统规模越大，其总的有功网损也越大；随着松弛节点电压的增加，系统的有功网损呈单调一致下降的趋势，它与优化发电费用随松弛节点电压上升而下降的趋势相吻合。

表5-3 松弛节点电压对系统有功网损的影响

松弛节点电压（p.u.）	有功网损（MW）			
	11节点系统	14节点系统	30节点系统	118节点系统
0.98	1.164154	4.465743	10.598491	74.4840
0.99	1.164142	4.375814	10.376171	73.7535
1.00	1.164142	4.289800	10.200728	73.0751
1.01	1.164142	4.212884	10.031011	72.4488
1.02	1.164141	4.142082	9.868809	71.8759
1.03	1.164141	4.073318	9.714296	71.3593
1.04	1.164140	4.006492	9.564426	70.8976
1.05	1.164140	3.941531	9.418219	70.5136
1.06	1.164139	3.878369	9.275555	70.1738

续表

松弛节点电压（p. u.）	有功网损（MW）			
	11 节点系统	14 节点系统	30 节点系统	118 节点系统
1.07	1.164139	3.816937	9.136317	69.9204
1.08	1.164138	3.757174	9.000431	69.7408
1.09	1.164138	3.699021	8.867793	69.6469
网损差额（MW）	0.000016	0.7667	1.7307	4.8371

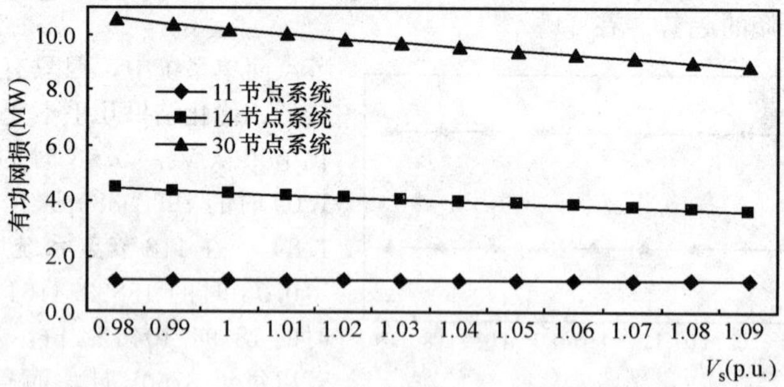

图 5-7 IEEE—11、14、30 节点系统的有功网损

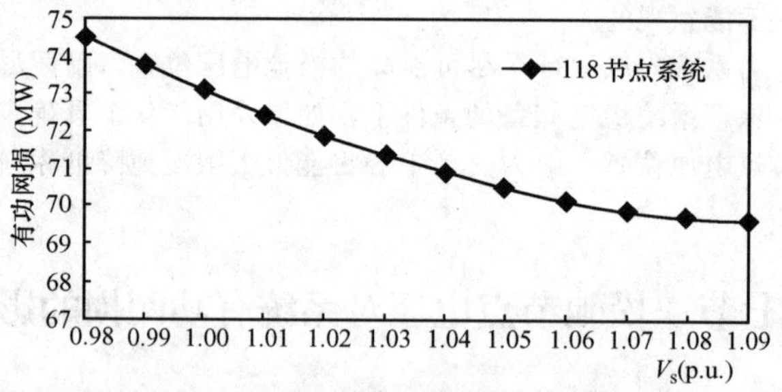

图 5-8 IEEE—118 节点系统的有功网损

由表 5-3 可知，通过调整节点电压，各系统的有功网损有可能降低 0.000016、0.7667、1.7307MW 和 4.8371 MW，系统规模越大，效益越显著。在实际运营中，降低网损的意义体现在：①节省发电容量，避免或者延缓发电容量投资；②在现有条件下，减少系统的备用容量；③减轻市场成员的经济负担；④有利于减少网络堵塞，扩大电力市场的贸易量。

第八节 松弛节点电压对系统无功网损的影响

松弛节点电压对系统无功网损的影响见表 5-4。

图 5-9 描述了 IEEE—11、14、30 节点系统的无功损耗随松弛节点电压变化的规律，图 5-10 所示为 IEEE—118 节点系统无功网损的变化规律。与有功网损必定为正所不同的是，系统的无功网损有可能出现负值。

表 5-4 松弛节点电压幅值对不同系统无功网损的影响

松弛节点电压（p. u.）	无功网损（Mvar）			118 节点系统	
	11 节点系统	14 节点系统	30 节点系统	无功网损	无功补偿容量
0.98	2.024075	−3.207382	14.324971	−1048.6812	−247.8353

续表

松弛节点电压（p. u.）	无功网损（Mvar）			118节点系统	
	11节点系统	14节点系统	30节点系统	无功网损	无功补偿容量
0.99	2.029604	−4.044451	12.429806	−1057.8293	−249.6411
1.00	2.029605	−4.85785	10.985457	−1066.7430	−251.4595
1.01	2.029604	−5.535602	9.623992	−1075.3293	−253.2903
1.02	2.029606	−6.203823	8.330989	−1082.9946	−255.0337
1.03	2.029607	−6.800534	7.214331	−1090.2915	−256.4788
1.04	2.029608	−7.323747	6.33936	−1096.7957	−257.6823
1.05	2.029609	−7.771678	5.545287	−1102.0598	−258.7256
1.06	2.02961	−8.14199	4.832696	−1107.7066	−259.7739
1.07	2.029612	−8.433782	4.200426	−1112.6495	−260.8024
1.08	2.029613	−8.64367	3.655716	−1116.7005	−261.6037
1.09	2.029613	−8.769367	3.20205	−1119.9399	−262.2613

一、具有正值无功网损的系统

这类系统的无功网损为正，如IEEE－11、30节点系统，如图5-9所示。这类“感性”系统的无功网损随松弛节点电压的升高而显著下降（11节点系统例外）。其主要原因是，距离平衡机组较近支路中的无功潮流大幅度减少。

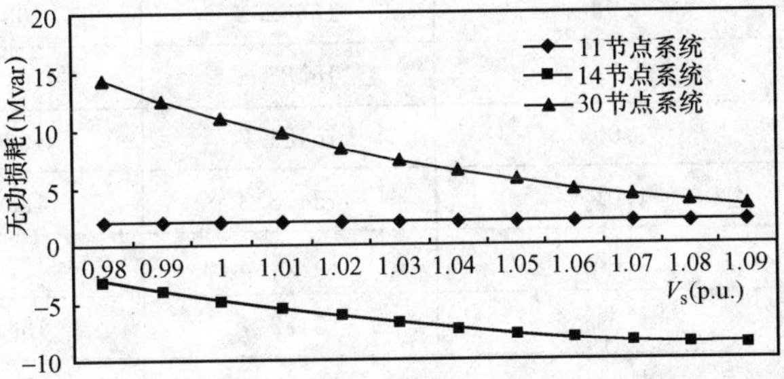

图5-9 IEEE－11、14、30节点系统的无功网损

同时也可看出，松弛节点电压对无功网损的影响要比有功网损的影响大得多。以30节点系统为例，其最大和最小无功网损的差额高达（14.324971 − 3.202050） = 11.122921 Mvar，降幅达77.65%。从经济观点看，如果将无功网损的减少量视为新增的无功容量，并以70元/kvar的价格估算无功电源投资的话，减少11.12 Mvar的无功容量相当于增加效益77.84×10⁴元。

总之，对于具有正值无功网损的系统，保持较高的松弛节点电压始终是有利的，它可同时降低系统的发电成本、有功网损和无功网损，带来显著的经济效益。

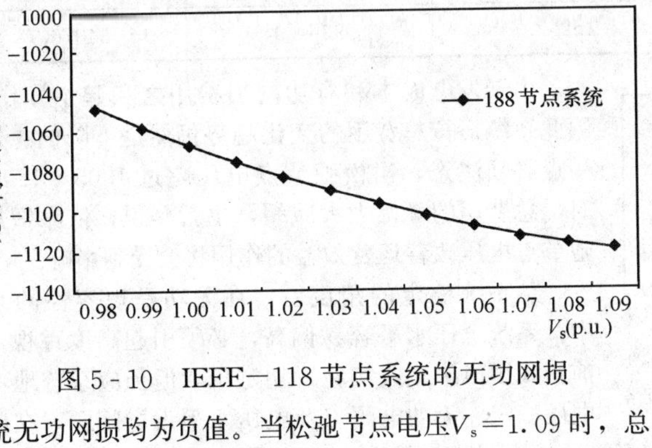

图5-10 IEEE－118节点系统的无功网损

二、具有负值无功网损的系统

这种情况发生在IEEE－14、118节点系统中。在规定电压范围内，无功网损的绝对值随松弛节点电压的升高而增加。出现负值无功网损的主要原因是网络中的输电线路普遍具有较高的对地电纳和充电功率，在负荷较轻的系统中尤为明显。

以IEEE－118节点系统为例，系统的有功负荷 $P_L = 4480$（MW），无功负荷 $Q_L = 2034$（Mvar）。在松弛节点电压的有效取值范围内，系统无功网损均为负值。当松弛节点电压 $V_s = 1.09$ 时，总的无功发电出力为 $Q_G = 1176$，无功补偿装置出力为 $Q_C = -262$（吸收无功），无功网损为 $\Delta Q = -1120$（由线路充电功率提供）。这种情况下，发电机的无功出力加上线路的充电功率将大于总的负荷无功需求。此时，需要增加感性无功吸收装置（如电抗器等）消化多余的262（Mvar）容性无功。这些投资会在某种程度上抵消因有功网损下降和发电成本减少带来的效益。

仍以 IEEE—118 节点系统为例。假设在某个松弛节点电压下，系统发电成本为 F_G，有功网损折合的费用为 F_{Ploss}，负值无功网损引发的补偿设备的容量投资为 F_{-QC}，它们构成一个总的费用函数 F_Σ

$$F_\Sigma = F_G + F_{Ploss} + F_{Qloss} \tag{5-46}$$

$$F_G = F_{Vs} \times 8760 \tag{5-47}$$

$$F_{Ploss} = \Delta P_{loss} \times 10^3 \times 8760 \times 0.25 \tag{5-48}$$

$$F_{-QC} = |\Delta Q_C| \times 10^3 \times 90 \tag{5-49}$$

式中：F_{Vs} 为松弛节点电压等于 V_s 时的发电成本 \$/hr；8760 为全年核算小时数；ΔP_{loss} 为有功网损（MW）；0.25 为每 kW·h 的近似平均成本电价；ΔQ_C 为补偿设备的容量（Mvar）；90 为每 kvar 补偿容量的近似投资额。

表 5-5 列出了以上各项费用随松弛节点电压变化的情况。图 5-11 示出了 IEEE—118 系统的总费用函数 F_Σ 的变化曲线。由此可知，随着松弛节点电压的升高，一方面是系统发电成本和有功网损的费用减小；另一方面则是，具有负值无功网损的系统，其补偿设备的容量投资却在增大。两者朝着相反的资金方向移动。

表 5-5　IEEE 118 节点系统中不同松弛节点电压下各项费用的变化情况

松弛节点电压（p.u.）	各项费用（$\times 10^4$ \$）			
	发电成本（F）	有功网损成本（F_{Ploss}）	补偿设备投资（F_{-QC}）	总费用（F_Σ）
0.98	16489.3	16312.0	2230.5	35031.8
0.99	16485.4	16152.0	2246.8	34884.2
1.00	16481.7	16003.4	2263.1	34748.2
1.01	16478.3	15866.3	2279.6	34624.2
1.02	16475.2	15740.8	2295.3	34511.3
1.03	16472.4	15627.7	2308.3	34408.4
1.04	16470.0	15526.6	2319.1	34315.7
1.05	16468.0	15442.5	2328.5	34239.0
1.06	16466.2	15368.1	2338.0	34172.3
1.07	16464.9	15312.6	2347.2	34124.7
1.08	16464.1	15273.2	2354.4	34091.7
1.09	16463.6	15252.7	2360.4	34076.7

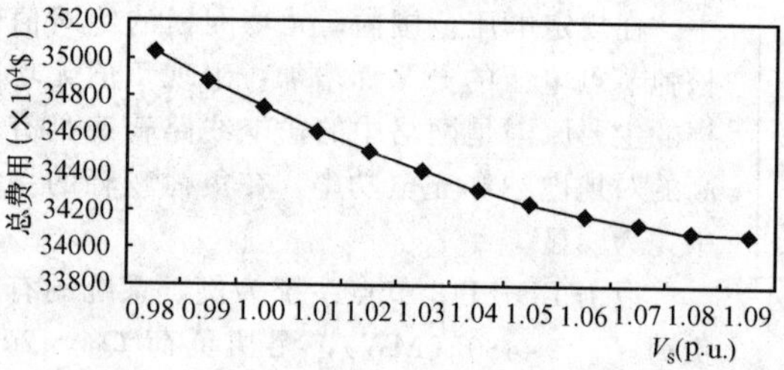

图 5-11　IEEE—118 节点系统运行总费用变化曲线

由于发电成本和有功网损费用之和起主导作用，因此系统运行总费用的变化趋势仍然是下降的。但有一点必须注意，当松弛节点电压超过 1.05～1.06 倍时，总费用的降幅大大减缓，也就是说，依靠增加松弛节点电压改善运营效益的作用将会受到影响。

从系统稳定的角度看，在无功呈现容性的系统中，系统电压水平容易偏高，必须引起高度重视。目前，我国虽未正式实施无功定价，但仍应系统地考虑电压稳定、无功电源点及电压水平设置问题，在此基础上确定合理的松弛节点电压位置，做到安全性和经济性的协调和兼顾。

第九节　松弛节点平衡机组有功和无功出力的变化

根据动态 OPF 的思想，调节松弛节点电压会使各发电机节点的有功和无功出力重新分布。在满足运行费用最少目标的同时，必须保证各发电机组的出力约束和容量备用要求。尤其应关注位于松弛节点发电机组的出力变化及其调节能力问题。

表 5-6 列出了 IEEE—11、14、30、118 节点系统的平衡节点（$V\theta$ 节点）发电机组的有功和无功出力变化情况。表中方括号中的数字表示机组功率的上下边界。图 5-12、图 5-13、图 5-14 和图 5-15 分别为每个系统平衡机组的有功、无功出力变化曲线。

表 5-6　**松弛节点电压变化对平衡机组出力的影响**

V_s	11 节点系统		14 节点系统		30 节点系统		118 节点系统	
	有功出力	无功出力	有功出力	无功出力	有功出力	无功出力	有功出力	无功出力
	[0.2，1.5]	[−0.2，1.4]	[0.1，1.0]	[−0.3，2.0]	[0.5，2.0]	[−0.2，1.5]	[1.0，2.0]	[−1.8，1.5]
0.98	—	—	1.0	−0.1542	1.7396	−0.2000	0.7118	−1.8
0.99	0.2900	0.1609	1.0	−0.1530	1.7461	−0.2000	0.7115	−1.8
1.00	0.2461	0.2058	1.0	−0.1456	1.7490	−0.2000	0.7112	−1.8
1.01	0.2469	0.2132	1.0	−0.1292	1.7515	−0.1993	0.7110	−1.8
1.02	0.2478	0.2207	1.0	−0.1257	1.7538	−0.1879	0.7108	−1.8
1.03	0.2488	0.2283	1.0	−0.1253	1.7562	−0.1800	0.7106	−1.8
1.04	0.2498	0.2361	1.0	−0.1250	1.7584	−0.1778	0.7105	−1.8
1.05	0.2509	0.2441	1.0	−0.1248	1.7607	−0.1757	0.7105	−1.8
1.06	0.2521	0.2522	1.0	−0.1246	1.7628	−0.1737	0.7105	−1.8
1.07	0.2534	0.2605	1.0	−0.1244	1.7649	−0.1718	0.7105	−1.8
1.08	0.2547	0.2689	1.0	−0.1243	1.7670	−0.1700	0.7107	−1.8
1.09	0.2561	0.2775	1.0	−0.1243	1.7690	−0.1683	0.7109	−1.8

由图 5-12 可知，IEEE—11 节点系统平衡机组的有功出力从 0.29 下降到 0.2461，接着逐步回升到 0.2561，保持在有功出力的上下限之内，即 [0.2，1.5]；其无功出力从 0.1609 一直上升到 0.2775，同样保持在无功出力限值之内，即 [−0.2，1.4]。总体上讲，平衡机组的有功和无功出力同时在增加（只有 V_s =0.99 一点处的有功出力例外）。

由图 5-13 可知，IEEE—14 节点系统平衡机组的有功出力维持在上限 1.0 不变，无功出力为负值而且在上下限值 [−0.3，2.0] 之内变化，其绝对值从 0.1542 上升到 0.1243，说明该机组主要起着吸收容性无功的作用。如前所述，14 节点系统总的无功网损是负值，因此需要额外设备或进相运行机组来吸收这部分功率，保持供需间的平衡。

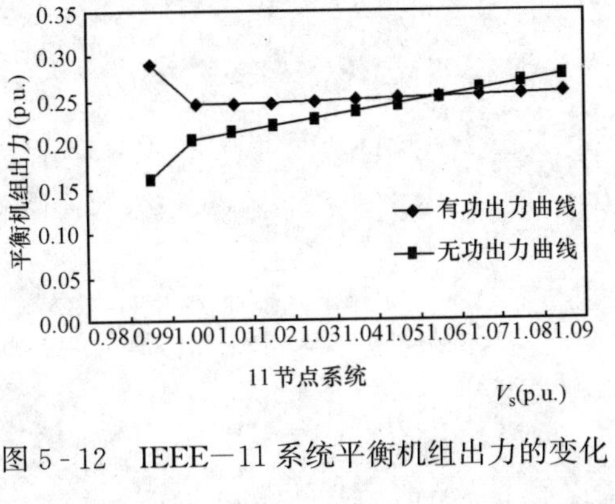

图 5-12　IEEE—11 系统平衡机组出力的变化

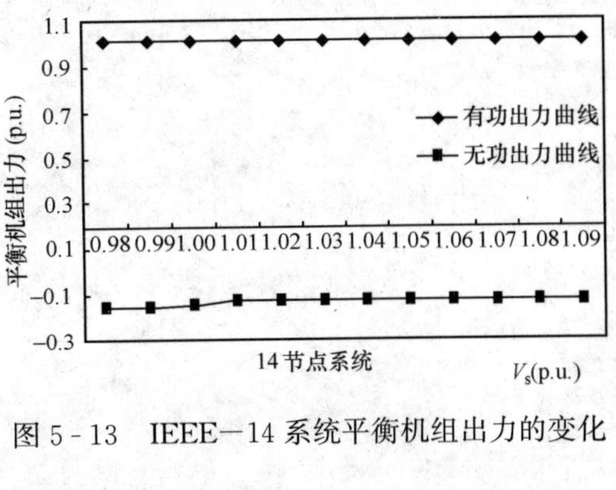

图 5-13　IEEE—14 系统平衡机组出力的变化

由图 5-14 可知，IEEE—30 节点系统平衡机组的有功出力从 1.7396 增加到 1.7690，无功出力为负值，其绝对值从 0.2 降低到 0.1683。这说明随着松弛节点电压的升高，平衡机组吸收的无功功率在逐步减少，系统负荷所需的感性无功将由除 $V\theta$ 节点外的其他机组和第 10、第 24 节点所挂的电容补偿装置承担更多的份额。从潮流结果来看 $V\theta$，节点附近支路中的无功潮流随之减少，进而导致 30 节点系统总的无功网损随松弛节点电压的增加而减少。

由图 5-15 可知，IEEE—118 节点系统平衡机组的有功出力从 0.7118 减小到 0.7105，然后再逐步回升到 0.7109，保持在限值［1，2］之内；无功出力为负值，且维持在下边界—1.8不变。由于 118 节点系统总的无功网损为负，且有较多剩余，因此尽管该平衡节点发电机组的无功吸纳能力达到了极限，仍需增设电抗器类设备进行无功功率的平衡。

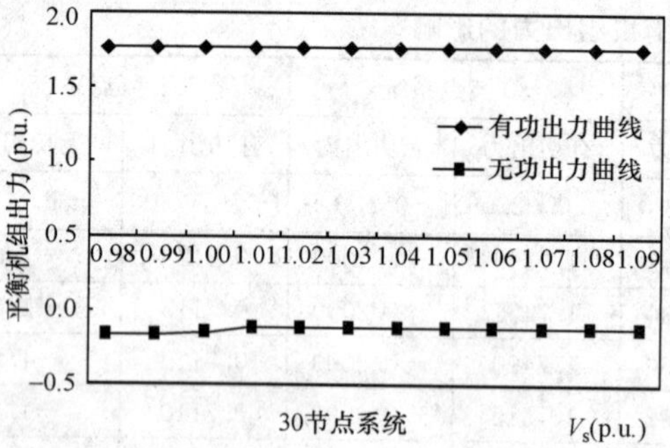

图 5-14　IEEE—30 系统平衡机组出力的变化

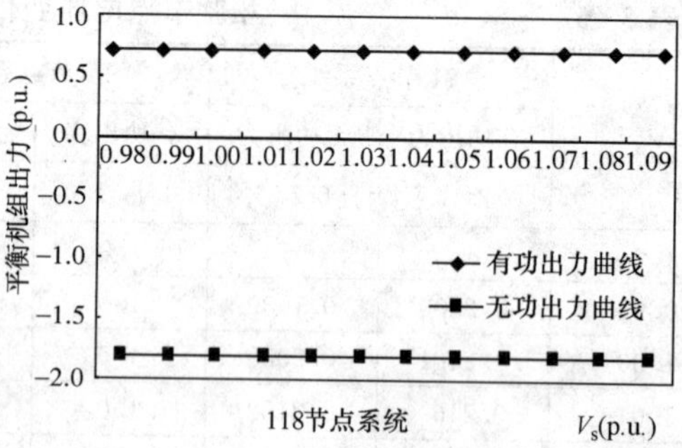

图 5-15　IEEE—118 系统平衡机组出力的变化

总之可以得出这样的结论：调节平衡节点电压可以改善电力系统的经济性能，但会不同程度地影响不同位置发电机组的有功和无功出力。这就要求调度中心或电力交易中心向发电厂提供必要的潮流分布和出力约束信息，校正现货交易的时间和数量，满足效益最大化的原则。同时，发电厂无功出力的调整会影响到自身有功出力的变化，如何在新的交易计划下调度本厂所有机组的出力，使本厂效益最大化已经成为当前电力公司关心的又一新的话题。

习题与思考题

1. 试论述最优潮流（OPF）所描述的技术问题。
2. 市场环境下 OPF 的目标函数有哪几类？
3. OPF 的求解方法都有哪几种？
4. 如何运用 OPF 程序分析系统发电总成本、系统有功网损、系统无功网损以及松弛节点平衡机组有功和无功出力的变化。

第六章　电力市场的负荷预测与电价预测

第一节　电力市场的负荷预测

负荷预测是从已知的用电需求出发，考虑政治、经济、气候等相关因素，对未来的用电需求做出的预测。负荷预测包括电力需求预测和电能需求预测两部分内容。对系统规划而言，电力需求预测决定着发电、输电、配电系统新增容量的大小；电能需求预测则决定着发电设备的类型（如调峰机组、基荷机组等）。对电力系统的运行而言，负荷预测用来合理安排机组启停、检修以及确定系统的旋转备用容量。显然，负荷预测在电网调度自动化系统高级应用软件（如 EMS）中起着非常重要的作用。

做好负荷预测工作，需要多方面的努力、协调和配合。因此，了解负荷预测技术的发展趋势，掌握负荷预测的最新技术，将有助于提高负荷预测的精度，合理调度系统的安全和经济运行方式。

一、负荷及负荷预测的种类

1. 负荷的种类

对负荷类型的划分有许多种不同的方法，譬如按用电类型、用电水平、电费等级或地理区域分类。比较常见的是按全社会用电情况，分为第一、第二、第三产业和居民用电四大类；同时按照行业类别将负荷细分为八类，即农林牧渔水利业、工业、地质普查和勘探业、建筑业、交通运输邮电通信业、商业饮食物资供销仓储业、居民用电和其他。

2. 负荷预测的种类

负荷预测可按功能划分为系统负荷预测和母线负荷预测两大类。系统负荷预测用于安全监视和负荷控制、编制运行计划、安排检修计划；母线负荷预测是按指定的时刻，将系统负荷预测值转换为各母线的有功负荷和无功负荷计算值，进而替代某些错误的量测值和没有量测到的数值，或用于修正母线负荷模型的数值。

（1）按预测周期划分。按时间划分负荷预测种类的方法不是惟一的。根据负荷预测的使用场合和使用的便利性，又有两种常见的分类方式。

第一种规定是：长期负荷预测的预测周期为数年至数十年；中期负荷预测的预测周期为 1 月至 1 年，用于水库调度、机组检修、交换计划、燃料计划的长期运行计划的编制；短期负荷预测的预测周期为 1 日至 1 周，用于编制调度计划；超短期负荷预测的预测周期为未来 1h 以内，用于质量控制时为 5～10 s，用于安全监视时为 1～5 min，用于预防控制和紧急状态处理时为 10～60 min。

第二种规定是：长期负荷预测（20 年以上）、年负荷预测、月负荷预测、日负荷预测、周负荷预测、短期负荷预测（10～60 min）、超短期负荷预测（5～10 s 或 1～5 min）。

（2）按全社会用电或行业类别划分，分为城市民用负荷预测或商业负荷预测、农村负荷预测、工业负荷预测等。

（3）按预测负荷的特性划分，分为最大负荷预测、最小负荷预测、平均负荷预测、峰谷差预测、高峰负荷平均预测、低谷负荷平均预测、母线负荷预测、负荷率预测等。

二、负荷预测的特点及步骤

1. 负荷预测的特点

做好负荷预测工作首先应了解负荷预测的机理，掌握负荷预测技术的特点。负荷预测所依据的基本原理有：可知性原理、可能性原理、连续性原理、相似性原理、反馈性原理和系统性原理。

负荷预测具有以下几个显著特点：不准确性或不完全准确性、条件性、时间性和同一时间不同条件下的多方案性。显然，不可能存在某种方法，它在任何时候、任何地点，对任何对象，都具有普遍的适用性。

2. 负荷预测的步骤

（1）明确负荷预测的内容和要求。根据不同地区、不同时期的具体情况，确定合理的预测内容和预测指标。

（2）调查并搜集资料。要尽可能全面、细致地收集所需要的资料，避免用臆想的数据去填补负荷预测数学模型中所缺少的资料。

（3）基础资料分析。对收集的大量信息去伪存真，提高关键数据的可信度。

（4）经济发展预测。掌握经济发展对电力需求的影响。一般说来，经济增长必然带动电力需求的增长。在这方面要重点关注国家增加投入、扩大内需、结构调整、通货紧缩、企业经营状况及深化改革等因素。

（5）选取预测模型，确定模型的参数。

（6）负荷预测。用预测模型进行负荷预测，给出“上、中、下”几个可能的、较为可靠的预测方案。

（7）结果审核。结合专家经验对预测结果、预测精度及可信度作出评价，用历史数据样本进行检验，并进行自适应修正。

（8）准备滚动负荷预测。积累资料，为下个年度的滚动负荷预测做好准备。

三、负荷预测的方法

（一）常规单一的负荷预测方法

1. 专家预测法

曾经流行的是 Delphi 法，即专家小组预测法。它分为准备阶段、第一轮预测、反复预测（3～5 次）和确定结论等几个步骤。该方法简单，但盲目性较大。

2. 类比法

对具有相似研究特征的事件进行对比分析和预测，如新开发区的建设，无历史经验可以借鉴，此时可用类比法预测负荷的发展。

3. 主观概率预测法

对不能做实验或实验成本太高，无法接受的方案，请若干专家估计特定事件发生的主观概率，然后综合得出该事件的概率。

4. 单耗法

该方法需做大量细致的调研工作，对短期负荷预测效果较好。

5. 负荷密度法

已知某地区的总人口（总建筑面积或土地面积），按每人平均用电量（即用电密度）计算该地区的年用电量。

6. 比例系数增长法

假定负荷按过去比例增长，预测未来的发展。

7. 弹性系数法

设 x 为自变量，表示国民生产总值，y 为用电量且函数 $y=f(x)$ 可导，则弹性系数 ε_{yx} 可以定义为

$$\varepsilon_{yx}=\frac{\mathrm{d}y/y}{\mathrm{d}x/x} \tag{6-1}$$

电力弹性系数 ε_{yx} 的概念自从国外引入以来，便被视为衡量电力工业和国民经济发展关系的重要指标。一般认为，如果 $\varepsilon_{yx}>1$，表明电力工业的发展超前于国民经济的发展；反之，如果 $\varepsilon_{yx}<1$，说明电力工业的发展滞后于国民经济的发展。但近几年，电力弹性系数连续多年低于 1，而国民经济仍保持较高的增长速度，导致经济增长与用电增长关系处于非正常状态。可以这样解释这种现象：

（1）不能再简单地把“电力工业适度超前发展”理解为电力弹性系数大于 1。当电力工业能基本保证国民经济发展和人民生活质量时，电力弹性系数可能只需要 0.8，这样电力弹性系数在 0.8～1 之间就可以说得到了适度超前发展。

（2）不能简单地与国外的弹性系数进行比较。

（3）不能简单地用 GDP 度量电力弹性系数。

总之，对具有一定规模的电力系统进行负荷预测时，不能仅仅依靠单一的弹性系数法、人均电量预测法或单耗法等方法。这些方法的共同点是，将电力需求作为一个整体，根据某个单一的指标进行预测，方法虽然简单，但比较笼统，且很难反映现代经济、政治和自然气候条件的影响。因此，应该采用先进的计量经济模型、投入产出模型、数学规划模型、气候影响协调模型等进行负荷预测。

（二）负荷预测的新技术

1. 趋势外推预测技术

电力负荷虽有随机、不确定的一面，但却有明显的变化和发展趋势。根据各行业负荷变化的规律，运用趋势外推预测技术进行负荷预测能够得到较为理想的结果。外推法有线性趋势预测、对数趋势预测、二次曲线趋势预测、多项式趋势预测、季节型预测和累计预测等方法。

外推法的优点是，只需要历史数据，所需的数据量较少；缺点是，如果负荷出现变动，会引起较大的误差。

2. 负荷回归模型预测技术

该技术根据以往负荷的历史资料，用数理统计中的回归分析方法对变量的观测数据统计分析，确定变量之间的相关关系，从而实现负荷预测的目的。

回归模型有一元线性回归、多元线性回归、非线性回归等。其中，线性回归可用于中期负荷预测。

3. 时间序列预测技术

实际问题中，多数预测目标的观测值构成的序列表现为广义平稳的随机序列或可以转化为平稳的随机序列。依据这一规律建立和估计产生实际序列的随机过程模型，并用它进行负荷预测。时间序列预测技术有一阶自回归、n 阶自回归、自回归与移动平均 $ARMA$（n，m）预测等。

这些技术的优点是所需历史数据少、工作量少；缺点是没有考虑负荷变化的因素，只适用于负荷变化比较均匀的短期预测的情况。

4. 灰色预测技术

灰色系统理论是邓聚龙教授 1982 年提出的。他发现概率统计追求大样本量，必须先知道分布规律、发展趋势，而时间序列法只致力于数据拟合，对规律性的处理不足。以此提出了灰色系统的理论。以灰色系统理论为基础的灰色预测技术，可在数据不多的情况下找出某个时期内起作用的规律，建立负荷预测的模型，用于短期负荷预测。

（三）负荷预测技术的发展动态

1. 优选组合预测技术

优选组合预测技术有两层含义：一是从几种预测技术得到的结果中选取适当的权重加权平均；二是可在几种方法中比较，选择标准偏差最小或拟合度最佳的一种技术。

2. 专家系统预测技术

专家系统是基于知识建立起来的计算机系统，它拥有某个领域内专家们的知识和经验，能像专家们那样运用这些知识，通过推理做出决策。

实践证明，精确的负荷预测不仅需要高新技术的支撑，同时也需要融合人类自身的经验和智慧。因此，就会需要专家系统这样的技术。专家系统预测技术适用于中长期负荷预测。

3. 模糊预测技术

建立在模糊数学理论上的一种负荷预测新技术，有模糊聚类预测技术、模糊相似优先比技术和模糊最大贴近度技术等。

4. 神经网络（ANN）预测技术

神经网络 ANN（Artificial Neural Network）预测技术可以模仿人脑做智能化处理，对大量非结构性、非确定性规律具有自适应功能，有信息记忆、自主学习、知识推理和优化计算的特点。这些是常规算法和专家系统技术所不具备的。

神经网络预测技术适于做短期负荷预测，此时可近似认为负荷的发展是一个平稳的随机过程；否则，可能会因政治、经济等大的转折导致其模型的数学基础的破坏。

5. 小波分析预测技术

小波分析是 20 世纪数学研究成果中最杰出的代表。它是一种时域－频域分析方法，在时域和频域上同时具有良好的局部化性质。小波变换能将各种交织在一起的不同频率混合组成的信号，分解成不同频带上的块信息。

对负荷序列进行正交小波变换，投影到不同的尺度上，各个尺度上的子序列分别代表原序列中不同“频域”的分量，可清楚地表现负荷序列的周期性。以此为基础，对不同的子负荷序列分别进行预测。由于各子序列周期性显著，采用周期自回归模型（PAR）会得到更为精确的预测结果。最后，通过序列重组得到完整的小时负荷预测结果，它要比直接用原负荷序列进行预测来得精确。

6. 空间负荷预测技术

这是20世纪80年代提出的一种负荷预测理论，不仅能够进行负荷预测，而且能对未来负荷的地理位置分布进行预测。

这种方法适用于新建开发区的负荷预测，并能够与DSM、MIS、GIS等结合，实现资源共享，进而使负荷预测和系统规划更全面、更合理。

四、影响负荷预测的主要因素

许多因素都会对负荷预测的精度产生不良影响，如何排除各种不确定因素的负面影响一直是科技工作者追求的主要目标。

1. 气候变化和自然灾害的影响

气候因素有很多，但主要以气温和湿度为主。随着空调器具的普及，气候变化对负荷的影响愈来愈显著，生活用电的比例逐年增加。这种趋势在我国许多大中城市的电网中已经出现。据某城市电网统计，当夏季气温超过37℃时，温度每上升1℃，电力负荷便增加80MW左右。此外，严重自然灾害如洪涝、大旱等，也会造成电力负荷的大幅度波动。1998年的全国性洪涝灾害，使众多大中型工业企业停产，负荷大幅度下降便是最好的说明。

2. 宏观产业结构调整的影响

宏观产业结构调整必然会影响电力需求的变化。譬如，基建项目实行“宏观调控”，直接“刺激”或“抑制”国民经济的发展和耗电大企业的用电，造成电力负荷的变化。

3. 能源市场变化的影响

从整个能源消耗市场来看，电力市场只是其中的一个组成部分。事实上，用户消费能源的种类和数量与能源价格和易用性均有关系。在一定条件下，用户选择电力消费和其他能源消费的比重可能发生变化，有时甚至发生逆转。譬如，管道煤气价格的提高会使居民用电迅速增加；电价居高不下或供电网络不完整，则会导致农村用户将电力能源消费改变为其他能源的消费。

可见，电力消耗与其他能源的消耗之间有着密切的联系。国内外能源价格的调整都会对电力负荷产生一定的冲击。因此，在进行负荷预测时应该关注能源市场的变化，考虑各种替代能源的供需状况和价格因素，并尽可能在负荷预测模型中予以考虑。

4. 环境保护的影响

全面实行和强化环境保护对电力工业也有较大的影响。一方面，生产、生活、服务等行业对清洁的电力能源的需求更为迫切，从而增加电力消费支出的力度；另一方面，电力企业强化治污，执行环境保护标准，必然会增加电力商品的成本，不利于降低电价，这反过来会影响那些实力较弱或消费能力有限的用户对电力的需求。

因此，进行负荷预测时最好根据系统的具体情况，恰当地考虑近期和未来的环境保护对电力消费的影响。

5. 人口因素的影响

人口数量、人口结构、家庭规模、住宅小区的特性会直接影响居民生活用电的需求。因此，在对生活用电进行负荷预测时，要适当考虑这些因素。

6. 错误估计国民经济发展速度造成的影响

过高估计国民经济发展速度，导致负荷预测结果偏高，备用容量偏多，效益下降。存在虚报负荷现象，某些地方在作系统规划时，片面理解“电力要适当超前发展”的思想，为使工程批复上马，向上虚报和夸大负荷增长率。过高估计工业发展速度，提供的数据与实际情况相去甚远。其结果是，整个系统的负荷预测结果较多地偏离实际数值，导致系统出力在短期内大幅度变化，进而影响电力系统的经济运行。过低估计国民经济发展速度，导致负荷预测结果偏低，紧急状态时系统发电容量和备用容量不足，限制用电，对工农业生产和人民生活造成严重影响。2003年上半年我国部分电网出现的电力供应紧张状况，在很大程度上应归咎于前期对国民经济发展速度的过低估计。为此，2003年国家不得不对“十五”电力规划重新进行调整。

此外，大量高耗能、重污染的小火电厂的存在，因其运行曲线难以准确把握而会影响到整个系统负荷预测的准确性。

7. 实施需求侧管理带来的影响

需求侧管理（DSM）是指电力公司为鼓励用户调整电力需求的时间和大小，采取错峰、避峰措施，采用节能和“绿色”电气，调整电力消费模式，而采取的一种管理模式。近年来，世界各国普遍通过技术、经济、行政等手段，采用需求侧管理手段改变用户负荷曲线的形状，调整用户侧的电力需求。此外，将DSM与综合资源规划（IRP）有机结合，可使电力企业、用户和社会三方同时受益。

目前，我国大多数电力企业都接受了需求侧管理的思想，意识到需求侧管理是一种需求资源，直接影响负荷水平的高低。因此，在今后的负荷预测工作中，应该考虑全面实施需求侧管理所带来的影响。

8. 电价弹性带来的影响

电力市场引入了实时电价制度，不同关口或节点的电价均不相同，而且每个时段都要调整一次。对大型用户、供电商或零售商而言，及时适应期货市场和现货市场电价的变化、调整用电或售电策略是非常自然的事情。当预期电价上扬时，电力消费受到抑制；当预期电价下降时，电力消费将会增加。由此可见，在电力市场环境下建立各类负荷的电价弹性响应模型，进而修正和完善现有的负荷预测模型将是十分必要的。

五、负荷预测小结

负荷预测在电力系统规划和运行方面具有重要地位，它对国家的能源建设、人民生活和整个社会效益的发挥起着重要的作用。在电力市场机制下，要研究新的预测方法和模型，减少各种主要因素的影响，提高预测精度，使负荷预测工作科学化、规范化和制度化。

从经济角度看，负荷预测实质上是电力市场需求的预测。负荷预测的准确度对电力公司具有较大的影响。预测值太低，可能导致切负荷或减少向相邻供电区域售电的收益；预测值太高，会导致新增发电容量甚至现有发电容量不能充分利用，即有些电厂的容量系数太小，造成投资浪费和资金效益低下。

第二节　电力市场电价预测方法概述

一、电价预测的重要性

在放松管制的电力市场中，电价预测和功率需求预测是优化决策的两个基本条件。电价预测的精度直接影响交易的收益和风险。因此，市场参与者需要一种有效的电价预测和电价灾变预测工具。借助这种工具，发电商可以进行策略报价，获得更多的利润；电厂投资者可以正确选择厂址并评估盈利的前景；用户可以确定合理的购电量和购电时段，降低自己的生产成本。

在设计电价预测模型时，人们首先会想到负荷预测的方法。但令人遗憾的是，负荷预测的方法不能直接用来预测现货电价。虽然电价曲线与负荷曲线在时间上基本一致，但电价变化并不具备增长性，而且受到更多非确定性因素，如供需变化、燃料价格波动、元件开断、网络阻塞以及市场力的影响。许多非确定性因素很难进行检测和量化，更无法纳入电价的预测模型。也就是说，预测现货电价比预测功率需求更为困难。

二、电价预测的主要方法及其进展

近年来，世界各国的研究人员提出了多种预测电价的方法，这些方法大致可归为五类：神经网络法、时间序列法、模糊建模法，运行仿真法和市场均衡分析法。此外在上述模型基础上，结合其他数学工具如混沌理论、灰色理论等，可以演绎出新的电价预测方法。

（1）神经网络法。神经网络法是目前研究最多的一种电价预测方法。1997年，A Wang和B Ramsay用神经网络法对英国电力库（Power Pool）的系统边际电价（SMP）进行了预测，这可能是最早的电价预测文献。这种方法的优点是可同时处理多个因子，对电价平均值序列具有较好的预测效果；其缺点是输入和输出数据量大，运算时间长；受变量不确定性的影响很大；当电价大幅波动时，预测效果不稳定，尤其在那些电价突变点处，预测精度普遍较差，单点最大预测误差很大。目前，虽有不少神经网络的变种处理方法，但仍未根本上解决上述问题。

（2）时间序列法。时间序列法是数据处理和预测的一种基本方法。1998年，Goran Koreneff等论述了电价预测在能量管理系统中的重要性，并用时间序列法对芬兰和挪威电力市场的最高电价和平均电价进行了预测。同时，在模型中引入了时间序列法的温度关联修正模型；提出了按日期分类和建模的思想，建立了Workday Model，Eve Model（Saturday）和 Holiday Model（Sunday）三种典型的预测模型。该模型存在的问题如下。

1）对日期所属季节有严格限值，若日期归类不当，则会出现较大误差。

2）对某种日类型的预测模型而言，还要进行白天（12：00～14：00 模型）和夜间（02：00～04：00 模型）回归分析，数据处理量大、计算过程繁杂。

3）确定温度关联修正模型中各参数的权重并非易事。

4）在电价突变点附近，预测误差较大。

1999 年，华盛顿州立大学的 Zoran Obradovic 评价了时间序列法在美国电力市场电价预测方面的应用前景。2000 年，中国的黄日星等用点对点平滑法和基于累积式自回归滑动模型（ARIMA）的时间序列分析法，对加州电力市场的市场清算价（MCP）进行了预测。得到的结论是，时间序列法预测短期现货电价，在多数情况下是不成功的。

（3）模糊建模法。模糊建模法是软计算技术的重要内容之一。从理论上说，模糊建模法对扰动因素不敏感，其规则有利于处理系统的定性信息，具有与神经网络法相同的功能。2000 年，中国的张平安等用模糊建模法对美国加州电力市场的平均市场清算价进行了预测，得到的结论是最佳的规则数目仍未找到；复杂结构的辨识能力有待提高。到目前为止，这种方法的预测效果尚无法令人满意。

（4）运行仿真法。1999 年，美国 PJM 互联系统有限公司市场服务部的 Jeffrey Bastian 介绍了 PJM 电力市场采用的运行仿真预测程序（MAPS）。MAPS 程序的优点是：可以根据运行条件和系统约束模拟实际调度情况，从而预测各节点的详细电价曲线，评估市场结构和发电投资的经济性，了解市场行为甚至计算输电的成本。

但是，这种预测方法不仅需要大量数据，而且还有很多细致的要求，譬如：详细的输电模型；机组最优组合程序；经济和安全调度模型；实时仿真工具；丰富的信息资源。其难点是，要将发电和输电系统间复杂的交互过程用公式表达出来。因此，对一般市场成员而言，使用如此复杂的程序是难以想象的。

（5）市场均衡分析法。这种方法的理论依据是经济学的市场均衡理论，它试图根据预测的发电报价曲线和系统负荷的预测值求解市场均衡点，进而导出电价的预测值。所使用的工具通常是“市场平衡分析”和“基于代理的模拟法”。2000 年，伦敦商学院的 Bunn 对此进行的研究表明，应用该方法有两个难点：一是如何准确预测各个电厂的报价曲线；二是如何模拟市场中潜在市场力的影响。这些因素常常影响预测的精度和稳定性，进而影响这种方法在实际电力市场中的推广和应用。

对上述几类电价预测方法对比分析后发现，它们具有以下一些特点。

1）运行仿真法功能强大，但所需条件既多又苛刻，难以被一般市场成员掌握。

2）市场均衡法所需的两个主要条件难以准确把握，直接影响预测效果和稳定性。

3）基于历史数据的统计类预测方法仍是研究的主流。

4）从数据结构看，已有统计类电价预测方法均以整个交易日作为实体进行预测。

5）多数方法的平均电价预测效果较好，但都存在单点预测误差过大问题。

第三节　基于网格搜索的支持向量机短期负荷预测方法

支持向量机是一种基于统计学理论的机器学习方法，在解决小样本、高维度、非线性、局部极小值等数学问题时具有诸多优势。网格搜索方法可以用来优化其中的分类参数，进一步提高支持向量机预测方法的准确性。本节介绍一种基于网格搜索的支持向量机短期负荷预测方法。

一、基本原理

基于网格搜索的支持向量机短期负荷预测方法的基本原理是，采用最小二乘支持向量机方法进行建模，用网格搜索方法优化其中的正则化参数和径向基宽度参数，提高整体算法的寻优速度和预测精度。

1. 最小二乘支持向量机预测方法基本原理

最小二乘支持向量机（least squares support vector machine，LS - SVM）是一种遵循结构风险最小化

（structural risk minimization，SRM）原则的核函数学习机器，其算法是最小二乘法，基本原理如下：

设给定训练样本集

$$S=\{(x_1,y_1),\cdots,(x_l,y_l)\}\subset R^n\times R$$

式中：$x_i\in R^n$ 为输入向量，$y_i\in R$ 为相应的目标输出，l 为训练样本个数。

回归问题就是寻找从输入空间 R^n 到输出空间 R 上的映射 $f:R^n\rightarrow R$，使得 $f(x)=y$。

对非线性负荷预测模型

$$f(x)=[\omega,\varphi(x)]+b \tag{6-2}$$

给定一组数据点集（x_i，y_i），$i=1$，…，l，$x_i\in R^d$ 是与预测量密切相关的影响因素，如历史负荷数据、气象因素等，d 为所选输入变量的维数，$y_i\in R$ 是预测量的期望值，l 是已知数据点的总数。$\varphi(x)$ 是从输入空间到高维特征空间的非线性映射。按结构最小化原理，LS-SVM 优化目标可表示为

$$\min J=\frac{1}{2}\|\omega\|^2+\frac{1}{2}\gamma\sum_{i=1}^{l}e_i^2 \tag{6-3}$$

约束于

$$\omega^T\varphi(x_i)+b+e_i=y_i,i=1,\cdots,l \tag{6-4}$$

式中：e_i 为误差，$e\in R^{l\times1}$ 为误差向量；γ 为支持向量机正则化参数，控制对误差的惩罚程度。

其中 γ 较小时推广错误率较高，随着 γ 的增加错误率很快降低，但增加到了一定值后，错误率不再变化，此时 γ 的变化几乎不影响 SVM 的推广能力，所以需要一种合适的优化算法对该参数进行选取。

引入 Lagrange 乘子，$\lambda\in R^{l\times1}$，式（6-3）可转化为

$$\min J'=\frac{1}{2}\|\omega\|^2+\frac{1}{2}\gamma\sum_{i=1}^{l}e_i^2-\sum_{i=1}^{l}\lambda_i[\omega^T\varphi(x_i)+b+e_i-y_i] \tag{6-5}$$

由 kuhn-Tucker（KKT）条件，得

$$\begin{cases}\dfrac{\partial J}{\partial\omega}=0\rightarrow\sum_{i=1}^{l}\lambda_i\varphi(x_i)\\ \dfrac{\partial J}{\partial b}=0\rightarrow\sum_{i=1}^{l}\lambda_i=0\\ \dfrac{\partial J}{\partial e_i}=0\rightarrow\lambda_i=\gamma e_i,\quad i=1,2,\cdots,l\\ \dfrac{\partial J}{\partial\lambda_i}=0\rightarrow\omega^T\varphi(x_i)+b+e_i-y_i=0,\quad i=1,2,\cdots,l\end{cases} \tag{6-6}$$

消去 ω 和 e，则式（6-6）的解为

$$|y(d,t)-\overline{y(t)}|>\theta,\text{则 } y(d,t)=\begin{cases}\overline{y(t)}+\theta,& y(d,t)>\overline{y(t)}\\ \overline{y(t)}-\theta,& y(d,t)<\overline{y(t)}\end{cases} \tag{6-7}$$

又 $\overline{\lambda}=[\lambda_1,\lambda_2,\cdots,\lambda_l]^T$，$\overline{I}=[1,1,\cdots,1]^T$ 为 $l\times1$ 维列向量，$Y=[y_1,y_2,\cdots,y_l]^T$，$\Omega\in R^{l\times l}$，且 $\Omega_{ij}=\phi(x_i)^T\phi(x_j)=K(x_i,x_j)$，$K$ 为满足 Mercer 条件的核函数，$K(x_i,x_j)=\varphi(x_i)^T\varphi(x_j)$，用原空间的核函数取代高维特征空间中的点积运算，使计算得以简化。因此非线性预测模型的表达式为

$$y=\sum_{i=1}^{l}\lambda_iK(x,x_i)+b \tag{6-8}$$

式中：λ_i、b 可由解式（6-7）的线性方程求出；$K(x,x_i)$ 表示从输入空间到高维特征空间的非线性映射，即核函数。

由最小二乘支持向量机原理推出的非线性预测模型式（6-8）中的核函数选取径向基核函数。该函数表示形式简单，即使对于多变量输入也不增加太多的复杂性；径向对称，光滑性好，任意阶导数均存在。由于该函数表示简单且解析性好，因而便于进行理论分析。径向基核函数的具体形式如下

$$K(x,x_i)=\exp(-\|x-x_i\|^2/\sigma^2) \tag{6-9}$$

式中：x 是 m 维输入向量；x_i 是第 i 个径向基函数的中心，与 x 具有相同维数；σ 是径向基宽度系数，决定了该函数围绕中心点的宽度；$\|x-x_i\|$ 是向量 $x-x_i$ 的范数，表示 x 与 x_i 之间的距离。

径向基宽度系数 σ 反映了支持向量之间的相关程度，与学习样本的输入空间范围相关，样本输入空间范围越大，σ 取值越大。如果 σ 值过小，支持向量间的联系比较松弛，学习机器相对复杂，推广能力得不到保证。σ 值过大，支持向量间的影响过强，回归模型难以达到足够的精度。因此，需要对 σ 的取值进行优化。

2. 网格搜索优化原理

网格搜索算法能同时搜索多个参数值，对相互独立的参数进行并行搜索。因此，采用网格搜索（Grid Search）算法对式（6-3）中的支持向量机正则化参数γ和式（6-9）中径向基宽度参数σ进行优化选择，使最小二乘支持向量机分类准确率达到最优的参数组合。

基本的网格搜索算法是选定一组σ和γ的搜索范围，如$\sigma\in[2^{-8},2^{8}]$、$\gamma\in[2^{-8},2^{8}]$，搜索步长均为2^{-2}，对这1089组（33×33=1089），σ、γ的值按照交叉验证的方法计算出样本预测准确率，最后从中选择出样本预测准确率最高的一组σ、γ值作为最优参数。由搜索的数量可以看出，完成一个完全的网格搜索算法所需的时间较长，故采用一种改进的方法进行参数值的优化选择。具体步骤如下。

（1）选定1组σ和γ的初始搜索范围，如$\sigma\in[2^{-8},2^{8}]$、$\gamma\in[2^{-8},2^{8}]$，搜索步长均为2^{-2}。

（2）在σ、γ坐标系上构成一个二维网格，对应网格上每一组的σ、γ值（共81组），按照交叉验证的方法计算出样本预测准确率，找出当前最优的参数组合σ、γ，假设为$(2^{4},2^{-4})$。

（3）在$(2^{4},2^{-4})$附近$2^{\pm2}$范围内进行更精细的网格搜索，即搜索范围为$\sigma\in[2^{2},2^{6}]$、$\gamma\in[2^{-6},2^{-2}]$，搜索步长均为2^{-2}。

（4）在σ、γ坐标系上构成一个新的二维网格，对应网格上每一组的σ、γ值（共81组），计算出样本预测准确率。

（5）从以上计算结果中选择一组使得预测准确率最高的σ、γ值作为最优的σ、γ。可以看出，改进的方法只需计算81+81=162组σ、γ值的样本预测准确率，相比基本网格搜索算法中1089组σ、γ值的计算量大大降低，同时搜索精度保持不变。

二、基于网格搜索的支持向量机短期负荷预测模型

整体预测模型分为输入数据、预测模型寻优、计算输出数据三个步骤，如图6-1所示。

第一步，输入历史同一时段负荷及对应的湿度、日类型值、最高温度、最低温度、平均温度到预测模型中。

第二步，基于网格搜索优化的LS-SVM算法，利用SVM二分类原理将输入数据平均分为两类，每一类的前40组数据为训练集，后10组为测试集进行预测，形成已知训练集$S=\{(x_1,y_1),\cdots,(x_l,y_l)\}\subset R^n\times R$；选择适当的核函数即径向基函数$K(x,x_i)$，通过网格搜索法选择适当的参数$\sigma$和$\gamma$；构造并求解最优化问题式，得到最优解$\alpha=(\alpha_1,\alpha_1^*,\cdots,\alpha_l,\alpha_l^*)^T$；构造决策函数$f(x)=\sum_{i=1}^{l}(\alpha_i^*-\alpha_i)K(x,x_i)+b$，其中$b$值按照式（6-7）计算；用决策函数对未来负荷进行预测。

第三步，输出预测日24h负荷。

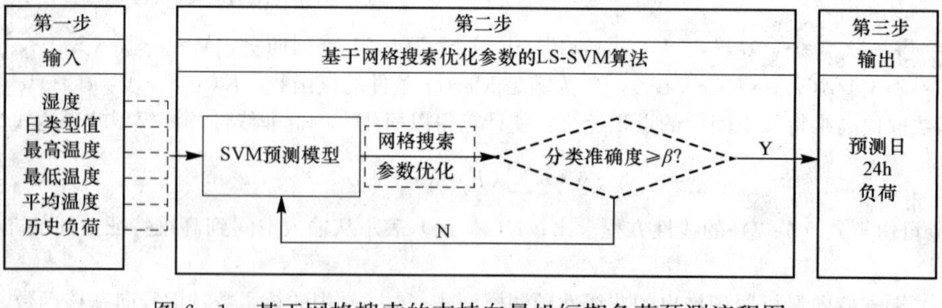

图6-1　基于网格搜索的支持向量机短期负荷预测流程图

三、算例分析

研究对象：某地区10kV台区负荷。

历史数据：2011年2月13日至5月20日，连续97天的日负荷数据。

1. 常规最小二乘支持向量机方法处理结果

常规最小二乘支持向量机模型（LS-SVM）没有一套较好的参数选取方法。本节采用试探法确定支持向量机正则化参数和径向基宽度参数为$\gamma=1$，$\sigma=0.5$，使预测误差满足预设要求。

2. 基于网格搜索的最小二乘支持向量机方法处理结果

在基于网格搜索的最小二乘支持向量机方法（GS-LS-SVM）中，首先赋予其试探法得到的两个参数的初值 $\gamma=1$，$\sigma=0.5$，经过网格搜索结合 SVM 分类准确度对比寻优过程后，最佳的参数值确定为 $\gamma=1.1892$，$\sigma=1.5423$。

通过这两种方法对2011/02/28、2011/03/31、2011/04/30、2011/05/20负荷（24h）分别进行预测，预测结果见表6-1。

表6-1　有无参数优化的预测结果对比

	LS-SVM				GS-LS-SVM			
支持向量机参数	$\sigma=0.5$，$\gamma=1$				$\sigma=1.5423$，$\gamma=1.1892$			
预测日期	2月28日	3月31日	4月30日*	5月20日	2月28日	3月31日	4月30日	5月20日
日平均误差（绝对值）（%）	2.73	2.76	**2.96**	2.92	1.17	1.26	**1.49**	1.43
最大单点误差（绝对值）（%）	4.48	4.87	**5.87**	5.36	2.52	2.70	**4.70**	4.53

*4月30日为最大预测误差日。

3. 平均预测误差对比分析

由表6-1可知，通过网格搜索参数优化后的GS-LS-SVM方法预测的平均相对误差能够控制在2%以内，比没有进行参数优化的LS-SVM方法的误差约降低了1.5%，预测精度更高。GS-LS-SVM方法的最大单点预测误差也较LS-SVM方法有所降低。

4. 预测日24时段误差分析

为了进一步说明所提出改进方法的有效性，特别针对2月28日、3月31日、4月30日、5月20日四个预测日中预测效果最差的一天，即4月30日的预测结果进行对比分析。该日的各时段预测误差详见表6-2和图6-2。

表6-2　4月30日各时段负荷预测值与实际值比较

时段	实际值（kW）	LS-SVM		GS-LS-SVM	
		预测值（kW）	相对误差（%）	预测值（kW）	相对误差（%）
1	57.77	55.60	−3.75	60.18	4.18
2	54.35	53.05	−2.37	56.73	4.38
3	51.89	50.18	−3.28	54.33	4.70
4	51.52	48.60	−5.66	52.63	2.17
5	51.09	48.54	−4.98	51.99	1.76
6	52.06	49.00	−5.87	52.38	0.62
7	57.54	55.49	−3.54	57.21	−0.57
8	65.25	62.27	−4.55	64.63	−0.94
9	77.83	76.85	−1.25	79.76	2.47
10	85.23	82.73	−2.92	85.07	−0.17
11	88.62	85.35	−3.68	88.01	−0.68
12	87.10	85.71	−1.58	87.71	0.71

续表

时段	实际值（kW）	LS-SVM		GS-LS-SVM	
		预测值（kW）	相对误差（%）	预测值（kW）	相对误差（%）
13	75.81	73.70	−2.78	75.00	−1.06
14	82.55	80.53	−2.44	83.12	0.69
15	81.45	82.11	0.81	84.11	3.27
16	84.88	81.98	−3.40	83.90	−1.14
17	86.29	83.69	−3.01	85.67	−0.71
18	84.45	82.39	−2.43	84.24	−0.24
19	80.19	78.77	−1.75	81.84	2.06
20	86.67	84.20	−2.84	86.53	−0.15
21	84.66	83.55	−1.30	85.16	0.60
22	83.44	81.01	−2.90	82.27	−1.40
23	74.52	73.19	−1.77	74.94	0.56
24	67.36	65.98	−2.03	67.36	67.63
日平均误差（绝对值）（%）			2.96		1.49
最大单点误差（绝对值）（%）			5.87		4.70

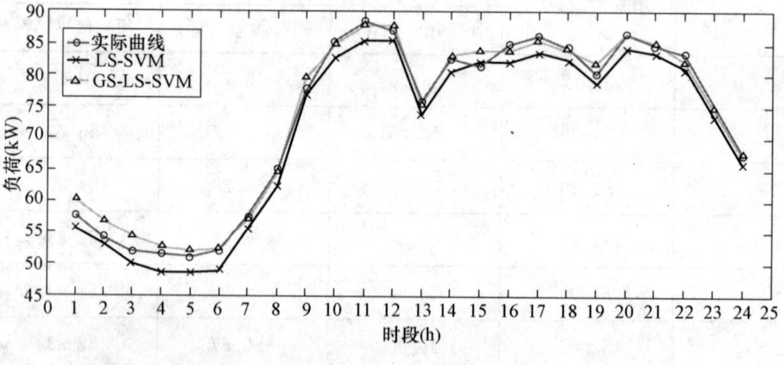

图 6-2　4 月 30 日各时段实际负荷与预测负荷变化曲线

○—实际负荷曲线；×—常规 LS-SVM 方法的预测曲线；△—GS-LS-SVM 方法的预测曲线

表 6-2 示出了 4 月 30 日 24 个时段的实际值和采用两种不同方法的预测值以及相对误差。图 6-2 示出了 4 月 30 日 24 个时段的实际负荷曲线和两种方法的预测负荷曲线。

由表 6-2 和图 6-2 可知，与常规 LS-SVM 方法相比，改进的 GS-LS-SVM 方法同时降低了平均预测误差和最大单点预测误差，进一步提高了负荷的预测精度。

第四节　基于供需关系的次日边际电价混沌神经网络预测方法

一、系统边际电价与负荷需求和系统最大可发容量的关系

在电力市场中一个特别重要的研究课题是各个市场参与者如何在市场许可的条件下运用智慧进行投竞标以获得最大的利益。由于系统边际电价（SMP）是电力市场中反映电力商品短期供求关系的统一价格，在当前我国试行的电力市场中，大多数市场都以SMP为核心进行结算，因而准确地了解SMP对电力供应商确定其投竞标策略具有十分重要的意义。由于SMP不但受到供需等因素的影响，而且在很大程度上受到电力市场中各个竞标者竞标策略的影响，因此，将其看作时间序列，采用传统的负荷预测方法对其进行预测很难有好的效果。本节考虑影响SMP的诸多因素，采用混沌神经网络模型进行预测，具有较好的预测效果。

由于SMP是市场供给与需求相互作用的结果，因而电网负荷需求和系统最大可发容量对SMP的形成起着非常重要的作用。对期货、现货市场，SMP较明显受电网现货需求和系统最大可发现货容量的影响。取上海电网一典型交易日进行分析，图6-3为该日的系统成交边际电价；图6-4为该日的系统现货需求曲线（实线）和系统最大可供给现货曲线；从中可发现，系统现货需求与SMP有较明显的正比关系，需求大，电价高，需求小，电价低；反之，系统最大可供给现货与SMP有较明显的反比关系，可供给现货容量大，电价低，可供给现货容量小，电价高。由此可认为系统在t时段的电价λ_t与系统在t时段的现货需求p_t^{demand}和系统在t时段的最大可供给现货p_t^{supply}之间有如下的关系

$$\lambda_t = f\ (p_t^{\mathrm{demand}} + p_t^{\mathrm{supply}}) \tag{6-10}$$

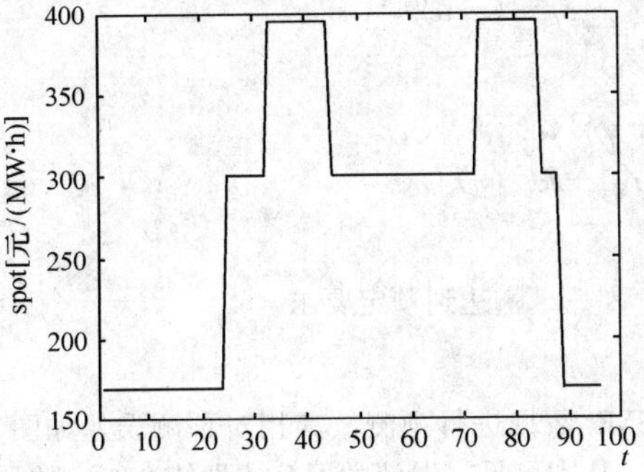

图6-3　典型日SMP曲线

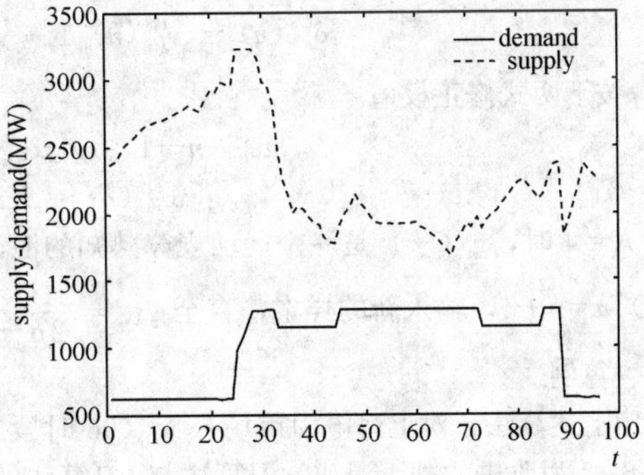

图6-4　典型日系统现货供—需曲线

二、系统边际电价的BP预测模型

考虑系统在该时段的最高限价$\lambda_{t,\max}$和前一日同一时段电价λ_t^{i-1}的综合影响，式（6-10）改写为

$$\lambda_t^i = f\ (p_t^{i,\mathrm{demand}},\ p_t^{i,\mathrm{supply}},\ \lambda_{t,\max}^i,\ \lambda_t^{i-1},\ t) \tag{6-11}$$

由此在构造预测BP神经网络时，其输入为（$p_t^{i,\mathrm{demand}}$，$p_t^{i,\mathrm{supply}}$，$\lambda_{t,\max}^i$，λ_t^{i-1}，t），即BP网络有五个输入，隐层采用六个Sigmoid神经元，输出层采用一个Sigmoid神经元，如图6-5所示。

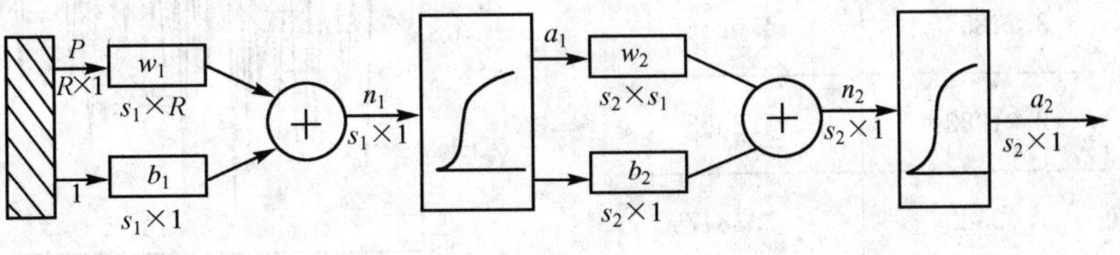

图6-5　前馈神经网络结构图

由于BP算法在实际应用中存在一些不足，主要是收敛速度很慢；往往收敛于局部极小点；数值稳定性差；学习率、动量项系数和初始权值等参数难以调整。由此，本节给出一种改进算法——混沌学习算法。该算法利用混沌轨迹遍历性及游动性有利于系统跳出局部极小点的特点来克服BP算法的不足。改进的基于

混沌学习算法的步骤如下：

（1）初始化，选定合理的网络结构，置所有可调参数为均匀分布的较小数值。

（2）对每个输入样本作如下计算。

1）前向计算：对 l 层的 j 单元

$$v_j^{(l)}(n)=\sum_{i=0}^{p}w_{ji}^{(l)}(n)y_i^{(l-1)}(n) \tag{6-12}$$

其中，$y_i^{(l-1)}(n)$ 为前一层［$(l-1)$ 层］的单元 i 送来的工作信号（$i=0$ 时）

$$y_0^{(l-1)}(n)=-1, w_{j0}^{(l)}=\theta_j^{(l)}(n) \tag{6-13}$$

若单元的作用函数为 Sigmoid 函数，则

$$y_j^{(l)}(n)=\frac{1}{1+\exp[-v_j^{(l)}(n)]}$$

$$\varphi'_j[v_j(n)]=\frac{\partial y_j^{(l)}(n)}{\partial v_j(n)}=\frac{\exp[-v_j^{(l)}(n)]}{1+\exp[-v_j^{(l)}(n)]}=y_j^{(l)}(n)[1-y_j^{(l)}(n)] \tag{6-14}$$

若神经元 j 属于第一隐层（即 $l=1$），则有

$$y_j^{(0)}(n)=x_j(n) \tag{6-15}$$

若神经元 j 属于输出层（$l=L$），则有

$$y_j^{(L)}(n)=O_j(n), \text{且 } e_j(n)=d_j(n)-O_j(n) \tag{6-16}$$

2）反向计算 δ。对输出单元

$$\delta_j^{(L)}(n)=e_j^{(L)}(n)O_j(n)[1-O_j(n)] \tag{6-17}$$

对隐单元

$$\delta_j^{(l)}(n)=y_j^{(l)}(n)[1-y_j^{(l)}(n)]\sum_k\delta_k^{(l+1)}(n)w_{kj}^{(l+1)}(n) \tag{6-18}$$

3）按下两式修正权值

$$w_{ji}^{(l)}(n+1)=g[w_{ji}^{(l)}(n)]+\eta\delta_j^{(l)}(n)y_i^{(l-1)}(n) \tag{6-19}$$

$$g[w_{ji}^{(l)}(n)]=Kw_{ji}^{(l)}(n)[1-w_{ji}^{(l)}(n)]$$

当 $K=4$ 时，$g(*)$ 是一个运动规律熟知的混沌模型。

（3）$n=n+1$，输入新的样本，直至 $\zeta_{AV}=\frac{1}{2p}\sum_{p=1}^{p}\sum_{j=1}^{n}(y_j^p-t_j^p)^2$ 达到预定要求。

三、算例

采用上述算法，对上海电力市场一天（96 时段）的 SMP 数据进行预测，其相对预测误差如图 6-6 所示。表 6-3 为改进的基于混沌学习算法与 BP 算法的比较。从中可见，混沌学习算法训练 270 次的预测相对误差已小于 BP 算法训练 3200 次的预测相对误差。

表 6-3　混沌学习算法与 BP 算法的比较

训练次数	混沌算法（相对误差，%）	BP 算法（相对误差，%）
150	3.21857	4.02365
270	2.01982	3.23684
2500	1.02589	2.38476
3200	0.96521	2.14902

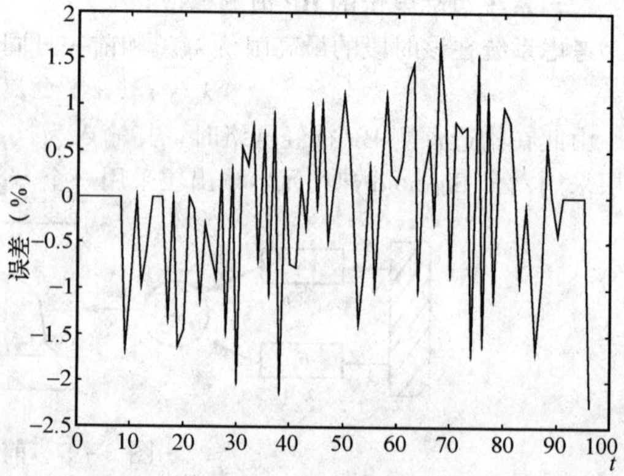

图 6-6　SMP 相对预测误差

第五节　基于多因素小波分析的神经网络短期现货电价预测方法

小波分析具有良好的时域和频域特性，近年来在电价预测方面得到了普遍关注。本节介绍一种基于多因素小波分析的神经网络短期现货电价预测方法。

一、小波分析的基本理论

1. 小波变换的概念

设函数 $\psi(t) \in L^2(R)$[$L^2(R)$ 表示平方可积的实数空间]，其傅立叶变换为 $\hat{\psi}(\omega)$。当 $\hat{\psi}(\omega)$ 满足容许条件，即式（6-20）时，称 $\psi(t)$ 为一个基本小波或母小波。

$$C_\psi = \int_R \frac{|\hat{\psi}(\omega)|^2}{|\omega|} d\omega < \infty \tag{6-20}$$

任意函数 $f(t) \in L^2(R)$ 的连续小波变换，定义为

$$W_f(a,b) = \frac{1}{\sqrt{a}} \int_R f(t) \psi\left(\frac{t-b}{a}\right) dt \tag{6-21}$$

其重构式（逆变换）为

$$f(t) = \frac{1}{C_\psi} \int_{-\infty}^{+\infty}\int_{-\infty}^{+\infty} \frac{1}{a^2} W_f(a,b) \psi\left(\frac{t-b}{a}\right) da db \tag{6-22}$$

式中：a、b 分别为尺度因子和平移因子。

2. 多分辨率分析

多分辨率分析是指随着尺度由大到小的变化，在各尺度上由粗及精地观察目标。其定义为

$$V_0 = V_1 \oplus W_1 = V_2 \oplus W_2 \oplus W_1 = \cdots \tag{6-23}$$

式中：V_0 为零尺度空间；V_j（$j=1, 2, \cdots$）为尺度为 j 的尺度空间；W_j（$j=1, 2, \cdots$）为尺度为 j 的小波空间。

对于任意函数 $f(t) \in V_0$，可以将它分解为细节部分 W_1 和大尺度概貌部分 V_1，然后将大尺度概貌部分 V_1 进一步分解。如此重复就可得到任意尺度上的概貌部分和细节部分。则对于任意设定的尺度 J，有

$$f(t) = \sum_{j=-\infty}^{J} \sum_{k=-\infty}^{\infty} d_{j,k} \psi_{j,k}(t) + \sum_{k=-\infty}^{\infty} c_{j,k} \psi_{j,k}(t) \tag{6-24}$$

其中，$d_{j,k} = [f(t), \psi_{j,k}(t)]$ 为小波展开系数，$c_{j,k} = [f(t), \phi_{j,k}(t)]$ 为尺度展开系数。

式（6-24）中，第 1 项为重构后的各细节序列，第 2 项为重构后的概貌序列。

二、基于多因素小波分析的神经网络短期现货电价预测模型

设历史电价序列为 P，历史负荷序列为 L。从降低累积误差的角度看，对于电价分解的尺度不宜过高。因此，本书只对历史数据进行单尺度分解。

设分解后电价的概貌序列为 P_a，细节序列为 P_d，则有 $P=P_a+P_d$；负荷的概貌序列为 L_a，细节序列为 L_d，则有 $L=L_a+L_d$。

概貌序列 P_a 反映了电价波动的周期性规律，细节序列 P_d 反映了电价波动的细节规律。对于 P_a 和 P_d 分别建立神经网络模型预测，更能有效地获取电价的变化规律。

负荷是影响电价变化的最主要因素之一。因此，在电价预测模型中引入负荷因素能够提高预测精度。一般的做法是，先将电价序列进行小波分解，然后将影响因素直接引入到分解后的各个电价序列进行预测，经过重构得到预测结果。本节介绍的方法，是将电价进行小波分解，同时将负荷序列用小波变换分解成反映负荷概貌的序列 L_a 和反映负荷细节的序列 L_d。由于 L_a 能够体现 P_a 的变化规律，L_d 能够体现 P_d 的变化规律，因此在 P_a 的预测模型中引入影响因素 L_a，在 P_d 的预测模型中引入影响因素 L_d。P_a、P_d 的预测采用相同的 BP 人工神经网络模型，如图 6-8 所示。将 P_a 和 P_d 两个分量的预测结果相加，即可获得最终的电价预测结果。仿真结果表明，将负荷序列分解成概貌序列 L_a 和细节序列 L_d，可以提高该模型的整体预测精度。

图 6-7 的人工神经网络模型，由输入层、隐含层和输出层组成。在本节算例中，输入层和隐含层的神经元个数为 7 个，输出层的神经元个数为 1 个。设第 d 预测日、第 t 预测时段的概貌电价序列为 $P_a(d,t)$、

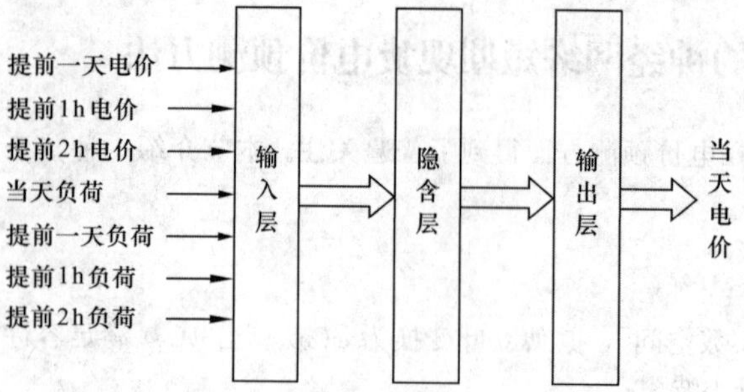

图 6-7　电价预测模型

细节电价序列为 $P_d(d,t)$，则预测概貌电价序列 $P_a(d,t)$ 的 7 个神经元分别为：提前一天电价 $P_a(d-1,t)$、提前一小时电价 $P_a(d,t-1)$、提前两小时电价 $P_a(d,t-2)$、当天负荷 $L_a(d,t)$、提前一天负荷 $P_a(d-1,t)$、提前一小时负荷 $L_a(d,t-1)$、提前两小时负荷 $L_a(d,t-2)$。预测细节电价序列 $P_a(d,t)$ 的 7 个神经元分别为：$P_d(d-1,t)$、$P_d(d,t-1)$、$P_d(d,t-2)$、$L_d(d,t)$、$L_d(d-1,t)$、$L_d(d,t-1)$、$L_d(d,t-2)$。

最终预测结果 $p(d,t)$ 为预测概貌电价序列 $P_a(d,t)$ 与预测细节电价序列 $P_d(d,t)$ 之和，即 $p(d,t)=P_a(d,t)+P_d(d,t)$。

三、算例分析

研究对象：美国 PJM 电力市场 LMP 提前一天电价（数据来源：Eastern Hub）。

历史数据：2004 年 4 月 1～30 日，每日 24h 的历史 LMP 序列（共 720 个时刻的电价数据）及其对应的历史负荷序列。

预测日期及时段：滚动预测 2004 年 5 月 1～31 日，每日 24h 的电价。

预测步骤：

第一步，用 db3 小波对历史电价和历史负荷进行单尺度分解并重构，结果如图 6-8（a）、（b）所示。

第二步，将分解后的概貌电价和概貌负荷序列输入到神经网络模型中，经过训练，预测出概貌电价 $P_a(d,t)$；再将细节电价和细节负荷序列输入到神经网络模型中，经过训练，预测出细节电价 $P_d(d,t)$。

第三步，分量求和，$p(d,t)=P_a(d,t)+P_d(d,t)$，得到最终预测结果。

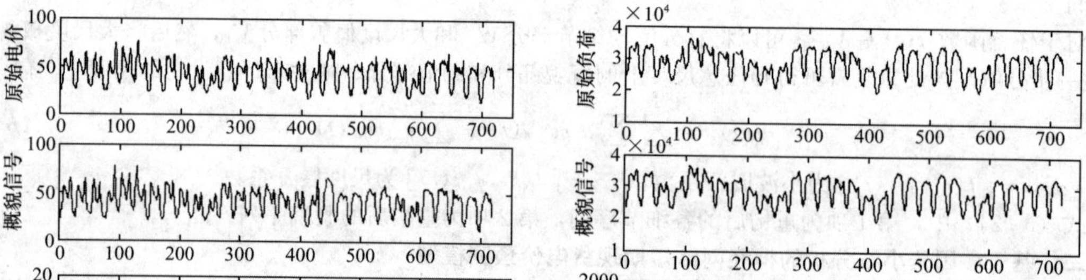

图 6-8　用 db3 小波对历史电价和历史负荷进行单尺度分解

（a）历史电价的单尺度分解；（b）历史负荷的单尺度分解

预测误差分析：

预测误差采用绝对百分比误差 APE 和平均绝对百分比误差 MAPE，定义如下

$$\text{APE}=\frac{|\text{实际电价}-\text{预测电价}|}{\text{实际电价}}\times 100\% \tag{6-25}$$

$$\text{MAPE}=\frac{1}{N_h}\sum_{N_h}\text{APE} \tag{6-26}$$

式中：N_h 为预测周期中的小时（时段）数。

预测结果见图 6-9 和表 6-4。可以看出，对于 PJM 电力市场的实时电价 LMP，采用基于多因素小波分析的神经网络短期现货电价预测方法具有很高的预测精度。对 5 月 1 日的 24 个预测数据，观察其绝对百分比误差 APE，最大值为 12.95%（仅出现在第 24 点），其余点均小于 10%，平均值为 2.789%（整体预测精度高达 97.211%）。

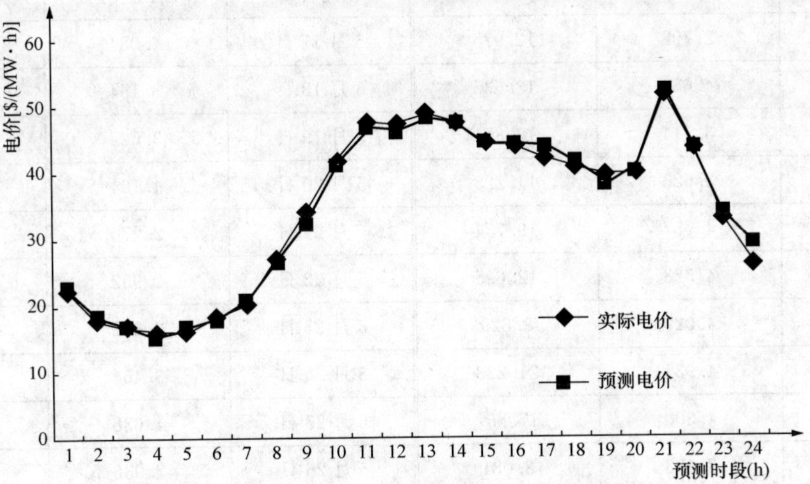

图 6-9　2004 年 5 月 1 日的实际电价与预测电价曲线

表 6-4　　2004 年 5 月 1 日预测结果分析

时段（h）	实际电价	预测电价	APE（%）	时段（h）	实际电价	预测电价	APE（%）
1	22.2	22.84	2.880	13	48.97	48.45	1.055
2	17.77	18.44	3.762	14	47.63	47.60	0.055
3	16.76	16.66	0.610	15	44.73	44.77	0.099
4	16.04	15.27	4.828	16	44.1	44.46	0.823
5	15.96	16.86	5.648	17	42.19	44.05	4.398
6	18.24	17.94	1.649	18	40.95	41.93	2.393
7	20	20.74	3.721	19	39.77	38.26	3.797
8	27.11	26.37	2.736	20	39.82	40.11	0.737
9	34.15	32.52	4.786	21	51.59	52.40	1.578
10	41.88	41.03	2.034	22	44.03	43.81	0.491
11	47.78	47.02	1.589	23	33.11	33.99	2.669
12	47.23	46.36	1.844	24	26	29.37	12.975
MAPE（%）				2.798			
最大 APE（%）				12.975			

利用该方法对 2004 年 5 月的电价进行预测，预测结果见表 6-5。可见，全月的平均绝对百分比误差 MAPE 为 3.723%，仅有两天的 MAPE 值超过 5%（5 月 16 日为 5.524%，17 日为 5.084%）。但是，个别数据点的最大百分比误差仍然偏大，5 月 16 日的最大 APE 达到 24.711%。

表 6-5 2004 年 5 月预测结果分析

预测日期	MAPE（%）	最大 APE（%）	预测日期	MAPE（%）	最大 APE（%）
5 月 1 日	2.798	12.975	5 月 17 日	5.084	20.793
5 月 2 日	4.655	13.635	5 月 18 日	3.154	15.226
5 月 3 日	3.114	12.851	5 月 19 日	3.622	12.913
5 月 4 日	2.623	11.225	5 月 20 日	4.104	10.180
5 月 5 日	4.757	19.754	5 月 21 日	2.270	6.133
5 月 6 日	4.328	12.695	5 月 22 日	2.952	12.737
5 月 7 日	4.027	8.629	5 月 23 日	2.652	6.588
5 月 8 日	4.931	21.233	5 月 24 日	3.464	12.403
5 月 9 日	4.300	17.867	5 月 25 日	4.638	20.246
5 月 10 日	2.433	8.081	5 月 26 日	2.936	15.834
5 月 11 日	4.063	14.277	5 月 27 日	2.196	6.073
5 月 12 日	4.529	22.218	5 月 28 日	3.76	11.564
5 月 13 日	4.34	15.365	5 月 29 日	3.508	15.710
5 月 14 日	2.165	4.481	5 月 30 日	3.819	15.198
5 月 15 日	3.566	13.258	5 月 31 日	4.585	13.582
5 月 16 日	5.524	24.711			
平均 MAPE（%）	3.723				

第六节 现货电价灰色混沌预测方法

2001 年，本书作者设计了现货电价灰色预测模型，用辅助措施改善电价预测的精度，取得了较好的效果。其核心思想如下。

（1）减少预测模型所用的变量个数，降低非确定性因素对预测结果的影响。

（2）根据灰色理论的数学原理，充分挖掘电价数据的信息资源，实现少数据建模。

（3）历史电价数据采用全新的结构形式——水平电价序列。

（4）引入混沌理论构造“灰色混沌短期电价预测模型”。

（5）利用数据平滑和数据窗调整技术，进一步降低原始电价突变点处的最大预测误差，提高灰色混沌预测模型的预测精度。

本节将介绍电价灰色预测方法的建模过程及部分仿真结果。

一、垂直电价与水平电价

1. 垂直电价

同一交易日、不同时段的电价构成的数据序列，称为垂直电价序列。该序列中的电价叫作垂直电价（Vertical Price）。某交易日内 24 个时段（或更长时期内）的电价构成的变化曲线，叫做垂直电价曲线。

图 6-10 示出了美国 PJM 电力市场 2001 年 12 月 28～30 日，连续 3 天的垂直电价曲线，电价值为 LMP（Locational marginal pricing），交易时段为 1h。由此可见，垂直电价具有明显的峰谷效应和周期效应。图中，18：00、8：00 和 1：00 为该电力市场典型的峰荷、腰荷和低谷三个代表时段。

2. 水平电价

不同交易日、同一时段的电价构成的数据序列，称为水平电价序列。该序列中的电价叫做水平电价（Level Price）。一般情况下，每个交易日至少有 24 个交易时段，每个交易时段均对应一个水平电价序列。

图 6-11 示出了 PJM 电力市场连续 38 天、谷-平-峰三个不同时段的水平电价变化曲线。可以看出，每条曲线均有自己独特的移动轨迹和变化空间：谷时段水平电价变化较为平缓，峰荷时段水平电价变化剧烈，腰荷水平电价则介于两者之间。

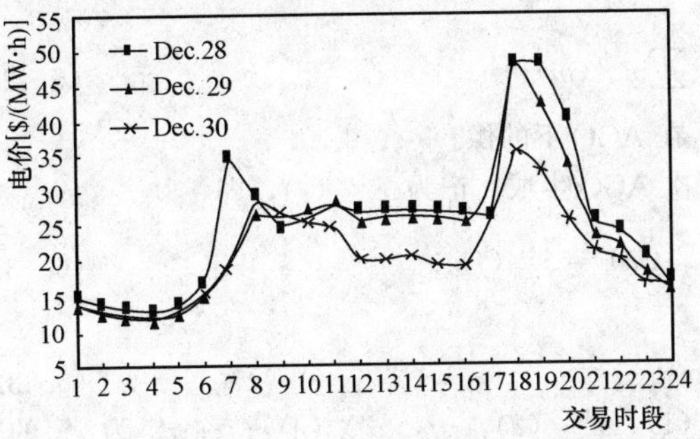

图 6-10　PJM 电力市场垂直电价曲线

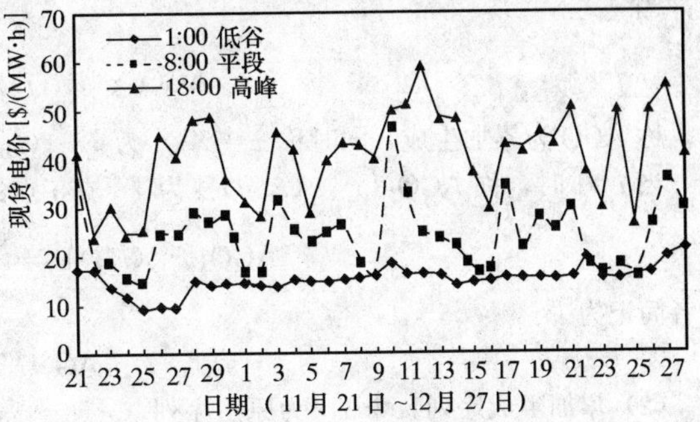

图 6-11　PJM 电力市场水平电价曲线

二、灰色建模的特点

灰色理论是我国邓聚龙教授 1982 年创立的，它对具有模糊和灰色特征变量的处理是十分有效的。在灰色系统中，称信息完全明确的系统为白色系统，称信息完全不明确的系统为黑色系统，称信息部分明确、部分不明确的系统为灰色系统。也就是说，灰色系统的研究对象是信息不完全和不确定的系统。

在灰色理论中，认为"差异是信息"，提出基于微分方程的差异信息求解原理；为了对信息做出准确、可靠的判断，提出依靠"最新鲜、最有代表性"的信息进行运算和决策的"新息优先原理"；依据信息不完全的性质，提出少数据建模的灰色预测模型。GM（1，1）是灰色理论中最重要的一种预测模型。字符 GM 是 Grey Model 的缩写，表示灰色模型；小括号中第一个数字 1 表示 1 阶微分方程建模，第二个数字 1 表示一元变量。

灰色预测的基本思想是：在原始电价序列基础上，进行正向层次变换—灰色累加生成，形成累加序列；建立灰色预测模型，对上述累加序列进行预测，得到预测的累加序列；对预测的累加序列进行反向层次变换—累减生成，得到原始序列的预测值。通过对原始数据的反复加工、提炼和利用，灰色预测模型可以滤除大部分的扰动因素，获得较为准确的预测结果。

灰色建模具有以下特点。

（1）不需要任何原始序列的概率分布模型。

（2）可实现少数据建模。

（3）采用信息优先原理可实现滚动预测。

（4）能适应系统的快速动态行为。

（5）算法简洁，运算速度快。

在电力市场中，现货电价具有信息不完全和不确定的性质，符合灰色变量的特征。因此，用灰色模型预测现货电价将是可行的。

三、灰色建模的数学基础

1. 灰生成

生成是数据的变换与处置。灰生成考虑了信息的不完全性和不确定性，是灰色建模的核心。灰生成主要包括累加生成（AGO）、累减生成（IAGO）和序列初值化生成。

（1）累加生成 AGO。令 $x^{(0)}$ 为原始序列

$$x^{(0)}=\{x^{(0)}(1),x^{(0)}(2),\cdots,x^{(0)}(n)\} \tag{6-27}$$

令 $x^{(0)}$（i，j）为 $x^{(0)}$ 的子序列

$$x^{(0)}(i,j)=\{x^{(0)}(i),x^{(0)}(i+1),\cdots,x^{(0)}(j)\} \tag{6-28}$$

当 $i=1$ 时，称 $x^{(0)}(1, j)$ 为 $x^{(0)}$ 的正规子序列。

令 AGO 代表一种映射，即

$$\left.\begin{aligned}\text{AGO}:x^{(0)}(i,j)\in x^{(1)}(j)\\ x^{(0)}(i,j)\in R^{j-i+1}\\ x^{(1)}(j)\in R^{1}\end{aligned}\right\} \tag{6-29}$$

当

$$\text{AGO}\{x^{(0)}(i,j)\}=\sum_{m=i}^{j}x^{(0)}(m) \tag{6-30}$$

时，称 AGO 为累加生成，同时称 $x^{(1)}(j)$ 为 $x^{(0)}(i, j)$ 在 AGO 下的像。

当 $i=1$ 时，称 AGO $\{x^{(0)}(i, j)\}$ 为 $x^{(0)}$ 在 j 点的 1 次 AGO 生成，记为 $x^{(1)}(j)$，即

$$\text{AGO}\{x^{(0)}(i,j)\}=\sum_{m=i}^{j}x^{(0)}(m)=x^{(1)}(j) \tag{6-31}$$

或者简记为

$$\text{AGO}x^{(0)}=x^{(1)} \tag{6-32}$$

（2）累加生成序列。令 $x^{(0)}$ 为原始序列，$x^{(0)}=\{x^{(0)}(1), x^{(0)}(2), \cdots, x^{(0)}(n)\}$；称 $x^{(1)}$ 为 $x^{(0)}$ 的累加生成序列，即 AGO 序列，当且仅当

$$\begin{aligned}x^{(1)}&=\{x^{(1)}(1),x^{(1)}(2),\cdots,x^{(1)}(n)\}\\&=\{\text{AGO}x^{(0)}(1,1),\text{AGO}x^{(0)}(1,2),\cdots,\text{AGO}x^{(0)}(1,n)\}\\&=\left\{\sum_{m=1}^{1}x^{(0)}(m),\sum_{m=1}^{2}x^{(0)}(m),\cdots,\sum_{m=1}^{n}x^{(0)}(m)\right\}\end{aligned} \tag{6-33}$$

（3）累减生成 IAGO。

1）序列偶对。令 $x^{(r)}$ 为 $x^{(0)}$ 的 r 次 AGO 序列：$x^{(r)}=\{x^{(r)}(1),x^{(r)}(2),\cdots,x^{(r)}(n)\}$；令 $x^{(r)}(i,j)$ 为 $x^{(r)}$ 的子列，则当 $j=i+1$ 时，称 $x^{(r)}(i,i+1)=\{x^{(r)}(i),x^{(r)}(i+1)\}$ 为 $x^{(r)}$ 的序列耦对。

2）累减生成与累减序列。令 IAGO 为映射，$x^{(r)}$ 为 $x^{(0)}$ 的 r 次 AGO 序列，$x^{(r)}=\{x^{(r)}(1),x^{(r)}(2),\cdots,x^{(r)}(n)\}$；令 $x^{(r)}(i-1,i)$ 为 $x^{(r)}$ 的序列耦对。如果存在关系

$$\text{IAGO}:x^{(r)}(i-1,i)\to x^{(r-1)}(i) \tag{6-34}$$

$$\text{IAGO}\{x^{(r)}(i-1,i)\}=x^{(r)}(i)-x^{(r)}(i-1)$$

则称 IAGO 为累减生成，称 $x^{(r-1)}$ 为 $x^{(r)}$ 的累减序列，记为

$$\text{IAGO}x^{(r)}=x^{(r-1)} \tag{6-35}$$

3）公理：IAGO 是 AGO 的逆生成。

（4）纯量初值化生成 INGO。令 ${}^{i}x$ 为 x 的生成序列，即

$$\left.\begin{aligned}x&=\{x(1),x(2),\cdots,x(n)\}\\{}^{i}x&=\{{}^{i}x(1),{}^{i}x(2),\cdots,{}^{i}x(n)\}\end{aligned}\right\} \tag{6-36}$$

如果满足

$$\left.\begin{aligned}{}^{i}x(k)=x(k)/x(1)\\x(k)\in x,x(1)\in x\end{aligned}\right\} \tag{6-37}$$

则称 ${}^{i}x$ 为 x 的初始化序列。若记初始化生成为 INGO，则其表达式为

$$\left.\begin{aligned}&\text{INGO}:x\to{}^{i}x\\&\text{INGO}:x(k)\to{}^{i}x(k)\\&{}^{i}x(k)=x(k)/x(1)\end{aligned}\right\} \tag{6-38}$$

2. 关联度分析

设有两个初值化时间序列

$$\left.\begin{aligned}&\{x_1{}^{(0)}(k)\}\quad k=1,2,\cdots,N_1\\&\{x_2{}^{(0)}(k)\}\quad k=1,2,\cdots,N_2;\forall N_1,\forall N_2\in R^1\end{aligned}\right\} \tag{6-39}$$

现在以 $\{x_1{}^{(0)}(k)\}$ 为母序列，研究序列 $\{x_2{}^{(0)}(k)\}$ 与母序列的关联度。

（1）关联系数 $\varepsilon_{12}(k)$。上述两序列中，任何一对元素 $\{x_1^{(0)}(k), x_2^{(0)}(k)\}$ 之间的关联系数定义为

$$\varepsilon_{12}(k)=\frac{\Delta(\min)+\sigma\times\Delta(\max)}{\Delta_{12}(k)+\sigma\times\Delta(\max)}\quad k=1,2,\cdots,N_1 \tag{6-40}$$

$\sigma=0.5$。

两序列第 k 个元素之间的比较测度为 $\Delta_{12}(k)=|x_1^{(0)}(k)-x_2^{(0)}(k)|$

两序列之间的最小和最大比较测度为 $\begin{cases}\Delta(\min)=\min\limits_k\{\Delta_{12}(k)\}\\ \Delta(\max)=\max\limits_k\{\Delta_{12}(k)\}\end{cases}$

（2）关联度 R。两个序列之间的关联度 R 定义为

$$R=\frac{1}{N_1-1}\sum_{k=2}^{N_1}\varepsilon_{12}(k) \tag{6-41}$$

由于模型的原因，数据窗中的第一个数据样点不在计算之列。如果 $\{x_1^{(0)}(k)\}$ 为原始电价序列，$\{x_2^{(0)}(k)\}$ 为预测值序列，则两个序列的关联度 R 越大，预测的可信度就越高。换句话说，R 越大，预测的精度就会越高。

四、现货电价灰色预测模型

灰色预测模型涉及导数成分、白导数、导数背景值等概念。设 x 是灰色变量，导数 $\frac{\mathrm{d}x}{\mathrm{d}t}$ 是 x 在 t 上变化率的极限值，则称 $\lim\limits_{\Delta t\to 0}\frac{x(t+\Delta t)}{\Delta t}$，$\lim\limits_{\Delta t\to 0}\frac{x(t)}{\Delta t}$ 为 $\frac{\mathrm{d}x}{\mathrm{d}t}$ 的导数成分；称 $x(t+\Delta t)$，$x(t)$，$x(t-\Delta t)$ 为导数 $\frac{\mathrm{d}x}{\mathrm{d}t}$ 在时区 $[-\Delta t+t, \Delta t+t]$ 的背景值，它表示导数 $\frac{\mathrm{d}x}{\mathrm{d}t}$ 是与这些值有关的极限值。导数成分缺乏确定的信息和含义，具有灰信息覆盖的特征；导数 $\frac{\mathrm{d}x}{\mathrm{d}t}$ 则有确切的数值和内涵，具有白信息覆盖的特征。由导数成分到导数的变换，称为信息白化。

按照微分方程序列的构成条件，通过数据层次变换进行灰色建模。所用模型为 GM（1，1），即一阶微分方程，一个系统变量。现货电价灰色预测模型的建模过程如下：

Step 1：构造原始电价序列

$x^{(0)}(k), k=1, 2, \cdots, DW$；$DW$ 为序列长度，即模型的数据窗宽度。

Step 2：生成 $x^{(0)}(k)$ 的 AGO 序列

$x^{(1)}(k)=\mathrm{AGO}x^{(0)}(k)$，$k=1, 2, \cdots, DW$

Step 3：建立 GM（1，1）灰微分方程

$$\left.\begin{aligned}x^{(0)}(k)+aZ^{(1)}(k)=b\\ k=1,2,\cdots,DW\\ a,b=\mathrm{const}\end{aligned}\right\} \tag{6-42}$$

式中：$x^{(0)}(k)$ 为灰导数；$Z^{(1)}(k)$ 是 $x^{(0)}(k)$ 的白化背景值。

即
$$Z^{(1)}(k)=0.5[x^{(1)}(k)+x^{(1)}(k-1)], k=2,3,\cdots,DW \tag{6-43}$$

式中：$x^{(1)}(k)$ 和 $x^{(1)}(k-1)$ 为灰导数成分。

相应的白化背景值序列为

$$\{Z^{(1)}(k)\}=\{Z^{(1)}(2),Z^{(1)}(3),\cdots,Z^{(1)}(DW)\}, k=2,3,\cdots,DW \tag{6-44}$$

Step 4：构造 GM（1，1）白化方程，获得 AGO 序列预测模型

$$\frac{\mathrm{d}x^{(1)}}{\mathrm{d}t}+ax^{(1)}=b \tag{6-45}$$

式中：a 为发展系数；b 为控制系数。

上述微分方程的离散时间响应，即 AGO 序列的预测模型为

$$\left.\begin{aligned}\hat{x}^{(1)}(k+1)=\left[x^{(1)}(0)-\frac{b}{a}\right]\mathrm{e}^{-ak}+\frac{b}{a}\\ x^{(1)}(0)=x^{(0)}(0)\end{aligned}\right\} \tag{6-46}$$

Step 5：系数 a、b 的最小二乘辨识。

令 a、b 的拟合值向量 $\hat{a}=[a,b]^T$ (6-47)

令数据向量

$$y_N=[x^{(0)}(2),x^{(0)}(3),\cdots,x^{(0)}(DW)]^T \tag{6-48}$$

令数据矩阵

$$B=\begin{bmatrix}-z^{(1)}(2) & 1\\ -z^{(1)}(3) & 1\\ \vdots & \vdots\\ -z^{(1)}(DW) & 1\end{bmatrix}_{(DW-1)\times 2} \tag{6-49}$$

此处，矩阵 B 的行数大于列数，为富信息矩阵。根据残差向量及最小二乘拟合方法，可以获得系数 a 和 b 的拟合算式

$$\hat{a}=[a,b]^T=(B^TB)^{-1}B^T\times y_N \tag{6-50}$$

当 GM（1，1）模型的发展系数 a 落入以下区域时：$a\in(-\infty,-2)\cup(+2,+\infty)$，GM（1，1）模型的输出结果失去意义。因此，将该区域定义为 GM（1，1）模型的禁区。预测程序中对此进行了检验，并采取了相应的措施。

Step 6：用灰色模型预测 AGO 序列 $x^{(1)}(k)$。

若令 $\{\hat{x}^{(1)}\}$ 为 AGO 序列 $\{x^{(1)}\}$ 的预测值序列，则由 Step 4 的灰色预测模型可得

$$\{\hat{x}^{(1)}\}=\{\hat{x}^{(1)}(1),\hat{x}^{(1)}(2),\cdots,\hat{x}^{(1)}(DW)\} \tag{6-51}$$

Step 7：对式(6-51)的序列$\{\hat{x}^{(1)}\}$作累减生成，最终获得原始序列的预测值。

若令原始序列$\{x^{(0)}\}$的预测值序列为

$$\{\hat{x}^{(0)}\}=\{\hat{x}^{(0)}(1),\hat{x}^{(0)}(2),\cdots,\hat{x}^{(0)}(DW)\}$$

则可通过下式描述的灰色预测模型获得原始序列的预测值

$$\hat{x}^{(0)}(k+1)=\hat{x}^{(1)}(k+1)-\hat{x}^{(1)}(k),k=1,2,\cdots,DW-1,\cdots \tag{6-52}$$

当 $k=1$，2，…，$DW-1$ 时，得到除第一个数据外的、原始序列中各点的预测值；当$k\geqslant DW$时，则以当前数据窗为基础，得到未来一个样点、两个样点……的预测电价。本文将这种数据窗长度固定的预测方式，称为“静态数据窗预测”。

Step 8：建立新陈代谢滚动预测模型。

在实时系统中，新的电价数据周期地不断涌现。为了充分利用灰色预测模型少数据建模的特点以及当前数据中包含的丰富信息，本程序采用了“数据窗动态移动技术”，即所谓的“新陈代谢”模型。其本质是，对每一个新采样点，重新进行序列初值化，并按前述步骤求解模型参数，得到新模型，并以新模型预测未来的电价。

Step 9：滚动预测误差分析。

为了定量分析模型的预测精度，对每一个电价的预测值都应进行误差分析。令 $EPS(k)$ 代表第 k 点的相对预测误差

$$EPS(k)=\frac{x^{(0)}(k)-\hat{x}^{(0)}(k)}{x^{(0)}(k)} \tag{6-53}$$

式中：$x^{(0)}(k)$ 为第 k 点的实际电价；$\hat{x}^{(0)}(k)$ 为该点的电价预测值。$EPS(k)$ 的大小反映了预测值与真值之间的偏离程度。

程序中，采用各预测点的绝对值误差考察各点的预测精度，并选取较长一段时期（如连续 38 个样点）内 $EPS(k)$ 的平均值（EPS），作为衡量不同数据窗模型的预测精度的尺度之一。平均相对误差的定义为

$$EPS=\frac{1}{N}\sum_{k=1}^{N}EPS(k) \tag{6-54}$$

式中：N 为参与计算的样本总数。

Step 10：以 Step 8 新数据序列为基础，返回 Step 1 进入新的循环。

五、短期现货电价灰色混沌预测模型

为了改善原始灰色预测模型的动态特性，提高预测的准确性，在研究 GM（1，1）灰色模型禁区的基础上，分析发展系数 a 的变化引起的 GM（1，1）模型的混沌特性，通过校正发展系数的取值空间，使灰色预测模型的预测结果保持在混沌区域之外。以此建立现货电价的灰色混沌预测模型。

1. 混沌的基本概念及其数学基础

自然界大量存在的非线性对象具有随机性和复杂性的特征，混沌理论揭示了这些非线性过程内在随机

性所具有的特殊规律性，使人们对时间序列的复杂性重新进行认识。混沌理论认为：即使是完全确定的系统模型，经足够精确的数值运算所获得的长期演化结果也可能是类似随机的，因而对类似于动力系统的长时间预测结果不准确的原因，不仅仅是由于外在随机因素的影响，而更主要的则是系统的内在动力特征。也就是说，系统对初始条件的敏感使得长时间观测非常困难，但短时间内系统的运动发展轨迹却具有较小的发散度，进而可以利用已有历史观测数据进行有效的短期预测。

混沌理论所研究的动力系统基本包含了人们讨论的所有发展系统。对于耗散动力系统，所有相空间轨道占据的体积随着时间的发展而不断缩小，最终趋向于某些轨道的不变集合。这些不变集合被定义为“吸引子”，其占据的相空间体积为零，它们大致可被分为三类。第一类是不动点，其相空间轨道趋于相空间中的某个固定点，系统的状态最终不再随时间变化。第二类是极限环和高维环面，其相空间中的闭合曲线和高维闭合曲面。这类集合反映的是状态随时间周期性变化或准周期性变化的情况，对这类行为的长期预测可以找到相应的解决办法。第三类是以上规则几何体以外的所有吸引子，这类吸引子叫作混沌吸引子，它们通常不具有整数维数。

为便于分析和理解 GM（1，1）灰色模型的混沌特性，这里引入混沌的若干定义及定理。

（1）距离空间。非空集合 X 称为距离空间，如果在 X 上定义了一个双变量的实函数 $\rho(x, y)$，满足以下三个条件：

1）$\rho(x, y) \geqslant 0$；当且仅当 $x=y$ 时，$\rho(x, y)=0$。

2）$\rho(x, y)=\rho(y, x)$。

3）$\rho(x, z) \leqslant \rho(x, y)+\rho(y, z)$，$x, y, z \in X$。

其中：ρ 称为 X 上的一个距离，以 ρ 为距离的空间 X 记为 (X, ρ)。

若以 R^n 表示 n 维实线性空间，给定两个 n 维向量 x 和 y

$$x=(x_1, x_2, \cdots, x_n) \in R^n$$

$$y=(y_1, y_2, \cdots, y_n) \in R^n$$

如果定义非空集合 X 中的距离为

$$\rho(x, y)=\sqrt{(x_1-y_1)^2+(x_2-y_2)^2+\cdots+(x_n-y_n)^2}$$

则称 R^n 为距离 ρ 下的距离空间。

（2）周期点。设 M 是 R^n 空间上的有限闭集，如果对某个 $x_0 \in M$ 有 $f^n(x_0)=x_0$，但对于小于 n 的自然数 k，$f^k(x_0) \neq x_0$，则称 x_0 是 f 的一个“n 周期点”。

（3）不动点。设 x_0 是 $f(x)$ 的不动点，如果 $|f'(x_0)|<1$，则称 x_0 为 $f(x)$ 的吸引不动点；若 $|f'(x_0)|>1$，则称 x_0 为 $f(x)$ 的排斥不动点。

（4）不变集。若集合 X^* 满足 $f(X^*)=X^*$，则称 X^* 为映射 f 的不变集。

（5）定理 1。设 M 是 R^n 空间上的有限闭集，存在压缩映射 F：$M \to M$，则在 M 中存在惟一一点 x_0，满足 $F(x_0)=x_0$，则称 x_0 为映射 $F(x)$ 的不动点。

（6）定理 2。设 P 是光滑映射：$R \to R$ 的不动点，而且 $|f'(P)| \neq 1$，则存在 P 的一个邻域 I，使得对变量 x_n 的任意取值 $X \in I$，迭代 $x_n=f^n(x)$ 具有如下性质：

1）当 $|f'(P)|<1$ 时，$|x_n-P|$ 单调递减趋向于 0，并且整个轨道 $X_0, X_1, \cdots, X_n, \cdots$ 都属于 I 并收敛到 P。

2）当 $|f'(P)|>1$ 时，$|x_n-P|$ 单调递增，而且轨道将远离 P。

2. GM（1，1）灰色预测模型的混沌特性

根据 GM（1，1）模型的定义

$$x^{(0)}(k)+aZ^{(1)}(k)=b \quad k=1,2,\cdots,DW$$

其背景值 $Z^{(1)}(k)$ 为

$$Z^{(1)}(k)=0.5\{x^{(1)}(k)+x^{(1)}(k-1)\}, k=2,3,\cdots,DW$$

其中

$$x^{(1)}(k)=x^{(1)}(k-1)+x^{(0)}(k)$$

则存在以下递推关系

$$\begin{aligned}x^{(0)}(k)&=b-a\{0.5x^{(1)}(k)+0.5x^{(1)}(k-1)\}\\&=b-a\{0.5x^{(1)}(k-1)+0.5x^{(0)}(k)+0.5x^{(1)}(k-1)\}\\&=b-a\{0.5x^{(0)}(k)+x^{(1)}(k-1)\}\end{aligned} \tag{6-55}$$

经整理得

$$(1+0.5a)x^{(0)}(k)=b-ax^{(1)}(k-1)$$

$$x^{(0)}(k)=\frac{b}{1+0.5a}-\frac{a}{1+0.5a}x^{(1)}(k-1)$$

将采样点 $k=2$，3，K，j，…的取值分别代入上式，并经递推整理可得

$$x^{(0)}(j)=\frac{1-0.5a}{1+0.5a}x^{(0)}(j-1) \tag{6-56}$$

进而有

$$x^{(0)}(k)=\left(\frac{1-0.5a}{1+0.5a}\right)^{k-2}\frac{b-ax^{(0)}(1)}{1+0.5a},k=2,3,\cdots \tag{6-57}$$

由 GM（1，1）的特性知，当发展系数 a 落入区间 $|a|>2$ 时，GM 模型进入“预测禁区”。由于现货电价的信息中包含许多干扰因素，因此不妨假定原始电价序列的各元素中包含有二阶非线性干扰项 $b'x_n^2$，其中 $b'>0$。消除或减弱这些二阶非线性干扰项对灰色模型预测结果的影响，具有重要的意义。

令 $x_{n+1}=\frac{1-0.5a}{1+0.5a}x_n$，在 x_{n+1} 中引入干扰项 $b'x_n^2$，则有关系

$$x_{n+1}=\frac{1-0.5a}{1+0.5a}x_n-b'x_n^2=\frac{1-0.5a}{1+0.5a}x_n\left(1-\frac{1+0.5a}{1-0.5a}b'x_n\right) \tag{6-58}$$

令

$$x'_n=\frac{1+0.5a}{1-0.5a}b'x_n \tag{6-59}$$

则有

$$x'_{n+1}=\frac{1+0.5a}{1-0.5a}b'x_{n+1}=\frac{1-0.5a}{1+0.5a}x'_n(1-x'_n) \tag{6-60}$$

若令 $\lambda=\frac{1-0.5a}{1+0.5a}$，则式（6-60）符合 $x_{n+1}=\lambda x_n(1-x_n)$ 形式的 Logistic 映射，其迭代收敛的过程形成了虫口模型的混沌特性。可分四种情况进行讨论：

（1）$0<\lambda\leqslant1$，$0<a<2$。根据定理 1，满足 $F(x_0)=x_0$ 的点 x_0 称为 $F(x)$ 的不动点，当 $0<\lambda\leqslant1$ 时，令 $\lambda x(1-x)=x$，可得区间 [0，1] 上唯一的一个不动点 $x^*=0$。其迭代过程的动态形状非常简单，除 $x^*=0$ 外不存在任何其他的周期点。此时的 GM（1，1）模型可用作短期、中期和长期预测。

（2）$1<\lambda<3$，$-1<a<0$。由定理 1 知，此时的 $F(x)$ 存在 2 个稳定的周期点（即不动点）：0，$1-\frac{1}{\lambda}$。根据不动点定义，若 $|F'(x_0)|<1$，则称 x_0 为不动点；若 $|F'(x_0)|>1$，则称 x_0 为排斥不动点。由于 $F'(x_0)=\lambda(1-2x_0)$，因此，$|F'(x_0)|<1$ 对应的点为 $x_0=1-\frac{1}{\lambda}$，而 $|F'(x_0)|>1$ 对应的点则为 $x_0=0$。显然，$x_0=1-\frac{1}{\lambda}$ 为吸引不动点，即稳定收敛点；$x_0=0$ 为排斥不动点，即不稳定收敛点。此时的 GM（1，1）模型可用作短期预测。

（3）$3<\lambda<3.5699$，$-1.12<a<-1$。图 6-12 绘出了 λ 由 2.5～4.0 变化时不动点 x 的迭代轨迹。可以看出，从 $\lambda=3$ 开始，单线迭代轨迹开始一分为二，出现 2－周期点。经推导可以得到该 2－周期点的计算公式

$$x_{1,2}^*=\frac{1}{2\lambda}(1+\lambda)\pm\sqrt{(\lambda+1)(\lambda-3)} \tag{6-61}$$

根据相关定义和定理不难推出，λ 从 3 变到 $1+\sqrt{6}=3.4495$ 的区间为 2－周期窗口，从 $\lambda=1+\sqrt{6}$ 开始，2－周期点失去稳定，并进入 4－周期窗口。4－周期窗口较 2－周期窗口更为狭窄，窗口只延长至 $\lambda=3.54409$，并从该 λ 处开始进入 8－周期窗口。由计算机模拟结果可知，8－周期窗口只延长至 $\lambda=3.5699$。

可以证明，由于该区间迭代过程的不稳定性，带有非线性干扰项的GM（1，1）模型不再适用于数据序列的预测。

（4）$3.5699<\lambda<4$。当$\lambda>3.5699$时，迭代轨迹进入更高次数的倍周期分支阶段。由于分辨率的关系，图6-7中自8—周期窗口以后的细节已很难看清楚，但可以推论：经过n次分支，周期长度将变为2^n。当n足够大时，迭代过程将不再存在周期性，系统将处于混沌状态。此时，灰色预测模型的输出结果将无任何使用价值。

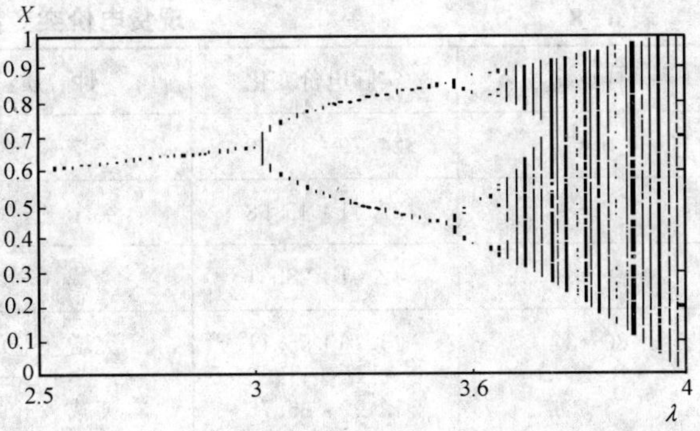

图6-12 Logistic映射迭代移动轨迹

3. 现货电价灰色混沌预测模型

由前面分析可知，灰色预测模型的发展系数a存在合理取值问题。通过仿真，可以找出其恰当的取值空间，从而有利于预测精度的提高。发展系数a的取值及校正区间见表6-6。在编制程序时，根据二阶非线性干扰项的混沌特性，滚动计算a和λ的取值，判断灰色预测模型是否进入混沌区，并采取相应的校正措施。

表6-6 发展系数a的取值及校正区间

	λ的变化范围	a取值与校正区间	GM（1，1）模型的适用性
Case 1	（0，1）	（0，2）	短期、中期或长期预测
Case 2	（1，3）	（−1，0）	限于短期预测
Case 3	>3	$\exists a$	混沌区：新数据异常，应剔除或者报警

试验得知，在灰色建模过程中引入下列混沌校正措施所构成的短期现货电价灰色混沌预测模型，具有较好的效果。

（1）在$0<\lambda<1$区间内，将电价突变点附近的预测模型自动进行混沌区间校正，同时进一步地将$a>0.2$对应的λ值校正到$\lambda=0.9$附近；

（2）在$1.1<\lambda<3$区间内，将$a<-0.1$对应的λ值校正到$\lambda=1.1$附近。

为了说明问题，用数据窗为DW4的灰色混沌预测模型对PJM电力市场中波动幅度最大的峰时段电价进行预测，结果见表6-7。可见，与原始灰色预测模型相比，灰色混沌预测模型的单点最大预测误差大幅度下降，由1.14降低到了0.52；其整体预测精度也有明显提高，从70%提高到76.52%。

表6-7 灰色混沌预测模型的预测效果

	原始灰色预测模型	灰色混沌预测模型
单点最大误差	1.14	0.5249
EPS（平均值）	0.30	0.2348
平均预测精度	70%	76.52%

4. 提高预测精度的辅助措施

（1）数据平滑。原始灰色预测模型对电价的突增变化反应非常敏感，预测误差较大，而且大多出现在电价突变点附近。表6-8对PJM电力市场现货电价数据变化的统计结果能充分说明这一点。

表 6-8　　现货电价突变量级的统计

采样点编号	实际电价变化	性　质	突变量（倍数）	预测误差（原型）
0→1	24.79：45.02	突增（＋）	1.82	0.52
7→8	27.41：45.68	突增（＋）	1.67	0.48
9→10	42.01：28.61	突减（－）	0.68	0.88
30→31	25.76：55.11	突增（＋）	2.14	0.36
33→34	49.99：25.76	突减（－）	0.52	1.14

从理论上说，原始序列如果有过大的数据跳变，将有可能使预测模型的发展系数 a 落入或接近“禁区”；从电价预测的观点看，在理智和正常运营的电力市场中，电价连续数日大幅度突增或突减的情况是不多见的。因此，对突变的原始数据进行平滑是必要的，可降低灰色预测模型输出结果的超调量，提高现货电价的预测精度。

然而，目前在灰色预测的理论和实践中，还没能很好地解决数据平滑问题。也就是说，对预测序列中突变点的平滑时机和平滑力度的把握，没有一个统一的平滑表达式。因此，在现货电价预测过程中，只能用仿真和回归分析等方法确定具体的平滑系数。为得到比较好的数据平滑方案，应对多种平滑方法进行对比试验，例如：双向单值数据平滑，双向全窗数据平滑，单向突增数据平滑，以及单增分段数据平滑等。结果表明，单增分段数据平滑技术具有较好的效果。

数据平滑原则：只对电价拐点进行平滑，即只当新采样值的变化幅度超过规定阈值时才进行数据平滑。数据平滑的基本原理是：

1）读入新采样值 x_{now}；

2）求 x_{now} 与上个电价值 x_{past} 的差值：$\Delta x = |x_{now} - x_{past}|$；

3）令 $x_{now} = x_{past} \pm \alpha \times \Delta x$ 作为新的当前值，代入新陈代谢模型进行滚动预测。“＋”号对应突增变化，“－”号对应突减变化；α 为平滑系数，大小可以调节，由测试结果确定。

平滑方式定义如下。

1）同时处理“突增”和“突减”变化，称为“双向数据平滑”。

2）只处理“突增”变化，称为“突增数据平滑”。进一步地，如果只对当前突变数据进行平滑，称为“单值数据平滑”；如对数据窗中所有数据同时进行平滑，称为“全窗数据平滑”。

下面以 DW4 模型为例，分析各种平滑方式对提高灰色模型预测精度的效果。

方案一：双向单值数据平滑。

突变判据：突增阈值，当前电价与前一电价的比值大于 1.3 倍；突减阈值，当前电价与前一电价的比值小于 0.7 倍。

平滑系数：$\alpha = 0.5$。

电价预测结果见表 6-9。可以看出，这种方式并未从根本上降低灰色模型的单点最大预测误差和整体平均预测误差。

表 6-9　　双向数据平滑的预测结果（$DW=4$）

	原始模型	平滑预测模型
单点最大误差	1.14	0.82
EPS 平均值	0.30	0.28
平均预测精度	70%	72%

方案二：双向全窗数据平滑。

处理原则：只有当下述两条件同时满足时，才对整个数据窗进行平滑：①当前采样点突增1.5倍及以上(阈值可调)；②数据窗内存在反向变化的电价拐点，如先增后减或先减后增。

全窗数据平滑：将窗内原始数据向量$\{x^{(0)}(k-3), x^{(0)}(k-2), x^{(0)}(k-1), x^{(0)}(k)\}$投影到新的基底$\{\alpha, \beta, \gamma, \theta\}$，基底分量$\alpha$，$\beta$，$\gamma$，$\theta$称为平滑指数

$$\{\alpha x^{(0)}(k-3), \beta x^{(0)}(k-2), \gamma x^{(0)}(k-1), \theta x^{(0)}(k)\}$$

然后，用新的数据向量进行预测。对多套平滑指数，如{0.85，0.9，0.95，1.0}，{1.0，0.95，0.9，0.85}等进行测试的结果表明，预测效果并不理想。

方案三：单向突增数据平滑。

突变判据：当前电价与前一电价的比值大于某阈值（如1.3倍、1.5倍或1.8倍)。

平滑系数：$\alpha=0.5$。

表6-10列出了与上述阈值对应的预测结果，其效果并不显著。

表6-10　不同阈值的平滑效果

	原始模型	平滑预测（1.8倍）	平滑预测（1.5倍）	平滑预测（1.3倍）
单点最大误差	1.14	1.14	0.96	0.82
EPS（平均值）	0.30	0.30	0.26	0.27

方案四：单增分段数据平滑。

该方法采用独特的分段平滑技巧，按照突变幅度的大小，采用不同的平滑深度。其原则是，突变幅度越大，平滑的力度也越大。例如，当电价突变幅度超过1.5倍时，平滑系数$\alpha=0.3$；当电价突变幅度超过1.2倍时，平滑系数$\alpha=0.5$；当突变幅度超过1.1倍时，平滑系数$\alpha=0.8$。对应不同平滑系数的预测效果见表6-11。

由表6-11可以看出，采用单增分段平滑技术具有较好的预测效果。以方案三为例，与平滑前的原始灰色模型相比，其单点最大预测误差由1.14降到0.5306；平均预测误差则由0.3降到0.2342，整体预测精度由70%提高到76.58%。

表6-11　DW4模型单增分段平滑的预测结果

编号	电价突变倍数	平滑系数α	单点最大误差ε(max)	平均预测误差*EPS*	预测精度(%)
1	1.5	0.3	0.5359	0.2420	75.80
	1.2	0.5			
	1.1	0.8			
2	1.5	0.2	0.5359	0.2386	76.14
	1.2	0.5			
	1.1	0.8			
3	1.5	0.2	0.5306	0.2342	76.58
	1.2	0.5			
	1.1	0.7			

(2) 数据窗动态调整。试验得知，短数据窗（如DW4）具有良好的跟踪性能，长数据窗（如DW10）则有更好的抑制干扰的性能。当认定电价序列比较平稳时，宜采用较长窗模型进行预测；相反，当近期内电价序列波动较大时，则应采用短窗模型进行预测，它有更快的响应速度和更高的预测精度。在这方面，可以借用微机距离保护中故障启动元件采用的长短窗结合算法的思路。

在具体应用过程中，可取较长一段时间的历史数据，分析该区间内的电价总体走势及近期波动情况，进而决定以何种数据窗进行预测。

六、电价灰色预测模型数字试验

1. PJM 电力市场谷时段水平电价预测

表 6-12 列出了 PJM 电力市场的实际电价，以及原始模型和灰色混沌预测模型的预测结果。与原始预测模型相比，灰色混沌预测模型的单点最大预测误差从 0.471 降低到 0.268，预测精度从 88.4%提高到 90.5%。

表 6-12　谷时段水平电价预测结果比较（DW4 模型）

采样时刻	实际电价	原始灰色模型		灰色混沌预测模型	
		预测电价	预测误差	预测电价	预测误差
0	17.68	17.68	—	17.68	—
1	16.97	16.81	—	16.81	—
2	13.51	13.73	—	13.73	—
3	11.39	11.21	—	11.21	—
4	8.76	9.16	0.046	9.16	0.046
5	9.65	7.26	0.248	7.26	0.248
6	9.00	8.22	0.087	7.90	0.123
7	15.00	9.37	0.375	10.98	0.268
8	13.76	18.27	0.328	11.20	0.186
9	14.05	17.56	0.250	13.75	0.022
10	14.33	13.33	0.070	15.43	0.077
11	13.74	14.63	0.064	15.75	0.146
12	13.53	13.74	0.015	14.14	0.045
13	14.88	13.08	0.121	13.08	0.121
14	14.85	15.25	0.027	15.25	0.027
15	14.75	15.77	0.069	15.77	0.069
16	15.02	14.70	0.021	14.70	0.021
17	15.45	15.04	0.026	15.04	0.026
18	15.88	15.79	0.006	15.79	0.006
19	18.99	16.33	0.140	16.33	0.140
20	16.00	20.72	0.295	19.29	0.205
21	16.74	17.07	0.020	16.76	0.001
22	16.10	15.03	0.066	15.62	0.030
23	13.80	16.38	0.187	16.38	0.187
24	14.24	12.87	0.096	12.87	0.096
25	15.02	12.89	0.142	12.89	0.142
26	15.59	15.62	0.002	15.62	0.002
27	15.28	16.35	0.070	16.35	0.070

续表

采样时刻	实际电价	原始灰色模型		灰色混沌预测模型	
		预测电价	预测误差	预测电价	预测误差
28	15.47	15.56	0.006	15.56	0.006
29	15.17	15.33	0.010	15.33	0.010
30	15.53	15.20	0.021	15.20	0.021
31	20.20	15.45	0.235	15.45	0.235
32	15.53	22.85	0.471	19.12	0.231
33	15.12	15.17	0.003	15.17	0.003
34	16.18	12.28	0.241	13.56	0.162
35	16.24	16.28	0.003	16.28	0.003
36	20.17	16.99	0.158	16.99	0.158
37	21.42	22.05	0.030	19.04	0.111
单点最大误差			0.471		0.268
平均预测误差			0.116		0.095
平均预测精度（%）			88.4		90.5

2. PJM电力市场峰时段水平电价预测

预测结果见表6-13。与原始预测模型相比，灰色混沌预测模型的单点最大预测误差从1.14降到0.327，整体预测精度从70.3%提高到81.2%。

表6-13　峰时段水平电价预测结果比较（DW4模型）

采样时刻	现货电价	原始模型		灰色混沌预测模型	
		预测电价	预测误差	预测电价	预测误差
0	41.24	41.24	—	41.24	—
1	23.82	25.80	—	25.80	—
2	29.89	25.96	—	25.96	—
3	24.18	26.13	—	26.13	—
4	24.79	26.30	0.06	26.30	0.061
5	45.02	21.39	0.52	32.10	0.287
6	40.29	60.39	0.50	31.04	0.230
7	48.06	52.88	0.10	32.58	0.322
8	48.32	47.73	0.01	33.78	0.301
9	35.68	53.91	0.51	43.62	0.223
10	30.76	33.46	0.09	36.05	0.172
11	27.41	23.31	0.15	33.94	0.238
12	45.68	23.80	0.48	37.66	0.176
13	42.01	54.11	0.29	30.06	0.284
14	28.61	53.65	0.88	33.05	0.155

续表

采样时刻	现货电价	原始模型		灰色混沌预测模型	
		预测电价	预测误差	预测电价	预测误差
15	39.27	25.04	0.36	29.84	0.240
16	43.01	33.66	0.22	30.34	0.295
17	42.56	53.09	0.25	34.84	0.181
18	40.01	44.95	0.12	45.83	0.145
19	49.89	38.97	0.22	41.47	0.169
20	50.75	52.36	0.03	45.93	0.095
21	58.75	58.23	0.01	53.09	0.096
22	48.01	62.80	0.31	57.96	0.207
23	47.59	49.97	0.05	50.00	0.051
24	37.09	40.90	0.10	42.58	0.148
25	29.56	34.69	0.17	34.69	0.174
26	43.03	23.10	0.46	41.22	0.042
27	41.97	43.56	0.04	33.47	0.203
28	45.17	51.34	0.14	36.29	0.197
29	43.49	45.61	0.05	48.02	0.104
30	50.08	45.06	0.10	45.76	0.086
31	37.50	51.52	0.37	49.76	0.327
32	30.00	38.40	0.28	37.68	0.256
33	49.99	22.68	0.55	41.11	0.178
34	25.76	55.11	1.14	30.28	0.175
35	50.08	31.92	0.36	39.98	0.202
36	55.13	42.05	0.24	43.24	0.216
37	40.10	78.44	0.96	47.01	0.172
单点最大误差			1.140		0.327
平均预测误差			0.297		0.188
平均预测精度（%）			70.3		81.20

3. PJM 电力市场全天水平电价预测

研究对象：PJM 电力市场 LMP 实时电价（数据来源：EASTERN HUB）。

研究时段：2001 年 11 月 21 日～12 月 17 日。

预测日期及时段：以后连续 3 天（12 月 18、19、20 日）的每日 24h 垂直电价。

样本总量：24 套水平电价，历史数据总量大于 27×24＝648 个。

电价预测模型：灰色混沌预测模型。

情况一：12 月 18 日全天电价预测结果

预测数据及结果见表 6-14 和图 6-13。可以看出，该日 24 个交易时段的最大预测误差为 0.2528，出现在第 13 个交易时段；平均预测误差为 0.1583，预测精度为 84.17%。

表 6-14　　　12 月 18 日预测结果

Node	1	2	3	4	5	6	7	8	9	10	11	12
实际电价	15.28	13.99	13.53	13.53	14.32	15.72	21.43	21.41	21.02	20.34	20.62	19.48
预测电价	16.35	15.69	15.58	11.35	11.58	19.56	25.23	22.48	25.08	23.18	23.35	24.32
误差（10^{-2}）	6.97	12.15	15.13	16.14	19.17	24.42	17.74	5.00	19.32	13.95	13.23	24.85
Node	13	14	15	16	17	18	19	20	21	22	23	24
实际电价	17.96	17.89	17.20	18.20	24.35	41.97	37.82	31.49	24.21	21.93	17.08	17.89
预测电价	22.50	22.13	21.00	20.74	25.82	33.47	30.64	26.34	27.88	22.45	19.13	19.01
误差（10^{-2}）	25.28	17.61	22.11	13.96	6.07	20.25	18.99	16.36	15.18	2.37	12.01	6.29

情况二：12 月 19 日全天的预测结果

预测结果见表 6-15 和图 6-14。可以看出，该日的单点最大预测误差为 0.1126，出现在第 22 个交易时段；平均预测误差为 0.0511，整体预测精度为 94.89%。

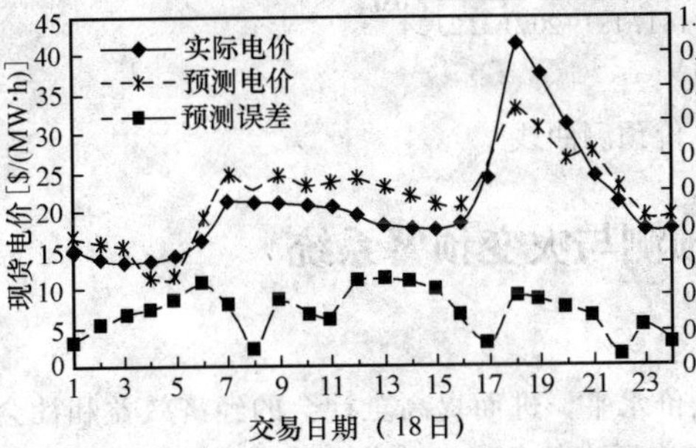

图 6-13　12 月 18 日电价预测曲线

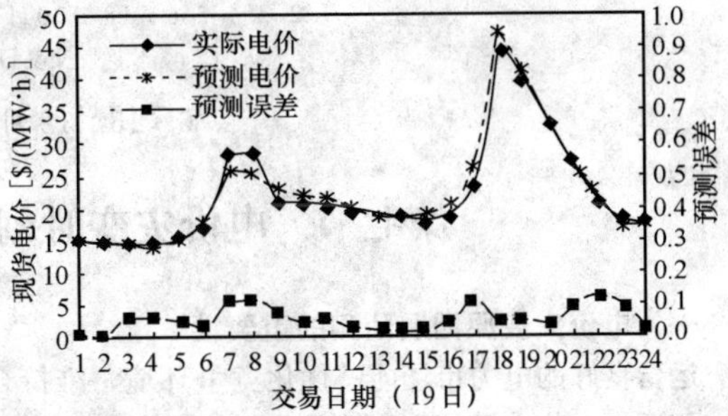

图 6-14　12 月 19 日电价预测曲线

表 6-15　　　12 月 19 日预测结果

Node	1	2	3	4	5	6	7	8	9	10	11	12
实际电价	15.47	14.63	14.13	14.34	15.00	17.18	28.88	28.15	21.07	21.15	20.77	19.85
预测电价	15.56	14.58	14.87	13.59	14.35	17.56	26.11	25.16	22.49	21.91	21.66	20.26
误差（10^{-2}）	0.56	0.31	5.21	5.25	4.34	2.22	9.58	10.62	6.77	3.59	4.27	2.09
Node	13	14	15	16	17	18	19	20	21	22	23	24
实际电价	18.55	18.55	18.10	18.41	23.31	45.17	39.71	33.10	27.03	21.14	17.57	17.66
预测电价	18.26	18.74	18.00	19.17	25.88	47.22	41.43	34.02	24.84	23.52	15.78	18.05
误差（10^{-2}）	1.55	1.02	0.55	4.13	11.03	4.54	4.32	2.78	8.10	11.26	10.19	2.26

情况三：12 月 20 日全天的预测结果

用灰色混沌预测模型预测的结果见表 6-16 和图 6-15。可以看出，该日的单点最大预测误差为 0.1604，出现在第 17 个交易时段；平均预测误差为 0.0648，整体预测精度为 93.52%。

表 6-16　　　12 月 20 日预测结果

Node	1	2	3	4	5	6	7	8	9	10	11	12
实际电价	15.17	14.01	13.53	13.50	14.51	16.00	26.84	24.82	21.52	20.69	19.88	19.27
预测电价	15.33	14.57	14.62	15.03	15.92	16.99	27.13	27.68	20.20	20.68	20.29	18.61

续表

Node	1	2	3	4	5	6	7	8	9	10	11	12
误差（10^{-2}）	1.03	3.99	8.05	11.33	9.70	6.22	1.07	11.52	6.13	0.00	2.06	3.42
Node	13	14	15	16	17	18	19	20	21	22	23	24
实际电价	18.70	18.24	17.27	18.19	27.12	43.49	37.81	31.62	24.05	20.71	17.81	18.34
预测电价	17.26	17.47	17.16	17.97	22.77	48.01	42.80	35.88	25.55	20.92	17.18	17.65
误差（10^{-2}）	7.70	4.22	0.64	1.21	16.04	10.39	13.20	13.47	6.24	1.01	3.54	3.76

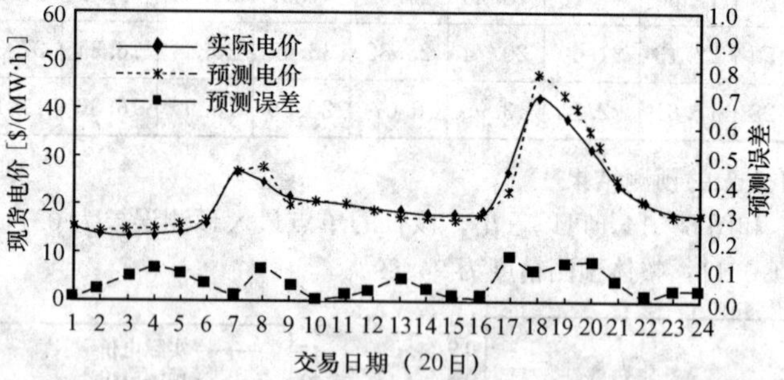

图 6-15　12 月 20 日电价预测曲线

第七节　电价灾变时刻灰色预测与灾变预警系统

一、电价灾变原因及预测的重要性

运营良好的电力市场能够优化竞争环境，维持合理的电价水平，进而提高全社会的经济效益和社会效益。相反，电价水平的剧烈波动甚至“灾变”，则会给社会带来巨大的危害。这种电价灾变一般出现在现货市场中，且常常出乎人们的预料，其电价水平很高但持续时段并不长。

导致电价灾变的原因错综复杂，既有技术和设备自身故障的因素，也有潮流关口拥堵甚至社会政治方面的原因。其中，有如下最重要的几个因素。

(1) 由于国内外能源政策和市场供应的突然变化导致暂时性能源短缺，从而使发电侧的节点电价和供电价格大幅攀升。

(2) 极端气象条件（如异常的持续高温天气）导致负荷需求急剧增加。2000 年夏季，异常气候就导致了美国加州的用电负荷出现了历史上少有的增长速度。

(3) 系统内部发电能力不足，同时又得不到更多的和合格的外部电力供应。加州电力市场就存在这样的问题，它与缺少电源投入和网络投资密不可分。

(4) 区域间主要潮流关口（Flow gate）短时严重阻塞。

(5) 高峰时段系统主要元件和输电线路计划外开断。除了不可抗力之外，用电高峰期间过度长时间地使用网络的关键设备，是造成元件开断的主要原因。

(6) 市场力影响。市场力有垂直市场力和水平市场力之分，它在各国电力市场中普遍存在而且影响市场电价，但要对其建模将是十分困难的。市场力的一种表现形式是，拥有某种特权或较大市场份额的市场参与者不正当行使其影响力；另一种常见的形式是，市场成员之间的合谋与串谋。

例如，发电公司可通过增加某关键位置的机组出力，策略性地造成输电拥堵，形成局部市场，在抬高局部电价的同时，限制了其他竞争者进入市场；在用电高峰时段，大发电公司采取比较隐蔽的策略，如故意让经济性好的机组停运，而让成本高的机组投入运行，以此抬高市场价格，牟取额外利益。

在现货电力市场中，一旦出现电价灾变，其数值往往高达正常电价的十几倍甚至几十倍，这对用户和整个社会将造成严重的影响。虽然人们不期望看到电价灾变的发生，但它却仍有可能出现。因此，电力交易中心和市场参与者将面临以下两个问题。第一个问题是，如何准确预测未来电价灾变发生的时刻。解决好这一问题，不仅可以正确评估未来电价灾变的水平及其发生的时刻，并采取相应的预防措施，而且可以提高发电商和用户报价决策的质量。第二个问题是，如何协调电力市场的主要功能软件，设计一套完整的现货电价预测与电价灾变预警系统。

本节在定义灾变电价、价格间隙、上灾变阈值等概念的基础上，依据电价自身包含的信息和灰色特征，建立电价灾变灰色预测建模。同时，提出了“电价预测与灾变预警系统”的设计体系。该系统能够协调电力市场的主要软件，如发电侧报价、PX 市场清算价格（*MCP*）的确定、电价预测、电价灾变时刻预测、报价策略调整、数据库管理、网络信息管理及电子商务等，有助于提高电力市场的运营效率。

二、主要术语及其定义

1. 电价灾变

当现货市场的实际电价达到或超过规定阈值时，称为电价灾变。该阈值可以是电力市场规定的戴帽价格，也可以是其他某个具体的规定值。当电力市场可能出现电价灾变时，应有专门的电价灾变预警软件发出相应级别的预警信号或电价调控信号。

为了维护市场成员的利益，降低交易的经济风险，在电力市场中常设置所谓的“戴帽价格”。戴帽价格有软戴帽价格（Soft price caps）和硬戴帽价格（Hard price caps）之分。一般情况下，现货电价是不允许超过此项约束的。

表 6 - 17 和图 6 - 16 分别示出了 1999 年 PJM 电力市场、Western Hub 的每月最高区域边际电价 LMP（Locational Marginal Price）的变化情况。可以看出，在当年的 6、7、8 三个月份中出现了电价灾变，在此期间的现货电价的峰值分别攀升到了 850、999、1077.3 \$/（MW·h），是正常电价水平（几十美元每兆瓦时）的 10 倍以上。

表 6 - 17　　1999 年 PJM 电力市场 LMP 的每月最大值　　[\$/(MW·h)]

月　份	Jan	Feb	Mar	Apr	May	Jun	July	Aug	Sep	Oct	Nov	Dec
峰值电价	61.5	47.5	64	56.7	69.7	850	999	1077.3	85.9	70.7	71	88.1

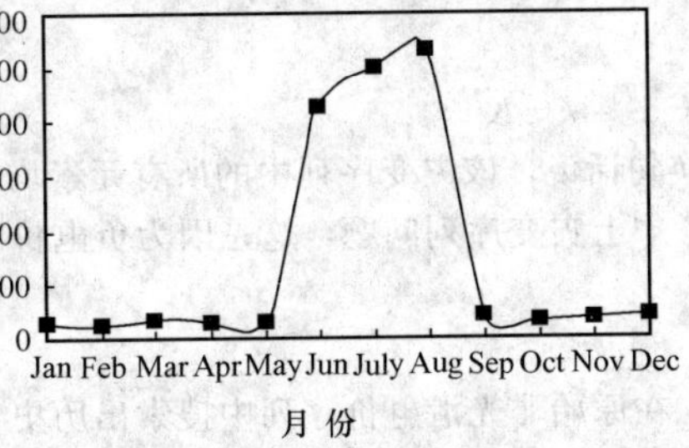

图 6 - 16　1999 年 PJM 电力市场每月最高电价

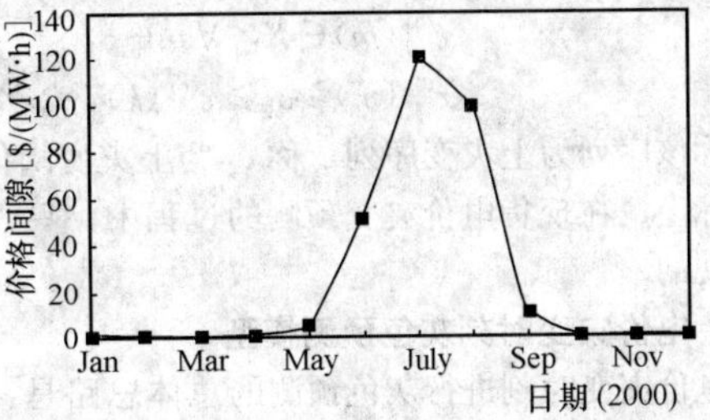

图 6 - 17　某电力市场价格间隙变化曲线

2. 价格间隙

由前述分析可知，现货市场在众多因素作用下可能出现电价灾变。此时的电价常常大大偏离真正的电能边际成本，只能反映出各种因素综合作用的结果。

价格间隙是指现货电价与真实的电能边际成本之间的差值，国外称之为“spark spread”。这种定义有助于从电力生产成本的角度，理解电价灾变出现的原因和电价灾变的真正含义。图 6 - 17 为国外某电力市场 2000 年的典型价格间隙曲线。图中未考虑实际电力市场中出现的、变化幅度很小的负向价格间隙。

对比图 6 - 17 和图 6 - 16 就会发现，价格间隙曲线与市场最高边际电价曲线的形状非常相似，其最大值出现的时间也是一致的。由此可见，电价灾变时电能边际成本在现货电价中所起的作用将是非常有限的。

这就产生一个问题，能否用显式或解析的形式描述各主要因素对电价灾变或价格间隙产生的作用？然而遗憾的是，到目前为止还没能找到这样的方法来区分和量化每个因素的贡献。基于这一点，在设计电价灾变预测模型时，只需对原始电价序列进行处理和加工，无需考虑过多的影响因素。

3. 光滑序列与非光滑序列

令 $x^{(0)}$ 为原始数据序列，$x^{(0)}=\{x^{(0)}(1), x^{(0)}(2), \cdots, x^{(0)}(n)\}$，根据灰色系统理论，可以求出其 *GM*（1，1）灰色预测模型的发展系数 a 和控制系数 b。当灰色预测模型的发展系数 a 的取值落入区间 $a\notin(-\infty,$

−2）∪（2，∞）时，灰色模型的预测输出是有意义的，此时的数据序列 $x^{(0)}$ 称为光滑序列。反之，当发展系数 a 的取值落入区间 $a\in(-\infty,\ -2)\cup(2,\ \infty)$ 时，灰色模型的输出将失去意义，此时的数据序列 $x^{(0)}$ 被称为非光滑序列。

4. 灾变值、灾变集及灾变值序列

令 $x^{(0)}$ 为包含灾变点 $x^{(0)}(i)$，$x^{(0)}(j)$，$x^{(0)}(k)$，…，$x^{(0)}(q)$ 的非光滑序列

$$\left.\begin{array}{l} x^{(0)}=\{x^{(0)}(1),x^{(0)}(2),\cdots,x^{(0)}(n)\} \\ x^{(0)}(k)\in x^{(0)} \\ q,k\in K,K=\{1,2,\cdots,n\} \end{array}\right\} \tag{6-62}$$

灾变点的存在，将会导致灰色预测模型的预测结果失去意义。为便于本章后面的叙述和分析，在此对与非光滑序列中灾变点有关的概念做出以下定义：

灾变值：每个独立的灾变点 $x^{(0)}(i)$，$x^{(0)}(j)$，$x^{(0)}(k)$，…，$x^{(0)}(q)$ 被称为灾变值。

灾变集：灾变值的全体 X_ζ

$$X_\zeta=\{x^{(0)}(t_l)\mid l\in L,L=(1,2,3,\cdots,q)\} \tag{6-63}$$

被称为灾变集。

灾变值序列：灾变值的全体 X_ζ 所对应的时间序列

$$x_\zeta^{(0)}=\{x^{(0)}(i),x^{(0)}(j),x^{(0)}(k),\cdots,x^{(0)}(q)\} \tag{6-64}$$

被称为灾变值序列。

5. 灾变时刻分布与灾变时刻集

所有灾变点对应的时刻：$t_1\leftrightarrow i$，$t_2\leftrightarrow j$，…，$t_q\leftrightarrow q$ 称为灾变时刻分布。所有灾变时刻构成的集合 τ 叫做灾变时刻集

$$\tau=\{t_1,t_2,\cdots,t_q\}=\{t_l\mid l\in L,L=(1,2,3,\cdots,q)\} \tag{6-65}$$

6. 上灾变阈值

某灾变序列，若其中任何一个元素均能满足

$$\begin{array}{l} x^{(0)}(m)\in X_\zeta,\forall m\in\tau, \\ x^{(0)}(m)\geqslant\sigma_\zeta\geqslant x^{(0)}(k),\forall x^{(0)}(k)\in x^{(0)},k\in K \end{array} \tag{6-66}$$

则称该序列为上灾变序列，称 σ_ζ 为上灾变阈值。换句话说，该灾变序列中的所有元素均大于给定的阈值。实际上，在现货电价灾变预测的过程中，只需要考虑上灾变序列问题，这是因为负电价或零电价是不允许出现的。

三、电价灾变时刻灰色预测模型

对电价灾变时刻进行灰色预测的总体思路是：首先在原始非光滑电价序列中搜索出历史灾变数据，形成电价灾变值序列和相应的电价灾变时刻集。然后以此为基础，启动电价灾变灰色预测模型，预测未来电价灾变发生的时刻。

一般而言，在实际电力市场中，数值超过戴帽价格的电价灾变发生的次数是很有限的，其电价样本相对较少。因此，为了检验电价灾变灰色预测模型的精度及有效性，可将较高的市场电价，如 $\sigma_\zeta=45$ \$/(MW·h)，作为上灾变阈值，以此获取“灾变”样本并进行仿真预测。试验结果表明，尽管所设定的阈值并非真正意义的灾变电价，但由此获得的结论则可推广到阈值等于戴帽价格的场合。

电价灾变时刻灰色预测模型的建模过程如下。

（1）根据历史数据，按照先后顺序构造原始电价序列。该序列通常为非光滑序列

$$x^{(0)}=\{x^{(0)}(1),x^{(0)}(2),\cdots,x^{(0)}(n)\} \tag{6-67}$$

（2）确定待预测序列的上灾变阈值 σ_ζ。

（3）从式（6-67）给出的原始电价序列中筛选出电价灾变值，构造电价灾变值序列 $x_\zeta^{(0)}$。$x_\zeta^{(0)}$ 是 $x^{(0)}$ 的子序列

$$\left.\begin{array}{r} x_\zeta^{(0)}=\{x_\zeta^{(0)}(1),x_\zeta^{(0)}(2),\cdots,x_\zeta^{(0)}(q)\} \\ q>1,q\in R^1 \end{array}\right\} \tag{6-68}$$

（4）根据电价灾变值序列 $x_\zeta^{(0)}$，形成原始电价灾变时刻集 τ：

$$\left.\begin{aligned}&\tau=\{t_1,t_2,\cdots,t_q\}\\&q>1,q\in R^1\end{aligned}\right\}\tag{6-69}$$

或写成

$$\{\tau^{(0)}(k)\}=\{\tau^{(0)}(1),\tau^{(0)}(2),\cdots,\tau^{(0)}(q)\}\tag{6-70}$$

式中：q 为灾变电价值的个数。

电价灾变时刻预测的目的，就是以式（6-69）或式（6-70）描述的历史电价灾变时刻集（又称原始电价灾变时刻集）为基础，采用先进的预测工具预测未来具有相同上灾变阈值的电价可能发生的时刻。

（5）对原始电价灾变时刻集作一次累加生成（AGO），形成累加序列 $\{\tau^{(1)}(k)\}$

$$\{\tau^{(1)}(k)\}=\mathrm{AGO}\tau^{(0)}(k)=\{\tau^{(1)}(1),\tau^{(1)}(2),\cdots,\tau^{(1)}(DW)\}\tag{6-71}$$

式中：DW 为预测模型的数据窗宽度。

（6）建立灰微分方程

$$\left.\begin{aligned}&\tau^{(0)}(k)+aZ^{(1)}(k)=b\\&Z^{(1)}(k)=0.5\{\tau^{(1)}(k)+\tau^{(1)}(k-1)\}\\&a,b=\text{const.}\\&k=2,3,\cdots,DW\end{aligned}\right\}\tag{6-72}$$

（7）构造序列 $\tau^{(1)}(k)$ 的预测模型

$$\hat{\tau}^{(1)}(k+1)=\left[\tau^{(1)}(0)-\frac{b}{a}\right]\cdot e^{-ak}+\frac{b}{a}\tag{6-73}$$

（8）辨识式（6-66）的系数 a 和 b。其最小二乘拟合值 $\hat{a}=[a,b]^T$ 为

$$\hat{a}=[a,b]^T=(B^TB)^{-1}B^T\cdot y_N\tag{6-74}$$

其中 DW 维向量 y_N 和（$DW-1$）$\times2$ 阶矩阵 B 分别为

$$y_N=[\tau^{(0)}(2),\tau^{(0)}(3),\cdots,\tau^{(0)}(DW)]^T\tag{6-75}$$

$$B=\begin{bmatrix}-z^{(1)}(2)&1\\-z^{(1)}(3)&1\\\vdots&\vdots\\-z^{(1)}(DW)&1\end{bmatrix}_{(DW-1)\times2}\tag{6-76}$$

（9）预测序列 $\tau^{(1)}(k)$，得到预测值序列 $\{\hat{\tau}^{(1)}\}$

$$\{\hat{\tau}^{(1)}\}=\{\hat{\tau}^{(1)}(1),\hat{\tau}^{(1)}(2),\cdots,\hat{\tau}^{(1)}(DW)\}\tag{6-77}$$

（10）对预测值序列 $\{\hat{x}^{(1)}\}$ 作累减生成（IAGO），获得原始电价灾变时刻集 $\{\tau^{(0)}(k)\}$ 的预测值，即预测灾变时刻集 $\{\hat{\tau}^{(0)}(k)\}$

$$\{\hat{\tau}^{(0)}(k)\}=\{\hat{\tau}^{(0)}(1),\hat{\tau}^{(0)}(2),\cdots,\hat{\tau}^{(0)}(DW)\}\tag{6-78}$$

$$\hat{\tau}^{(0)}(k+1)=\hat{\tau}^{(1)}(k+1)-\hat{\tau}^{(1)}(k),k=1,2,\cdots,DW-1\cdots\tag{6-79}$$

（11）建立滚动预测模型，获得原始电价灾变时刻集 τ 的预测值序列 τ'，其中包括了未来电价灾变发生的时刻 t_f

$$\left.\begin{aligned}&\tau'=\{t'_1,t'_2,\cdots,t'_q,t_f\}\\&f=q+1\end{aligned}\right\}\tag{6-80}$$

（12）进行滚动预测误差分析，计算电价灾变时刻预测的误差及其分布。

上述建模过程可以简写为

$$\begin{aligned}&GM_P\cdot\mathrm{AGO}:\tau\rightarrow(a,b)\\&GM_P\cdot\mathrm{AGO}:\tau\rightarrow\tau^{(0)}(k)+az^{(1)}(k)=b\\&\qquad z^{(1)}(k)=0.5\tau^{(1)}(k)+0.5\tau^{(1)}(k-1)\\&\qquad\tau^{(1)}=\mathrm{AGO}\tau\\&\qquad\tau=\tau^{(0)}\end{aligned}\tag{6-81}$$

$$\mathrm{IAGO}\hat{G}\mathrm{MAGO}:\tau\xrightarrow{k=t_q+\zeta}\tau(t_q+\zeta)\tag{6-82}$$

式中：ζ 为预测步数，取 $\zeta=1$。

四、电价灾变时刻灰色预测数字试验

仿真用基础资料如下。研究对象：PJM电力市场峰荷时段、连续38天的数据样本，原始数据及预测结果见表6-18。日期表示方法：在预测模型中，日期以数字刻度标识，即$t=1, 2, 3, \cdots, 38$。电价波动范围：在测试区间内，最高电价为58.75$/（MW·h），最低为23.82$/（MW·h），相差2.47倍。因此，可视样点分布情况，确定上灾变阈值σ_ξ的大小。

1. 上灾变阈值$\sigma_\xi=40$的试验方案与结果

取上灾变阈值$\sigma_\xi=40$$/（MW·h）。一旦现货电价达到或超过该阈值，则由电价预测模块发出预警信号，然后启动电价灾变时刻灰色预测模块，进一步预测下一个40$/（MW·h）电价出现的时刻（$\hat{t}$），并通过"电价预测与灾变预警系统"发布相关信息。

由表6-18可知，上灾变阈值$\sigma_\xi=40$时，从38个峰荷现货电价中可筛选出24个电价"灾变值"，构成一个电价灾变集。与该电价灾变集相对应的原始电价灾变时刻集为

$$\begin{aligned}\tau &= \{t_1, t_2, \cdots, t_q\} \\ &= \{1, 6, 7, 8, 9, 13, 14, 17, 18, 19, 20, \\ &\quad 21, 22, 23, 24, 27, 28, 29, 30, 31, 34, \\ &\quad 36, 37, 38\}\end{aligned} \tag{6-83}$$

其中，$q=24$表明有24个样本，具有较为丰富的历史数据。

用数据窗宽度为4（简写为DW4）的电价灾变灰色预测模型的预测结果，见表6-15中的"预测灾变时刻集"。若按四舍五入原则将预测结果取整，则预测得到的电价灾变时刻集可以表示为

$$\begin{aligned}\tau' &= \{t'_1, t'_2, \cdots, t'_q\} \\ &= \{1, 6, 7, 8, 9, 10, 16, 18, 19, 21, \\ &\quad 20, 21, 22, 23, 24, 25, 29, 31, 30, 31, \\ &\quad 32, 36, 39, 39\}\end{aligned} \tag{6-84}$$

表6-18的最右一列数据为电价灾变时刻灰色预测模型，在每个灾变时刻处的相对预测误差。这些误差可以写成如下的误差集合形式

$$\begin{aligned}\varepsilon(\%) = \{&0, 0.3, 0.9, 0, 2.5, 21.5, 16.5, 3.5, 6.7, 8.6, \\ &0.4, 0.4, 0.4, 0.3, 0.3, 7.2, 3.5, 5.2, 0.2, 0.2, \\ &5.7, 0.2, 5.2, 2.0\}\end{aligned} \tag{6-85}$$

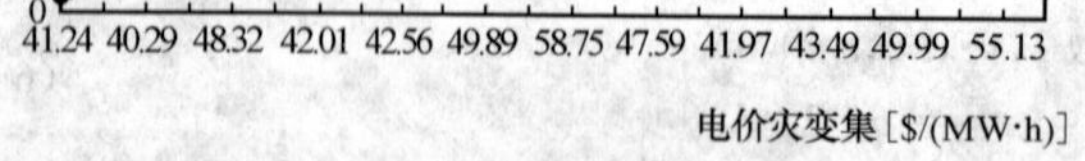

图6-18 电价灾变时刻集的预测曲线（$\sigma_\xi=40$）

图6-18以电价灾变值为横坐标，画出了实际电价灾变集和预测电价灾变集两条曲线。由式（6-84）和图6-19可知，电价灾变时刻灰色预测模型具有很高的预测精度。在上述误差集合中，最大误差为21.5%（仅出现在第13点），误差超过10%的点只有两个；灰色模型的平均预测误差仅为3.8%，整体预测精度高达96.2%。

这说明，尽管电价灾变序列本身没有明显的规律可循，但电价灾变灰色预测模型却能较好地对其进行预测。

表6-18 PJM电力市场电价灾变时刻集的预测结果（$\sigma_\xi=40$）

日期编号	峰荷电价 [$/（MW·h）]	电价灾变集 [$/（MW·h）]	原始灾变时刻集	预测灾变时刻集	相对预测误差
1	41.24	41.24	1	1.00	0.000

续表

日期编号	峰荷电价 [$/（MW·h）]	电价灾变集 [$/（MW·h）]	原始灾变时刻集	预测灾变时刻集	相对预测误差
2	23.82				
3	29.89				
4	24.18				
5	24.79				
6	45.02	45.02	6	6.02	0.003
7	40.29	40.29	7	6.94	0.009
8	48.06	48.06	8	8.00	0.000
9	48.32	48.32	9	9.23	0.025
10	35.68				
11	30.76				
12	27.41				
13	45.68	45.68	13	10.20	0.215
14	42.01	42.01	14	16.31	0.165
15	28.61				
16	39.27				
17	43.01	43.01	17	17.59	0.035
18	42.56	42.56	18	19.21	0.067
19	40.01	40.01	19	20.63	0.086
20	49.89	49.89	20	20.09	0.004
21	50.75	50.75	21	21.08	0.004
22	58.75	58.75	22	22.08	0.004
23	48.01	48.01	23	23.08	0.003
24	47.59	47.59	24	24.07	0.003
25	37.09				
26	29.56				
27	43.03	43.03	27	25.07	0.072
28	41.97	41.97	28	28.99	0.035
29	45.17	45.17	29	30.52	0.052
30	43.49	43.49	30	30.06	0.002
31	50.08	50.08	31	31.05	0.002
32	37.50				
33	30.00				
34	49.99	49.99	34	32.05	0.057
35	25.76				
36	50.08	50.08	36	35.91	0.002
37	55.13	55.13	37	38.94	0.052
38	40.10	40.10	38	38.75	0.020
单点最大预测误差					0.215
平均预测误差					0.038
整体平均预测精度（%）					96.2

2. 上灾变阈值 $\sigma_\zeta=45$ 的试验方案与结果

取上灾变阈值 $\sigma_\zeta=45$ \$/（MW·h）。相应的电价灾变集、原始灾变时刻集、预测灾变时刻集，以及灰色预测模型的相对预测误差等数据见表 6 - 19。

由表 6 - 19 可以得到原始电价灾变时刻集 τ

$$\tau=\{t_1, t_2, \cdots, t_q\}$$
$$=\{6, 8, 9, 13, 20, 21, 22, 23, 24, 29, 31, 34, 36, 37\} \quad (6-86)$$

其中，$q=14$ 表明有 14 个样本。可以发现，上灾变阈值越高，灾变样本数就越少。

表 6 - 19　PJM 电力市场电价灾变时刻预测结果（$\sigma_\zeta=45$）

电价灾变集	原始灾变时刻集	预测灾变时刻集	相对预测误差
45.02	6	6.00	0.000
48.06	8	7.44	0.070
48.32	9	9.67	0.074
45.68	13	12.56	0.034
49.89	20	16.31	0.184
50.75	21	18.27	0.130
58.75	22	20.44	0.071
48.01	23	23.38	0.017
47.59	24	24.61	0.025
45.17	29	26.42	0.089
50.08	31	28.98	0.065
49.99	34	32.87	0.033
50.08	36	36.32	0.009
55.13	37	38.14	0.031
单点最大预测误差		0.1843	
平均预测误差		0.0595	
平均预测精度		94.05%	

由电价灾变灰色预测模型可以得到预测的电价灾变时刻集

$$\tau'=\{t'_1, t'_2, \cdots, t'_q\}$$
$$=\{6, 7, 10, 13, 16, 18, 20, 23, 25, 26, 29, 33, 36, 38\} \quad (6-87)$$

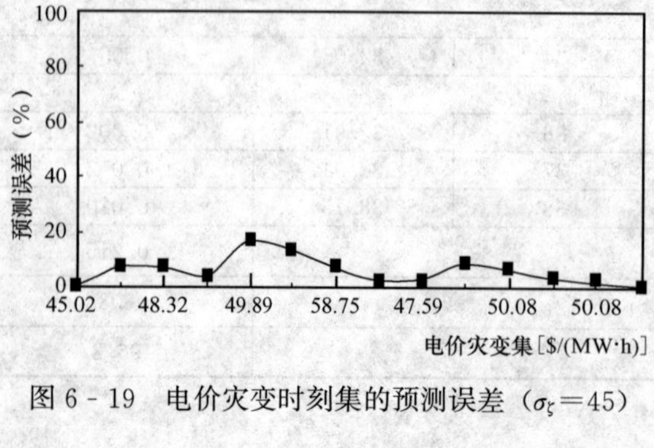

图 6 - 19　电价灾变时刻集的预测误差（$\sigma_\zeta=45$）

此时，预测的电价灾变时刻集与原始电价灾变时刻集之间的误差集合为

$$\varepsilon(\%)=\{0, 7.0, 7.4, 3.4, 18.4, 13.0, 7.1, 1.7, 2.5, 8.9, 6.5, 3.3, 0.9, 3.1\} \quad (6-88)$$

图 6 - 19 所示为 $\sigma_\zeta=45$ \$/（MW·h）时的预测误差曲线。由误差集合表达式(6 - 88)和图 6 - 18 可知，电价灾变时刻灰色预测模型的最大预测误差为 18.4%，仅出现在第 21 点；平均预测误差为 5.95%，整体平均预测精度达到 94.05%。

五、电价预测与灾变预警系统设计

1. 系统设计原理

在现货电价预测模型和电价灾变预测模块的基础上，可以创新性地设计能在电力市场环境下闭环运行的“现货电价预测与电价灾变预警系统”。

图 6 - 20 为该系统的设计原理图，其核心模块主要有三个。

（1）现货电价灰色混沌预测模块——Grey-chaos Forecasting Model。

（2）电价灾变时刻预测模块——Forecasting：Price Mutation。

（3）基于 Internet/Intranet 的交互式信息发布和电子商务模块。

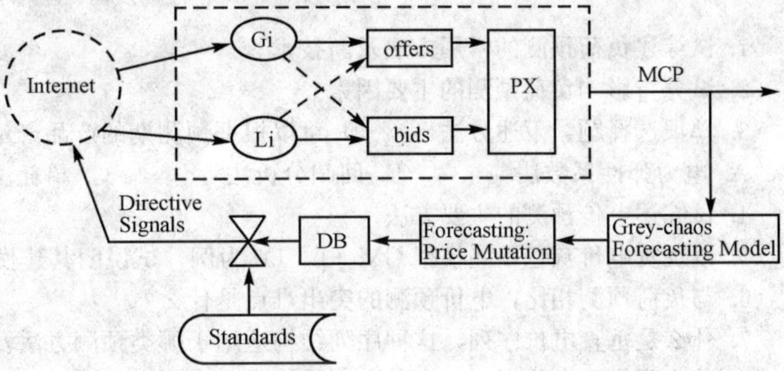

图 6 - 20　现货电价预测与灾变预警系统原理图

该系统同时考虑了现货电价预测、电价灾变时刻预测、市场参与者报价策略调整、网上信息发布与管理，以及电子商务软件的要求。随着这一系统的不断完善，它将成为电力市场中新的能量管理系统的重要组成部分。

2. 系统主要模块及其工作流程

（1）市场成员 Gi（发电商）或 Li（电力用户）进行报价，提出各自的 offers 和 bids。对发电商而言，要想作出高质量的报价，必须考虑发电的边际成本、对市场电价的预测和心理限度、分摊输电成本及网损等因素。这些重要的因素已在本书的相关章节中进行了阐述。

（2）电力交易中心 PX（Power Exchange）结合供需平衡、辅助服务及网络约束情况，运用竞拍和交易迭代程序确定市场清算价 MCP。也就是说，正式交易前电力买卖双方向 PX 提交指定时段的供电和用电价格，PX 在得到所有竞标者的竞价数据后，用专用软件对交易双方的竞价数据进行汇总，根据供需平衡的原则找出同时满足竞标者要求的价格及成交量，该电价即为市场清算价（MCP），相应的电量即为市场清算电量 MCQ（Market Clearing Quantity）。

（3）启动现货电价灰色混沌预测模块——Grey-Chaos Forecasting Model，该软件模块的基本任务是：根据历史电价数据和最新电价样本不断构造“新陈代谢电价序列”，滚动预测次日或下个交易时段的现货电价，并将预测结果保存在数据库 DB 中。预测模型所用的电价信息直接从 EMS 的电价数据库中获取，其数据库的发送端将信息加密、打包后发送接收端（即电价灰色混沌预测模块）再对电价信息解密和开包后使用。

滚动预测模型参数的不断变化，实际上是对电力市场行为的不断适应的过程，因而为整个系统的自适应控制奠定了基础。

（4）启动电价灾变预测模块“Forecast：Price Mutation”，该软件模块的基本任务是：根据现货电价的历史灾变时刻集，预测未来电价灾变发生的时刻。此外，根据需要该软件模块还可以对市场价格的走势及价格间隙进行评估。

（5）将电价预测值与标准数据库“Standards”中的阈值或戴帽价格进行比较，决定是否发出预警信号、灾变信号或调控信号。当出现电价灾变时，将由该系统发出强制性的调控指令“Directive Signals”。

（6）通过 Internet、Intranet 和 OASIS（即时信息系统），根据相关规则发布现货电价及电价灾变等信息。这些内容涉及电力市场技术支持系统平台建设的问题，在未来一个时期内其总的技术路线应该是：统一平台规范；JAVA 语言平台；COABA 公共对象代理结构（非强制性）；多层结构体系——非实时系统建议采用的结构；电子数据交换 EDI（自定义中国的实用子集）；扩展超文本标志性语言 XML；硬件物理隔离；防火墙；密钥技术。

（7）不同级别的市场成员可以根据自己的权限，借助 IE 或 Netscape 浏览器，通过电子商务交易系统（E-commerce Network）做出反应，及时调整自己的报价策略。市场成员的弹性报价将对次日的市场清算价产生直接影响。

（8）经过上述七个步骤或过程，电价预测与灾变预警系统将自动返回步骤（1），进入新的操作循环。

这样就保证了电力市场的高效和经济运行，有利于改革目标的实现，即电力工业为整个国民经济的发展提供低成本的平台。

习题与思考题

1. 试综述负荷预测的常用方法及新技术。
2. 试分析影响负荷预测的主要因素。
3. 单项选择题：下述方法（　　）可以根据预测期的产品产量和用电产品的单位耗电量来预测用电量。
A. 电力弹性系数法　　B. 回归分析法　　C. 单耗法　　D. 时间序列法
4. 试综述电价预测的主要方法。
5. 以现货电价灰色预测模型 GM（1，1）为例，试说明其建模原理及实现步骤。
6. 与负荷预测相比，电价预测的突出难点是什么？
7. 什么是垂直电价序列，这种序列结构适用于哪类预测方法？
8. 什么是水平电价序列，这种序列结构适用于哪类预测方法？
9. 什么是电价突变，其技术内涵是什么？
10. 什么是价格间隙，其技术内涵是什么？

第七章 电力市场输电服务分析

第一节 输电服务的基本概念

一、输电服务的定义

输电服务是指将电能从发电厂安全、优质地输送到用户的全过程。具体而言，输电服务需要完成三种服务：输送服务、辅助服务和管理服务。输送服务和管理服务是电力市场最基本的服务，而辅助服务则是竞争型电力市场中出现的新问题。

输电服务的基本属性可用输电量的大小、合约的严格程度、输电时间特性、交易的收点和发点、网损分摊的公平与合理性等特征加以描述。

二、输电服务研究的历程

输电服务研究大致经历了三个发展阶段。最初是“定性研究阶段”，探讨输电服务的内容、费用构成及定价原则。后来发展到“定量研究阶段”，运用先进的电网分析和费用优化方法，结合经济学原理和电力市场的特点，研究能量流、资金流和信息流问题，对输电服务进行计费和定价。目前已进入“概率研究阶段”，考虑发电、负荷、输电设备可靠性及交易的不确定性，结合模糊数学、博弈论、混沌学、遗传算法等先进理论发展概率负荷预测、概率潮流、交易风险分析、输电可靠性及安全性价格等算法，使输电费用计算具有更强的科学性和预测功能，更加符合输电服务的客观实际。

三、输电服务分类

基本的输电服务可以归纳为六种类型：①点对点严格长期交易；②点对点严格短期交易；③点对点非严格适时执行交易；④点对点非严格适时终止交易；⑤网络严格交易；⑥网络非严格交易。

严格交易是指，只有事故时才允许终止的输电交易。非严格交易是指条件许可时执行的交易（适时执行），或在特殊条件下需要终止的交易（适时终止）。

四、输电服务分析的研究内容

输电服务分析用于解决电网投资与运行问题。输电服务价格反映的是电网在电力交易中的地位与价值。输电服务的费用应能覆盖电网的所有运行成本（正常的运行调度、网络损耗、检修和维护等），并满足电网长期发展的需要。

输电服务分析的内容有两个方面：输电费用计算和输电定价。输电费用计算就是要考虑采用什么方法来定量表示输电服务的成本（包括各种附加费）。输电成本包括固有成本和扩展成本两部分。固有成本主要包括：电网资产（线路、变电所等）净现值（成本），运行维护费，辅助服务成本，拥塞成本和电网损失；扩展成本是指根据电力系统规划进行扩建的成本。

计算输电成本和进行输电定价是两个不同的问题。这是因为，计算成本是为了量化单一服务或一组服务所需的费用，而输电定价则是为了将输电成本在所有的电网使用者之间合理地进行分配。发电商和用户都是输电服务的客户，理应共同承担输电服务的费用。在垂直一体化的电力系统中，所有费用都转嫁给终端用户。在电力市场模式下，输电定价必须从公平、公正的角度出发，解决由谁承担，以及各自承担多少输电费用的问题。

输电定价应遵循长期输电定价需要考虑电网的投资回收问题，以及短期输电定价应当使输电价格成为电力市场中最优的经济指导信号的原则。

五、输电服务分析的步骤

输电服务分析应分三个层次进行。这三个层次是：数据准备、输电费用分析与计算和输出电价。数据准备阶段考虑的问题有：接受客户的输电服务请求（投标），获取电网参数和信息和研究定价模型。输电费用分析与计算阶段考虑的问题有：输电服务分类、费用计算及输电定价。输出电价阶段解决的问题是：确定每一具体费用项及确定最终输电价格。输电服务分析的大致过程如图 7 - 1 所示。

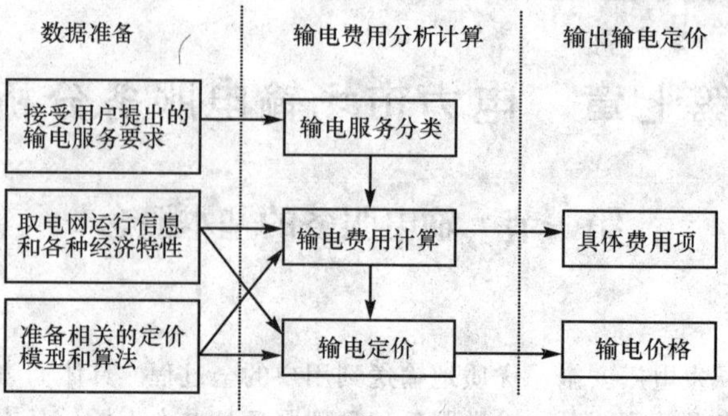

图 7-1 输电服务分析过程

第二节 输电服务费用的构成

输电费用与输电服务类型密切相关，通常可将其划分为三个部分，即输电主服务费用、辅助服务费用和管理服务费用。其中，管理服务费用所占比例很低，不起主要作用。

一、输电主服务的费用

输电主服务又称电力输送服务，它是输电服务中最重要和最基本的一项服务，其费用构成如下：

（1）电网设备使用费或占用费。电网设备使用费的分摊原则是，谁使用电网设备，谁分担设备费用。该问题的难点在于，按什么物理量，如何考虑合同约束和系统运行约束，怎样合理、透明地进行分配。

（2）电网扩建费用。电网扩建费用由所有用户分担，而接网费一般由新用户负担。

（3）网损分摊和维护费。

（4）阻塞费用。阻塞是指发电竞争提出的输电服务要求超过了电网的实际输送能力。由于阻塞问题的重要性，它在美国能源管制委员会（FERC）颁布的 2000 法案中占有很大篇幅。FERC 为此提出了两个原则，并倾向于采用输电权交易的市场机制缓解系统阻塞。这两个原则是：发电费用或报价较低者拥有电网使用优先权；最能实现自身价值的受电者具有优先权。

阻塞费用可理解为一种机会费用。正如维持系统平衡的费用应由导致不平衡的市场成员支付一样，如在新西兰实行的强制损失金和强制补偿金，输电阻塞调度的费用应由引起阻塞的市场成员支付。因此，将阻塞调度费从保持系统平衡的费用中区分出来是必要的。在处理阻塞费用的时候，一方面应避免新的乱收费问题，另一方面在缺电的卖方市场或在结构不合理的系统中，由于经常会出现拥堵现象，电力市场的经营者不能无限期地只靠提价、罚款来改善自己的效益和限制负荷增长，而应加大投资，改善网络结构，提高输电能力。因此，阻塞费用的核算和对定价过程进行监管就显得尤为重要。

二、辅助服务的费用

（1）辅助服务定义。在输电服务中，为保证电能质量和系统安全而采取的任何辅助措施，统称为辅助服务。在传统电力系统中，不区分主服务和辅助服务，所有的费用都包括在电费中。在电力市场中，应该明确辅助服务的项目类别，研究成本核算的理论依据及定价的方法。

各国对辅助服务的定义及内容没有定论，经营模式也有很大差别。例如，英国和阿根廷采用全网统一型的辅助服务模式，而美国加州、新西兰等则采用投标和双边合同相结合的模式。

（2）辅助服务费用。辅助服务采取分类计价的方法，不同的辅助服务操作可以采取不同的定价原理。辅助服务一般包括负荷跟踪与频率控制（AGC）、有功备用服务、无功备用和电压控制服务（能向节点注入或从节点汲出无功容量）、发电再计划（校正计划）、平衡交易（补偿实际交易与计划交易的差额）、黑启动（事故恢复服务）等。

辅助服务的价格与电能价格一起构成了电力市场价格体系的基础。无论主服务，还是辅助服务，均可按照费用的变动性质分成固定成本和可变成本两个部分。固定成本反映服务的投资、折旧、运行和维护费、还本付息等，并以容量费的形式表示。可变成本则反映网损、阻塞等费用，并以电量费的形式表示。

第三节　输电服务研究的意义及技术思想

电力市场有效竞争最重要的标志是电网开放。在互联电力系统中，有两种典型的方式建立和理解开放的电网环境。第一种方法是，将使用第三方输电网视为另外两方的一种交易，进而确定交易的影响和费用。这与美国的跨区输电，又称转运（Wheeling）模式相对应，适应于初级电力市场模式。第二种方法是，将输电看成是保证竞争必需的服务。在提供输电服务的过程中，不考虑电网所有权，分离电网投资和输电业务。这一模式适合于比较成熟的电力市场，它被电力市场比较发达的国家，如英国、澳大利亚、新西兰、阿根廷、智利、秘鲁、哥伦比亚等广泛采用。

输电服务始终是电力市场中最关键和最热门的话题。在开放的电力市场环境中，由于输电开放的要求，输电服务定价必须独立进行，它是实行独立上网电价和销售电价的前提。从经济学意义来说，输电服务的关键任务是输电成本分摊、网损分摊、阻塞管理和输电费用结算。输电成本分摊要解决两个问题，一是网络接入接出设备及扩建成本的分配，另一个是输电网络自身成本的分摊。网损分摊要解决的问题是，在所有市场成员之间合理分配每条支路和整个网络的功率损失。

近年来，国内外对输电定价和成本分摊进行了大量的研究。由于输电是电力市场中最复杂的环节，而且各国具有不同的法律体系和市场形态，因而导致分摊方法的多样性。此外，由于系统运行必须与市场运营有机地结合，既要在技术上满足安全、可靠和连续发输电的要求，又要在经济上满足竞价、竞争和市场均衡的规则，这也造成了算法的复杂性和多变性。目前提出的具有代表性的算法各有优缺点，理论尚未成熟，争议的焦点集中在以下几个方面：交叉补贴问题；程序简洁与透明与否；管制效率；投资的完全回收；经济信号指示器和收费连续性。其核心可概括为效率优先原则、客观性原则和可操作性原则三个原则。

目前的电力市场大都采用一些比较简单实用的方法，这主要是由于对竞争环境下新的分配算法的研究远未达到成熟的地步。换句话说，目前还没有一种方法能够同时满足效率优先、客观性及可操作性的原则。与此同时，输电成本和网损的公平分摊将对电力市场的运营效率和市场成员的交易积极性产生重要影响。因此，研究输电成本和网损的公平分摊方法具有非常重要的意义。

本章将对基于成本的输电成本分摊方法和网损分摊方法进行研究。在输电成本分摊方面，将分析边际成本法、嵌入成本法、综合嵌入/边际成本法以及潮流跟踪成本分摊方法的特点及其应用情况。在网损分摊方面，将研究基于二次网损公式的分摊方法、基于网损微增率的分摊方法和基于潮流跟踪的分摊方法。需要说明的是，尽管输电成本分摊和网损分摊理论各具特色，但某些分摊思想和方法对两者都是适用的。

为解决电网改革中的急迫问题，当前应重点解决网损分摊的算法及具体分摊方案。根据电路理论，交流电路中的功率不能用叠加原理进行计算，目前的网损分摊不存在基于严格理论的方法，任何分摊方案都只是基于某种原则并使参与者能够接受的近似方法。由于我国的现货电力市场采用Pool交易模式，采用潮流跟踪方法可以满足其市场要求，而且能够将网损分摊到每个双边合同或多边合同的交易对象。

潮流跟踪方法的基本思想是，在求解网络最优潮流解的基础上，依据顺向跟踪和逆向跟踪原理，按照解耦潮流，分别在P网和Q网中计算每个发电商或用户的有功和无功潮流，然后按其对每条线路的利用程度分摊相应的输电成本或网损。这种方法概念清晰，分配结果比较合理，容易被市场成员理解和接受。为此，本章将在研究国外电力市场网损分摊比例的基础上，提出先进的网损分摊程序设计思想。即，将每条支路的网损通过同向遗传和累加，按照事先确定并可调整的比例，首先同时向发电侧和消费侧利益集团进行分摊，然后再详细分摊至所有的市场成员。

第四节　输电定价的理论方法

基于成本进行输电定价和网络成本分摊是最基本的方法。除了基于报价过程的输电定价方法外，现有的输电定价模式几乎都是基于成本的。输电定价和网络成本分摊应遵循的原则是：谁使用，谁付费；所有费用应分摊到每个交易合同的参与者。输电定价和网络成本分摊方法可以归纳为三类：边际成本法，嵌入成本法和综合定价法。

一、边际成本定价方法

如前所述，边际成本定价可分为长期边际成本法和短期边际成本法两种。

1. 长期边际成本法

长期边际成本法，是根据输电公司执行输电合同时引起的总成本的边际变化作为定价的依据。在实施过程中，它又有标准长期边际成本法和长期全边际成本法两种。

标准长期边际成本法，使用常规的规划程序确定网络的扩展部分以及有无转运业务时的投资计划；针对每项业务，需精确分配长期的边际成本。长期全边际成本法，认为转运业务不能使用电网中现存的剩余容量，强迫沿着转运路径扩展网络，并对每项转运业务分别进行网络扩展。因此，长期全边际成本法不存在成本分摊的问题。

长期边际成本法，需要依赖对长期网络成本和系统负荷的准确把握。由于这些数据的高度不确定性，导致该方法的定价结果高度易变。因此，在实际电力市场的输电定价方法中，很少考虑这样的方案。

2. 短期边际成本法

短期边际成本法不考虑电网固定资产的折旧与回收，只考虑输电贸易引起的电网运行成本的微增变化，根据电网短期边际成本计算输电价格。输电运行成本包括网损、系统约束成本及维护费用，边际运行成本是指因输电贸易而引起的运行成本的微增变化。

由实时电价理论知，由于存在网损和系统约束，不同节点的电价存在空间差异。系统的边际网络收入或盈余来源于实时电价的这种差别，可用公式表示为

$$\sum_{k}\lambda_k(d_k-g_k) \tag{7-1}$$

式中：λ_k，d_k，g_k 分别为节点 k 的实时电价、负荷功率和发电功率。

在计算出线路 l 的边际年收入 NR_l 后，其附加费模型可以表述为

$$CC_l=\max\{\text{Annualcost}_l-NR_l,0\} \tag{7-2}$$

式中：Annualcos t_l 为线路 l 的年度总成本；CC_l 为线路 l 的附加费额度。一般情况下，$NR_l<$Annualcos t_l，进而 Annualcos $t_l-NR_l>0$。

解决附加费分摊问题有三种常见的方法：

(1) 直接调整边际电价。按照某些标准，采用追加项、乘数项或 Ramsey 价格等，在边际网络收入和网络总成本之间进行匹配。这种方法理论上虽然可行，但因人为干涉因素太重而从未真正付诸实施。

(2) 按照所谓的“利用程度”进行分摊。它是根据用户对网络的使用程度进行分摊。常规嵌入成本法虽可分摊这种费用，但因存在问题较多而很少采用。另外两种方法则相对比较成熟，它们分别是边际参与因子法 MAPF（Marginal Participation Factors）和平均参与因子 MEPF（Mean Participation Factors）。

(3) 效益分摊法。按照市场成员从每个输电设备获得经济效益的大小进行分摊，具体方法有 BF（Benefit Factors）效益因子法等。

边际定价是竞争性电力市场的一种基本定价方法，在不少国家如阿根廷、智利、中美洲、英格兰和威尔士和西班牙等得到了广泛应用。短期边际成本法的优点是在运行过程中考虑了系统的各种约束，具有较好的经济导向作用，能够回收网络的可变运行成本，而且符合经济学意义上的市场效益最大化原则。其最大的缺点是，用于输电定价和成本分摊时，存在营运收入与支出的巨大间隙。典型情况下，如果单纯按短期边际成本法收费，其边际网络收入大约只占总成本的25%。以智利电力市场为例，其线路的年输电费用收入与支出相比，仅占10%～40%，最低只有1%左右。为此，需要人为设定一笔数量不菲的附加费，并通过前述多种方法分摊后才能保证输电成本的全部回收。

这种用附加费实现收支平衡的做法，形成了新的交叉补贴现象，反过来又在很大程度上淹没了短期边际成本法自身所具有的经济导向作用，给其应用带来很大限制，因而受到许多学者的批评。短期边际成本法和长期边际成本法的特点见表7-1。由此可见，在输电定价理论方面，纯粹用边际成本法定价是不能满足要求的。

表 7-1　**边际成本定价的特点**

定价方法	优　点	缺　点
短期边际成本法	1）能提供经济运行信号 2）能计算增加的网损和边际成本 3）符合物理定律	1）不考虑系统扩展成本 2）无法回收网络固定成本
长期边际成本法	1）能提供经济运行信号 2）能计算增加的网损和边际成本 3）符合物理定律 4）能考虑系统扩展成本	1）难于执行 2）与线路成本不一致

二、嵌入成本定价方法

嵌入成本法的基本思想是，根据输电网提供输电服务时的总成本，按照某种分摊原则求解输电的平均成本，然后分摊到合同或每个成员。最流行的嵌入成本法主要有，邮票法、合同路径法、基于距离的兆瓦—英里法和基于潮流的兆瓦—英里法。近年来出现的其他某些形式的嵌入成本分摊方案，基本上都是以此为依据进行设计和改进的。

这类方法共同的优点是：可以共同分摊和回收输电总成本，价格稳定，易于理解和实现。其不足之处在于：缺乏经济背景和提供经济导向信号的能力，无法反映未来投资和费用的变化，体现不出各种交易分别对网络造成的影响。

1. 合同路径法

交易双方在功率注入点与流出点之间确定一条输电容量充足的连续路径，这条路径称为合同路径。合同路径法假定，本交易的潮流只在合同规定的路径中流动而与网络的其他部分无关。因此，网络收费仅限于指定合同路径中使用的设备。合同路径法的最大问题是由于合同路径与物理路径不符带来的并行流和逆向流问题。

（1）逆向流问题。逆向流问题可用图 7-2 加以说明。假定有两份双边合同，其合同路径及交易功率（MW）分别为

$$P_{G1} \to P_{L4}：50\text{MW}$$
$$P_{G3} \to P_{L2}：50\text{MW}$$

其物理路径为

$$P_{G1} \to P_{L2}：50\text{MW}$$
$$P_{G3} \to P_{L4}：50\text{MW}$$

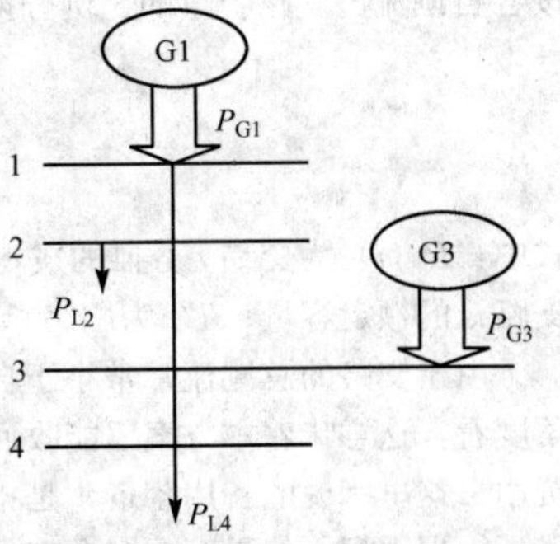

图 7-2　逆向流问题

可以看出，在线路 2—3 上存在大小相等的两个反向交易流。由于物理路径与合同路径明显不符，导致支路 2—3 中的实际潮流等于零。此时带来的问题是，按照合同路径收取线路 2—3 的成本和按照物理路径收取相应的费用，其结果相差很大。在这种情况下，由于线路 2—3 并未承担电力传输的任务，显然不应该全部按其成本收费，最多只能收取相应的容量费或提供安全备用的可靠性费用。

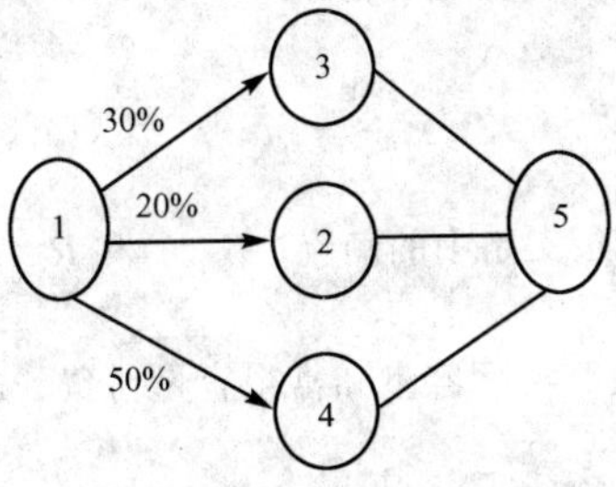

图 7-3　并行流问题

（2）并行流问题。并行流问题可用图 7-3 加以说明。系统 1 向系统 5 出售电力，其合同路径为 1—2—5，按约定该合同只需分摊系统 2 的输电费用。然而由图 7-3 可知，系统 1 向系统 5 提供电力的物理路径为：1—2 仅提供 20%，1—3 提供 30%，而 1—4 提供的比例更是高达 50%。其带来的问题是，并行流 1—3—5 和 1—4—5 的作用被忽视了。换句话说，系统 2 仅承担 20%的潮流，却能得到所有的金钱；系统 3 和系统 4 平行承担更高的潮流，却得不到任何补偿。

此外，并行流给非合同路径带来的阻塞问题及其解决办法也有待深入进行研究。

2. 邮票法

邮票法是根据每笔交易在高峰时段有功功率的大小分摊网络的总成本。在总成本中，包含了整个电网的输电容量成本和运行成本。其邮票价格为

$$\lambda_t = \frac{TC}{P_{s \cdot peak}} \tag{7-3}$$

式中：TC 为网络总成本；$P_{s \cdot peak}$ 为高峰时段整个系统的有功负荷；λ_t 为传输单位功率的邮票价格。由此可以计算出任何一个交易 t 的收费额度

$$R_t = TC \cdot \frac{P_t}{P_{s \cdot peak}} \tag{7-4}$$

式中：P_t 为交易 t 高峰时段的功率；R_t 为交易 t 应分摊的费用。

分析可知，邮票法只按照功率大小分摊总成本，不考虑系统的实际运行情况、交易地点和运输距离的差别。这种方法无法考虑用电的不同需求，也无法向用户传递用电的经济信号。

3. 基于距离的 MW-Mile 法

这类方法按照交易功率与传输距离的乘积的大小分摊网络的成本。其思路与邮票法没有根本区别。假设某个交易 t，其合同交易功率为 P_t，该合同功率的注入点与流出点之间的距离为 X_t，则交易应承担的输电服务的费用为

$$R_t = TC \cdot \frac{P_t \cdot X_t}{\sum_t P_t \cdot X_t} \tag{7-5}$$

式中：TC 为网络总成本；R_t 为交易 t 应分摊的费用。

4. 基于潮流的 MW-Mile 法

这类方法是按照每个交易对输电设备的“利用份额”的多少，分摊输电服务或网络的成本。利用份额的合理与否直接关系到用户的切身利益。针对如何确定“利用份额”的大小，出现了多种不同的定价方法。

（1）标准容量 MW-Mile 法。首先用 OPF 程序计算发电出力或负荷在每一支路中引起的潮流分布，然后按各自潮流占支路容量的比例分摊成本

$$R(t) = \sum_k C(k) \frac{|f_k(t)|}{\overline{f}_k} \tag{7-6}$$

$$TC = \sum_{allk} C(k) \tag{7-7}$$

式中：$R(t)$ 为交易 t 分摊的成本；$C(k)$ 为支路 k 的成本；$f_k(t)$ 为交易 t 引起的支路 k 的潮流；$\overline{f}_k$ 为支路 k 的额定容量；TC 为网络总成本。

由于支路的总潮流常常小于自身的容量，上述分配规则常常不能收回所有的嵌入成本。从输电规划的角度看，这意味着本方案仅能收回“基本运行方式”下的网络成本，而无法回收与输电备用容量相对应的费用。这里所说的备用容量，是指支路容量与实际潮流的差额。

根据观察，如果存在多个交易同时利用一条线路，而且在该线路中存在逆向潮流，则会存在多收费的问题。该方法比邮票法的分配思想有所进步，而且如果作些简化假设，还可进行输电的最优规划，但同样由于没有经济背景而受到批评。

（2）绝对值法 MM（Modulus Method）。为能使 MW-mile 法回收全部的网络成本，将式（7-6）分母中的支路容量 $\overline{f}_k$ 用所有经过该支路的交易潮流的绝对值之和取代

$$R(t) = \sum_k C(k) \frac{|f_k(t)|}{\sum_s |f_s(t)|} \tag{7-8}$$

式中，$f_k(t)$ 为交易 t 引起的支路 k 的潮流；$f_s(t)$ 为第 s 个交易在第 k 条支路中的潮流；$C(k)$ 和 $R(t)$ 的含义同式（7-6）、式（7-7）。

从输电规划的意义上讲，所有的市场成员都须为当前运行方式下的线路实际容量和富裕容量付费。这部分富裕容量起着备用的作用，它的产生可能有两个原因。

1）为满足系统可靠性和安全性专门预留的容量。

2）因设计或规划错误造成的容量冗余，它可能因规划中固有的不确定因素所引起。

经分析发现，采用绝对值法能够全部回收成本，但没有任何激励作用能够促进用户自觉地为缓解拥堵，改善系统性能或推迟输电投资做出努力，而且还会为错误规划和投资形成的多余容量而付费，也就是说不具备经济导向的功能。

(3) 零收费反向流法 ZCM (Zero Counterflow Method)。该方法的思路是，交易自身潮流与网络潮流相反的用户将不收取任何费用。只有与网络潮流一致的交易客户才按照各自潮流所占的比例付费，计算公式为

$$\left.\begin{aligned}&[f_k(t)>0]\quad R(t)=\sum_k C_k\frac{|f_k(t)|}{\sum\limits_{s\in\Omega_{k+}}|f_k(s)|}\\&[f_k(t)\leqslant 0]\quad R(t)=0\end{aligned}\right\}\tag{7-9}$$

式中：Ω_{k+} 为支路 k 中具有正向潮流的交易集合，$f_k(t)>0$ 表示交易 t 为正向潮流，$f_k(t)<0$ 表示交易 t 为反向潮流。

这种方法的核心思想是假定网络潮流的减少具有正效益，即使收费用的实际潮流超过线路的安装容量也是允许的。此外，对于轻负荷回路，当网络潮流改变方向时收费将因出现跃变而导致不连续。实际上，在负荷高峰期实行反向流的零收费政策有利于减少网络阻塞，提高运营的效率，是值得鼓励的。但是，是否在任何情况下都要鼓励反向潮流交易仍是一个有争议的话题，最主要和最关键的问题是要解决收费的连续性。

(4) 主导潮流法 DFM (Dominant Flow Method)。该方法是 MM 和 ZCM 的综合，它试图克服这两者的缺点。该方法把支路成本的分摊额 $R(t)$ 分成 $R_1(t)$ 和 $R_2(t)$ 两个分量，即

$$R(t)=R_1(t)+R_2(t)\tag{7-10}$$

1) $R_1(t)$ 的作用。$R_1(t)$ 对应于实际使用的支路容量，称为基本容量。该容量与回路净潮流相对应，相关成本仅由正向潮流的参与者分摊，即，正向潮流与网络净潮流 f_k 的方向相同。这部分成本的分配标准与式 (7-9) 描述的 ZCM 法相同，只需将回路 k 的总成本 C_k 更换为 C_{Bk}

$$C_{Bk}=C_k\times\frac{f_k}{\bar{f}_k}\tag{7-11}$$

式中：C_{Bk} 为支路 k 的基本容量的成本；$\bar{f}_k$ 为支路 k 的额定容量。

2) $R_2(t)$ 的作用。$R_2(t)$ 对应于潮流差值 $\bar{f}_k-f_k$，即额外容量或回路备用容量。由于所有参与者都有可靠性的要求，这部分成本理应由所有参与者共同承担。其分摊公式与式 (7-8) 相似，只需将其中的 C_k 替换为 C_{Ak}，即

$$C_{Ak}=C_k\times(\bar{f}_k-f_k)/\bar{f}_k\tag{7-12}$$

三、综合嵌入/增量成本定价法

它由短期边际成本法和嵌入成本法组合而成，其定价思路如图 7-4 所示。该方法的特点是：用短期边际成本法对输电可变成本进行定价和收费，具有较好的市场经济信号；用嵌入成本法对输电固定成本进行分摊和完全回收。

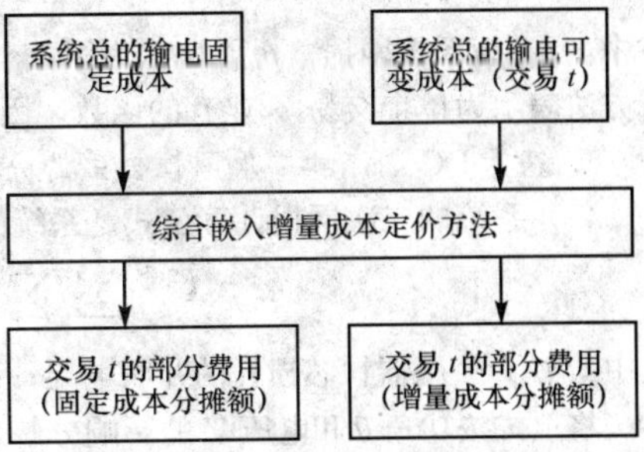

图 7-4 综合嵌入/增量成本法定价过程

与发电侧定价不同的是，输电定价不能完全采用边际成本法。这是因为，在输电服务的总成本中，固定成本远大于可变成本，如果采用边际成本定价，将无力回收所有的投资和运营成本。由此可见，综合类定价方法具有良好的应用前景。

尽管如此，这种方法仍有一些不足之处。例如，作为回收固定成本的四类常规嵌入成本方法，会在一定程度上歪曲边际成本定价所提供的经济信号，而且常会出现收费不连续的现象。因此，研究新的输电固定成本和网损分摊方法是非常必要的。

四、输电固定成本的潮流跟踪分摊方法

近年来出现的以潮流分布为基础，依据潮流跟踪原理分摊输电固定成本的方法受到人们的普遍重视，对其进行的改进和完善始终没有停止过。研究的主要问题和争议的焦点集中在以下几个方面，其中的有些

问题在网损分摊程序中同样存在。

（1）输电固定成本的动态化处理。

（2）是否采用P、Q解耦网络分别解决有功传输设备和无功平衡设备相关的费用。

（3）基于视在功率模值的潮流跟踪方法的数学和物理意义。

第五节　输电服务中的网损分摊

输电系统的网损一般只占总电力交易的3%～5%，比例虽小但累计效应不容忽视。根据作者的观点，电力市场对网损的处理分两种情况进行。第一种是全网采用节点定价（实时电价）的情况。由于实时电价的求解方程式中已经包含了系统的功率平衡方程式，其对偶变量能够反映有功、无功电价及各种起作用约束集的情况，因而无需再单独进行网损的计算和收费。第二种是采用MCP市场清算价的情况，此时需要单独计算网损并进行分摊和收费，这也是本节将要探讨和解决的问题。

网损计算和分摊有许多种方法，本文将对DC潮流二次网损分摊法、DC潮流网损微增率法、AC潮流网损微增率法，以及潮流跟踪分摊法进行详细分析和研究，并对作者设计的潮流跟踪网损分摊程序进行重点介绍。

一、基于二次网损公式和网损微增率的分摊方法

基于网损公式和网损微增率的分摊方法，困难之处在于对网损因子交叉项的处理。同样，无论哪种以网损公式分摊的方法，如用节点注入功率或用支路潮流表达的公式，都会由于潮流或网损方程式的非线性特性而难以准确地将网损表达成每个交易贡献量的数学关系式，因此不可避免地都要进行一些简化和假设。

（1）网损分摊的目的。满足物理潮流的约束；确定每个交易引起的网损数量；修正分摊结果使之与系统总网损相匹配。

（2）网损分摊的假设条件。在给定时间段内只考虑一组双边或多边交易；潮流解由调度中心提供；潮流解和松弛母线不变；不计入辅助服务交易；与每笔交易生效的先后次序无关。

（3）电力交易的向量表示。假设系统有n个节点和t个交易，第k个交易可表示为

$$p(k)=[p_1(k),\cdots,p_i(k),\cdots,p_n(k)]^T \tag{7-13}$$

式中：$p_i(k)>0$表示第i节点在第k个电力交易中的售电量；$p_i(k)<0$表示第i节点在第k个电力交易中的购电量；$p_i(k)=0$表示第i节点不参与第k个电力交易。

系统总网损与每个交易向量之间的关系可以描述为

$$p_{\text{loss}}=p_{\text{loss}}(\theta,V)=\sum_{k=1}^{t}p_{\text{loss}}(k) \tag{7-14}$$

式中：p_{loss}为系统网损；$p_{\text{loss}}(k)$为第k个交易承担的网损，它是所有交易的不可分非线性函数，无法用解析方法表示为单个交易$p(k)$的函数。因此，在实际中只能采用近似的方法。

1. 基于DC潮流和二次网损公式的分摊方法

（1）系统的二次网损计算公式。系统的网损公式为

$$p_{\text{loss}}=\frac{1}{2}\sum_{i=1}^{n}\sum_{j=1,j\neq i}^{n}[g_{i0}V_i^2+g_{ij}(V_i^2+t_{ij}^2V_j^2-2t_{ij}V_iV_j\cos\theta_{ij})] \tag{7-15}$$

式中：g_{i0}为变压器铁芯损耗的并联电导；g_{ij}为支路电导；t_{ij}为变压器非标准变比。

将上式按功角θ和电压V的影响分解成p_{loss}^{θ}和p_{loss}^{V}两部分，可构成如下的二次网损计算公式

$$\left.\begin{aligned}p_{\text{loss}}&=p_{\text{loss}}^{\theta}+p_{\text{loss}}^{V}\\p_{\text{loss}}^{\theta}&=\frac{1}{2}\sum_{i=1}^{n}\sum_{j=1,j\neq i}^{n}t_{ij}g_{ij}V_iV_j(\theta_i-\theta_j)^2\\p_{\text{loss}}^{V}&=\frac{1}{2}\sum_{i=1}^{n}\sum_{j=1,j\neq i}^{n}[g_{i0}V_i^2+g_{ij}(V_i-t_{ij}V_j)^2]\end{aligned}\right\} \tag{7-16}$$

其中，p_{loss}^{V}占总网损的比例一般不超过20%。

（2）基于直流潮流的二次网损分摊方法。将式（7-16）的p_{loss}^{θ}用矩阵形式表达

$$p_{\text{loss}}^{\theta}=\theta^{T}H\theta \tag{7-17}$$

其中，矩阵 H 的元素为

$$\left.\begin{aligned}H_{ij}&=H_{ji}=-t_{ij}g_{ij}V_iV_j\\H_{ii}&=\sum_{i=1}^{n}\sum_{j=1,j\neq i}^{n}t_{ij}g_{ij}V_iV_j\end{aligned}\right\} \tag{7-18}$$

根据直流潮流方程式

$$B\theta=p=\sum_{k=1}^{K}p(k) \tag{7-19}$$

式中：B 为网络系数矩阵。将式（7-19）代入式（7-17）可得

$$\begin{aligned}p_{\text{loss}}^{\theta}&=\theta^{T}H\theta=p^{T}(B^{-1})^{T}HB^{-1}p=p^{T}Mp\\&=p^{T}M\sum_{k=1}^{K}p(k)\approx\sum_{k=1}^{t}p_{\text{loss}}(k)\end{aligned} \tag{7-20}$$

其中的对称矩阵 M 和第 k 个交易承担的网损 p_{loss}（k）分别为

$$M=(B^{-1})^{T}HB^{-1} \tag{7-21}$$

$$p_{\text{loss}}(k)=p^{T}Mp(k) \tag{7-22}$$

据报道，用 p_{loss}^{θ} 进行 DC 潮流二次网损分摊的误差大致在 $-2\%\sim+5\%$ 之间。为此，仍需人工进行修正。经过修正的第 k 个交易承担的网损 p_{loss}（k）为

$$p_{\text{loss final}}(k)=\frac{p_{\text{loss}}^{\theta}+p_{\text{loss}}^{V}}{p_{\text{loss}}^{\theta}}\cdot p_{\text{loss}}(k) \tag{7-23}$$

这种方法的优点是，可把系统总网损分摊到每个不同的交易合同。存在的问题是，仍然需要对交易的分摊公式进行人为修正。此外，由于式（7-21）描述的矩阵 M 为对称阵，造成式（7-23）中交易 k 与其他交易间的耦合系数相等。也就意味着，任何两个交易间的耦合项都将平均分配，这可能会造成大小交易间的不公平性。

2. 基于网损微增率的分摊方法

网损微增率法是比较流行的一种方法，它可确定每个交易的网损分摊量，并能修改每个节点的电价。其优点是计算所需要的信息可由潮流解获得，能够考虑交易的地理位置，网损的计算和分配误差比较小。此外，因其计算以节点为基础，也无需进行支路潮流的分解。这类算法存在的主要问题，也是对交叉网损项的处理方式比较简单，不能区别大小不同的交易的不同影响。

根据所用潮流工具的不同，网损微增率法有 DC 潮流法和 AC 潮流法两种。

（1）DC 潮流网损微增率法。根据网损微增率法的定义，第 k 个交易分配的网损为

$$p_{\text{loss}}(k)=\frac{1}{2}\left(\frac{\partial p_{\text{loss}}}{\partial p}\right)^{T}p(k) \tag{7-24}$$

式中：$\partial p_{\text{loss}}/\partial p$ 为系统总网损对交易 k 所在节点注入有功 p 的微增率，系数 1/2 是为避免超额收费并经仿真测试而事后确定的修正系数。

将式（7-22）两边分别对 p 求导数，可得到所谓的直流网损微增率

$$\frac{\partial p_{\text{loss}}^{\theta}}{\partial p}=2Mp \tag{7-25}$$

从而，由式（7-24）可以获得交易 k 的网损分摊额

$$p_{\text{loss}}(k)=\frac{1}{2}\left(\frac{\partial p_{\text{loss}}}{\partial p}\right)^{T}p(k)=p^{T}Mp(k) \tag{7-26}$$

（2）AC 潮流网损微增率法。交流网损微增率的定义为

$$\begin{pmatrix}\dfrac{\partial p_{\text{loss}}}{\partial p}\\[2ex]\dfrac{\partial p_{\text{loss}}}{\partial q}\end{pmatrix}=\begin{pmatrix}\dfrac{\partial P}{\partial\theta}&\dfrac{\partial P}{\partial V}\\[2ex]\dfrac{\partial Q}{\partial\theta}&\dfrac{\partial Q}{\partial V}\end{pmatrix}^{-T}\begin{pmatrix}\dfrac{\partial p_{\text{loss}}}{\partial\theta}\\[2ex]\dfrac{\partial p_{\text{loss}}}{\partial V}\end{pmatrix} \tag{7-27}$$

可以看出，式（7-27）右边矩阵和向量中的元素都可在潮流计算过程中保存和提取。由此可按式（7-24）计算交易 k 的网损分摊额。

二、输电损失系数法

1. 网损分摊的思路

在实施电力库贸易的电力市场中，市场清算价格（MCP）是统一电价结算的唯一依据。由于MCP价格本身并未包含网络损耗的影响，因此在对发电商和用户进行结算时，应对其电价进行网损修正。

实际操作时，应首先选定一个参考节点，作为发布实时电价的基准点。参考节点处的电能损失定义为零，其他节点根据与该参考节点电气距离的远近，通过特定的网络模型可以计算出各自的输电损失系数。

2. 输电损失系数的含义

输电损失系数是用来描述从售电端到参考节点间的电力加权平均边际损失系数的一个重要概念。每一个发电机组和用户均有一个归算至该参考节点的输电损失系数。输电损失系数表每年调整一次，并公开发布执行。

3. 结算电价的网损修正

发电机组的输电损失系数，是指参考节点与该机组上网连接点之间的平均边际损失系数；配电商或大用户的输电损失系数，是指参考节点与配电网受电点间的加权平均边际损失系数。

受电点 i 的电价计算公式如下

$$受电点电价=参考节点实时电价\ P\times 输电损失系数\ LF_i$$

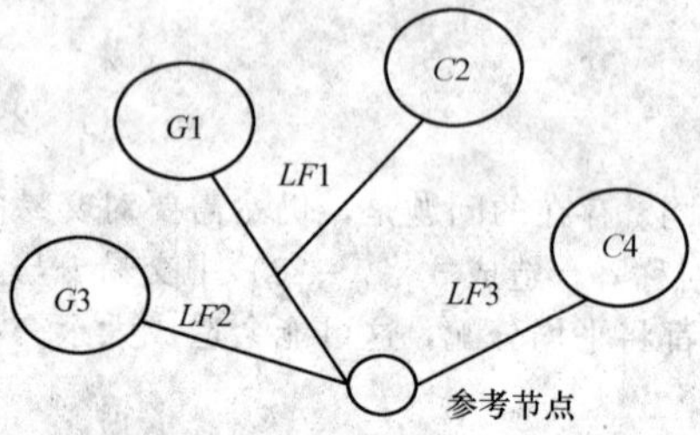

图 7-5 输电损失系数示例

图 7-5 所示的系统图中，假设 $g1$、$g3$ 为发电公司 $G1$、$G3$ 的上网电量；$c2$、$c4$ 为配电商 $C2$、$C4$ 的下网电量；P 为电网参考节点的实时电价；LFi 表示第 i 节点的输电损失系数。则市场各成员的电费结算公式如下

发电费用 $G1=g1\times LF1\times P$

$G3=g3\times LF3\times P$

用电费用 $C2=c2\times LF1\times P$

$C4=c4\times LF3\times P$

即发电公司或配电商，按每半小时的上网电量或下网电量，分别乘以各自上网点或购电点的实时电价计算电费。由于边际输电损耗大于平均输电损耗，用户的结算电费会超过市场付给发电公司的结算电费，这些超过部分可以按照各自输电损失系数和用电量的比例返还。

4. 网损分摊举例

用输电损失系数法对图 7-6 所示的电网进行网损分摊及功率平衡验算。

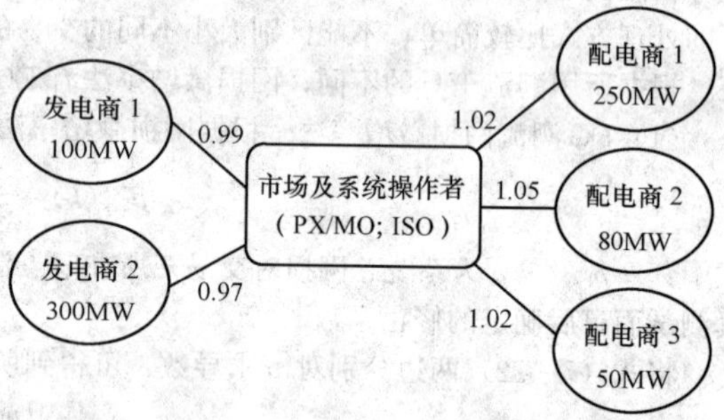

图 7-6 市场中不同成员的输电损失系数

分摊原则：发电厂的上网电量按计量点电量乘以损失系数（小于 1，为扣除网损电量后的系数）计算，配电商所购电量按下网计量点电量乘以损失系数（大于 1，为增加网损电量后的系数）计算。

对发电侧而言，发电商 1 输出电力 1000MW 到参考节点，损失 1%，损失系数为 0.99，与电力市场的结算电力为 100×0.99＝99MW。发电商 2 输出电力 300MW，因距离远，损失大，损失 3%，损失系数为 0.97，与电力市场的结算电力为 300×0.97＝291MW。

对需求侧而言，配电商 1 购电 250MW，损失 2%，损失系数为 1.02，与电力市场的结算电力为 250×1.02＝255MW。配电商 2 购电 80MW，因距离参考节点很远，损失高达 5%，损失系数为 1.05，结算电力为 80×1.05＝84MW。配电商 3 的就地计量电力为 50MW，损失 2%，损失系数为 1.02，结算电力为 50×1.02＝51MW。

平衡验算：发电商 1 和发电商 2 相对于参考节点的总发电出力为 99＋291＝390MW；配电商 1、2、3 相对于参考节点的消耗电力为 255＋84＋51＝390MW。总发电出力与总购电功率相等。

三、潮流跟踪法

（一）潮流跟踪的基本原理

潮流跟踪的基本思想是遵循节点功率比例共享原则，属于拓扑类分析方法。假设网络有 n 个节点，m 条支路，定义 $2m$ 个流（每条支路的两端）及若干个源点（发电机节点）和收点（负荷节点），则其分摊原理可用图 7-7 加以说明。

节点 i 与 4 条支路相连，其中 j、k 支路为注入流，m、l 支路为输出流。流经节点 i 的总功率为 $P_i=40+60=100$MW，其中 40%由支路 $j-i$ 提供，60%由支路 $k-i$ 提供。由于电力是不可区分的，每一条输出支路的功率只取决于相邻节点的电压差和本线路的阻抗，因此，只能将节点 i 看成是各进线注入电流的“混合器”。不妨作出这样的假设，每一条输出支路的潮流构成与输入支路具有相同的比例。即 $i-l$ 支路的 70MW 功率中有 70×40%=28MW 由注入支路 $j-i$ 提供，有 70×60%=42MW 由注入支路 $k-i$ 提供。同理，$i-m$ 支路的 30MW 功率中有 30×40%=12MW 由注入支路 $j-i$ 提供；有 30×60%=18MW 由注入支路 $k-i$ 提供。其实质是，假定输出支路的潮流是由各输入支路的潮流混合而成，其比例也与输入支路潮流占总输入潮流的比例相同。

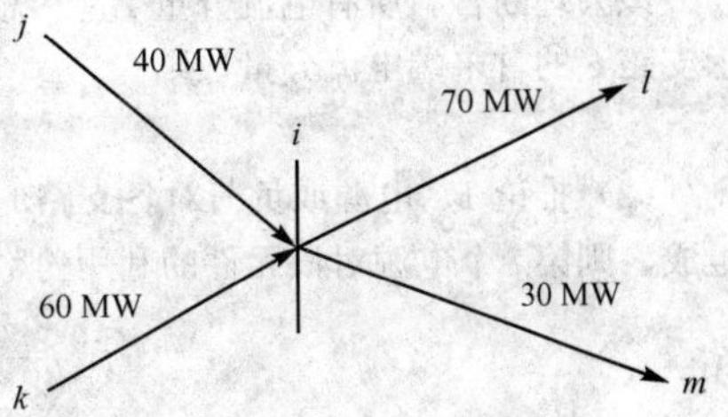

图 7-7　潮流跟踪的比例共享原则

（二）网损分摊模式及比例

网损分摊模式是指如何在市场成员之间，按照某种比例分摊网损。它有以下三种模式。

1. 发电侧分摊模式

利用潮流跟踪原理，先将电网总网损回溯并归口到每台发电机，然后将其中的一半分配给该发电机，另一半分配给由该发电机供电的所有负荷。这种模式存在的问题是，发电机之间以及发电机和负荷之间不存在交叉补贴，但负荷之间存在交叉补贴现象。例如，当一台发电机向多个负荷供电时，负荷与该发电机之间的相对位置及电气距离的不同所引起的有功损耗各不相同，负荷对某个电网元件使用与否以及使用的份额也不相同，但负荷分担的费用一律按该发电机贡献给负荷的毛潮流分量成正比分配，从而造成负荷之间补贴的程度差异。

2. 负荷侧分摊模式

利用潮流跟踪原理，先将电网总网损追踪并归口到各节点负荷，然后将其中一半分配给该节点负荷，另一半分配给向该节点供电的所有发电机。该模式的缺点是，负荷自身之间以及负荷与系统发电机之间不存在交叉补贴，但发电机之间却有交叉补贴现象。

3. 面向元件的分摊模式

基于拓扑潮流跟踪原理，将每个元件网损的一半分配给利用它的发电机，另一半分配给利用它的负荷。它实际上是发电侧分摊模式和负荷侧分摊模式的一种组合。这种模式可以消除电网用户之间的交叉补贴现象。

电网是电能的载体，也是发电厂和用户实现电力交易的桥梁。因此，由发电侧和消费侧共同承担输电费用和网损是合乎情理的。现在面临的问题是，两侧成员各自应承担多大的比例。世界各国电力市场的分摊比例互不相同（见表 7-2），没有统一的规则。根据我国电力市场的实际，可以考虑“利益均分、责任共担”的原则处理网损分摊问题。

表 7-2　各国电力市场的网损承担比例

	英国	挪威	巴西	爱尔兰	加拿大
发电侧	27%	54%	50%	0%	0%
负荷侧	73%	46%	50%	100%	100%

（三）电流分解公理

研究网损分摊问题需要了解各个支路中电流的具体“成分”。换句话说，就是每个电源在每条支路中提供电力（一般用电流或功率表示）的比例，或者每个消费者消耗每条支路中电力的多少。此时，仅仅依靠基尔霍夫定律无法解决这类问题，用潮流跟踪方法是比较好的选择。

(1) 公理 1。电流分量沿支路不变。假设有 S 个电源，m 条支路。设支路 k 中通过的总电流为 $I_{(k)}$，其中含有 L 个电流分量 $I_{(k)l}$（$l=1，2，…，L$），即

$$I_{(k)}=\sum_{l=1}^{l}I_{(k)}l \tag{7-28}$$

该公理断言，所有电流分量 $I_{(k)l}$ 和总电流 $I_{(k)}$ 一样在该元件的首末端保持不变。如果 $I'_{(k)l}$ 和 $I''_{(k)l}$ 分别表示支路 k 的首末端电流分量，则

$$I'_{(k)l}=I''_{(k)l}=I_{(k)l} \tag{7-29}$$

（2）推论 1。电源或负荷对各支路的利用份额在首末端相同。设支路电流 $I_{(k)}$ 由 L 个电源电流分量 $I_{(k)l}$ 组成，则第 l 个电源对该元件的利用份额 $f_{(k)l}$ 为

$$f_{(k)l}=\frac{I_{(k)l}}{I(k)} \quad l=1,2,\cdots,L;k=1,2,\cdots,m \tag{7-30}$$

当"利用份额"采用功率比值时，首末端数值也相同，与式（7-30）的结论一致。在后面的讨论中，电流比值和功率比值是等价的。

（3）推论 2。支路上的功率损耗应按各电流分量的比例分摊。

$$\Delta P_{(k)l}=\Delta P\frac{I_{(k)l}}{\sum_{l=1}^{L}I_{(k)l}}=\Delta P_{(k)}\frac{I_{(k)l}}{I_{(k)}}=\Delta P_{(k)}f_{(k)l} \tag{7-31}$$

式中：ΔP 为支路 k 的总有功网损；$\Delta P_{(k)l}$ 为分量 l 承担的份额。

（4）公理 2。同一节点各进线注入电流在各出线上的电流分量与相应出线的电流成比例。设节点 i 有 L_0 条出线，其电流各为 $I_{(k)}$（$k=1，2，\cdots，L_0$）。该公理断言某电源在此节点注入电流 I_l 时，它在出线 k 中的电流分量 $I_{(k)l}$ 为

$$I_{(k)l}=I_l\frac{I_{(k)}}{\sum_{k=1}^{L_0}I_{(k)}} \tag{7-32}$$

由该公理引申出一个推论。在介绍此推论之前，先给出"节点网损"的定义。

（5）定义节点网损。对节点 i 来说，从电源输电到该节点引起的全部网损叫做节点 i 的网损，并以 δP_i 表示。当节点 i 的全部电能均由电源直接通过线路送电时，该节点的网损就等于所有进线的网损之和。

（6）推论。各出线分摊节点网损的份额与其电流成比例。设节点 i 共有 L_i 条进线，而且只与电源相连，由节点网损的定义和性质可知，节点 i 的网损 δP_i 为

$$\delta P_i=\sum_{m=1}^{L_i}\Delta P_{(m)} \tag{7-33}$$

根据公理 1 的推论 2 及公理 2，进线 m 的网损 $\Delta P_{(m)}$ 在出线 k 上分摊的数值为

$$\Delta P_{(m)(k)}=\Delta P_{(m)}\frac{I_{(k)}}{\sum_{k=1}^{L_0}I_{(k)}} \tag{7-34}$$

式中：L_0 为节点 i 的出线总数。

所有进线在出线 k 上分摊的总网损为

$$DP_{(k)}=\sum_{m=1}^{L_i}\Delta P_{(m)(k)}=\sum_{m=1}^{L_i}\Delta P_{(m)}\frac{I_{(k)}}{\sum_{k=1}^{L_0}I_{(k)}}=a_{i(k)}\delta P_i \tag{7-35}$$

$$a_{i(k)}=\frac{I_{(k)}}{\sum_{k=1}^{L_0}I_{(k)}}=\frac{P_{(k)}}{\sum_{k=1}^{L_0}P_{(k)}} \tag{7-36}$$

式中：$a_{i(k)}$ 为分摊系数。

（四）网损分摊的数学模型

由 OPF 程序可以计算出每条支路的功率损耗 ΔP_{ij} 和系统总网损。现在的问题是，如何设计向每个负荷或电源分摊网损的算法和程序。

1. 网损向负荷侧分摊的数学模型

要想求出每个负荷节点分摊的网损，关键是要求出各个节点的"节点网损 δP_i"。δP_i 的计算包括两项内容：该节点进线集中，各个线路网损 ΔP_{ij} 之和；通过进线集转送节点 j 的网损 δP_j 的部分。

对节点为 n 的系统来说，电网损耗平衡方程式有如下形式

$$\delta P_i = \sum_{ji \in \Gamma_{-(i)}} [\Delta P_{ji} + a_{j(k)} \delta P_j] \quad i = 1,2,\cdots,n \tag{7-37}$$

式中：$\Gamma_{-(i)}$ 为节点 i 的进线集合；$a_{j(k)}$ 为 δP_j 通过节点 j 的出线 ji 向节点 i 转移网损的系数。令支路 ji 的序号为 k，则有

$$\alpha_{j(k)} = \frac{P_{ji}}{\sum_{ji \in \Gamma_{+(j)}} P_{ji} + P_j^{(L)}} \tag{7-38}$$

式中：$\Gamma_{+(j)}$ 为节点 j 的出线集合；$P_j^{(L)}$ 为由节点 j 供电的所有负荷；P_{ji} 为支路 ji 中的总潮流。

在求出各节点网损 δP_j 之后，即可按下式求出第 j 节点所在负荷应分摊的网损

$$DP_j = \delta P_j \frac{P_j^{(L)}}{\sum_{ji \in \Gamma_{+(j)}} P_{ji} + P_j^{(L)}} \tag{7-39}$$

2. 网损向发电侧分摊的数学模型

将网损向每个电源分摊的算法与上述方法类似。此时，网损的平衡方程式变为

$$\delta P_j = \sum_{k=ij \in \Gamma_{-(j)}} [\Delta P_{ij} + a_{i(k)} \delta P_i] \tag{7-40}$$

式中：$\Gamma_{-(j)}$ 为节点 j 的进线集合；$a_{i(k)}$ 为 δP_i 通过节点 i 的出线 ij 向节点 j 转移网损的系数。

令支路 ij 的序号为 k，则

$$\alpha_{i(k)} = \frac{P_{ij}}{\sum_{ij \in \Gamma_{-(j)}} P_{ij} + P_j^{(G)}} \tag{7-41}$$

式中：$\Gamma_{-(j)}$ 为节点 j 的进线集合；$P_j^{(G)}$ 为节点 j 电源的功率；P_{ij} 为支路 ij 上潮流。

当求出各节点网损 δP_j 之后，可按下式计算各电源分摊的网损

$$DP_j = \delta P_j \frac{P_j^{(G)}}{\sum_{ij \in \Gamma_{-(j)}} P_{ij} + P_j^{(G)}} \tag{7-42}$$

由于网损向发电侧分摊和向负荷侧分摊的步骤类似，书中未予列出。

（五）网损分摊程序设计

1. 网损向负荷侧分摊的步骤

用潮流跟踪法分摊网损，可按以下步骤进行：

Step 1：读入支路潮流和各节点的发电及负荷数据，用最优潮流程序计算出各元件的有功和无功网损，并决定向负荷侧的分配比例。

Step 2：根据潮流流向，自动生成各节点的进线集 $\Gamma_{-(i)}$ 和出线集 $\Gamma_{+(i)}$。

Step 3：计算各节点的出线总功率。

Step 4：搜寻并记录下个出线集为 0 的节点。

Step 5：搜寻进线集为 0 的节点 i。由于节点 i 无出线，节点网损等于 0；或已累加完毕，节点网损已知，作为待消去节点。

Step 6：根据式（5 - 12）计算节点 i 的负荷所应分摊的网损。

Step 7：对所有与 i 节点相连的节点 j，按式（5 - 10）累计 δP_j；将节点 i 的出线集减 1，同时 j 的进线集也减 1。

Step 8：如果节点 i 的出线集为 0，表示此节点已消去。

Step 9：返回 Step5，寻找下一个出线为 0 的节点直至进线为 0 的节点全部消去。

Step 10：计算初始出线集为 0 的节点的网损。

2. 网损向负荷侧分摊的程序流程

（1）形成各节点进线集和出线集。按照前述计算步骤的要求，首先要形成各节点进线集和出线集。程序流程如图 7 - 8 所示。图中，i，j 表示节点变量；k 表示支路编号；II [k] 中存放的是与支路 k 相连的节点 i 的值，JJ [k] 存放的是与支路 k 相连的另一端节点 j 的值；k _ count 表示支路数，i _ count 表示节点数；$D1$ [i] 和 $D2$ [i] 分别表示节点 i 的有功进线和出线的数目；$Pflow$ [k]、$Qflow$ [k] 表示线路 k 的有功和无功潮流。

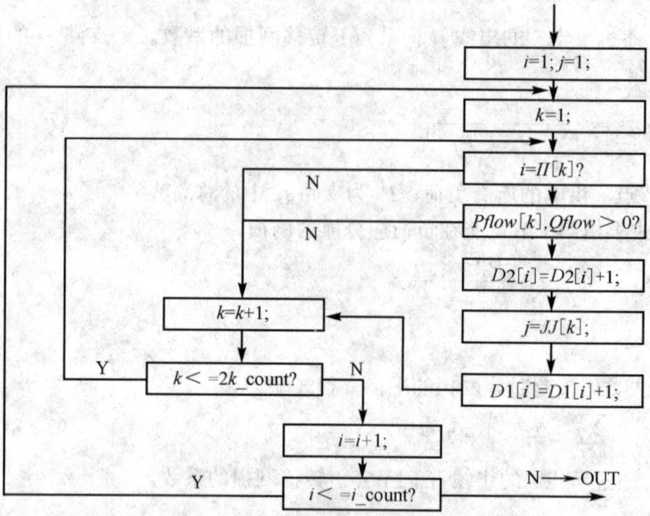

图 7-8　各节点进线和出线集合的生成

当得到网络潮流解后，便可计算各节点的进线支路数和出线支路数。因此，在程序入口处，首先经过循环求出所有节点的进线和出线集合。该循环从节点 $i=1$ 开始，寻找与节点 i 相连的支路 k 和另一节点 j。如果支路潮流 $P_{ij}>0$，那么将节点 i 的出线集 $D2$ ［i］加 1，同时将节点 j 的进线集 $D1$ ［j］加 1，直至寻找完所有与 i 相连的支路。随后 i 加 1，重复上述过程，直至 i 大于节点总数时终止子程序的运行。

（2）对各节点进线功率进行累加。对各节点进线功率进行累加，用于按比例向下分摊上级线路的网损。程序框图如图7-9所示。框图中，$P1$ ［i］表示与节点 i 相连的出线支路的有功功率之和。其计算过程是：首先从节点 1 开始，判断该节点的出线是否为零；如果为零则继续寻找出线不为零的其他节点，然后寻找与该出线不为零的节点相连的支路，判断这些支路的功率流向，如果是流出，则累加到 $P1$ ［i］中；继续进行循环，直到满足收敛条件为止。

由于负荷侧网损分摊是根据负荷占所在节点出线功率总和的比例进行的，因此，在网络潮流和各节点进线集、出线集计算完成之后，将各节点的所有出线功率相加，形成数列 $P1$ ［i］，为下一步的网损分摊做好准备。

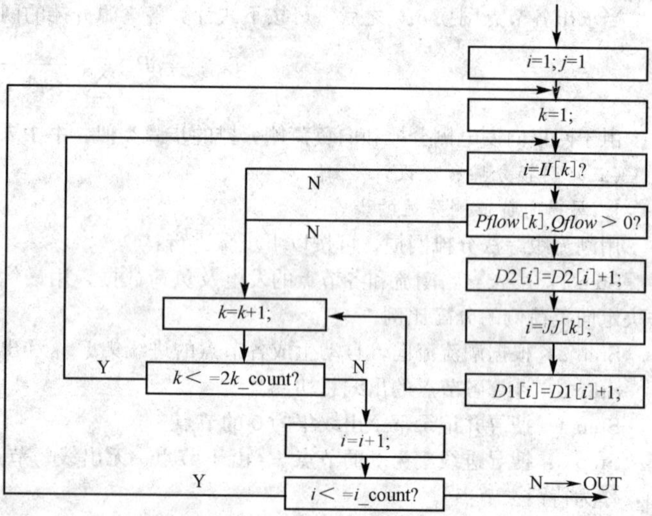

图 7-9　各节点进线功率累加的程序框图

（3）计算节点网损，进行网损分摊。在各节点进线和出线集、进线和出线功率之和已知的情况下，首先进行“节点网损”的计算，然后依据相应的计算公式向负荷侧各个用户分摊系统的网损。具体地说，就是按照式（7-38）计算分摊系数 α ［i］［j］ $\leftrightarrow \alpha_{ij}$，按照式（7-37）计算节点网损 $DIANP$ ［i］ $\leftrightarrow \delta P_i$，按照式（7-39）将网损分摊给每个用户。

图 7-10 描述了寻找单纯负荷节点（即只有进线而没有出线的节点）的程序流程。将这类节点的节点号存入到数组 A ［i］中。在复杂电网中，节点类型有很多种，进行负荷侧网损分摊的第一步是寻找进线为零、出线不为零的节点。如遇只有进线没有出线，但有负荷的节点，该节点的网损就没办法进一步向下分摊。在编程时，必须先行搜索此类节点。因为，随着程序循环的进行，节点进线集和出线集不断变化，网络结构也在逐步简化，等到程序运行后再来寻找这类节点已经不可能。因此，只有最初记录下这些节点号，等其他节点网损全部分摊完毕后，再将这些节点的节点网损分摊给对应的负荷。

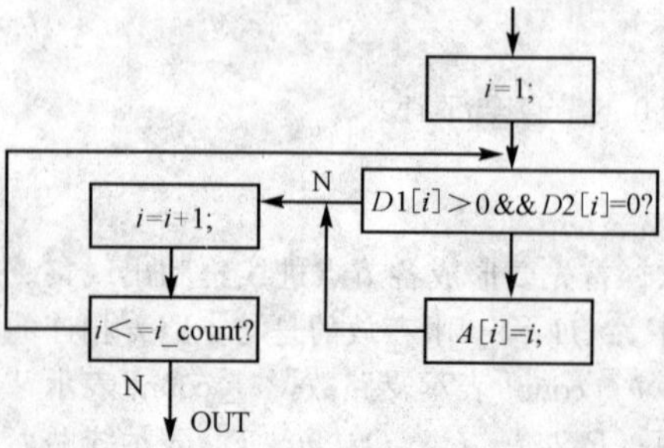

图 7-10　纯粹负荷节点的搜索过程

图 7-11 为向负荷侧分摊网损的主程序流程，其执行顺序

如下。

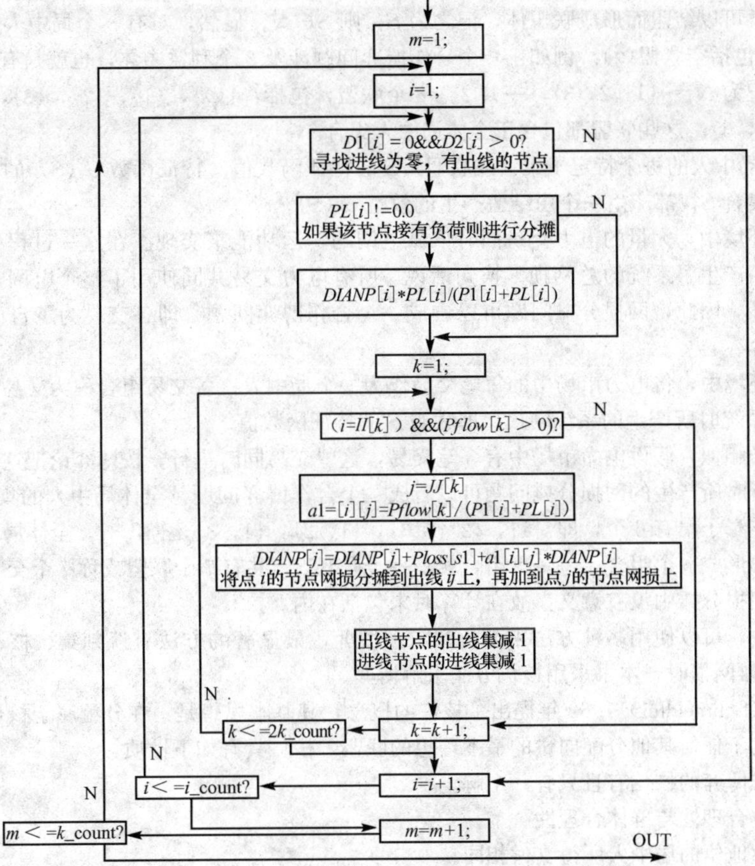

图 7-11　向负荷侧分摊网损的主程序框图

1）寻找进线为零出线不为零的节点，进行一次网损分摊。如该节点是程序处理的第一个节点，则令节点网损为零，分摊到用户的网损值也为零。

2）如果该节点的节点网损不为零，则把其节点网损按照负荷有功功率占出线总功率的比例分摊到该负荷的网损值数组 $DPL[i]$ 上，然后将节点各出线的线损加到相连节点的节点网损数组 $DIANP[i]$ 中。

3）将此节点的出线集数目减 1，将与其相连节点的进线集数目也减 1，相当于将连接两节点的支路消去。

4）当处理完这个节点所有的出线支路时，此节点即成为一个孤立节点。

5）搜索下一个进线为零但出线不为零的节点，对其进行相似的处理。

6）如此循环，最终将复杂网络化简成由进线集和出线集都为零的孤立节点群网络。

7）最后把刚开始找到的出线为零的节点的节点网损分摊给所在节点的负荷。

可以看出，向负荷侧分摊网损采用了追踪的思想，即由最初的电源点向负荷侧一步步作消去处理。当所有支路均被消去后，网损分摊任务便告完成。

四、基于核仁理论的网损分摊方法

（一）合作博弈（核仁）与网损分摊

在社会和经济活动中若干实体（个体，公司等）相互合作结成联盟（coalition）或集团，常比他们单独行动获得更多的经济和社会效益，这些实体间合作获得更大效益的过程称为合作博弈，称这些实体为合作博弈中的局中人（player）。

合作博弈由两个基本要素构成，即局中人集合和特征函数。局中人集合由所有对问题结局有影响的独立利益主体构成。若问题涉及 n 个（$n>1$）利益主体，则采用 $N=\{1, 2, \cdots, n\}$ 表示全体局中人集合。局中人根据各自的利益可以结盟而形成联盟体，记之为 S，则 $S\in N$。显然，对有 n 个局中人的合作博弈问题一定有 $2n$ 个联盟（包括空联盟 $\varnothing$）。例如：一个合作博弈问题涉及 3 个利益主体，也就是有 3 个局中人，那么全体局中人集合记为 $N=\{1, 2, 3\}$，一共 $2^3=8$ 个联盟，包括：$\{\varnothing\}$，$\{1\}$，$\{2\}$，$\{3\}$，$\{1, 2\}$，$\{1, 3\}$，$\{2, 3\}$ 和 $\{1, 2, 3\}$。这些联盟都包含于全体局中人集合。

设 $v(S)$ 为局中人的每个特定子集（或联盟）S 的特征函数值。特征函数 $v(S)$ 的实际意义是：对任何可能的局中人集合 S，都产生一个由结盟产生的效益 $v(S)$。

在电力市场环境中，大量的电力交易同时依靠电网的转运功能来实现。在这一过程中，这些交易及交易之间的交互作用产生了系统的总网损。换句话说，所有电力交易共同使用了整个电网，它们之间构成了事实上的合作关系。因此，网损分摊问题可以看成一个合作博弈问题，即各交易为了自己能获得较少的网损而进行合作博弈。

在电力市场环境中，将电力市场中的每笔交易作为一个局中人；各交易组合称为交易联盟 S；$v(S)$ 为交易联盟 S 加入系统时所产生的系统网损，即联盟 S 的特征函数值。

与上面的例子相似，假设电力市场中有 3 笔交易，这些交易同时进行。按博弈论把这 3 笔交易视为 3 个局中人。市场运行时所产生的网损分摊问题可以看成一个合作博弈问题。全体局中人的集合为 $N=\{1, 2, 3\}$，它的所有非空真子集有 6 个，即 $\{1\}$，$\{2\}$，$\{3\}$，$\{1, 2\}$，$\{1, 3\}$，$\{2, 3\}$。全体局中人的集合以及每一个非空真子集都形成一个组合。每一个组合就是一个联盟 S，共有 7 个联盟或称 7 个交易模式。需要说明的是，空联盟在网损分摊中没有意义，故在计算时未包括在内。

在合作博弈中，可以使用多种方法来分析和求解博弈，最显著的方法有谈判集、核、核心、核仁以及 Shapley 值。在分摊网损时，本书采用核仁方法求解博弈。

学者施得勒（Schmeidler）1969 年提出了核仁的概念，其基本思想是：在分配属于核仁的条件下，最不理想的联盟也要优于任何其他分配向量的最不理想的联盟。核仁具有如下性质：

（1）任何合作博弈的核仁有且只有一个解。

（2）满足个体合理性与群体合理性。

（3）处于对称地位的局中人所得支付相同。

基于核仁理论的网损分摊方法，全面考虑了不同的市场参与者对网损的影响，能够将网损合理分摊到每笔交易中，而且不受各交易追加次序的影响，充分体现了公开、公平、公正的市场原则，易于市场成员理解和接受。

（二）基于核仁理论的网损分摊数学模型

将电力市场中的每笔交易作为一个局中人，市场运行时所产生的网损分摊问题可以看成一个 n 人合作博弈问题。基于核仁理论的网损分摊方法的实质是，先将各交易单独作用时产生的网损直接分摊给各笔交易，然后再分摊由各笔交易之间的交互作用产生的交叉网损。首先由潮流程序计算出 2^n-1 笔交易联盟（非空交易联盟）产生的网损，然后采用基于核仁解的模型求解每个局中人所应分摊的实际网损。

假设电力市场中有 n 笔交易，即有 n 个局中人，其集合为 $N=\{1, 2, \cdots, n\}$；S 为交易联盟，且 $S\subset N$，$S\neq\varnothing$；$X=\{x_1, x_2, \cdots, x_n\}$ 表示每笔交易分摊网损的集合；$Y=\{y_1, y_2, \cdots, y_n\}$ 表示每笔交易分摊的交互作用产生的网损的转归集合；$v(S)$ 为交易联盟 S 加入系统所产生的网损，即联盟 S 的特征函数值；$V(S)$ 为由交易联盟 S 的成员之间的交互作用产生的网损，即

$$V(S)=v(S)-\sum_{i\in S}v(i) \tag{7-43}$$

联盟 S 在转归 $y\in Y$ 处的超出值为 $e(S, y)$，即

$$e(S,y)=V(S)-\sum_{i\in S}y_i \tag{7-44}$$

式（7-44）可以看成联盟 S 对分摊 y 的满意程度。$e(S, y)$ 越小，联盟对 y 越满意，表示采取这种联盟越理想。将 2^n-1 个超出值全部列举出来，并按从小到大的顺序排列，可以得到式（7-45）所示相量，记为 $\theta(y)$，即

$$\theta(y)=\begin{bmatrix}\theta_1(y)\\ \theta_2(y)\\ \vdots\\ \theta_{2^{n-1}}(y)\end{bmatrix}=\begin{bmatrix}e(S_1,y)\\ e(S_2,y)\\ \vdots\\ e(S_{2^{n-1}},y)\end{bmatrix} \tag{7-45}$$

合作博弈的核仁 $N(v)$ 是在式（7-45）定义基础上，$\theta(y)$ 按字典排序达到最大的那种分摊的全体，即

$$N(v)=\{y\mid y\in Y(v);\forall z\in Y(v),\theta(y)\lesssim\theta(z)\} \tag{7-46}$$

按照式（7-46）可知，在核仁中，优先考虑最大不满意（或怨言最多）的联盟，选择的分配要使这种联盟的怨言达到最小。在此基础上，再考虑次不满意的联盟，所选分配要使其不满意程度尽可能地小，如此继续下去。可知核仁是基于最小核心进行分摊，如式（7-46），也可以表示为

$$\begin{cases}C^{+}(\varepsilon)=\{y\in Y/\varphi(y)\leqslant\varepsilon\}\\ \varphi(y)=\max\limits_{S\in N}e(S,y)\end{cases} \tag{7-47}$$

式中：ε 为任意小实数；$\varphi(y)$ 是超出值的最大值。

每笔交易分摊到的网损，应该等于"每笔交易单独作用时的网损"加上"每笔交易分摊的交互作用产生的网损"，即

$$x_i=v(i)+y_i\quad i=1,2,\cdots,n \tag{7-48}$$

（三）基于核仁理论的网损分摊方法的求解模型

记 $Y^0=Y(v)$，$\sum^0=\{S\mid S\subset N,\ S\neq\varnothing,\ N\}$，按照下述方式构造转归集的序列 $Y^0\supset Y^1\supset\cdots\supset Y^k$ 和联盟集的序列 $\sum^0\supset\sum^1\supset\cdots\supset\sum^k$。

基于核仁理论的网损分摊求解的数学模型可以描述成下列的线性规划问题

$$\left.\begin{array}{ll}\min & \varepsilon^k\\ \text{s. t.} & y\in y^{k-1}\\ & \varepsilon\geqslant e(S,y),\forall S\in\sum_{k-1}\end{array}\right\} \tag{7-49}$$

式中，$k=1,\cdots,k$，k 是使得 $\sum^k=\varnothing$ 的第一个 k 值。

ε^k，Y^k，$\sum_k$ 分别为

$$\varepsilon^k=\min_{y\in Y^{k-1}}\max_{S\in\sum^{k-1}}e(S,y) \tag{7-50}$$

$$Y^k=\{y\mid y\in Y^{k-1};\max_{S\in\sum^{k-1}}e(S,y)=\varepsilon^k\} \tag{7-51}$$

$$\sum\nolimits_k=\{S\mid S\in\sum^{k-1};e(S,y)=\varepsilon^k,\forall y\in Y^k\} \tag{7-52}$$

$$\sum^k=\sum^{k-1}/\sum\nolimits_k \tag{7-53}$$

下面对式（7-49）求解模型进行分析.

首先，当 $k=1$，由式（7-50）有

$$\varepsilon^1=\min_{y\in Y^0}\max_{S\in\sum^0}e(S,y)$$

令 $\max\limits_{S\in\sum^0}e(S,y)=\alpha$，则 $\alpha\geqslant e(S,y)=v(S)-y(S),S\in\sum^0$，即 $y(S)+\alpha\geqslant v(S),S\in\sum^0$。

确定 ε^1，Y^1 和 $\sum_1$ 的问题等价于解下列线性规划问题

$$\left.\begin{array}{ll}\min & \alpha\\ \text{s. t.} & y(S)+\alpha\geqslant v(S)\quad ,S\in\sum^0\\ & y\in Y^0\end{array}\right\} \tag{7-54}$$

这一线性规划问题的极小值是 ε^1，它是极大超出值的极小值，在一个转归集 Y^1 上通过 $\sum_1$ 中的联盟达到这个值 ε^1。这就是说，对于一切 $S\in\sum^1$ 和一切 $y\in Y^1$ 有 $e(S,y)=\varepsilon^1$。

其次，撇开 $\sum_1$ 中的联盟，考虑下列线性规划问题

$$\left.\begin{array}{ll}\min & \alpha\\ \text{s. t.} & y(S)+\alpha\geqslant v(S)\quad ,S\in\sum^1=\sum^0/\sum^1\\ & y\in Y^1\end{array}\right\} \tag{7-55}$$

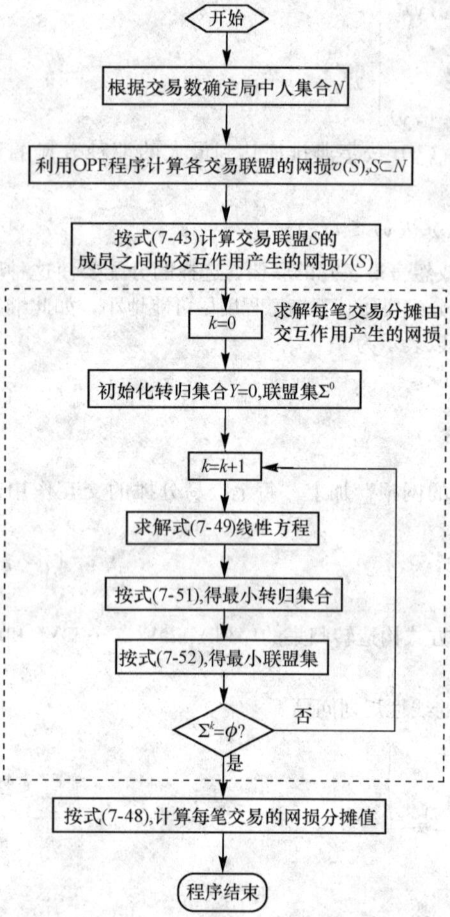

图 7 - 12　基于核仁理论网损分摊计算流程

这一线性规划将给出第二大的超出值 ε^2，以及相应的式（7 - 51）中的 Y^2 和式（7 - 52）中的 $\sum_2$。再撇开 $\sum_2$ 中的联盟，重复以上步骤，直到不再有剩余联盟为止。最后得到唯一的一个转归，它就是博弈的核仁中的唯一元素，也就是唯一解。

（四）基于核仁理论的网损分摊方法的计算流程

基于核仁理论的网损分摊方法的计算流程见图 7 - 12，计算步骤如下：

（1）列出 n 笔交易中任意交易联盟 S，共有 2^n-1 个联盟；

（2）利用 OPF 计算各交易联盟的网损 v（S），$S\subset N$；

（3）按式（7 - 43）计算交易联盟 S 的成员之间的交互作用产生的网损 V（S）；

（4）求解式（7 - 47）线性方程，每笔交易分摊由交互作用产生的网损；

（5）按式（7 - 48），计算每笔交易的网损分摊值。

基于核仁理论网损分摊方法，既可分摊有功网损，也可分摊无功网损。操作时，只需在计算步骤（3）中用式（7 - 43）分别计算有功网损和无功网损，然后按步骤（4）、步骤（5）计算出相应的有功网损和无功网损分摊值。

（五）基于核仁理论的网损分摊方法在不同交易模式中的应用

基于核仁理论的网损分摊方法，适用于双边交易模式、多边交易模式，以及双边交易与联营交易（电力库）并存模式。在双边交易和多边交易模式中，可以直接按照以上步骤进行计算和分摊网损。

在双边交易与联营交易并存的模式中，首先可以把联营交易视为多台发电机和多个负荷的一笔双边交易，进行等效处理，然后再计算各笔交易应该分摊到的网损。对于等效处理的那笔交易，其网损为所有联营交易的网损总和。要想得到联营交易中各笔交易应分摊的网损，则需要进一步进行分摊。

五、网损分摊算例

（一）基于潮流跟踪法的网损分摊

所选系统分别为 IEEE－14 和 IEEE－30 节点试验系统。

1. IEEE－14 节点系统分摊算例

（1）IEEE－14 节点系统潮流分布。由潮流程序计算出 IEEE－14 节点系统 20 条支路的潮流数据，见表 7 - 3。其发电机和负荷参数见表 7 - 4。表中列出了各支路由起始节点 II 流向终端节点 JJ 的有功和无功潮流，负值表示实际潮流与节点顺序方向相反。

可以看出，从起始节点流向终端节点的潮流与从相同的终端节点流向始端节点的潮流是不同的。假设有一支路 k，从起始节点流向终端节点的有功功率为 $Pflow$［k］，从终端节点流向起始节点的有功功率为 $Pflow1$［k］，则 $Pflow$［k］与 $Pflow1$［k］之和即为第 k 条线路的有功损耗，即

$$Ploss[k]=Pflow[k]+Pflow1[k] \tag{7-56}$$

（2）IEEE－14 节点系统网损分摊结果。向负荷侧分摊网损的结果见表 7 - 5，向发电侧分摊网损的结果见表 7 - 6。

计算可知，IEEE－14 节点系统的总网损为 0.138558（标幺值），发电侧和负荷侧各承担其中的一半，即 0.069279。发电侧有 5 台机组，但只有 1 号和 2 号机组参与有功调度。因此，在最终的分配结果中，只有这两台机组承担有功网损。同时，1 号机组的有功出力（2.3284）远大于 2 号机组（0.4），其承担的网损

理应更多。分配结果证实：1 号机组承担的网损为 0.063462，2 号机组则仅承担 0.005817，只是前者的 9.17%。

表 7-3 IEEE—14 节点系统支路潮流分布数据

节点	II—JJ	P_{ij}	P_{ji}	Q_{ij}	Q_{ji}
1	1—2	1.572148	—1.528988	—0.204819	0.278102
2	2—3	0.734262	—0.710911	0.035417	0.016705
3	2—4	0.558508	—0.541835	0.016853	—0.005831
4	1—5	0.756421	—0.728572	0.055814	0.006125
5	2—5	0.419215	—0.409911	0.033099	—0.040796
6	3—4	—0.231090	0.235077	0.067772	—0.092956
7	4—5	—0.584999	0.589590	0.092843	—0.091518
8	7—8	0.000000	0.000000	—0.295005	0.309178
9	7—9	0.263923	—0.263923	0.261306	—0.247278
10	9—10	0.039394	—0.039287	0.151149	0.239846
11	6—11	0.088716	—0.086734	0.126600	—0.122448
12	6—12	0.096409	—0.095301	0.032083	—0.030678
13	6—13	0.175494	—0.172847	0.122588	—0.117374
14	9—14	0.079361	—0.078538	—0.018512	0.020263
15	10—11	—0.050720	0.051753	—0.102022	0.104441
16	12—13	0.034612	—0.034333	0.014459	—0.014206
17	13—14	0.072138	—0.070473	0.073651	—0.070259
18	4—7	0.258117	—0.258117	—0.019573	0.032958
19	4—9	0.145193	—0.145193	0.062947	—0.049765
20	5—6	0.440736	—0.440736	0.102694	—0.056073

表 7-4 IEEE—14 节点系统发电机和负荷参数

节点	发电机有功	发电机无功	负荷有功	负荷无功
1	2.3284	—0.1490	0.0000	0.0000
2	0.4000	0.4904	0.2170	0.1270
3	0.0000	0.2744	0.9420	0.1900
4	0.0000	0.0000	0.4780	—0.0390
5	0.0000	0.0000	0.0760	0.0160
6	0.0000	0.2960	0.1120	0.0750
7	0.0000	0.0000	0.0000	0.0000
8	0.0000	0.3092	0.0000	0.0000
9	0.0000	0.0000	0.2950	0.1660
10	0.0000	0.0000	0.0900	0.0580
11	0.0000	0.0000	0.0350	0.0180
12	0.0000	0.0000	0.0610	0.0160
13	0.0000	0.0000	0.1350	0.0580
14	0.0000	0.0000	0.1490	0.0500

负荷侧的分配结果具有类似的性质，体现了谁多用谁多承担网损的公平性原则。

表 7-5 14 节点系统每个负荷承担的网损

节点	有功网损分摊额度
1	0.000000
2	0.002428
3	0.028049
4	0.012536
5	0.001598
6	0.002106
7	0.000000
8	0.000000
9	0.007542
10	0.003206
11	0.001102
12	0.001560
13	0.003773
14	0.005289
所有负荷分摊的网损总和：0.069279（p.u.）	

表 7-6 14 节点系统每台机组承担的网损

节点	有功网损分摊额度
1	0.063462
2	0.005817
3	0.000000
4	0.000000
5	0.000000
6	0.000000
7	0.000000
8	0.000000
9	0.000000
10	0.000000
11	0.000000
12	0.000000
13	0.000000
14	0.000000
所有发电机分摊网损总和：0.069279（p.u.）	

2. IEEE—30 节点系统分摊算例

（1）IEEE—30 节点系统潮流分布。IEEE—30 节点系统的发电机和负荷参数见表 7-7，其 41 条支路的潮流分布见表 7-8。

表 7-7 IEEE—30 节点系统发电机和负荷参数

节点	发电机有功	发电机无功	负荷有功	负荷无功
1	0.9877	−0.0649	0.0000	0.0000
2	0.8000	0.4171	0.2170	0.1270
3	0.0000	0.0000	0.0240	0.0120
4	0.0000	0.0000	0.0760	0.0160
5	0.5000	0.1666	0.9420	0.1900
6	0.0000	0.0000	0.0000	0.0000
7	0.0000	0.0000	0.2280	0.1090
8	0.2000	0.2931	0.3000	0.3000
9	0.0000	0.0000	0.0000	0.0000
10	0.0000	0.0000	0.0580	0.0200
11	0.2000	0.0671	0.0000	0.0000
12	0.0000	0.0000	0.1120	0.0750
13	0.2000	0.0337	0.0000	0.0000
14	0.0000	0.0000	0.0620	0.0160
15	0.0000	0.0000	0.0820	0.0250
16	0.0000	0.0000	0.0350	0.0180
17	0.0000	0.0000	0.0900	0.0580
18	0.0000	0.0000	0.0320	0.0090
19	0.0000	0.0000	0.0950	0.0340
20	0.0000	0.0000	0.0220	0.0070
21	0.0000	0.0000	0.1750	0.1120
22	0.0000	0.0000	0.0000	0.0000
23	0.0000	0.0000	0.0320	0.0160
24	0.0000	0.0000	0.0870	0.0670
25	0.0000	0.0000	0.0000	0.0000
26	0.0000	0.0000	0.0350	0.0230
27	0.0000	0.0000	0.0000	0.0000
28	0.0000	0.0000	0.0000	0.0000
29	0.0000	0.0000	0.0240	0.0090
30	0.0000	0.0000	0.1060	0.0190

表 7-8 IEEE—30 节点系统支路潮流分布

节点	II—JJ	P_{ij}	P_{ji}	Q_{ij}	Q_{ji}
1	6—9	0.177637	−0.177637	−0.299371	0.324583
2	6—10	0.144303	−0.144303	0.214306	−0.187488
3	4—12	0.310106	−0.310106	0.016831	0.004283
4	27—28	−0.185265	0.185265	−0.071490	0.084922
5	1—2	1.180755	−1.157961	−0.159199	0.165425
6	1—3	0.588204	−0.575033	−0.009105	0.015580
7	2—4	0.340870	−0.335169	−0.024876	0.000125
8	3—4	0.551033	−0.547511	−0.027580	0.028169
9	2—5	0.634550	−0.618163	0.002410	0.019043
10	2—6	0.452848	−0.442580	−0.037805	0.026274
11	4—6	0.496574	−0.493935	−0.061124	0.065133
12	5—7	−0.110361	0.111089	0.061683	−0.082338
13	6—7	0.341890	−0.339089	0.016390	−0.026662
14	6—8	0.112018	−0.111860	−0.051569	0.042026
15	9—11	−0.119735	0.119735	−0.188869	0.198078
16	9—10	0.297372	−0.297372	−0.135723	0.146129
17	12—13	−0.120000	0.120000	−0.154100	0.158680
18	12—14	0.076191	−0.075543	0.018216	−0.016870
19	12—15	0.173916	−0.172088	0.044250	−0.040649
20	12—16	0.067999	−0.067612	0.012351	−0.011537
21	14—15	0.013543	−0.013507	0.000870	−0.000838
22	16—17	0.032612	−0.032532	−0.006463	0.006649
23	15—18	0.057216	−0.056901	0.007078	−0.006437
24	18—19	0.024901	−0.024866	−0.002563	0.002636
25	19—20	−0.070134	0.070325	−0.036636	0.037018
26	10—20	0.093196	−0.092325	0.045963	−0.044018
27	10—17	0.057679	−0.057468	0.065201	−0.064649
28	10—21	0.157128	−0.156141	0.090765	−0.088640
29	10—22	0.075671	−0.075212	0.039930	−0.038984
30	21—22	−0.018859	0.018869	−0.023360	0.023379
31	15—23	0.046379	−0.046182	0.009409	−0.009009
32	22—24	0.056344	−0.055998	0.015605	−0.015067
33	23—24	0.014182	−0.014152	−0.006991	0.007051
34	24—25	−0.016850	0.016931	−0.014212	0.014355
35	25—26	0.035406	−0.035000	0.023606	−0.023000
36	25—27	−0.052337	0.052740	−0.037961	0.038729
37	27—29	0.061770	−0.060998	0.016438	−0.014978
38	27—30	0.070755	−0.069303	0.016322	−0.013589
39	29—30	0.036998	−0.036697	0.005978	−0.005411
40	8—28	0.025062	−0.025005	−0.004609	−0.043009
41	6—28	0.160669	−0.160260	0.028852	−0.041912

（2）IEEE—30 节点系统网损分摊结果。向负荷侧和发电侧的网损分摊结果见表 7-9，所得结论与 14 节点系统基本相同。

表 7 - 9　**30 节点系统网损分摊结果**

节点号	负荷分摊的网损	发电机分摊的网损
1	0.000000	0.035031
2	0.001503	0.008231
3	0.000275	0.000000
4	0.001144	0.000000
5	0.015453	0.000000
6	0.000000	0.000000
7	0.005130	0.000000
8	0.001957	0.000166
9	0.000000	0.000000
10	0.000770	0.000000
11	0.000000	0.000417
12	0.001215	0.000000
13	0.000000	0.000496
14	0.000944	0.000000
15	0.001337	0.000000
16	0.000482	0.000000
17	0.001361	0.000000
18	0.000613	0.000000
19	0.001865	0.000000
20	0.000399	0.000000
21	0.002895	0.000000
22	0.000000	0.000000
23	0.000592	0.000000
24	0.001787	0.000000
25	0.000000	0.000000
26	0.000979	0.000000
27	0.000000	0.000000
28	0.000000	0.000000
29	0.000588	0.000000
30	0.003052	0.000000
总网损	0.044341	0.044341

（二）基于核仁理论的网损分摊

1.5 节点电力系统分摊算例

图 7-13 为一个 5 节点电力系统的网络接线图，设该系统有两台发电机和 3 个用户（负荷）。各支路参数见表 7-10。

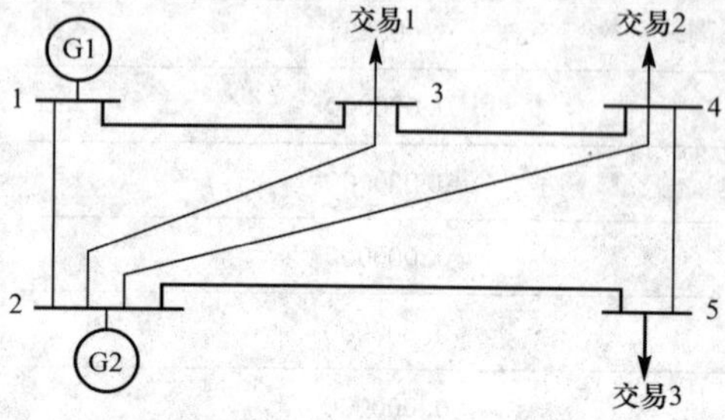

图 7-13 5 节点系统拓扑结构图

表 7-10 5 节点系统各支路参数

首节点	末节点	R(p. u.)	X(p. u.)	B(p. u.)	Rating（MVA）
1	2	0.02	0.06	0.0	200
1	3	0.08	0.24	0.0	200
2	3	0.06	0.18	0.0	80
2	4	0.02	0.18	0.0	200
2	5	0.08	0.12	0.0	200
3	4	0.01	0.03	0.0	200
4	5	0.03	0.24	0.0	200

假设两个独立发电机组 G1 和 G2 分别与用户签订交易合同，即发电机组 G1 与用户 3 签订交易合同，发电机组 G2 与用户 4 和用户 5 签订交易合同，每笔交易的有功和无功交易量分别见表 7-11。

该交易市场共有 3 笔交易，这些交易同时进行。按照博弈论把这 3 笔交易视为 3 个局中人，市场运行时所产生的网损分摊问题可以看成一个合作对策问题。全体局中人的集合为 $N=\{1, 2, 3\}$，它的所有非空真子集有 6 个，即

$$\{1\}, \{2\}, \{3\}, \{1, 2\}, \{1, 3\}, \{2, 3\}$$

全体局中人的集合以及每一个非空真子集都形成一个组合。每一个组合就是一个联盟 S，共有 7 个联盟或称 7 个交易模式。采用最优潮流程序分别计算出每种可能的交易模式所产生的网损，其结果见表 7-12。

表 7-11 5 节点系统的交易数据

交易编号	用户	供电商	交易量	
			P（MW）	Q（Mvar）
1	3	1	67.5	41.83
2	4	2	60.0	37.18
3	5	2	90.0	55.77

表 7-12 5 节点系统的交易网损

交易组合	有功网损（MW）	无功网损（Mvar）
1	2.053704	6.760428
2	1.792876	6.353393
3	5.945731	12.472080
1&2	3.532309	13.653320
1&3	8.829733	19.325456
2&3	8.826877	19.118354
1，2&3	13.734904	33.532002

值得注意的是，对于一般的双边市场网损分摊方法而言，每笔交易加入联盟的次序会对联盟的网损值产生较大影响。其中，最后加入联盟的那笔交易给联盟带来的网损增加值最大，它比最先加入联盟的交易大得多。换句话说，同等交易量的某笔交易在计算时，若先加入联盟则分摊的网损少，若后加入联盟则分摊的网损就多。这显然是不合理的。

基于核仁理论的网损分摊方法，平等地对待每一笔交易并赋予其相同的权值，网损分摊结果与每笔交易的加入次序无关。因此，这种方法对每笔交易都是公平的，更容易被市场参与者所接受。

基于核仁理论的网损分摊过程：

首先对有功损耗进行分摊计算。由式（7-43）计算交易联盟 S 的成员之间的交互作用产生的网损 $V(S)$，即

$$V(\{1\}) = v(\{1\}) - v(\{1\}) = 0 \tag{7-57}$$

$$V(\{2\}) = 0 \tag{7-58}$$

$$V(\{3\}) = 0 \tag{7-59}$$

$$V(\{12\}) = v(\{12\}) - v(\{1\}) - v(\{2\}) = -0.314272 \tag{7-60}$$

$$V(\{13\}) = v(\{13\}) - v(\{1\}) - v(\{3\}) = 0.830297 \tag{7-61}$$

$$V(\{23\}) = v(\{23\}) - v(\{2\}) - v(\{3\}) = 1.088269 \tag{7-62}$$

$$V(\{123\}) = v(\{123\}) - v(\{1\}) - v(\{2\}) - v(\{3\}) = 3.942592 \tag{7-63}$$

将式（7-57）～式（7-63）代入式（7-47），得

$$\left.\begin{aligned}
&\min_{y_1,y_2,y_3} \quad \varepsilon \\
&\text{s.t.} \quad y_1 + y_2 + y_3 = 3.942592 \\
&\qquad \varepsilon \geqslant -y_1 \\
&\qquad \varepsilon \geqslant -y_2 \\
&\qquad \varepsilon \geqslant -y_3 \\
&\qquad \varepsilon \geqslant -0.314272 - y_1 - y_2 \\
&\qquad \varepsilon \geqslant 0.830297 - y_1 - y_3 \\
&\qquad \varepsilon \geqslant 1.088269 - y_2 - y_3
\end{aligned}\right\} \tag{7-64}$$

求解结果为 $y_1 = 1.314197$，$y_2 = 1.314187$，$y_3 = 1.314197$。

由式（7-48）得到每笔交易应分摊的有功损耗为

$x_1 = 3.367902, x_2 = 3.107074, x_3 = 7.259929$

同理，可计算出每笔交易应分摊的无功损耗，结果见表 7-13。

表 7-13　5 节点系统的网损分摊结果

交易编号	有功网损（MW）	无功网损（Mvar）
1	3.367902	9.409128
2	3.107074	9.002093
3	7.259929	15.120780
总计	13.734904	33.532002

2. IEEE—14 节点系统分摊算例

（1）双边交易市场中的网损分摊。图 7-14 为 IEEE—14 节点电力系，系统中有 5 台发电机组和 5 个负荷。假设 5 台独立发电机组G1～G5 分别与用户 4、5、9、12 和 14 签订交易合同，交易量见表 7-14。该系统共有 5 笔交易，这些交易同时进行。按照博弈论的规则，把这 5 笔交易视为 5 个局中人。电力市场中的网损分摊问题可以视为一个合作对策问题。全体局中人的集合为 $N=\{1, 2, 3, 4, 5\}$，它所对应的所有非空真子集有 2^5-2 个。

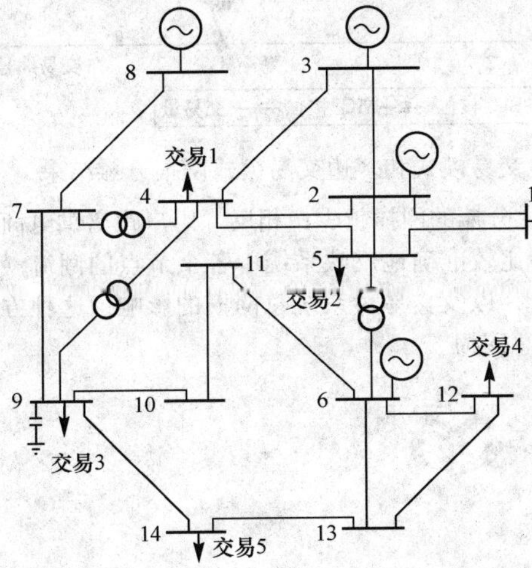

图 7-14　IEEE—14 节点系统拓扑结构图

表 7-14　IEEE—14 节点系统的双边交易数据

交易编号	用户	供电商	交易量	
			P（MW）	Q（Mvar）
1	4	8	47.8	−3.9
2	5	1	94.2	19.0
3	9	3	29.5	16.6
4	12	6	13.5	5.8
5	14	2	14.9	5.0
合计			199.9	50.3

全体局中人的集合以及每一个非空真子集都形成一个组合。每一个组合就是一个联盟 S，共有 2^5-1 个联盟或称 2^5-1 个交易模式，分摊结果见表 7-15。

（2）多边交易市场中的网损分摊。发电机组 G1 与用户 4、9、12、14 签订交易合同，发电机组 G2 仅与用户 5 签订交易合同，其他发电机组不参与交易，所有交易量见表 7-16。采用核仁理论的网损分摊方法，其结果见表 7-17。

表 7-15　IEEE—14 节点系统的网损分摊结果

交易编号	有功网损（MW）	无功网损（Mvar）
1	0.212122	−2.930369
2	1.577453	−0.205756
3	1.358292	1.780384
4	−0.000424	−3.696320
5	1.748556	−0.119048
总计	4.895999	−5.171109

表 7-16　IEEE—14 节点系统的多边交易数据

交易编号	用户	供电商	交易量	
			P（MW）	Q（Mvar）
1	4	1	47.8	−3.9
2	5	2	94.2	19.0
3	9	1	29.5	16.6
4	12	1	13.5	5.8
5	14	1	14.9	5.0
合计			199.9	50.3

（3）双边交易模式和多边交易模式下网损分摊结果。图 7-15 为双边交易模式和多边交易模式网损分摊结果。图 7-15 中，字符 BC 代表双边交易模式（Bilateral Contract），MC 代表多边交易模式（Multilateral Contract）。

表 7-17　IEEE—14 节点系统的网损分摊结果

交易编号	有功网损（MW）	无功网损（Mvar）
1	1.594090	0.225016
2	2.080631	5.280567
3	0.696655	−1.210594
4	0.178724	−5.230704
5	0.345899	−4.235395
总计	4.895999	−5.171109

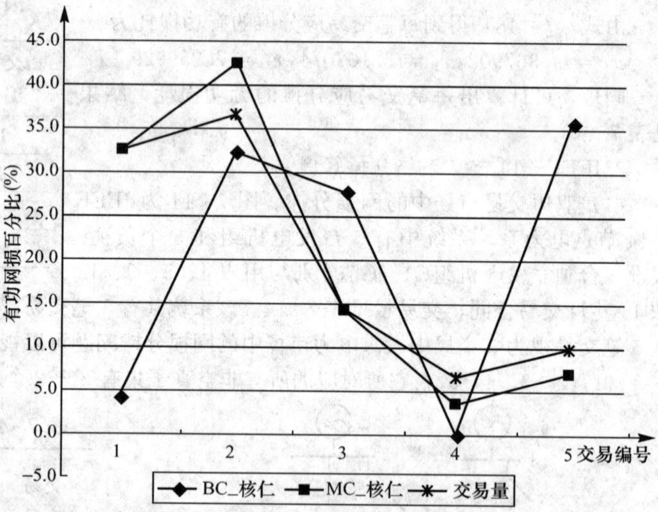

图 7-15　双边交易模式和多边交易模式网损分摊结果

由系统网络接线图和图 7-15 可知，用户距离供电商越近，分摊的网损越少；相反，用户距离供电商越远，分摊的网损就越多。基于核仁理论的网损分摊结果，能够比较准确地反映系统中各个节点的潮流（或注入电流）的大小、交易双方（售电方或购电方）的地理位置，以及交易对系统总网损的影响。这种方法能够为市场参与者提供正确的经济指导信号，有利于降低系统总网损。

习题与思考题

1. 什么是输电服务，其主要内容有哪些？
2. 输电服务分析的具体内容和技术难点有哪些？
3. 输电定价的常用方法有哪几类？
4. 试分析潮流跟踪法的技术思想，并指出在面向元件的分摊模式中这种方法如何分摊每个元件的网损。

第八章 电力市场辅助服务分析

第一节 辅助服务概述

在电力市场环境下，辅助服务（Ancillary Services，简称 AS）是电力市场的重要组成部分，应围绕市场有所竞争。这就需要某种机制来刺激市场参与者提供辅助服务，并确保他们有足够的收益。因而，辅助服务指标的量化、成本分析及其定价是一个急待解决的问题。

辅助服务的定价问题在以往的电力系统运行中一直未引起足够的重视，辅助服务的费用与电能费用没有区分开来。在传统的运行机制下，调度员可以命令电厂无偿提供诸如自动发电控制（AGC）、备用容量等辅助服务。但在电力市场环境下，电厂是独立的经济实体，不愿无偿提供辅助服务，同时希望每种服务都应有明确的定价。在2000年国际大电网会议中，国内外有关专家指出了辅助服务分类及定量分析的重要性。

一、辅助服务的定义

辅助服务是相对电能生产、输送和交易的主市场而言的。目前国际上对辅助服务问题的研究在很多方面尚未达成共识，各国都按各自的模式实施相应的规则。不同学者对辅助服务的定义和内容的划分有所不同。

从发电侧来考虑，可认为辅助服务是发电厂为保证电力系统安全可靠运行而采取的必要措施。从输电的角度出发，可认为辅助服务是为完成输电的主要功能——将电能从发电厂输送到用户，并保证安全和质量所需要采取的所有辅助措施。从运行管理的角度出发，可把在当日的实时运行中，由于一些不可预测和不可控制的原因，如交易的临时变动、负荷的随机波动以及机组的强迫停运等，为保证供电质量和可靠性要求而要有一个有功、无功的实时平衡服务以及其他的运行服务，称为辅助服务。从系统控制的角度出发，可认为辅助服务是由控制设备和操作员执行的有关功能，这些功能是发、控、输、配电用以支持基本的发电容量、电能供应和电力传输服务。

不同的系统有着不同的辅助服务需求和定义，主要是由于辅助服务取决于主市场。换句话说，主市场的结构和模式的不同影响到各自对辅助服务的定义和分类，不同的国家甚至电力公司对辅助服务的定义都不尽相同，目前尚不能对其进行统一和确定标准。辅助服务的提供方式取决于以下因素。

（1）系统协调方式：有无统一的电力调度中心决定了辅助服务供应的模式。

（2）电力生产结构：决定了辅助服务的重要程度，如是火电占优势还是水电占优势。

（3）电网结构：决定各种辅助服务的具体需要。

（4）管理模式：电力市场发育的不同阶段，为避免过于剧烈的振荡，可以采用不同的辅助服务定价方法。

（5）标准：电力系统的运行水平不同，不能定义一个通用的质量和安全标准。

（6）量测和监视系统：辅助服务定价采用的算法要以系统的量测和监视水平为基础，水平较低的电力系统不能采用那些信息需求较大的算法。

二、辅助服务的分类

电力市场中的辅助服务项目主要包括以下项目。

（1）负荷跟踪与频率控制：实时处理较小的负荷与发电功率偏差，维持系统频率，使控制区内负荷与发电功率偏差及控制区之间的交换功率实际值与计划值的偏差最小。

（2）旋转备用：由于发电或输电系统故障，使负荷与发电功率发生较大不平衡时，能够保证10min内增加的同步容量（增加或降低），恢复负荷跟踪服务的水平。对水电厂来讲，旋转备用一般为总容量的10%；对火电厂，其值为最大发电功率与当前发电功率的差值。在传统运行方式下，旋转备用容量是确定的，一般定义为系统中最大机组的容量（或是其1.5倍），或者定义为系统负荷的一定比例。

（3）运行备用：指能在20～30min内启动并达到正常发电功率，也包括可断电负荷，用于恢复旋转备用的水平。一般由水电机组、燃气轮机组等峰荷机组提供。

（4）无功备用和电压控制：通过发电机或输电系统中的其他无功电源向系统注入或从系统吸收无功功率（即增减无功出力，使系统无功平衡），以维持系统各节点的电压在允许范围内。

（5）发电再计划：正常运行时对于较大的发电与负荷功率偏差，调度中心要重新安排各机组的发电功率（即在线经济调度）。

（6）能量不平衡处理：在电力市场交易中，如何补偿实际交易电量与计划交易电量的不平衡而造成市场成员收益的减少额。

（7）黑启动：整个系统因故障停运后，不依赖其他网络，通过系统中有自启动能力的机组，逐步扩大电力系统的恢复范围，最终实现整个电力系统的恢复。

（8）稳定性控制服务（FACTS、PSS、ASG）。

（9）其他。

三、辅助服务的市场模式

辅助服务的市场模式有统一型、投标型、双边合同型三种，或是其中两种的结合。

统一型是指辅助服务由市场操作员统一安排，各市场参与者必须提供的服务，结算时市场操作员根据各参与者对辅助服务命令的执行情况给予奖惩。

投标型是指各市场参与者对某种辅助服务进行投标，市场操作员根据投标情况来排定优先次序和制定供应计划使辅助服务的总费用最小，并根据系统边际成本对参与者进行结算。

双边合同型是指需要辅助服务的用户直接与提供者签订双边合同，结算时用户按合同价格付给提供者报酬，另外还要付给电网公司相应的网损和管理费用。

世界上现行主要电力市场辅助服务的模式分析如下：

在加州电力市场，其辅助服务包括：旋转备用、非旋转备用、AGC、替代备用、电压支持和黑启动。其中前四种由独立系统操作员（ISO）通过日前竞争拍卖获取，这些拍卖是在电力交易中心（PX）的电能拍卖完成之后进行的。这些拍卖的顺序是：AGC、旋转备用、非旋转备用、替代备用。电压支持和黑启动则以长期合同方式进行交易。市场参与者分别提交备用容量报价和备用电量报价。成功的报价者不论其是否被调度，都将得到一笔备用容量费用，在备用容量被调度加载时，报价者还将得到一笔电量电费。辅助服务市场的模式为投标型。

在新英格兰电力联营体模式下，联邦能源管制委员会（FERC）要求建立分类计价的电力市场，这使得辅助服务竞争出价和电能竞价一样重要。辅助服务调度相应的和电能一样由新英格兰 ISO 安排，各种辅助服务必须事先定价，和电能一起采用竞价方式。辅助服务模式为投标型。

在阿根廷，辅助服务交易包含：频率调节、旋转备用、冷备用、电压控制和无功管理。电网调度员和电力市场操作员合二为一，其辅助服务交易和电能均采用投标方式。

波兰电力市场主要由 ISO、PX 和计划协调员构成。其辅助服务市场分为日前市场、小时前市场。辅助服务交易由市场操作，包含旋转备用、非旋转备用、替代备用、频率调节、无功电压控制及黑启动。辅助服务模式采用投标和双边合同相结合的方式。

在澳大利亚电力市场，电网调度员和电力市场操作员是合二为一的，以电力联营体（Pool）为中心，国家电力市场管理公司作为电力市场操作员，负责辅助服务的管理和操作。其辅助服务含有无功和黑启动能力等。辅助服务费从发电商和配电商那里按确定的比例收缴，然后又全部分配给有关辅助服务的提供者。辅助服务的模式为统一型。

在挪威电力市场中，电网公司担任系统操作员，负责对电网的运行管理、规划及电力市场的运营。其辅助服务包含有功备用与频率控制、无功备用与电压控制以及系统保护配置。这些服务是以两种形式提供的：一种是基本辅助服务，这种服务是系统操作员要求市场参与者必须提供的，而且没有额外报酬；另一种是超额辅助服务，只有系统操作员要求提供超额辅助服务时，提供者才能得到额外的补偿。挪威水电装机容量几乎占系统总容量的100%，而且装机容量远大于尖峰负荷和备用容量的要求。系统操作员要求各机组运行在最佳运行点上（为各机组最大出力的85%），此时系统已达到较好的安全水平和稳定性要求，一般情况下不需要提供超额的辅助服务。其辅助服务模式为统一型。然而，随着挪威、瑞典等北欧国家电网的互联，各电网间的运行和协作关系更加密切，有待制定新的辅助服务模式及补偿办法。

英格兰—威尔士电力市场，电能交易是通过 Pool 来完成的，同时辅助服务是通过辅助服务商行（ASB）

来操作的。ASB的作用是以商业的方式向各辅助服务提供者购买各种辅助服务，以便使系统频率和电压维持在规定的限值内。ASB根据每月的情况向辅助服务提供者支付报酬。其辅助服务的主要内容有频率响应、备用支持、无功和黑启动。这些服务以两种形式提供，一种是系统辅助服务，即发电商有义务向国家电网公司（NGC）提供诸如频率响应、无功等辅助服务；另一种是商业辅助服务，即发电商没有义务向NGC提供该服务，但若双方经协商可达成合同交易方式提供服务（含非发电商）。根据英格兰—威尔士发电主市场运行规则，提供辅助服务必须服从中央调度，本质上是以Pool为中心，在竞价上网的基础上实行统一调度。显然，其辅助服务模式为统一型。

各国电力市场的模式不同，其辅助服务的市场模式也不同。并且在同一市场环境下，不同种类的辅助服务也存在不同的交易方式。但以投标型提供辅助服务的情况居多，并且在辅助服务市场中引入竞争机制是必然的趋势。

四、辅助服务定价

在传统的电力工业中，发电、输电和配电都属于同一个电力公司，发电厂提供电能和辅助服务是由系统调度员统一安排的，不存在对各种辅助服务进行单独核算和计费问题。然而在电力市场环境下，为体现发电厂间的公平竞争，应量化辅助服务的指标，核算成本，并合理付费。常用的发电、输电定价方法有综合成本法、长期边际成本法、短期边际成本法等。然而辅助服务定价与电能定价有着本质的差别，不同的系统有不同的辅助服务需求，同一系统不同的辅助服务应分类定价，定价原理和方法必须考虑与主市场运行模式相适应。

第二节　负荷频率控制

一、市场条件下的频率调整

频率是电力系统运行的一个重要质量指标。它反映了电力系统中有功功率供需平衡的基本状态。在电网正常运行情况下，电网各点都基本处于同一运行频率下。当电力系统中有功功率的总供给，即各发电厂的总有功出力满足了全网电力负荷的总需求，并能随着负荷的变化而及时调整时，电网的运行频率保持为额定值。如果电力系统的有功功率供大于求，电网的运行频率将高于额定值；反之，则将低于额定值。频率的稳定依赖于发电功率与负荷功率间复杂的平衡关系。不平衡可能是由于负荷预测的误差，缺少跟踪负荷变化的发电容量，由于故障造成的突然失去发电功率或失去负荷功率等。

频率偏差调整的方法主要是调整发电功率和进行负荷管理。频率的一次调整是动力系统的自然属性，依靠调速器完成。所有发电机组承担调频任务，只能做到有差控制。频率的二次调整，即传统的自动发电控制AGC（Automatic Generation Control），由系统中的AGC机组承担，可以做到无差调节，为避免系统间联络线的过负荷，可同时对联络线功率进行监视和调整。频率的三次调整实质是完成在线经济调度，是系统中所有按给定负荷曲线发电的发电机组分担的调整任务。该任务的分配以系统总耗费最小为目标，受约束于系统中有功、无功功率的平衡，以及各种状态变量都不能越限。

通过频率调整，可以完成以下功能：使发电功率自动跟踪负荷功率的变化；响应负荷功率或发电功率的随机变化，维持系统频率为规定值；在区域内分配系统发电功率，维持区域间净交换功率为计划值；对周期性负荷变化，按发电计划调整发电功率，对偏离计划的负荷功率，实现在线经济负荷分配；监视、调整备用容量，满足安全需要。

但是随着电力市场的逐渐形成，发电与输电分离，对传统的频率控制方式和算法提出了新的要求。

二、电力系统的静态频率特性

电力系统的静态频率特性取决于负荷的静态频率特性和发电机组的静态频率特性，在通常分析中，认为频率与负荷的关系为一线性关系，如下式所示

$$\frac{\Delta f}{f_0}=\frac{1}{\beta K_G+K_L}\cdot\frac{\Delta P}{P_0} \tag{8-1}$$

式中：f_0 为系统在某一运行负荷水平下所对应的起始频率；Δf 为频率偏移值（变化量）；β 为系统的备用容量系数（机组总出力与总负荷之比）；K_G 为发电机组的静态频率调节系数，MW/Hz；K_L 为系统负荷的静态频率调节系数，MW/Hz；P_0 为系统的运行负荷功率；ΔP 为系统有功功率变化量。

1. K_L 的影响

K_L 为系统负荷的频率调节系数，数值上等于单位负荷的变化量与单位频率变化量之比值，为一标量，用公式表达为

$$K_L=\Delta P_L/\Delta f \tag{8-2}$$

式（8-2）表达了系统综合负荷与频率的关系。因为系统负荷千差万别，其频率效应也各不相同。从数学上看，系统的负荷与频率的关系是很复杂的。但从宏观上看，则可认为系统负荷变化与频率变化有一线性关系，因而在一定频率范围内，这个关系可用常数为 K_L 的线性函数来模拟。当然，不同的负荷，不同的分块系统，其 K_L 仍是有差别的，但对整个系统来说，系统所呈现的 K_L 只有一个，因而系统的 K_L 是各种负荷、各分区负荷综合的、等值的结果。

显然，K_L 随负荷的变化而变化。电力系统综合负荷的频率调节系数标幺值 K_L^* 大致为 1.5～2。

2. K_G 的影响

K_G 为发电机的频率调节系数，数值上也等于单位发电功率的变化量与单位频率变化量的比值，可表示为

$$K_G=\frac{\Delta P_G}{\Delta f} \tag{8-3}$$

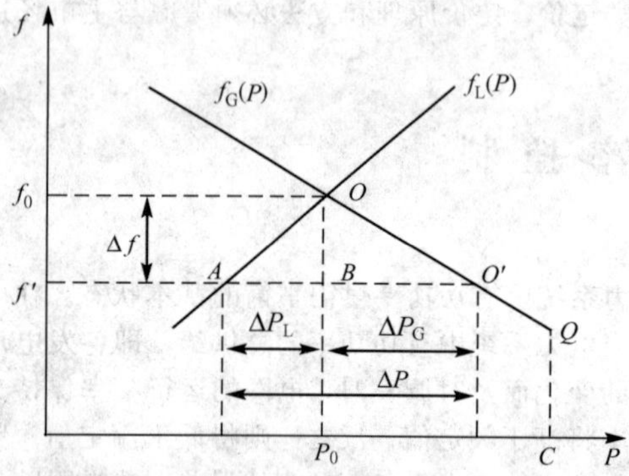

图 8-1　电力系统频率的静态特性

具有调整能力的机组出力会根据频率的降低反而增大，从数学上说 K_G 是发电机出力曲线的斜率。在图 8-1 中，曲线 $f_G(P)$ 所示，当发电机工作点位于 QO 直线段时，发电机具有随频率变化的调整能力，这时系统叫有旋转备用，当运行点位于 QC 段时，发电机已无调整能力，则系统叫无旋转备用，此时，系统只有负荷随频率升降而增减，因此，K_G 的定义域只在 QO 的直线段范围内。

同系统负荷一样，各发电机的调节性能也是千差万别的，在频率变化中的行为也各不相同，还有有无备用的区别等。因此，对系统频率的简单分析，只能从宏观上、整体上考虑机组有旋转备用对系统频率变化的影响，从而得出系统综合的、等值的调节参数。

从整个系统来看，当有负荷变化时，设变化量为 ΔP，则系统频率总会有偏移，它是负荷的频率调节效应与机组的频率调节效应共同作用的结果，从上图中可得

$$\Delta P=\Delta P_L-\Delta P_G \tag{8-4}$$

$$-\frac{\Delta P_{Ge}}{P_{Ge}}=K_G\frac{\Delta f}{f_0} \tag{8-5}$$

所以

$$\begin{aligned}\frac{\Delta P}{P_0}&=\frac{\Delta P_L-\Delta P_G}{P_0}=\frac{\Delta P_L}{P_0}-\frac{\Delta P_G}{P_0}=K_L\frac{\Delta f}{f_0}+\beta K_G\frac{\Delta f}{f_0}\\&=(K_L+\beta K_G)\frac{\Delta f}{f_0}=K_\Sigma\frac{\Delta f}{f_0}\end{aligned} \tag{8-6}$$

式中：K_Σ 表示系统的单位调节功率（或系统单位负荷调节系数）。

当系统有旋转备用时，系统负荷变化与频率变化量仍遵从线性关系，只是此时比例系数 K_Σ 将比 K_L 为大。发电机的调差系数和发电机组的单位调节功率有互为倒数的关系。

三、频率的一次调整

1. 一次调频原理

原动机配置自动调速系统后，它的调速器随机组转速的变动不断改变进汽或进水量，也就是随着频率的升降而自动调整输出功率的多少。

从图 8-2 所示，发电机组原动机的频率特性和负荷频率特性的交点就是系统的原始运行点 O，此时运行频率为 f_0。设在点 O 运行的负荷突然增加 ΔP_{L0}，则由于负荷突增时发电机组功率不能及时随之变动，机组将减速，系统频率将下降。而在系统频率下降的同时，发电机组的功率将因其调速器的一次调整作用而

增大，即沿原动机的频率特性向上增加；负荷的功率将因它本身的调节效应而减少，即沿负荷的频率特性向下减少。经过一个衰减的振荡过程，抵达一个新的平衡点 O'，此时的运行频率为 f'_0，则有

$$K_{\Sigma}=K_G+K_L=-\Delta P_{L0}/\Delta f \tag{8-7}$$

K_{Σ} 表示系统负荷增加或减少时，在原动机高速器和负荷本身的调节效应共同作用下系统频率下降或上升的多少。由于负荷的频率调节系数不可调，要控制和调节系统的单位调节功率只有从控制和调节发电机的调节系数入手。

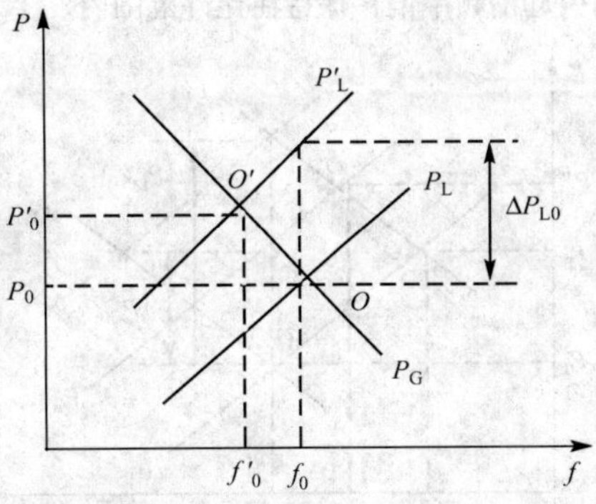

图 8-2　频率的一次调整

2. 一次调频备用容量的分配

由于一次调频是机组的自然属性，所以发电厂间并不通过投标提供一次调频备用容量。在市场条件下，电力公司要承担辅助服务市场的一次调频必须首先满足一系列技术要求，主要包括：调速器的控制死区、调差系数、可调的频率范围、在不同的热力条件下的同步时间等。并且要求发电公司提供详细的发电机及其控制系统的模型给调度中心。电力系统调度员按季度制定一次调频备用容量计划，一般以一次调频备用容量占第 t 时段发电容量的百分比（r_t%）的形式给出。在安排短期计划时（如周计划），按季节计划中设定的一次调频备用水平进行调度。而在日调度或实时调度时，如果某些发电厂在提供服务时遇到困难，不能完成其分配的备用份额，则应该立即通知系统调度员，尽快重新设定一次调频备用容量的百分比 $r_{e,t}$%，其值一般小于 r_t%。第 t 时段的一次调频备用容量以 $P_{r1,t}$ 表示

$$P_{r1,t}=P_{g,t}r_{e,t}\% \tag{8-8}$$

式中：$P_{g,t}$ 为时段 t 系统运行发电机总容量。

发电厂间并不通过投标提供一次调频备用容量，此服务是针对所有机组的，这与一次调频是机组的自然属性有关。电力系统调度员根据各厂调速器参数将 $P_{r1,t}$ 分配到各机组。例如，阿根廷采取较简明的一次调频备用容量分配方法。

对水电机组 i 规定为

$$P_{r1,t,i}=R_{H,t}P_{g,t,i} \tag{8-9}$$

$$R_{H,t}=\max\ (r_{e,t}\%,\ 10\%) \tag{8-10}$$

式中：$P_{g,t,i}$ 为水电机组 i 在时段 t 分配的发电功率；$R_{H,t}$ 为水电机组 i 在时段 t 的备用水平。

式（8-10）表明水电机组的备用容量水平不小于其相应容量的 10%。

对火电机组 k 规定为

$$P_{r1,t,k}=R_{T,t}P_{g,\max,k} \tag{8-11}$$

$$R_{T,t}=\max\ (r_{e,t}\%,\ 5\%) \tag{8-12}$$

式中：$P_{g,\max,k}$ 为火电机组 k 的最大发电功率；$R_{T,t}$ 为火电机组 k 在时段 t 的备用水平。

式（8-12）表明火电机组的备用容量水平不小于其相应容量的 5%。

3. 一次备用容量定价

一般以提供一次备用容量的边际机组的发电微增费用（$\lambda_{M,t}$）作为一次备用容量的价格，记作 $\rho_{r,t}$。各发电厂必须承担其分担的一次备用容量，这部分费用已包含于能量费用中，不再单独进行补偿。仅仅在发电厂提供的一次备用容量超过或少于其分配份额时，才有额外的报酬或罚款（C_r）。其值为

$$C_{r,t,k}=\rho_{r,t}P_{g,t,k}\ (r_{d,t,k}\%-r_d\%) \tag{8-13}$$

式中：r_d%为该机组所分配的备用容量份额；对于水电和火电机组分别为 $R_{H,t}$、$R_{T,t}$；$r_{d,t,k}$%为该机组实际提供的备用容量百分比值。

系统调度员应有足够的量测手段监视发电厂对一次备用调度的执行情况，一旦有违约发生，则视情节轻重予以经济处理。

四、频率的二次调整

（一）二次调频的原理

频率的二次调整就是手动或自动地操作调频器使发电机组的频率特性平行地上下移动，从而使负荷变

动引起的频率偏移保持在允许范围内。

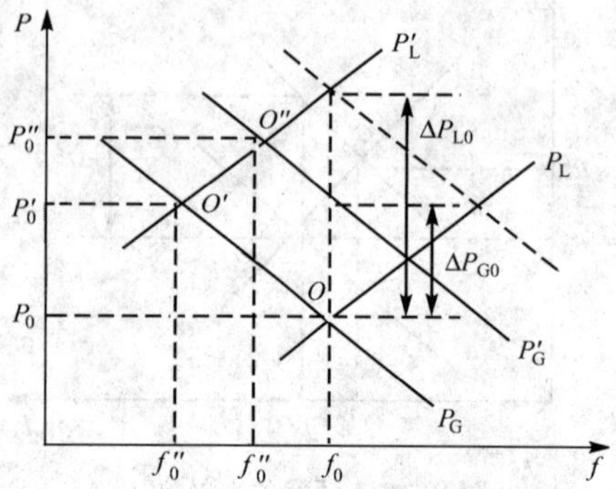

图 8 - 3　频率的二次调整

如图 8 - 3 所示，如不进行二次调整，则在负荷增大 ΔP_{L0} 后，运行点将移至点 O'，即频率将下降为 f'_0，功率将增至 P'_0。在一次调频基础上，当负荷变动引起的频率下降 $\Delta f'$ 仍越出允许范围时，AGC 启动，增加发电机组发出的功率，使频率特性向上移动。设发电机组增发 ΔP_{G0}，则运行点将从 O' 转移到点 O''。点 O'' 对应的频率为 f''_0，功率为 P''_0。即由于进行了二次调整使频率偏移减少，由仅有一次调整时的 $\Delta f'$ 减少为 $\Delta f''$，发电机的可供负荷则由一次调整时的 $\Delta P'_0$ 增加为 $\Delta P''_0$。其数学表达式为

$$\Delta P_{L0}-\Delta P_{G0}=-(K_G+K_L)\Delta f \tag{8-14}$$

即

$$-\frac{\Delta P_{L0}-\Delta P_{G0}}{\Delta f}=K_G+K_L=K_{\Sigma} \tag{8-15}$$

由于 n 台机组的频率调节系数 K_{GN} 远大于一台机组的 K_G，在同样的功率变化下，系统的频率变化要比仅有一台机组时小得多。进行二次调整时，系统中负荷的增减基本上要由调频机组或调频厂承担。

（二）传统的 AGC 控制

一次调频留下了频率偏差和净交换功率偏差，AGC 因此而动作，开始频率的二次调整。在传统体制下 AGC 的基本假设是电力公司的控制中心有权要求控制区内的各发电机组无条件地执行 AGC 控制信号。AGC 的基本控制目标是：①调整全电网发电出力与全电网负荷平衡；②将电网频率偏差调节到零，保持电网频率为额定值；③在各控制区域内分配全网发电出力，使区域间联络线潮流与计划值相等；④在本区域发电厂之间分配发电出力，使区域运行成本最小。

总的说来，AGC 程序的控制目的是使由于负荷变动而产生的区域控制误差 ACE（Area Control Error）不断减小直至为零。根据具体控制方式的不同，ACE 可以定义为系统频率偏差 Δf，联络线交换功率偏差 ΔP，联络线交换电量偏差 ΔW 或系统电钟时间与天文时间偏差 Δt 等变量的函数。区域控制误差 ACE 的数学表达式为

$$ACE=(P_e-P_0)+10\beta(f_e-f_0) \tag{8-16}$$

式中：P_e 为规定净交换功率；P_0 为实际净交换功率；f_e 为系统规定频率；f_0 为系统实际运行频率；β 为系统单位调节功率。

计算区域控制误差时首先要计算出 P_e。在电力市场环境下，区域间交易数目和交换功率大大增加，P_e 的值实时变化，必须根据流过控制区边界的交易功率来计算

$$P_e=\sum P_g-\sum P_d \tag{8-17}$$

式中，P_g 为区域内发电公司卖出的电力；P_d 为区域内配电公司买入的电力。

AGC 的基本功能可概括为两部分：负荷频率控制 LFC（Load Frequency Control）和经济调度 ED（Economic Dispatch），如图 8 - 4 所示。

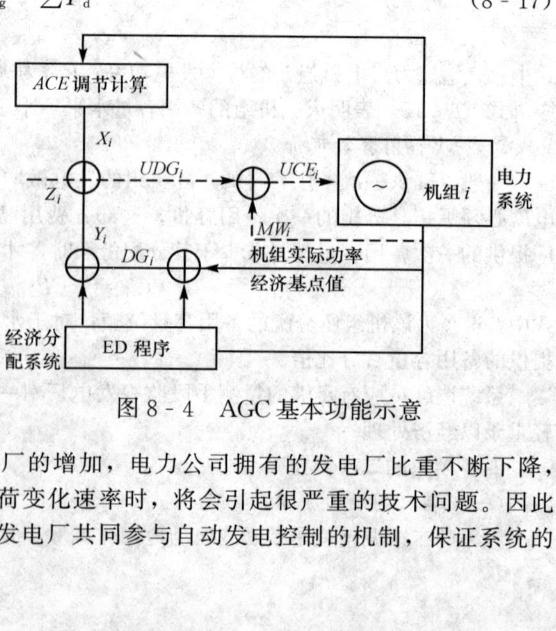

图 8 - 4　AGC 基本功能示意

图 8 - 4 中，X_i、Y_i、Z_i 分别为机组 i 的 ACE 调节量、经济调节量和经济基点值；UDG_i（Unit Desired Generation）为机组 i 的期望发电量；UCE_i 为机组 i 的控制偏差；MW_i 为机组 i 的实际功率；DG 表示发电偏差。

（三）电力市场条件下的 AGC 服务与定价

自动发电控制（AGC）作为一种辅助服务，已经成为电力市场的重要组成部分。随着独资、合资电厂的增加，电力公司拥有的发电厂比重不断下降，当受控机组的发电功率响应速度下降到接近最大的负荷变化速率时，将会引起很严重的技术问题。因此电力市场中必须提供一种能够推动和监督不同产权的发电厂共同参与自动发电控制的机制，保证系统的

安全。其核心应该是对 AGC 服务提供合理报酬并做到优质优价。在这种机制下，输电公司执行 AGC 算法，测量频率偏差和联络线交换功率偏差，并且发送控制信号给各电厂调整其出力。区域控制误差（*ACE*）的计算与传统的 AGC 是一致的，因为控制边界并未改变。

在市场条件下，AGC 服务产生的最大变化是 AGC 对机组功率的如何分配问题。传统的 AGC 算法对机组的功率分配分两个部分：①按经济调度原则分配计划负荷和计划外负荷，电厂送出相应的基点功率；②将区域控制误差分配到各机组。分配的基本原则是按发电费用最小为目标进行控制。在电力市场中，仍需遵守同样的原则，但费用的含义是输电公司从发电公司购买 AGC 能量的费用。

有些国家是用各发电公司在辅助服务市场中对 AGC 服务进行投标得到。投标一般提前一天进行，各发电厂的投标信息中应包括：每台机组可提供的 AGC 备用容量及其价格，价格包括三部分：一是应系统要求提供 AGC 服务的价格，二是仅仅作为 AGC 备用容量的价格，三是提供补偿设备投资和热效率降低价格附加项。如果各厂按固定价格投标，则按费用从低到高的顺序排定提供 AGC 服务的优先次序表，若给出的是投标费用曲线，则按类似与经济调度（ED）的算法，得到其最小费用 AGC 机组分配结果。在更进一步的算法中，还应考虑使用各机组 AGC 备用容量的概率。

当前，我国 AGC 辅助服务的指标量化、费用分析和服务结算问题急待解决。在传统运行机制下，调度员可以理所当然地“命令”电厂无偿地提供 AGC 辅助服务。然而在电力市场环境下，电厂是独立的经济实体，不愿无偿提供该项服务。AGC 辅助服务也应围绕市场有所竞争，并需要某种机制来刺激市场参与者积极提供 AGC 辅助服务和确保他们有足够的收益。目前，各试点单位对 AGC 辅助服务的市场机制考虑得不多。例如，上海发电侧电力市场仅考虑扣罚措施，当发电机组不能按电网要求提供合格的 AGC 辅助服务时，扣减其年度期货电量指标数和期货上网电量数，计算公式分别为

扣减的年度期货电量指标数＝（AGC 停用小时数－允许停用小时数）×额定容量×20％

扣减的年度期货上网电量数＝（AGC 停用小时数－允许停用小时数）×额定容量×5％

又如，浙江发电侧电力市场，仅考虑 AGC 服务的某方面的补偿措施，对能提供 AGC 辅助服务的机组给予补偿，费用为：AGC 服务单价×相应机组的调节速率×提供该服务的时间。各发电厂只是竞争各机组的出力调节速率而已。

上述两个电网采取的方法都十分粗略，AGC 辅助服务费用没有很好地量化，也难以体现市场竞争的机制。

（四）国外电力市场 AGC 辅助服务市场分析

对北美新英格兰电力市场的 AGC 辅助服务市场进行分析。

1. 新英格兰电力市场 AGC 辅助服务概述

新英格兰电力市场 AGC 辅助服务是从 10min 旋转备用（TMSR）中分离出来的一种辅助服务。辅助服务市场要求 AGC 能够连续自动地响应独立系统操作员（ISO）的指令、动态地平衡控制区内的电力供应与需求、满足北美电力可靠性委员会（NERC）和东北电力协调委员会（NPCC）的技术标准。

2. AGC 辅助服务市场投标的基本要求

AGC 服务投标的基本要求如下：①投标必须在每日交易的截止期限（14：00）之前提交，以便在下一个调度周期加以实施；②市场参与者（含发电公司和用户等）提供的 AGC 服务投标，按“$ /每个调节小时”，即“$ /*Reg*-hour”计算；③AGC 投标按计划调度周期（小时）进行；④要求每台机组必须进行单独的 AGC 服务投标，每台机组的 AGC 投标最多可以有四个调整范围，每个范围均包括自动调整的上限（*AHL*）、下限（*ALL*）及自动响应速率；⑤最小调节范围要求在 10MW 以上才能参与 AGC 服务；⑥经地区市场运营委员会认可，在其控制区域以外，有条件的机组也可提供 AGC 服务。

3. 投标的确认与成本分析

AGC 投标的确认与计算是在调度过程中进行的，共分三步完成：①确定没有参与 AGC 市场但却要被调度的机组的位置；②确认为维持调节边界而被逆序开机或调停的机组，并在仿真约束条件下计算该机组的运行成本和应得的补偿；③按 AGC 服务提供者的总成本由小到大进行排队。

首先，ISO 的 EMS 每 5min 执行一次模拟调度，用以确定各机组的模拟调度期望出力点（Desired Dispatch Points）和实时边际电价（*RTMP*）。模拟调度没有考虑 AGC 的约束限制（如备用和 AGC 的要求均为松弛条件），它为参与电能市场的各机组计算出一个期望的出力水平。其次是模拟附加成本，这项费用是由

于机组在模拟调度运行点上被逆序开机或调停引起的。对具有多段投标范围的机组（每段容量至少10MW），其在每一调整范围内的调节容量和模拟调度成本可按以下步骤计算：

（1）AGC的调节能力。用“Reg”表示，它对合格机组的各个调节范围都有效

$$Regs=K\times 10\text{min 响应}+(1-k)\times 60\text{min 响应} \tag{8-18}$$

$$10\text{min 响应}=Minimum\ [10\ \text{倍的自动响应速率，（调整上限}\ AHL-\text{调整下限}\ ALL)]$$
$$=\text{两者中的较小值} \tag{8-19}$$

$$60\text{min 响应}=Minimum\ [60\ \text{倍的自动响应速率，（调整上限}\ AHL-\text{调整下限}\ ALL)]$$
$$=\text{两者中的较小值} \tag{8-20}$$

式中：K为可调系数，可以衡量10min和60min的综合响应情况，目前取值为0.8。

（2）AGC机会成本的补偿。AGC的机会成本是指发电机在期望调度运行点以下被迫停机而给予的补偿，补偿费计算如下。

如果模拟调度机组的期望运行点（DDP）在调节范围之内或以下，则机会成本为0；如果模拟调度机组的期望运行位置在调节范围之上，则需补偿的机会成本（LOP）为

$$LOP=(DDP-AHL)\times(RTMP-DDP\ \text{与}\ AHL\ \text{之间的}\ MW\ \text{投标价}) \tag{8-21}$$

（3）模拟调度附加费用。该费用是对为提供AGC而逆序开机的补偿，仅在模拟调度运行点低于实际调节范围时有效，计算公式为

$$Uplift=(ALL-\text{模拟调度}\ DDP)\times(ALL\ \text{和}\ DDP\ \text{之间的电能投标价}-\text{模拟调度的}\ RTMP) \tag{8-22}$$

（4）预期罚款。预期罚款适用于所有在调节范围内电能投标价格发生过变动的机组。如果改变了运行点，无论是向上还是向下，只要超过5倍的自动调节速率都会使机组进入不同的投标运行区间。预期的罚款值为

$$\text{罚款}=\text{差价}\times(5\times\text{自动响应速率}) \tag{8-23}$$

当模拟调度运行点在±5倍自动调节速率范围以内时，差价设定为0。同时，将上调和下调运行点的预期罚款的较大值作为AGC投标时成本排队的依据。

（5）AGC投标的排序成本（\$ /Reg—hour）。AGC投标的排序成本是以“\$ /Reg—hour”为量纲，其计算公式如下

$$(\text{模拟调度的 AGC 费用}+\text{模拟调度的 AGC 的机会成本}+\text{模拟调度的附加费}+\text{预期罚款})/\text{有效的}\ Regs \tag{8-24}$$

模拟调度的AGC费用=（AGC投标价×有效的$Regs$）+评估的AGC服务费用

（6）按成本递增顺序排列调节范围。

（7）在计算AGC排序成本时，某台机组如果因出力限制而没被指定执行实时调度，则其排序成本中除只有模拟调度AGC费用外，其他各项费用均为零。

（8）对于出力限制而没被指定做实时调度的机组，如果其运行点在调节范围之外，将被视为不能提供AGC服务。

4. AGC辅助服务市场清算价格的确定

AGC清算价格（\$ /Reg—hour）用来确定每个交易周期中提供AGC服务的机组的补偿费用。AGC清算价格的计算步骤如下：①每5min按各机组提供AGC服务的投标价（\$ /Reg—hour），由低到高排列一次，得到边际价格。②本交易时段（1h）过后，取上述每5min边际价的时间加权平均值作为AGC的市场清算价格。

5. AGC服务的结算

AGC服务每个交易周期（1h）结算一次。结算步骤如下。

（1）参与者的结算量。参与者的AGC服务的结算量包括两部分内容：①参与者每小时所分配的结算量：若未特别指定，可按区域内AGC需量乘以参与者所承担的电力负荷的百分数加以确定。如果机组被指定为进相运行，则不计算其造成的电能消耗。②根据合同约定承担另一参与者的全部或部分调整量时，其结算量的分配应做相应的修改。

（2）付给AGC出售者的费用。按提供AGC服务的机组分别付费。指定机组将得到AGC计时费、服务费和机会费用三方面的收益，分别计算如下

$$\text{AGC 计时费}=\frac{\text{本时段执行 AGC 的时间 min}}{60}\times Regs\times \text{AGC 清算价} \quad (8-25)$$

AGC 服务费＝本时段提供 AGC 服务的 MW 数×AGC 清算价×Q

式中：Q 为 AGC 服务每调节小时价（$ /*Reg*－hour）换算成 MW 电价的转换系数，目前为 0.4。

AGC 的机会费用：结算用的 AGC 机会费用是每 5min AGC 机会费用的时间加权平均值。具体含义如下。

1）在 RTMP 确定后，安排一次额外的模拟调度，此时忽略参加 AGC 的机组的上、下调节限制，并为每台机组提供一个模拟调度期望运行点（*DDP*）。

2）若模拟调度的 *DDP* 比实际调度点高时，则按以下公式计算

AGC 的损失风险（MW）＝模拟的 *DDP*－基于实时边际电价（*RTMP*）的 *DDP*　　(8-26)

AGC 的机会费用＝（*RTMP*－AGC 损失风险的电能投标价格）×AGC 的损失风险（MW）　　(8-27)

3）如果机组的模拟调度运行点 *DDP* 等于或低于在实际电能市场中的运行点，则 AGC 的机会费用为 0。

4）如果机组已达运行极限，不具备实时调度资格，则其 AGC 机会费用将为 0。

（3）向 AGC 购买者收取的费用。由两部分构成。

1）给 AGC 出售者总费用的分摊额

$$\text{付给 AGC 出售者的总费用}\times\frac{\text{购买者本时段的 AGC 结算量}}{\text{所有参与者总的 AGC 结算量}} \quad (8-28)$$

2）所有附加费分摊：由地区市场运营委员会确定额外附加费以及与 AGC 有关的费用。

（4）确定所有参与者的总收入与总支出（不包括与市场有关的费用）。从 AGC 购买者收取的总费用必须等于支付给 AGC 出售者的总费用。

随着我国电力体制改革的深化，参与电力市场竞争的各独立发电公司在其市场行为上必定更多地考虑自身的利益。同时，由于电网不按市场竞争方式对发电公司提供的 AGC 服务进行补偿，难免会造成发电公司不愿在 AGC 设备上进行投资和技术改进。所以，必然会造成提供辅助服务方面的供需矛盾，进而影响电网的供电质量。从目前情况看，有的调度中心是根据发电公司机组的 AGC 的性能来安排其提供 AGC 服务的数量。长此以往，将会影响电厂提供 AGC 辅助服务的积极性。新英格兰电力市场的 AGC 辅助服务定价和市场模式，可为我国电力市场辅助服务市场建设提供有益的借鉴。

五、频率的三次调整

频率的三次调整服务，实际上就是完成在线经济调度。经济调度的目的是在满足电力系统频率质量和安全的前提下合理利用能源和设备，以最低的发电成本或费用获得最多的、有用的电能。

在线经济调度的主要研究内容有：①各类发电厂的运行特点及其合理组合；②发电设备的经济特性；③经济调度控制的主要算法；④火电厂之间的经济负荷分配；⑤水、火电厂之间的经济负荷分配；⑥电力系统网损及网损微增率。

第三节　发电备用容量服务与定价

一、备用分类及备用服务概述

在实际运行中，发电机随机停运、负荷波动、线路故障等，都会破坏电力系统的平衡状态，出现功率不足，严重时甚至造成大范围停电。为此必须保持一定的有功和无功备用水平。在发电或输电系统故障时，发电厂要及时提供备用容量服务。在传统运行模式下，备用是由调度统一安排提供，并且提供该服务的费用没有与电能费用分开结算。然而在电力市场条件下，应给予提供者合理的经济补偿，这就要考虑提供备用的成本、效益、定价方法以及从整个系统的角度出发来优化和安排备用。

备用容量服务与调频服务是紧密相连的，在时间周期上他们有所重叠，并且由于作用或讨论的侧重点不同，同一种备用容量可能会有不同的名称。电力市场中备用问题的核心是确定容量及其分配的算法，并提出相应的价格机制，使各发电厂积极响应调度的备用容量安排。目前，对备用的研究正在发展之中，对备用的分类也不一致，基于投入时间和是否同步的情况，各个电力市场都提出了相应的分类方法。例如，加州电力市场的备用服务，包括旋转备用、非旋转备用、AGC、替代备用；新英格兰电力市场的备用服务，

包括 10min 旋转备用（TMSR）、10min 非旋转备用（TMNSR）、30min 运行备用（TMOR），以及可断电负荷。

国外有的学者也提出了快速备用和中间备用的概念，将快速备用定义为在 10～15min 内启动的冷快速启动机组，作为旋转备用的补充。相应地，将冷慢速启动机组定义为中间备用，并将旋转备用、快速备用、中间备用三者通称为运行备用。

在国内运行实践中，习惯于将发电容量备用分为热备用和冷备用。热备用是指能够保证 10min 内增加的同步容量，是可以通过调速器使用的发电备用，它不仅取决于空余容量，而且也取决于升发电功率速度；冷备用则是指未运转的发电设备可能发出的最大功率，因而也称为后备备用。

备用分类存在较多的分法，这些分法有重叠的地方，甚至有矛盾的地方，给进一步理解和研究带来不便。通过对各种分类方式的总结可以看出，各种备用的根本特征是响应速度。为此，在实际电力市场中，越来越多地倾向于将备用分为瞬时响应备用（AGC）、10min 旋转备用、10min 非旋转备用、30min 备用、60min 备用和冷备用，如表 8-1 所示。这种分类方法严密，简单明了，包容性强，能够突出备用的最重要特征，为电力系统的实际操作给予了明确的时间信号，为备用理论的研究提供了明确的量化指标，在实践和理论上都有重要的意义。

表 8-1　　备用的分类与特征

种类	备用名称	启动时间	是否同步
1	瞬时响应备用	瞬时	是
2	10min 旋转备用	＜10min	是
3	10min 非旋转备用	＜10min	否
4	30min 备用	（10min，30min）	否
5	60min 备用	（30min，60min）	否
6	冷备用	＞30min	否

二、备用市场运营

（一）备用市场竞争与优化调度

在新英格兰、加州、新西兰、澳大利亚等地，备用已作为一种辅助服务参与市场的公开竞争。备用市场运营过程一般采用：备用服务提供者提交备用容量大小和备用容量价格，备用市场操作员根据某个目标选购备用。究竟需要多少备用，一般根据确定性原则，备用必须大于系统中最大一台机组的容量，且满足系统规定的备用与发电系统总容量之比；备用的分配一般是根据最优性原则，取决于使某个选定的目标最优。

由于实时电价决定了备用的机会成本，备用市场的实际操作与当时的电能主市场密切相关，往往作为一个有机的整体。人们构造了多种目标函数，并对系统约束做了不同的处理，以期解决备用分配和定价问题，见表 8-2。

表 8-2　　备用优化调度问题

方法	目标函数	约束条件	备用容量	备用分配	备用价格
1	购买电能费用最小	能量平衡	给定备用系数	满足约束的成功报价机组	容量效益＋报价
2	购买电能和备用总费用最小	能量平衡； 装机容量平衡； 备用约束	爬坡时间×爬坡率	LP 算法	备用的清算价

续表

方法	目标函数	约束条件	备用容量	备用分配	备用价格
3	电能市场和备用市场盈利最大	能量平衡；输电约束；备用约束；供需约束	给定备用系数	LP算法	备用的清算价
4	停电损失下降值与旋转备用成本增加值相差最大	能量平衡；机组出限制；旋转备用约束	旋转备用＝额定容量－最大负荷	动态排队法	备用的边际机会成本

方法1被英国电力市场采用，优点是规则简单、操作性强，但对不同类型的备用不能很好地区分对待。方法2、3采用的LP算法可以同时清算电能和备用，达到电能备用总体目标最优，但备用容量分配按报价由低到高选择，备用的价格定为备用的清算价，在当前备用的成本研究进行得不够充分的情况下，容易造成备用报价严重偏移，备用提供者获得高额利润等不合理情况。方法4提出了机会成本理论，开拓了计算备用电价的新思路，可以很好地扩展到各种类型的备用，缺点是仍未能解决备用提供者采用策略报价获取高额利润的问题。

备用市场运作后，为保证交易的公平，避免市场力的影响，真正做到系统和用户双赢，需要对备用价格进行评估。备用价格从整体上应该大于成本而小于效益，即落在成本和效益之间，且有一个较大的置信区间。备用价格会随着需求的变化而剧烈波动，所以还需要对这种波动是否产生价格偏移进行评估。

（二）加州电力市场的备用拍卖

在加州电力市场，由独立系统操作员（ISO）通过日前竞争拍卖获取，这些拍卖是在电力交易中心（PX）的电能拍卖完成之后进行的。这些拍卖的顺序是：AGC、旋转备用、非旋转备用、替代备用。市场参与者分别提交备用容量报价和备用电量报价。成功的报价者不论其是否被调度，都将得到一笔备用容量费用，在备用容量被调度加载时，报价者还将得到一笔电量电费。

（1）发电厂投标。发电厂i应提前一天向调度中心进行备用投标。要求提供的投标信息包括投标容量和投标价格以及响应时间（与机组的爬坡速率有关）。投标价格应由两部分组成：$\rho_{\mathrm{rsw},i}$代表备用容量的能量价格，即使用备用容量发电的价格；$\rho_{\mathrm{rsp},i}$代表备用容量的容量价格。

（2）投标选择。调度中心根据（$\rho_{\mathrm{rw},i}+\rho_{\mathrm{rp},i}$）计算值排定提供旋转备用的优先次序表。市场清算价格为优先次序表中边际机组的（$\rho_{\mathrm{rw,m}}+\rho_{\mathrm{rp,m}}$）值。

在进一步分析中可依据备用的使用概率进行投标选择，并按式（8－29）的计算值排出提供备用容量的优先次序表，按式（6－30）计算备用容量价格

$$\rho_{\mathrm{r},i}^{(0)}=\rho_{\mathrm{rp},i}+\rho_{\mathrm{rw},i}\sum P_{\mathrm{ru},i}P_{\mathrm{rb}}\% \tag{8-29}$$

$$\rho_{\mathrm{r},i}=\rho_{\mathrm{rpm}}+\rho_{\mathrm{owm}}\sum P_{\mathrm{ru},i}P_{\mathrm{rb}}\%-\rho_{\mathrm{rw},i}\sum P_{\mathrm{ru},i}P_{\mathrm{rb}}\% \tag{8-30}$$

式中：$P_{\mathrm{ru},i}$为节点i的某一备用使用容量；$P_{\mathrm{rb}}\%$为该情况发生的概率。

（3）服务结算。每个中标的备用容量供应者，应该得到的报酬为

$$C_{\mathrm{r},i}=P_{\mathrm{r},i}(\rho_{\mathrm{rwm}}+\rho_{\mathrm{rpm}}-\rho_{\mathrm{rw},i})+(P_{\mathrm{g},i}-P_{\mathrm{g0},i})(\rho_{\mathrm{rwm}}+\rho_{\mathrm{rpm}}) \tag{8-31}$$

式中：$P_{\mathrm{r},i}$为第i供应者提供的备用容量；$P_{\mathrm{g},i}$为第i供应者实际发电功率；$P_{\mathrm{g0},i}$为第i供应计划发电功率（不包括备用容量）；$P_{\mathrm{g},i}-P_{\mathrm{g0},i}$为被调度中心用于发电的备用容量。

这种结算方法，可使发电厂提供备用容量的收入与参加发电市场运营的收入相仿。当计及备用的使用概率进行投标选择时，备用容量的最终提供者得到的报酬为

$$C_{\mathrm{r},i}=P_{\mathrm{r},i}\rho_{\mathrm{r},i}+(P_{\mathrm{g},i}-P_{\mathrm{g0},i})\rho_{\mathrm{rw},i} \tag{8-32}$$

式中：$P_{r,i}$为某一系数。对用户来说，其最终的购买备用容量的付款应与其最大负荷成比例。

（三）新英格兰电力市场的运行备用辅助服务市场

1. 运行备用辅助服务的内涵

在新英格兰电力市场中，运行备用是指ISO根据市场规则确定并经地区市场运作委员会核准的，当发

生偶然事故时能够提供有效的电能支援以满足紧急情况的要求，它包括10min旋转备用（TMSR）、10min非旋转备用（TMNSR）和30min运行备用（TMOR）。

TMSR是指在线运行机组，在10min内能够即刻增加的容量（kW）或在10min内可以被卸载的部分电力负荷（含抽水蓄能电站运行在抽水模式时所消耗的功率）。TMNSR是指非在线运行的机组，在10min内能被启动而增加的容量（kW）或在10min内可以被卸载的部分电力负荷，以及其他有能力提供但在该时段内没有被ISO采用的TMSR资源。TMOR是指在30min内能被调度加载的备用容量（kW）或在30min内可以被卸载的部分电力负荷（含抽水蓄能电站运行在抽水模式时所消耗的功率），以及其他有能力提供但在该时段内没有被ISO采用的TMSR或TMNSR资源。

2. 对市场参与者的投标要求

市场参与者是指备用容量的提供方和需求方，如发电厂和电力用户。用户兼有提供方和需求方的双重角色：当其提供备用服务时，它就成为供方；虽然备用是为全系统服务的，但费用往往是从用户方收取，因此用户又是备用容量的购买者，即需方。

市场参与者提供的投标内容和基本要求如下。

1）投标信息包括投标容量（MW）和相应的价格（$ /MW）。

2）投标必须在每日交易的最终期限（14：00）之前完成。

3）有能力提供TMSR服务，但没有被ISO采纳的资源，可以参加TMNSR投标。

4）有能力提供TMSR和TMNSR服务，但没被ISO采纳的资源，可以参加TMOR投标。

3. 投标评价和费用分析

TMSR、TMNSR和TMOR的投标都是在调度过程中进行评价的，具体评价过程和费用分析如下。

（1）TMSR的投标评价和费用分析。TMSR的投标是从两方面来评价的，即TMSR的投标价和仿真的TMSR机会损失费用。为决定仿真的期望调度点（DDP）和仿真的实时边际电能电价（RTMP），在不考虑备用要求的情况下，系统的决策程序执行一次带响应速率约束的经济调度。这种经济调度的结果可用来仿真能提供TMSR服务的潜在资源的机会损失成本。ISO的能量管理系统（EMS）将周期性地指定提供TMSR的资源。被指定提供TMSR服务的过程如下。

1）TMSR容量的确定：决策程序每执行一次，各可用机组潜在的TMSR就可以计算出来，其值为十倍的标准响应速率，约束范围为运行上限（HOL）与运行下限（LOL）之间。对于在线调度的负荷来说，其潜在的TMSR是实际负荷与计划负荷之差。

2）TMSR的机会损失费用的计算：如果机组仿真的DDP位于或低于规定的值（该值为HOL与潜在的TMSR容量之差），那么仿真的TMSR机会损失费用为0；否则该时段仿真的TMSR机会损失费用（$ /h）将不为0，其计算式为

仿真的TMSR机会损失费用＝仿真的TMSR机会损失容量（MW）×（仿真的RTMP－电能投标价）　（8-33）

其中

仿真的TMSR机会损失容量＝仿真的DDP－（HOL－潜在的TMSR容量）

此外，对于在线调度的负荷，其TMSR机会损失费用设定为0。

3）仿真的TMSR成本和容量价格的计算。

该时段仿真的TMSR成本为

仿真的TMSR成本＝仿真的TMSR机会损失费用＋（TMSR投标价×潜在的TMSR容量）　（8-34）

那么仿真的TMSR容量价格（$ /MW）为

仿真的TMSR容量价格＝仿真的TMSR成本/潜在的有效TMSR容量　（8-35）

该成本可用于线性规划以获得TMSR需求量以及对TMSR的优化分配。ISO根据仿真的TMSR容量价格由低到高排定提供10min旋转备用服务的优先次序。

（2）TMNSR的投标评价过程：①每个预调度周期内，ISO的EMS定时计算NEPOOL区域内的TMNSR需量；②每5min计算一次各个备用资源的有效TMNSR容量；③ISO按投标价（$ /MW）由低到高排列每份投标，并选择出价位较低的TMNSR来满足市场需求。

决策程序将确定出TMSR市场中多余的TMSR，ISO将及时发布该信息，以便它能参与TMNSR市场

的竞争。

（3）TMOR 的投标评价过程：①每个预调度周期内，ISO 的 EMS 定时计算 NEPOOL 区域内的 TMOR 需量；②每 5min 计算一次各个备用资源的有效 TMOR 容量；③ISO 按投标价由低到高对各份投标进行排列，并选择出价位较低的 TMOR 来满足市场需求；④决策程序将确定出市场中多余的 TMSR 和 TMSNR，ISO 将及时发布该信息，以便它能参与 TMOR 市场的竞争。最先的 10min 内有效的容量段，取 TMSR、TMNSR 和 TMOR 三者的最小者；在 10min 至 30min 内有效的容量段，取 TMOR 的投标价。

当出现多个具有同样 TMSR、TMNSR 和 TMOR 容量价格（$/MW）的参与者，但系统不需要这么容量时，优先权为具有最低电能投标价者最先考虑，具有较大的可用备用容量者次之。

决策程序能自动安排提供各种运行备用服务资源的组合。由于系统运行条件的变化，在一个时段内被指定的备用资源的组合可能跟着变化。但无论如何，只有被指定的备用服务才有补偿。

4. 市场清算价的确定和服务结算

（1）TMSR 市场清算价的确定。

1）TMSR 的机会损失价（$/MW）为

TMSR 的机会损失价＝（TMSR 的机会损失费用＋TMSR 投标价×实际指定的TMSR）/实际指定的TMSR　(8-36)

其中

TMSR 的机会损失费用＝TMSR 的机会损失容量×（RTMP－电能投标价）

2）实时 TMSR 价格设定为贸易周期内（1h）指定备用资源的最高 TMSR 机会损失价。

3）每个交易周期的 TMSR 市场清算价等于该时段实时 TMSR 价格的时间加权平均值。

（2）TMNSR、TMOR 市场清算价的确定。①实时的 TMNSR 和 TMOR 价格分别设定为被调度指定提供的相应备用资源的最高投标价；②每个交易周期的 TMNSR 和 TMOR 市场清算价分别为该时段内实时的 TMNSR 和 TMO 价格的时间加权平均值。

（3）TMSR 服务的结算。每个交易周期结算一次，分以下几个步骤进行：

1）确定参与者（需方）每时段的结算量，它是以下几项内容之和：①若未特别指定，参与者可按其所占的在控制区内每时段所需 TMSR 的市场份额分配。②参与者应承担的结算量，即

参与者应承担的结算量＝该区域内 TMSR 总需量×参与者所占电力负荷的百分数　(8-37)

若机组被指定进相运行，则不计其造成的电能消耗量。③特殊 TMSR 需量的结算由 NEPOOL 的地区市场运作委员会决定。④根据合同约定承担另一参与者的全部或部分服务时，结算量的分配应作相应的调整。

2）确定付给 TMSR 提供者的费用。在每个交易周期内被指定提供 TMSR 服务的参与者应得到的补偿费用计算如下

提供 TMSR 的补偿费用＝TMSR 市场清算价×其提供的 TMSR 总量－特殊的费用　(8-38)

3）确定向需方的收费（TMSR 服务费），它是以下两项的总和：①每个贸易周期内向需方的收费为

$$\text{付给提供者的总费用}\times\frac{\text{参与者本时段的 TMSR 结算量}}{\text{所有参与者总的 TMSR 结算量}} \tag{8-39}$$

②所有附加费用的分摊额，该附加费是地区市场运作委员会认定的或与 TMSR 市场有关的管理费。

（4）TMNSR、TMOR 服务的结算。TMNSR 和 TMOR 服务结算的方法与上述 TMSR 服务结算的方法基本相同，这时只将有关的计算公式概括如下。

1）结算量。

参与者（需方）应承担的 TMNSR 结算量＝该区域内 TMNSR 需量×参与者所占电力负荷的百分数　(8-40)

参与者（需方）应承担的 TMOR 结算量＝该区域内 TMOR 需量×参与者所占电力负荷的百分数　(8-41)

2）补偿费用。

TMNSR 服务提供者的补偿费用＝TMNSR 清算价×其提供的 TMNSR 总量－特殊的费用　(8-42)

TMOR 服务提供者的补偿费用＝TMOR 清算价×其提供的 TMOR 总量－特殊的费用　(8-43)

3）服务收费。

$$\text{TMNSR 服务需方的收费}=\text{付给 TMNSR 提供者的总费用}\times\frac{\text{参与者本时段的 TMNSR 结算量}}{\text{所有参与者总的 TMNSR 结算量}}+\text{附加费用的分摊额} \tag{8-44}$$

$$\text{TMOR 服务需方的收费}=\text{付给 TMOR 提供者的总费用}\times\frac{\text{参与者本时段的 TMOR 结算量}}{\text{所有参与者总的 TMOR 结算量}}+\text{附加费用的分摊额} \tag{8-45}$$

上述三种备用辅助服务从需方收取的总费用应分别等于支付给提供者的总费用。此外，对于被临时改变运行状态的机组，由 ISO 决定是否给予额外的补偿。

新英格兰电力市场备用辅助服务的费用量化，以及市场竞争的机制给电力工业增加了活力，有利于优化资源配置和改善投资决策，并在实践中取得了较为丰富的经验。

三、无功备用

与有功不同，电力系统中的无功源除发电机和负荷外，还包括电容器和静止无功补偿器（SVC）等，而且电网本身也是无功电源。由于输送无功是不经济的，因此无功具有就地平衡的特点，这就使无功供应有很强的分散性。调整无功的手段也多种多样，如自动电压调节器、电容器投切及变压器有载调压等。因此，无功的最优定价问题在理论上比较复杂。

在电力市场的实际操作中，系统电压控制需要各参与者共同承担责任。发电厂和用户都要满足他们的电压和功率因数限值。发电厂必须提供其 P-Q 曲线，并要保证在较长时间内，无功发电功率达到其极限的90%；或保证在 20min 内提供 100%的无功发电功率。输电公司应负责保持系统电压，对 500kV 线路其节点电压波动在 3%以内，220kV 和 110kV 线路应在 5%以内。中心调度员应能控制电网中所有的电压调节设备。配电公司和大用户与输电公司签订合同，确定其在峰、谷和其他时段应保证的功率因数及相应的奖惩手段。

无功实时运行也可采用投标方式，投标包括无功电源的详细技术参数和无功报价。如果某机组仅因无功需要而启动，而有功发电保持在最小值，报价应包括此时的无功价格和有功价格。当机组因增加无功功率而不得不降低有功发电时，无功报价可以有功发电损失的形式给出。投标选择的主要根据是每宗投标对解决电压问题的重要程度。当存在足够的无功供应者时，按他们的费用高低次序排队；当供应者不足时，应提供相应的价格刺激。

四、可中断负荷

可中断负荷指在电网高峰负荷时段，用户负荷中可以中断的部分。可中断负荷通常通过经济合同实现，是需求侧管理（DSM）的一部分。DSM 中引入的可中断负荷可视为一种特殊而有效的备用，对可中断负荷的容量、价格、调度需要进一步深入研究。

可中断负荷在系统峰荷或故障时，可以减少负荷需求量，这等效于增加备用容量，故可中断负荷通常被看作一种特殊的备用。可中断负荷的研究需要解决三个问题：①负荷中断的容量（备用容量）；②可中断负荷的赔偿价格（备用电价）；③何时可以中断（备用的调度）。对于负荷，首先需要确定哪些负荷是固定供应的，哪些负荷是可中断的。可以构造一个优化模型以解决此类问题，目标函数是使供电的电能收入与赔偿金额的差最大，用线性规划法来解决。

可中断负荷的规定主要通过合同来进行。对于可中断负荷，如果系统供给能量，则用户需要以合同中的电能价格支付给供电方；如果备用容量不足，系统可以中断供给，这时供电方需要按合同赔偿用户。低赔偿价格和低可靠性密切相关，在合同中，电能用户可以通过自己对可靠性的需要来选择赔偿价格。通过推导，可以得出用户对赔偿价格的最优选择是：赔偿价格与单位电能价值相等。

负荷随时间不断变化，需确定什么时候对负荷进行中断。需要探讨一定的规则：确定一个门槛值 H，当次日预测值超过 H，则要求中断负荷。门槛值 H 取决于中断的时间和中断的次数，通过概率工具和对历史数据的曲线拟合求得。

五、有功无功备用的一体化定价模型

其主要思想是：基于最优潮流的有功与无功定价方法，使之同时计算出有功与无功备用的最优容量及其价格。算法模型如下。

1. 目标函数

目标函数为某一周期内系统有功和无功的停电损失费用、发电费用、备用费用总和为最小，即

$$\min C=\sum_{t}\sum_{i}[C_{u,i,t}(P_{u,i,t},Q_{u,i,t})+C_{g,i,t}(P_{g,i,t},Q_{g,i,t})+C_{rs,i,t}(P_{rs,i,t},Q_{rs,it})] \tag{8-46}$$

式中：$P_{u,i,t}$、$Q_{u,i,t}$为节点i时段t有功、无功负荷停电功率；$P_{g,i,t}$、$Q_{g,i,t}$为节点i时段t有功、无功发电功率；$P_{rs,i,t}$、$Q_{rs,i,t}$为节点i时段t有功、无功旋转备用功率；$C_{u,i,t}$（$P_{u,i,t}$，$Q_{u,i,t}$）为节点i时段t停电损失费用函数；$C_{g,i,t}$（$P_{g,i,t}$，$Q_{g,i,t}$）为节点i时段t发电费用函数；$C_{rs,i,t}$（$P_{rs,i,t}$，$Q_{rs,i,t}$）为节点i时段t旋转备用费用函数。

2. 约束条件

1）各时段各节点的潮流方程约束

$$\begin{aligned}P_{g,i}+P_{u,i}+P_{rs,i}-P_{d,i}-\sum_{j}U_iU_jY_{ij}\cos\theta_{ij}=0\\Q_{g,i}+Q_{u,i}+Q_{rs,i}-Q_{d,i}-\sum_{j}U_iU_jY_{ij}\sin\theta_{ij}=0\end{aligned} \tag{8-47}$$

其中包含停电功率和投入备用功率。

2）各时段各节点发电功率限制

$$\begin{aligned}P_{g,i}\leqslant P_{g\max,i}a_i\\|Q_{g,i}|\leqslant Q_{g\max,i}a_i\end{aligned} \tag{8-48}$$

式中：a_i是二进制变量；机组i投入为1，停用为0。

3）各时段各线路输电能力限制

$$\begin{aligned}|S_{T,ij}|\leqslant S_{T\max,ij}b_{ij}\\|S_{T,ij}|=\sqrt{P_{T,ij}^2+Q_{t,ij}^2}\end{aligned} \tag{8-49}$$

式中：b_{ij}是二进制变量；线路i投入为1，停用为0。

4）各时段各节点电压限制

$$U_{\min,i}\leqslant U_i\leqslant U_{\max,i} \tag{8-50}$$

5）各时段各节点备用限制

$$\begin{aligned}0\leqslant P_{rs,i}\leqslant P_{rs,\max,i}\\0\leqslant Q_{rs,i}\leqslant Q_{rs,\max,i}\end{aligned} \tag{8-51}$$

在满足式（8-47）～式（8-51）的条件下，解式（8-46）可以得到各节点各时段的备用容量，并计算出最优价格。此时的有功备用和无功备用价格分别为

$$\rho_{p,j,t}=\sum_{i\neq j}\left(\frac{\partial C_{u,i,t}}{\partial P_{j,t}}+\frac{\partial C_{g,t}}{\partial P_{j,t}}+\frac{\partial C_{rs,t}}{\partial P_{j,t}}\right) \tag{8-52}$$

$$\rho_{q,j,t}=\sum_{i\neq j}\left(\frac{\partial C_{u,i,t}}{\partial Q_{j,t}}+\frac{\partial C_{g,t}}{\partial Q_{j,t}}+\frac{\partial C_{rs,t}}{\partial Q_{j,t}}\right) \tag{8-53}$$

最优价格由两部分组成：用户期望的边际成本、用户停电引起边际成本的变化。

六、成本效益分析

提供备用的成本可用机会成本来衡量。即，机组因为提供备用而使得发电量减少，从而收益减少，减少的这部分收益就是机组提供备用的机会成本，可用符号S表示为

$$S=\sum_{i\in N_G}(G'_i-G_i) \tag{8-54}$$

式中：G'_i表示机组i没有提供备用的收益；G_i表示机组i提供备用后的收益。

系统提供备用的边际成本可以表示为

$$\gamma=\frac{\partial S}{\partial R} \tag{8-55}$$

式中：γ表示备用的边际成本；S表示备用的机会成本；R表示备用容量。

机会成本为备用成本的计算提供了新的思路，且概念清楚、理解方便，但这种计算方法受电能市场影响较大，如果电能市场的价格出现较大偏移，备用的机会成本也会出现较大偏移。因此，备用提供者可以采用策略报价（如压低电能报价），以获得备用的高额回报。

系统购买一定备用的社会效益体现在：如果不购买这部分容量作为备用，会导致系统的可靠性下降，电量不足期望值 E_{ENS}增加，从而使用户停电的总成本增加。购买备用前后用户停电成本的变化量就是购买备用的社会效益 B_s，即

$$B_s=\alpha\Delta E_{ENS}=\alpha\ (E_{ENS,1}-E_{ENS,0}) \tag{8-56}$$

式中：$E_{ENS,1}$和 $E_{ENS,0}$分别为购买备用前、后系统的电量不足期望值，可通过随机生产模拟求得；系数 α 表示每 kW·h 电能的停电损失，可以取指标 IEAR（Interrupted energy assessment rates）或 VOLL（Value of lost load）。

这种效益评估方法简单实用，已经成为各国研究者一致认可的常用方法。为得到指标 IEAR 或 VOLL，通常有统计法、市场行为法、调查研究法 3 种方法。这些方法都不能提供准确的停电损失指标，但较为实用，其中最常用的是采用问卷形式的调查研究法。问卷可以直接设计为调查用户在各种假想停电方式下的停电损失来估计缺电成本，也可以设计为调查用户在各种停电方式下的补偿量来间接衡量缺电成本的大小。

通过对问卷的分析，可以得到 IEAR 或 VOLL。这两种指标的主要计算思路都是对用户调查结果分类计算、加权平均。其实，这两个指标反映的都是每 kW·h 电能对应的用户停电损失，实质是一样的。北美常常采用 IEAR 指标，而英国电力市场则采用 VOLL 指标。在北美和英国都进行过类似的调查，调查结果是北美地区 20 世纪 90 年代初 IEAR 为 7.79 美元/(kW·h)，英国 90 年代中期 VOLL 是 2.389 英镑/(kW·h)。

备用问题直接影响到市场环境下电力系统运行的安全性与可靠性，因此需要加强这一领域的研究。合理的备用辅助服务定价原则和市场机制，可以激励提供备用服务的积极性，有利于发电投资和电力市场的健康发展。

第四节 无功市场运营

一、概述

电力市场下无功管理与定价对电网公司的运行和经营具有重要的意义。首先正确的无功价格信号可以推动电网开放和提高电网经济效益，帮助输电用户在决定交易电量、投资和设备利用时进行科学决策。其次，无功平衡做得好可以提高系统运行的可靠性和效率，并通过无功的最优分配降低系统的有功网损。其三，无功管理可以改善电压波形，减少由于电压引起的系统故障，增加系统稳定性。但与有功服务相比，无功服务有如下特点。

(1) 供应的地域性。由于远距离输送无功需要发电和接收点之间较大的电压差，因此无功供应原则上应就地平衡。

(2) 控制的分散性。与频率控制需要有功平衡类似，电压控制需要无功的平衡。但频率是全网统一的，依赖于全网的有功平衡，而电压是各节点不同的，必须依赖于该节点的电压控制。

(3) 手段的多样性。与有功只能由发电机提供不同，无功除发电机外，还可以由调相机和静止无功补偿器甚至输电线路等多种无功源提供。

(4) 分析的复杂性。有功的费用主要是发电费用，而无功的运行费用很小但投资费用很大，分析起来比有功复杂。

无功服务与有功服务分析可以分开进行，买卖双方对无功可以单独结算。因此无功管理必须规范化、科学化，对无功费用要进行详细分析。由于输电和发电的分离，无功费用原则上应涵盖所有不属于输电公司设备的无功生产费用。所以无功价格必须协调多种相互关联甚至相互矛盾的目标函数，如维持系统可靠性，保证用户间的平等，简化管理过程和为系统扩建提供正确的经济信号等。由于无功的上述特点，使无功服务的分析较有功服务更复杂。

二、影响无功服务的技术因素

1. 无功需求

(1) 容量需求。指电网规划运行时应该提供的无功容量需求，主要应考虑：使用容量和备用容量、感性容量和容性容量（见表 8-3）、无功容量的位置。一般可通过多次模拟，计算不同工况和故障情况下的最优潮流，确定无功容量需求。

表 8-3　**电力系统无功源**

发电无功（容性）	吸收无功（感性）
过励磁同步机	欠励磁同步机
电容器	电抗器
静止无功补偿器的容性电流	静止无功补偿器的感性电流
轻负荷线路	重负荷线路
电缆	变压器和感性电机

（2）备用需求。正常运行情况下，动态无功源不应以最大容量运行，所有同步机和静止无功补偿器等都应留有无功备用，用于无功负荷跟踪和故障后的无功供应。根据无功应就地平衡原则，备用应分配于各个节点之上，这是保证电力系统电压稳定的基本要求，在价格结构中必须加以考虑。无功备用水平依赖于电力系统运行状况，在特殊情况下，无功备用的增长要比无功输出的增长快。

（3）电量需求。电网调度应对系统所需的超前或滞后的无功负荷进行预测，并合理地分配到各无功源。

（4）响应需求。在不同的工况下，电力系统对无功响应的时间和速度有不同的要求，从时间上可以划分为暂态响应、动态响应和慢速响应，其特点见表 8-4。

表 8-4　**电力系统无功响应需求**

响应类型	响应方式	作　用	响应时间	手　段
暂态响应	自动	系统稳定性之必需	短暂时延	自动电压调节器、静止无功补偿器等
动态响应	自动	无功负荷跟踪、故障后的无功供应	固定时间可延长	带负荷调压、同步调相机、静止电压补偿器、自动无功调节器等
慢速响应	手动/自动	大量无功负荷的投切	较长时间	电容电抗器

2. 无功生产对发电厂的影响

（1）投资增加。为满足电网所要求的无功容量，发电设备就必须更大、更昂贵。设备的大小和费用与无功容量成正比。因此，发电厂有相当一部分投资可归于无功容量。

（2）能量损耗。定子电流为 $\sqrt{P^2+Q^2}/\sqrt{3}U$，转子的励磁受电流功率因数影响很大，在滞后的负荷时，增加很大。定子和转子的损耗均与 I^2R 成正比，杂散损耗与 U^2 成正比。因此，随着无功负荷的增加，发电机的能量损耗也将增加。较大的氢冷发电机，与负荷相关的损耗占总损耗的 75%，并且无功功率的微增损耗是高度非线性的。

（3）维修维护。由于增发无功，转子和定子电流增加，不但会增加能量损耗，也会增加作用于导体上的电磁力，从而增大振动，对发电机造成一定的损害。电流也会引起温度升高，热胀冷缩加剧，造成较大的机械应力，导致绕组变形和绝缘老化。因此相当一部分维修、维护费是由无功发电引起的。两台同样的发电机，接近功率因数为 1 运行的机组，定子事故发生率要小得多。

（4）设备磨损。在引起维修费和维护费用增加的同时，上述的损害机理也会缩短发电机的主要设备的使用寿命。当更换发电机的主要设备比维修它更经济时，发电机的使用寿命就结束了。虽然，并非所有的设备更换都与负荷和功率因数有关，但其中大部分问题都与发电机的运行负荷有关，并因生产无功而加剧。

（5）风险管理。无功功率的增加，也会使发电机组开断的概率增加，造成非常大的无功可靠性费用，这部分费用比较难以评估，需要研究无功容量和无功电量对发电机可靠性的影响。

三、影响无功服务的市场因素

1. 无功市场的构成和特点

买方：电网公司或其下属辅助服务部门。买方对无功市场的要求是：一个真正竞争的市场机制，无功供应应有可靠的保障，没有任何一个无功供应者有垄断市场的能力。

无功市场潜在的卖主：发电厂、电网公司（作为线路、变压器、静止无功补偿器、电容电抗器的所有者）、同步调相机的所有者、安装自动切负荷或功率因子校正设备的用户。

无功市场的特点：电网公司作为单一的无功购买者，既购买无功容量又购买无功电量；无功生产的费用与无功的价值有很大不同；无功设备投资较大，是新的无功容量加入电网的阻碍；发电厂的无功费用必须从无功容量收费和运行收费中得到完全补偿；有功的收入与无功的收入关系不大，可以将有功、无功市场解耦。地区性的无功供应是有限的竞争。

2. 市场模式

（1）健全的无功市场的基本原则是：协调电力生产的各元素，以最低的价格为用户提供满足质量和可靠性要求的电力。为达此目的，需要电网公司要有无功容量和电量的可靠供应，并且在满足质量和安全水平的前提下为用户提供尽可能低的电价。无功电价须满足以下五个目标：①无功供应者的费用应得到补偿（包括适当的利润）；②为降低无功服务的总费用提供动力；③能保证和提高无功服务水平；④在任何时刻能保证严格的、充足的无功供应；⑤价格不能超过无功的价值或少于提供无功服务的费用。

（2）健康的无功市场的特征是：①对无功费用的补偿应包括容量和功率两方面；②所有的无功供应者应与电网公司签订无功供应合同；③电网规约中，不应硬性规定无功容量（功率因数）的值；④电网公司的无功补偿设备与其他的无功供应者应同等对待；⑤电网公司对无功的买卖应建立单独的账目。

（3）建立这种市场的费用与电力市场的规模成正比。鉴于无功的地域性，电网公司应对无功进行分区管理，这样可以减少无功管理的困难，但必须防止因此而导致的地区性垄断。可行的措施有：①由静止补偿设备提供的无功容量应有一个中期价格上限；②在规划期间购买无功，使新的无功设备的投资对现有无功供应者形成竞争；③如果供应者有垄断行为，管理机构应有相应的处罚措施。

在无功过剩的区域，如果提高功率因数，可以节省投资。而在无功短缺的区域中，如果发电机以较低的功率因数运行，可以减少对无功补偿设备的需求，也可减少投资。竞争市场比之非竞争市场，无功费用预期可降低2%～10%。

第五节 无功服务定价

无功的价格应包括电量价格和容量价格。容量价格是无功设备的投资费用回收和无功备用的价值，电量价格是为回收无功的运行费用。虽然无功比有功的运行费用小得多，但对无功的运行费用定价，可以为无功的短期运行提供正确的价格信号，有利于提高运行的灵活性。

一、依据无功运行费用的实时无功定价

无功定价有两个主要目的：①确定最优无功容量需求，从技术上满足电网公司的安全指标；②分析无功费用对电网运行经济性的影响。

1. 无功费用优化定价

这种定价方法的特点是：①有功无功解耦，最大限度地减少无功优化过程对有功优化的影响。其依据是有功的费用往往比无功费用大一个数量级；②在一个负荷周期内，对关键时段（峰、谷）做以无功费用最小为目标的安全约束调度；③两次费用优化之间，每半小时做一次以控制动作最小为目标的无功优化。

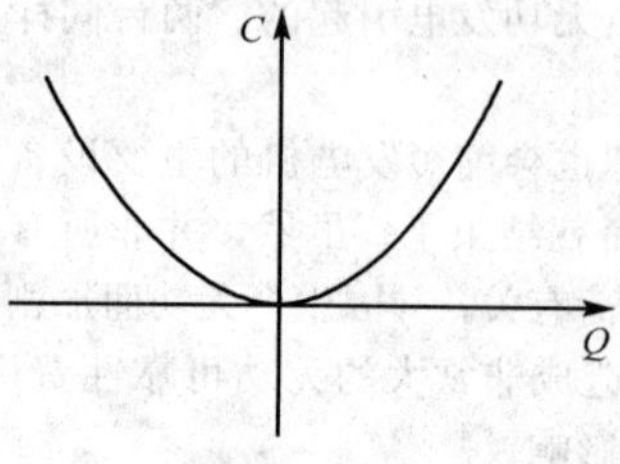

图8-5 无功的生产费用曲线

2. 无功费用曲线

与有功生产成本函数相类似，无功生产费用曲线也是非线性的，如图8-5所示，可用分段线性化的形式加以处理。下面几类对象都可建立相应的无功费用曲线：发电机、调相机、静止无功补偿器；发电厂；输电走廊；区域或公司间的无功交换。

3. 优化模型

为了考虑事故后的无功与电压控制问题，在模型中引入基态和事故态两种运行状态，具体考虑哪些事故与系统实际运行状态有关。在有功、无功解耦的同时，可通过目标函数分段线性化和采用逐次线性规划等方法求解，缩小解题规模，提高程序运行速度。

（1）目标函数为无功生产费用最小

$$\min f(U_0, X_0) \tag{8-57}$$

式中：U_0、X_0 分别为基态控制向量和状态向量。

(2) 约束条件。等式约束为基态和事故后的潮流方程

$$g_k(U_k, X_k) = 0 \qquad k = 0, 2, \cdots, n \tag{8-58}$$

不等式约束为设备和运行极限

$$\begin{gathered} U_{\min k} \leqslant U_k \leqslant U_{\max k} \\ X_{\min k} \leqslant X_k \leqslant X_{\max k} \qquad k=0, 2, \cdots, n \end{gathered} \tag{8-59}$$

需要包括的无功约束有电压约束和无功变化约束、支路无功电流或无功功率、无功旋转备用、无功区域交换等。

基态和事故态间的控制变量间的关系为

$$U_k = [A_k]U_0 \tag{8-60}$$

式中：$[A_k]$ 是函数矩阵，但在很多情况下是常数对角阵。

考虑到电压变化约束后，有

$$h_k(U_0, U_k, X_0, X_k) \leqslant 0 \tag{8-61}$$

考虑到更一般的关系，式（8-60）也可表示为

$$(U_k, X_k) = [A_k](U_0, X_0) \tag{8-62}$$

4. 不应强制的约束

一些最优潮流（OPF）约束若在边界时，如果一定将其拉回界内，可能需要很大的甚至难以接受的控制量变化，因此一般有下面几种折中的处理方法：

(1) 控制效率分析。当某一约束越限时，计算所有控制量对其的灵敏度，在确定有效约束集前，先检查这些灵敏度，如没有哪一个控制量有很大灵敏度，则可以忽略该约束越限。这是一种很重要的滤波手段，没有它，很多最优潮流问题将得不到合理解。如，某一线路潮流轻微越界时，为消除它可能需要控制变量做很大的调整，这时可以忽略此越界。

(2) 约束软化。约束越限时，其边际费用趋于无穷大，可以为该约束设定一边际费用阈值，即对其施加一定惩罚，使约束软化。阈值的设定与约束类型有关。

(3) 支路过负荷。当某支路的无功潮流越界，而有功潮流并未越界时，可以在电压与无功优化中，不将此约束强制拉回界内。

5. 边际费用

在无功费用优化基础上进行灵敏度分析可得约束运行的边际费用，如支路潮流、电压、旋转备用、发电机无功出力和负荷母线无功消费的边际费用等，并由这几种基本灵敏度可以推导其他灵敏度，如区域内总负荷的边际费用和区域间交易的边际费用。节点无功注入的微增费用就是无功的价格，该值在系统内各处不同。

二、有功费用优化的无功实时定价

无功实时定价方法是由有功实时定价理论发展而来，可分为两个层次的问题：上层问题考虑用户对无功价格的响应，下层问题是以有功费用最小为目标的最优潮流问题。

上层问题为

$$P_{\mathrm{d},i} = P_{\mathrm{d0},i}(\eta_{\mathrm{p},i})^{E_{\mathrm{p},i}}(\eta_{\mathrm{q},i})^{E_{\mathrm{p,q},i}} \tag{8-63}$$

$$Q_{\mathrm{d},i} = P_{\mathrm{d0},i}(\eta_{\mathrm{p},i})^{E_{\mathrm{q,p},i}}(\eta_{\mathrm{q},i})^{E_{\mathrm{q},i}} \tag{8-64}$$

式中：$P_{\mathrm{d},i}$、$Q_{\mathrm{d},i}$ 为节点 i 上用户的有功、无功负荷；$P_{\mathrm{d0},i}$、$Q_{\mathrm{d0},i}$ 为不考虑用户响应时的节点 i 上用户有功、无功负荷；$E_{\mathrm{p},i}$、$E_{\mathrm{q},i}$ 为节点 i 有功、无功功率的价格弹性因子；$E_{\mathrm{p,q},i}$ 为节点 i 无功功率价格对有功负荷的弹性因子；$E_{\mathrm{q,p},i}$ 为节点 i 有功功率价格对无功负荷的弹性因子。

对应于潮流约束的拉格朗日乘子 $\eta_{\mathrm{p},i}$、$\eta_{\mathrm{q},i}$，分别代表节点 i 提供有功、无功的边际费用。

下层问题：

(1) 目标函数是总的有功生产费用最小

$$\min(C) = \sum_{i \in G} C_i(P_{\mathrm{g},i}) \tag{8-65}$$

(2) 潮流约束

$$\left.\begin{aligned}P_{g,i}-P_{d,i}-\sum_{j\in N}|U_i\|U_j\|Y_{ij}|\cos(\delta_j-\delta_i)=0\\Q_{g,i}-Q_{d,i}-\sum_{j\in N}|U_i\|U_j\|Y_{ij}|\sin(\delta_j-\delta_i)=0\end{aligned}\right\}\tag{8-66}$$

式中：$P_{g,i}$、$Q_{g,i}$为节点i的有功、无功发电功率；G为发电机数；N为节点数。

(3) 发电约束

$$\left.\begin{aligned}P_{g,i,\min}\leqslant P_{g,i}\leqslant P_{g,i,\max}\quad(i\in G)\\Q_{g,i,\min}\leqslant Q_{g,i}\leqslant Q_{g,i,\max}\quad(i\in G)\end{aligned}\right\}\tag{8-67}$$

(4) 输电约束

$$P_{ij,\min}\leqslant P_{ij}\leqslant P_{ij,\max}\quad(i,\ j\in N)\tag{8-68}$$

$$P_{ij}=|U_i\|U_j\|U_{ij}|\cos(\delta_j-\delta_i)-|U_i|^2|Y_{ij}|\cos(\delta_j-\delta_i)\tag{8-69}$$

(5) 电压约束

$$U_{i,\min}<|U_i|<U_{i,\max}\quad(i\in N)\tag{8-70}$$

(6) 化为无约束的模型

$$\begin{aligned}&L(P_g,Q_g,U,\delta)\\=&\sum_{j\in g}C_i(P_{g,i})-\sum_{i\in N}\eta_{p,i}\Big[P_{g,i}-P_{d,i}-\sum_{j\in N}|U_i\|U_j\|Y_{ij}|\cos(\delta_j-\delta_i)\Big]\\&-\sum_{i\in N}\eta_{q,i}\Big[Q_{g,i}-Q_{d,i}-\sum_{j\in N}|U_i\|U_j\|Y_{ij}|\sin(\delta_j-\delta_i)\Big]\\&-\sum_{i\in G}\lambda_{i,\min}(P_{g,i}-P_{g,i,\min})+\sum_{i\in G}\lambda_{i,\max}(P_{g,i}-P_{g,i,\max})\\&-\sum_{i\in G}\mu_{i,\min}(Q_{g,i}-Q_{g,i,\min})+\sum_{i\in G}\mu_{i,\max}(Q_{g,i}-Q_{g,i,\max})\\&+\sum_{i\in N}\sum_{j\in N}^{i\neq j}\eta_{ij}(|P_{ij}|-P_{ij,\max})\\&-\sum_{i\in N}^{i\neq j}\gamma_{i,\min}(|U_i|-U_{i,\min})+\sum_{i\in N}\gamma_{i,\max}(|U_i|-U_{i,\max})\end{aligned}\tag{8-71}$$

式中：$\lambda_{i,\min}$，$\lambda_{i,\max}$，$\mu_{i,\min}$，$\mu_{i,\max}$，η_{ij}，$\gamma_{i,\min}$，$\gamma_{i,\max}$分别为对应各约束条件的拉格朗日乘子。

利用Kuhn-Tucker条件，可得有功和无功实时电价

$$\rho_{p,i}=\frac{\partial L}{\partial P_{d,i}}=\eta_{p,i}\tag{8-72}$$

$$\rho_{q,i}=\frac{\partial L}{\partial Q_{d,i}}=\eta_{q,i}\tag{8-73}$$

式中：L为用户供电的总费用。

进一步的研究方向：①无功市场中影响无功价格因素的进一步分析；②分析负荷的不确定性和发电机组可用性、网络结线变化、投标策略变化等不确定性对无功价格的影响；③有功、无功安全调度的进一步协调；④为预防事故后电压崩溃，而增加特殊的约束、控制逻辑。

三、依据容量费用的无功定价

1. 依据运行的无功定价

该方法为无功负荷和发电厂建立一种无功标准，对所有供应者与消费者明确其无功责任和限制。当无功发电和负荷在允许范围内时，无须对实际的无功生产和消费付款。系统运行人员通过明确各发电厂应满足的电压水平来指导无功的运行。当该标准被违反时，有相应的惩罚措施；而提供额外的无功容量时，应给予鼓励。用这种方法，发电厂的无功费用可以通过两种方式回收。第一种是将费用责任分配给发电厂。这就意味着只要所有的输电用户（包括负荷和发电厂）都满足其相应的无功标准，电网公司与用户之间没有财务关系。第二种是将费用责任分配给负荷。电网公司依据发电厂的发电容量费用付给其报酬，并对用户收取无功服务费用，作为输电服务费用的一部分。两种方法之不同在于对用户的财务的影响，而不在于系统运行。

电网公司在制定无功的运行标准时，应考虑以下几种需要。

(1) 无功标准应该是技术上可行的，并且适合于不同的运行条件。可以根据现有的运行实践定义无功

约束范围。也可以根据峰谷时段的最大、最小无功需求定义无功约束范围。

(2) 负荷的无功需求往往与其有功使用相关联。考虑到这个需要，可通过规定发电机的功率因数范围(一般为－0.9～＋0.95)，制定无功标准。但系统运行人员往往关注的是电压是否违界，而非无功输出，因此当功率因数未达极限时，电网运行人员只需考察发电厂的电压水平。

(3) 无功分区管理有利于减轻管理负担。

(4) 应允许不同区域根据各区域的无功需求制定不同的无功标准，以给无功运行和扩建提供经济信号。

这种方法，相对而言较简单，因而也较粗糙，但在电力市场的初期，不失为一种切实可行的办法。

2. 依据区域无功市场的无功定价

由于无功传输是不现实的，应该鼓励区域无功市场，即发电厂、负荷和其他第三方都可参加。根据发电厂的容量为其付费，根据用户的无功需求对其收费。如果用户的无功需求由自己满足，也必须与输电公司很好地协调。在这种方法中，费用责任归于用户。无功需求用无功调整因子算出，而且只要不危及系统的可靠性，不同区域间可交换无功容量。

无功调整因子 R_q 定义为

$$R_{q,i}=\Delta Q_i+\alpha\frac{\partial Q_{loss}}{\partial Q_i}\varepsilon_i\Delta Q_i+\beta\frac{\partial Q_{loss}}{\partial P_i}\sigma_i\Delta P_i \tag{8-74}$$

式中：Q_{loss} 为系统无功网损；ΔP_i、ΔQ_i 代表节点 i 的有功、无功变化量；α、β 用以修正用微增网损计算系统总无功网损造成的偏差；ε_i、σ_i 用以调整 ΔP_i、ΔQ_i，使之满足指定的功率因数。

可以用无功调整因子 R_q 来评价各区域中无功容量的价值。对整个无功市场来讲，依据 R_q 算出的区域乘子可被视为无功的当地价值。对发电厂的付款依赖于系统对它的无功容量需求。用户的无功支出依赖于其无功消费需求和无功的当地价值。

为防止由于区域无功市场产生地区性垄断，可使用相当长期的无功容量作为无功定价的依据，而不是根据实时的无功发电量。这将导致使无功价格对短期无功变化不敏感。两种定价方法相结合，应该是无功定价算法的发展趋势。

四、基于最优潮流的无功定价

该问题须做以下假设：各发电厂的有功功率生产成本曲线已知；无功电价基于实时电价概念，使用最优潮流法进行计算；实时电价在不同母线具有不同的数值；负荷已知，且不随电价而波动。

采用以潮流方程为约束的最优化方法进行无功实时电价计算，最优化问题的目标函数是使全网有功和无功功率发电总成本最小化，由于假定负荷已知，不随价格变化，这一目标函数实质上也是社会经济效益最优的反映。该优化问题同时受系统运行和设备容量等条件约束，故降低发电总成本实际上隐含了降低网损及实现无功潮流优化的目标。

无功定价所用的有功和无功发电总成本最优化的目标函数为

$$C=\sum_{i\in N_G}\left[C_{gpi}(P_{Gi})+C_{gqi}(Q_{Gi})\right]+\sum_{j\in N_C}C_{Cj}(Q_{Cj}) \tag{8-75}$$

式中：N_G 为系统发电机节点的集合；N_C 为系统中具有无功补偿器的节点集合；C_{gpi}（P_{Gi}）为节点 i 上的有功发电成本函数；C_{gqi}（Q_{Gi}）为节点 i 上的无功发电成本函数；C_{Cj}（Q_{Cj}）为节点 j 上的无功补偿器的运行成本函数。

以上这三项之和即为系统发电的总成本。第一项为发电机的有功功率成本函数用二次函数近似，并受最大、最小出力限制，即

$$C_{gpi}(P_{Gi})=a+bP_{Gi}+cP_{Gi}^2 \tag{8-76}$$

$$P_{Gimin}\leqslant P_{Gi}\leqslant P_{Gimax} \tag{8-77}$$

发电机运行时要受到发电容量的限制。当发电机在发出无功功率时，其有功出力的极限比没有无功出力情况下的极限要小，从而造成发电厂隐性的经济损失，此时即使该有功功率无须发出，也会影响这部分有功功率可作为旋转备用的相应利润（即无功功率的机会成本）。为简化起见，认为上式中的第二项无功发电成本是该发电机由于其无功出力而损失的有功发电能力所对应的利润，并近似表示为

$$C_{gqi}(Q_{Gi})=k\left[C_{qi}(S_{Gimax})-C_{gi}\sqrt{S_{Gimax}^2-Q_{Gi}^2}\right] \tag{8-78}$$

式中：S_{Gimax} 为发电机允许的最大出力；Q_{Gi} 为发电机运行时的无功出力；k 为定常系数，发电厂的利润率，

一般为5%～10%。

无功补偿器一般由系统安装，为了收回其投资成本，必须在电价中也包含无功补偿器的成本。无功补偿器的成本，近似用其投资总额的折旧率计算（按15年计）

$$C_{Ci}(Q_{Ci})=\frac{11600Q_{Ci}h}{15\times 365\times 24}=13.24Q_{Ci} \tag{8-79}$$

式中：h为平均使用率，近似取为2/3。

最优潮流的约束条件为：潮流方程和等式约束、发电机有功和无功出力约束、无功补偿电容器出力约束、线路潮流约束、母线电压约束等。可采用连续二次规划法求解该问题，它根据优化目标和约束建立一个Lagrange函数，然后将问题近似转化成二次规划子问题，通过多次迭代，二次规划子问题逐步收敛于一个最优解，即原优化问题的最终解。

五、实时有功无功一体化定价

1. 电价模型

通常，对任一时刻t用户k的实时有功电价$\rho_{pg}(t)$可表示为

$$\rho_{pg}(t)=\lambda_p(t)+\lambda_p(t)\frac{\partial P_{loss}(t)}{\partial P_{dg}(t)}+\sum\mu\frac{\partial Z}{\partial P_{dg}(t)} \tag{8-80}$$

式中：$\lambda_p(t)$为对应于有功功率平衡方程的Lagrange乘子；P_{loss}为系统有功损耗；P_{dg}为有功负荷；μ为对应于网络约束的Lagrange乘子矢量；Z为网络约束、线路安全约束、无功电压约束、稳定约束、网络维护费用等。

在上式的基础上，在社会总成本中加入无功成本且兼顾无功功率平衡，则考虑无功影响的实时有功电价模型可表达如下

$$\rho_{pg}(t)=\lambda_p(t)+\lambda_p(t)\frac{\partial P_{loss}(t)}{\partial P_{dg}(t)}+\lambda_q(t)\frac{\partial Q_{loss}(t)}{\partial P_{dg}(t)}+\sum\mu\frac{\partial Z}{\partial P_{dg}(t)} \tag{8-81}$$

式中：$\lambda_q(t)$为对应于无功功率平衡方程的Lagrange乘子；Q_{loss}为系统的无功损耗；Q_{dg}为系统的无功负荷。这样，网损边际费用既包括有功网损边际费用，又包括无功网损边际费用。

与此类似，也可将实时无功电价模型定义为

$$\rho_{qg}(t)=\lambda_q(t)+\lambda_q(t)\frac{\partial Q_{loss}(t)}{\partial Q_{dg}(t)}+\lambda_p(t)\frac{\partial P_{loss}(t)}{\partial Q_{dg}(t)}+\sum\mu\frac{\partial Z}{\partial Q_{dg}(t)} \tag{8-82}$$

式中：λ_q表示无功边际发电费用，即系统无功微增率。

在上述电价模型中，对网损微增率用阻抗矩阵法求解。由于电力系统网络约束规模庞大，为简化计算且满足预报电价的速度和精度要求，对网络约束仅考虑发电机出力约束、变压器分接头约束、无功补偿装置约束、节点电压约束、线路安全约束，对网络的约束费用可采用敏度关系求解。

2. 有功优化模型

有功最优潮流与无功优化模型的目标函数相同，则有

$$\min\Delta C=\beta_p\Delta P_{sg}+\Delta P_{sg}^T\gamma_p\Delta P_{sg}+\beta_Q\Delta Q_{sgc}+\Delta Q_{sgc}^T\gamma_Q\Delta Q_{sgc} \tag{8-83}$$

式中：ΔC为总成本变化量；ΔP_{sg}为有功出力变化量矢量；ΔQ_{sgc}为无功出力变化量矢量；β_p、γ_p为有功成本特性系数；β_q、γ_q为无功成本特性系数。

在有功优化模型中，控制变量为有功出力变化量，为此需寻找有功与无功的灵敏度关系，现可通过下面所述的方法获得。

潮流方程的灵敏度模型为

$$\begin{bmatrix}\Delta P_s\\ \Delta P_g\\ \Delta P_l\\ \Delta Q_s\\ \Delta Q_g\\ \Delta Q_c\\ \Delta Q_{l'}\end{bmatrix}=\begin{bmatrix}\cdot & \cdot & J_{11} & \cdot & \cdot\\ \cdot & \cdot & \cdot & \cdot & \cdot\\ \cdot & \cdot & J_{12} & \cdot & \cdot\\ \cdot & \cdot & \cdot & \cdot & \cdot\\ \cdot & \cdot & J_{13} & \cdot & \cdot\\ \cdot & \cdot & \cdot & \cdot & \cdot\\ \cdot & \cdot & \cdot & \cdot & \cdot\end{bmatrix}\cdot\begin{bmatrix}\Delta\delta_s\\ \Delta\delta_g\\ \Delta\delta_l\\ \Delta V_s\\ \Delta V_g\\ \Delta V_c\\ \Delta V_{l'}\end{bmatrix} \tag{8-84}$$

式中：J_{11}、J_{12}、J_{13}为雅可比分块矩阵子阵；s、g、c分别表示平衡节点、其他发电机节点及具有无功补偿的节点；l、l'分别表示所有的负荷节点及不挂无功补偿装置的节点。

在有功优化模型中可设

$$\Delta P_l=\Delta V=\Delta\delta_s=\Delta Q_{l'}=0 \tag{8-85}$$

$$\Delta Q_{sgc}=[J_{13}\quad J_{12}^{-1}]\begin{bmatrix}\Delta P_g\\ \Delta P_l\end{bmatrix}\triangleq J_B\Delta P_g \tag{8-86}$$

式中：J_B 为 $[J_{13}\quad J_{12}^{-1}]$ 的一个子阵。

由式（8-83）和式（8-86）可得有功优化模型中的目标函数

$$\min\Delta C=\beta_p\Delta P_{sg}+\Delta P_{sg}^T\gamma_p\Delta P_{sg}+\beta_Q J_B\Delta P_g+(J_B\Delta P_g)^T\gamma_Q(J_B\Delta P_g) \tag{8-87}$$

由式（8-84）、式（8-85）可得线性等式约束

$$\Delta P_s=[J_{11}\quad J_{12}^{-1}]\begin{bmatrix}\Delta P_g\\ \Delta P_l\end{bmatrix}\triangleq J_A\Delta P_g \tag{8-88}$$

或

$$[1-J_A]\begin{bmatrix}\Delta P_s\\ \Delta P_g\end{bmatrix}=0 \tag{8-89}$$

式中：J_A 为 $[J_{11}J_{12}^{-1}]$ 的子阵。

线路的灵敏度模型为

$$\begin{bmatrix}\Delta T_p\\ \Delta T_Q\end{bmatrix}\begin{bmatrix}\overline{H} & \cdot\\ \cdot & \cdot\end{bmatrix}\begin{bmatrix}\Delta\delta_{gl}\\ \Delta V\end{bmatrix} \tag{8-90}$$

式中：ΔT_p 为线路有功功率变化量矢量；ΔT_Q 为线路无功功率变化量矢量；$\overline{H}$ 为灵敏度模型子阵。

由式（8-84）、式（8-85）、式（8-90）可得

$$\Delta T_p=\overline{H}J_{12}^{-1}\Delta P_g=J_C\Delta P_g \tag{8-91}$$

式中：$J_C=\overline{H}J_{12}^{-1}$。

综合式（8-87）、式（8-89）、式（8-91），可得新的有功优化模型

$$\left.\begin{aligned}&\min\Delta C=\beta_p\Delta P_{sg}+\Delta P_{sg}^T\gamma_p\Delta P_{sg}+\beta_Q J_B\Delta P_g+(J_B\Delta P_g)^T\gamma_Q(J_B\Delta P_g)\\&[1-J_A]\ \Delta P_{sg}=0\\&\Delta \underline{P}\leqslant\Delta P_{sg}\leqslant\Delta\overline{P}_{sg}\\&\Delta T_{-p}\leqslant J_C\Delta P_g\leqslant\Delta\overline{T}_p\end{aligned}\right\} \tag{8-92}$$

式中：(_)、(¯)分别表示约束的下、上限，下同。

3. 无功优化模型

无功最优潮流的目标函数如式（8-83）所示。但控制变量为无功出力及变压器的分接头，为此需寻找有功出力、无功出力及变压器分接头之间的关系。现可通过下面的方法获得，包括变压器分接头（Δn）的增广雅可比矩阵为

$$\begin{bmatrix}\Delta P_s\\ \Delta P_g\\ \Delta P_l\\ \Delta Q_{sgc}\\ \Delta Q_{l'}\end{bmatrix}=\begin{bmatrix}\cdot & J_{12} & J_{22}\\ \cdot & \cdot & \cdot\\ \cdot & \cdot & \cdot\\ \cdot & J_{23} & J_{24}\\ \cdot & \cdot & \cdot\end{bmatrix}\begin{bmatrix}\Delta\delta_s\\ \Delta\delta_g\\ \Delta\delta_l\\ \Delta V\\ \Delta n\end{bmatrix} \tag{8-93}$$

式中：J_{12}、J_{22}、J_{23}、J_{24}为增广雅可比子阵。

在无功优化模型中可设

$$\Delta Q_{l'}=\Delta\delta_s=\Delta\delta_g=\Delta\delta_l=\Delta P_l=0 \tag{8-94}$$

由式（8-93）、式（8-94）可得

$$\Delta V=J_{23}^{-1}\begin{bmatrix}\Delta Q_{sgc}\\ \Delta Q_{l'}\end{bmatrix}-J_{23}^{-1}J_{24}\Delta n\triangleq J_F\Delta Q_{sgc}-J_{23}^{-1}J_{24}\Delta n \tag{8-95}$$

式中：J_F 为 J_{23}^{-1}的子阵。

由式（8-93）、式（8-94）、式（8-95）可得

$$\Delta P_{\mathrm{sg}}=\left[J_{21}J_{\mathrm{F}}\cdots J_{22}-J_{21}J_{23}^{-1}J_{24}\right]\begin{bmatrix}\Delta Q_{\mathrm{sgc}}\\ \Delta n\end{bmatrix}\triangleq J_{\mathrm{D}}\begin{bmatrix}\Delta Q_{\mathrm{sgc}}\\ \Delta n\end{bmatrix} \tag{8-96}$$

$$J_{\mathrm{D}}=\left[J_{21}J_{\mathrm{F}}\cdots J_{22}-J_{21}J_{23}^{-1}J_{24}\right]$$

所以由式（8－93）、式（8－96）可得无功最优潮流的目标函数

$$\min\Delta C=\beta_{\mathrm{p}}J_{\mathrm{D}}\begin{bmatrix}\Delta Q_{\mathrm{sgc}}\\ \Delta n\end{bmatrix}+\begin{bmatrix}\Delta Q_{\mathrm{sgc}}\\ \Delta n\end{bmatrix}^{T}J_{\mathrm{D}}^{T}\gamma_{\mathrm{P}}\begin{bmatrix}\Delta Q_{\mathrm{sgc}}\\ \Delta n\end{bmatrix}+\beta_{\mathrm{Q}}\Delta Q_{\mathrm{sgc}}+\Delta Q_{\mathrm{sgc}}^{T}\gamma_{\mathrm{Q}}\Delta Q_{\mathrm{sgc}} \tag{8-97}$$

无功最优潮流的线性约束为：

由式（8－95）可得

$$\Delta V=\left[J_{\mathrm{F}}\cdots-J_{23}^{-1}J_{24}\right]\begin{bmatrix}\Delta Q_{\mathrm{sgc}}\\ \Delta n\end{bmatrix}\triangleq J_{\mathrm{E}}\begin{bmatrix}\Delta Q_{\mathrm{sgc}}\\ \Delta n\end{bmatrix} \tag{8-98}$$

$$J_{\mathrm{E}}=\left[J_{\mathrm{F}}\cdots-J_{23}^{-1}J_{24}\right]$$

综合式（8－97）、式（8－98）可得无功优化模型

$$\begin{aligned}&\min\Delta C=\beta_{\mathrm{p}}J_{\mathrm{D}}\begin{bmatrix}\Delta Q_{\mathrm{sgc}}\\ \Delta n\end{bmatrix}+\begin{bmatrix}\Delta Q_{\mathrm{sgc}}\\ \Delta n\end{bmatrix}^{T}J_{\mathrm{D}}^{T}\gamma_{\mathrm{P}}\begin{bmatrix}\Delta Q_{\mathrm{sgc}}\\ \Delta n\end{bmatrix}+\beta_{\mathrm{Q}}\Delta Q_{\mathrm{sgc}}+\Delta Q_{\mathrm{sgc}}^{T}\gamma_{\mathrm{Q}}\Delta Q_{\mathrm{sgc}}\\&\Delta \underline{Q}_{\mathrm{sgc}}\leqslant\Delta Q_{\mathrm{sgc}}\leqslant\Delta\bar{Q}_{\mathrm{sgc}}\\&\Delta\underline{n}\leqslant\Delta n\leqslant\Delta\bar{n}\\&\Delta\underline{V}\leqslant J_{\mathrm{E}}\begin{bmatrix}\Delta Q_{\mathrm{sgc}}\\ \Delta n\end{bmatrix}\leqslant\Delta\bar{V}\end{aligned} \tag{8-99}$$

4. 算例及结果分析

【例 8－1】 6 节点系统的接线和负荷水平如图 8－6 所示。该系统节点费用数据及支路参数分别见表 8－5 和表 8－6，用有功/无功经济调度模型分析运行状态，计算实时电价。

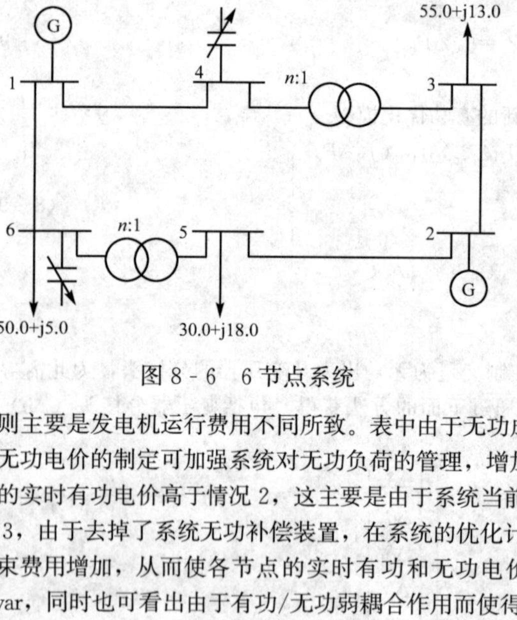

图 8－6 6 节点系统

表 8－8 中列出了三种不同的电价计算结果。其中，情况 1 为忽略无功影响所求出的电价，情况 2 为考虑了无功影响所求出的电价，情况 3 为考虑无功影响但节点 4 及 6 没有无功补偿时所求出的电价。对于情况 1 和情况 2，由于网络约束为非积极约束（见表 8－7），网络约束费用为 0，所以各负荷节点实时电价的差异主要是由网络边际费用不同造成的，而发电机节点实时电价的差异则主要是发电机运行费用不同所致。表中由于无功成本很低，实时无功电价远低于实时有功电价，但通过实时无功电价的制定可加强系统对无功负荷的管理，增加网络部分的收入。情况 1 由于忽略无功的影响使得各节点的实时有功电价高于情况 2，这主要是由于系统当前运行状态的无功网损边际费用为负值而造成的。对于情况 3，由于去掉了系统无功补偿装置，在系统的优化计算中发现节点 4 的电压仅为下限值 0.9p.u.，使得网络约束费用增加，从而使各节点的实时有功和无功电价普遍增加。尤其是节点 4，其无功电价增至 2.448$ / Mvar，同时也可看出由于有功/无功弱耦合作用而使得实时无功电价增加幅度大于实时有功电价。

表 8－5　　6 节点系统成本数据

节点号	成本系数					
	a_i	b_i	c_i	a'_i	b'_i	c'_i
1	0.0	1.0	0.05	0.0	0.01	0.02
2	0.0	1.0	0.01	0.0	0.01	0.02
4	0.0	0.0	0.0	0.0	0.01	0.02
6	0.0	0.0	0.0	0.0	0.01	0.02

表 8-6 **6 节点系统支路数据**

流出节点	流入节点	线路阻抗		分接头设置
		R	X	
1	6	0.123	0.518	—
1	4	0.080	0.370	—
4	6	0.097	0.407	—
6	5	0.000	0.300	0.956
5	2	0.282	0.640	—
2	3	0.723	1.050	—
4	3	0.000	0.133	0.981

表 8-7 **6 节点系统运行状态**

系统状态参量	变化范围		初始状态	计算结果
	下限	上限		
$P1$ (MW)	10	100	95.828	85.400
$P2$ (MW)	10	100	50.00	60.235
$Q1$ (Mvar)	−20	100	36.541	47.647
$Q2$ (Mvar)	−20	100	34.100	15.568
$Qc4$ (Mvar)	0.0	5.0	0.000	3.226
$Qc6$ (Mvar)	0.0	5.5	0.000	3.301
$n4$ (p.u.)	0.9	1.1	1.025	0.956
$n7$ (p.u.)	0.9	1.1	1.100	0.981
$V1$ (p.u.)	1.0	1.1	1.100	1.092
$V2$ (p.u.)	1.0	1.15	1.050	1.120
$V3$ (p.u.)	0.9	1.00	0.860	0.976
$V4$ (p.u.)	0.9	1.00	0.960	0.981
$V5$ (p.u.)	0.9	1.00	0.900	0.064
$V6$ (p.u.)	0.9	1.00	0.940	0.962
发电费用 ($/h)			629.981	546.576

表 8-8 **6 节点系统各节点的实时电价**

情况分类	电价	节点 1	节点 2	节点 3	节点 4	节点 5	节点 6
1	$/(MW·h)	8.993	7.643	9.744	9.644	9.531	9.706
2	$/(MW·h)	8.720	7.382	9.322	9.282	9.116	9.298
	$/(Mvar·h)	0.326	0.319	0.686	0.702	0.891	0.813
3	$/(MW·h)	9.641	8.693	10.224	10.194	9.952	10.190
	$/(Mvar·h)	1.558	0.913	1.751	2.848	2.140	1.947

第六节 电力市场中的发电计划

本节对电力市场条件下发电计划功能的重要变化作一分析。

一、机组经济组合

机组经济组合也称开停机计划，其目的是针对在指定的周期内，满足系统负荷、备用容量、机组最小运行时间和最短开停机时间等限制，考虑机组启动费用和发电费用特性，确定机组的开停机计划，使周期内发电总费用最小。影响机组开停的因素，一是系统负荷变化，二是发电设备状态的变化。在当前管制型的电力调度中，机组组合由调度中心制定，因为要为系统中的每台机组制定开停计划，要考虑的因素很多，如安排足够的系统备用容量，以满足未预料到的系统负荷增长和事故情况下的备用；机组发电功率大小的限制是由机组最大输出功率决定的，实际的输出功率也可能由于各种辅助设备的维修情况而变化，同时还要考虑机组最小发电功率限制。这些约束在安排机组组合时必须考虑，同时，还要考虑某些机组由于检修原因必须停机，而有的机组由于负担供热任务必须运行。

机组经济组合问题的目标函数为发电费用与启动费用（包含停机费用）之和最小，约束条件如下。

1）系统约束：包括负荷平衡、备用要求。

2）机组约束：机组容量限制、最短启动与停机时间限制、电厂内同时启动机组数、一天中机组的启停次数限制、机组可用状态（必开与必停机组、固定发电功率机组、减发电功率机组）、机组类型（水电机组、峰荷机组、非峰荷机组）。

①发电费用模型。机组费用特性包括两部分，即与机组发电功率无关的费用（空载耗能费用）和与机组发电功率有关的费用，后者随机组发电功率的增大而增大，因此发电费用模型包括以下内容：a. 燃料费用：维持机组最低发电功率（空负荷）用能量、耗能微增率曲线、机组性能因子。b. 维护费用：每小时维护费和每千瓦时维护费用微增率。

②启动费用模型。机组的启动费用包括两个部分，即汽轮机和锅炉启动所需要的能量，且机组的启动费用有两种模型，一种对应于机组从冷却状态启动，一种从“压火”状态启动。

③网损修正模型。当组合方式和发电方式改变时，考虑网损变化近似进行修正。

在当前的电力系统中，优先顺序法是常用的机组经济组合的方法，但优先顺序法难以考虑机组的启动耗量和最短开停机时间等约束条件，动态规划方法是另一种常用的机组经济组合算法。下面将论述在电力市场中，动态规划方法仍然是最有效的机组组合计算方法。

确定机组组合的过程类似于经典的优先顺序法，但不再根据各机组的平均费用的大小排队，而是依据投标电价。电力市场投标过程是：首先让投标电价最低的发电厂带满负荷，看其是否已满足需求，若不满足，让投标价次低的发电厂发电，以此类推，直至满足需求或投标电价高于用户买电电价为止。这个过程很简单，但可以说，容许自由投标引发了电网运行计划的重大变化，过去电网计划主要根据实际的生产费用，这就意味着相对稳定的发电模式。现在若发电厂可以改变发电电价和机组的可用性，使系统的发电电价和发电量会发生意外的变化，有可能引发输电方面的问题，这就需要高级的交互式网络分析软件考虑输电的约束问题。一般来说发电厂不允许改变当天的电价投标，但可以改变机组的可用性，其原因可能是真正的发电厂参数改变，也可能出于纯粹的商业考虑。事实上，当系统负荷增加时，发电厂上报给交易中心的机组可用性可能会降低，如对可以发电的机组不进行投标，以提高系统边际电价，从而获取最大利润。这就要求发电计划软件能处理由于临时的机组可用性和其他特性改变而引起的发电容量短缺问题。

依据上述方式，可以确定初步的机组组合，但并未考虑启动费用、最短开停机时间、网损等约束条件，特别是电力市场中交易的约束。因此是不完全的。考虑上述约束条件，动态规划算法显然是一种较好的方法。

电力市场中的机组组合运行状态应包括决定于各时段发电报价的买电费用，以替代传统机组组合计算中运行费用状态量。这种多时段的动态规划算法，存在着运行状态过多，以至无法计算的“维数灾”问题。可以通过结合排序的动态规划方法来解决，即排序法已确定了一基本的机组组合，以此为中心上下扩大一定范围，形成一带状的选择区，在此区内再应用动态规划算法寻优，可有效降低状态数。同时必须考虑到，独立发电厂和用户间、交易中心和电厂间的合同交易的约束，根据交易的实际情况适当对状态和转移路径进行限制。由于网损大小涉及最终的运行效益，在机组程序中，也应考虑网损修正。最好的方法是机组组合程序和经济调度程序统一起来，协调计算。

二、电力市场下的负荷预测

传统的负荷预测概念就是利用已知的负荷历史数据及影响负荷变化的各种因素（温度、湿度、重大事件等）的信息，采用各种预测方法，如自动回归平均、累积式自动回归平均、卡尔曼滤波、神经网络方法、灰色理论等，总结出负荷变化规律，建立负荷预测模型。其中，自动回归平均模型，是将当前负荷值 y_t 看成是过去负荷值有限项加权和及其现在与过去干扰量的有限项和的叠加。式（8-100）为其算法模型

$$y_t=\phi_1 y_{t-1}+\phi_2 y_{t-2}+\cdots+\phi_p y_{t-p}+\alpha_t+\theta_1\alpha_{t-1}+\cdots+\theta_q\alpha_{t-q} \tag{8-100}$$

式中：y_{t-i} 为 $t-i$ 时刻负荷值；α_{t-i} 为 $t-i$ 时刻干扰量。

在电力市场中，负荷预测模型必须考虑负荷对电价的响应。电价随时间和电网运行状态的改变而变化，用户相应的对电价做出响应，从而产生负荷的涨落。某一时刻的电价对负荷的影响有两个方面：一是对本时段负荷的影响，二是对其余时段负荷的影响。负荷与电价间的关系如图 8-7 所示。

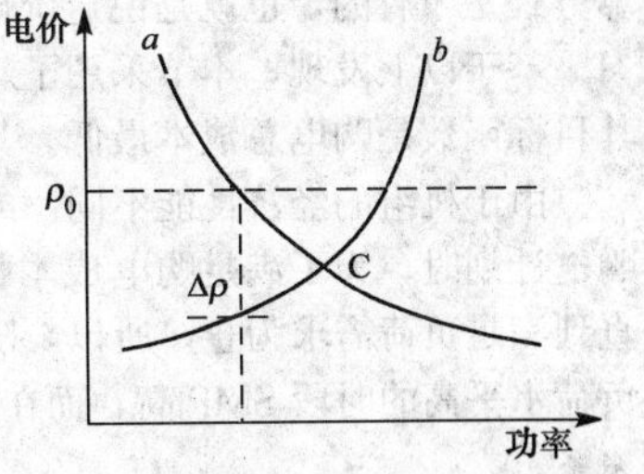

图 8-7 用户负荷与电价的关系曲线和边际生产费用曲线

a—用户负荷与电价；

b—边际生产费用

如果采用固定电价 ρ_0，该时刻用户需求为 P_d，忽略网损，则发电 $P_g=P_d$。用户的支付电价比实际的发电边际费用多出 $\Delta\rho$。如果不采用固定电价，则由于发电厂和用户间的相互影响，用电将逐渐到达自然平衡点 C，使用户的支付电价与发电厂实际边际生产费用相等。设

$$\frac{\partial\rho}{\partial P_g}=\frac{\partial^2 C}{\partial P_g^2}\bigg|_{P_{g0}} \tag{8-101}$$

$$E=\frac{\partial P_d}{\partial\rho}\bigg|_{\rho_0} \tag{8-102}$$

式中：P_g 为发电功率；P_d 为负荷功率；E 为负荷电价弹性系数矩阵；ρ 为电价；$\dfrac{\partial\rho}{\partial P_g}$ 为边际生产费用变化率；C 为生产费用。

考虑到负荷与电价在不同时段内的相互作用，设

$$E=[e_{ij}] \tag{8-103}$$

$$e_{ij}=\frac{\partial P_{di}}{\partial\rho_j} \tag{8-104}$$

式中：P_{di} 为时段 i 的负荷功率；ρ_j 为时段 j 的电价；$e_{ji}<0$，$e_{ij}>0$（$i\neq j$）。

若将一天分为 T 个时段，则

$$\Delta P_d=E\Delta\rho \tag{8-105}$$

式中：ΔP_d 为各元素相关的负荷变化量向量；$\Delta\rho$ 为各元素独立电价变化量向量。

若负荷模型可表示为

$$P_{di}=f_i\ (\rho_1,\ \rho_2,\ \cdots,\ \rho_T,\ P_{d1},\ P_{d2},\ \cdots,\ P_{dT})\quad i=1,\ 2,\ \cdots,\ T \tag{8-106}$$

则，负荷电价弹性系数矩阵为

$$E=-\left[\frac{\partial P_d}{\partial f}\right]\left[\frac{\partial f}{\partial\rho}\right] \tag{8-107}$$

若无法得到如式（8-106）的一般解析式，可通过用户调查和负荷监督得到经验值。考虑电价弹性系数的负荷预测过程如图 8-8 所示。它的输出将是一个负荷向量。

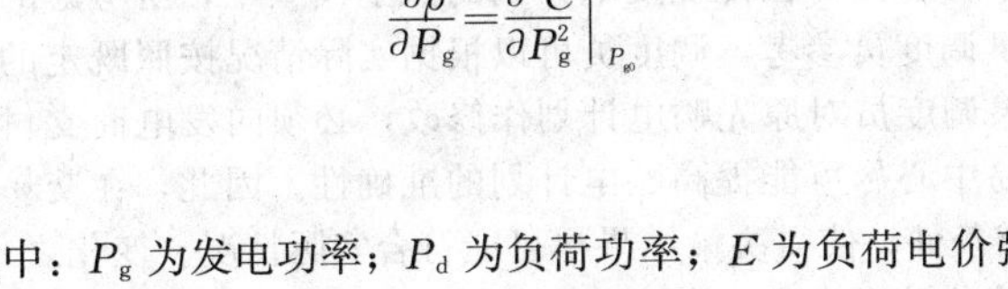

图 8-8 考虑电价弹性的负荷预测过程

第七节 电力市场中的交易计划

电力市场是进行电力交易的场所，制定交易计划是调度中心或交易中心的重要职责，也是能量管理系统应用软件的一个重要组成部分。过去对制定的交易计划或电力公司间的交易合同执行得不特别严格，超

计划电量交换屡见不鲜；经济运行虽然受到鼓励，但毕竟是次要的。但在电力市场条件下，交易计划、交易合同、电价的制定和执行都是非常严格的，因为这关系到参与者的收益。

一、无约束短期交易计划

无约束的电力交易数学模型一方面制定了一个粗略的机组发电计划，另一方面也确定出统一的系统边际电价。

在以往的实践中，包括英国的电力联营体模式，购电计划的制定沿用了原有的发电计划模型。该模型假定机组的报价为边际生产成本，建立的目标函数是发电总成本最低。但是，最小化发电总成本这一目标实际上内含了原有体制下的结算规则：按各机组的发电成本付费。这一点与市场模式下按统一价付费的结算方式是矛盾的，也就是说定价规则与结算规则之间存在矛盾。

基于以上发现，本节采用了新的购电计划模型。模型采用各机组的报价曲线作为制定边际电价的参考，其目标函数是购电总成本最低。其中购电总成本的计算反映了实际的结算规则。

由于机组的经济性能不同，或者电厂采用灵活的报价策略，通常各机组的申报电价是不同的。在安排购电计划时，为了满足购电成本最低的目标，首先安排报价低的机组发电，然后安排报价高的机组发电，直到满足负荷需求为止。所以，随着负荷需求的变化，系统边际电价（SMP）也会有所变化。一般地，在负荷水平高的时段SMP高，而在负荷水平低的时段SMP相应下降。反映出电力市场环境下电力商品的供求关系。

提前电能市场中的购电交易计划与传统的发电计划相比，其内涵发生了本质的变化。变化之一，数学模型的目标函数的改变。不同的目标函数将得到差别很大的出力安排计划，模型的求解策略也将发生深刻的变化。变化之二，电力市场中产生的购电计划是一种合同。在传统发电计划的数学模型中，所考虑的电力生产的约束条件比较简单，制定的发电计划仅仅供调度员参考，调度员可以根据实际情况按照既定的规程改变原先制定的计划。然而，在电力市场中，如果调度员对原先购电计划作修改，必须向发电商支付额外的补偿，从而提高了总的调度成本。这就要求交易中心尽可能提高购电计划的准确性。因此，在交易计划的数学模型中，应尽可能考虑电力生产的实际约束条件，使得决策结果尽可能符合实际情况。变化之三，电力交易中，机组的报价曲线因时段不同而相异。发电商将根据不同时段市场供需状况，调整报价策略，以争取更大的市场份额、获得更多的利润。这些变化极大地增加了模型求解的难度。

1. 数学模型

目标函数

$$\min\sum_{t=1}^{T}\left\{\left[\max_{j} I_{t,j}f(P_{t,j})\right]\left[\sum_{j\in N_G} I_{t,j}P_{t,j}\right]\right\} \tag{8-108}$$

其约束条件如下：

系统有功平衡

$$\sum_{j\in N_G} I_{t,j}P_{t,j} = D_{t,t} = 1,2,\cdots,T \tag{8-109}$$

系统正、负备用约束

$$\sum_{j\in N_G} I_{t,j}P_{\max,j} \geqslant D_t(1+R_{Ut}) \tag{8-110}$$

$$\sum_{j\in N_G} I_{t,j}P_{\min,j} \leqslant D_t(1+R_{Dt}),t = 1,2,\cdots,T \tag{8-111}$$

系统调频容量的约束

$$\sum_{j\in N_G} I_{t,j}F_{t,j} = F_{St,t} = 1,2,\cdots,T \tag{8-112}$$

机组最大和最小出力约束

$$I_{t,j}P_{\min,j} \leqslant P_{t,j} \leqslant P_{\max,j}I_{t,j},t = 1,2,\cdots,T \tag{8-113}$$

机组最小运行与停机持续时间约束

$$(V_{t,j}^{\text{on}} - T_j^{\text{min-on}})(I_{t-1,j} - I_{t,j}) \geqslant 0 \tag{8-114}$$

$$(V_{t,j}^{\text{off}} - T_j^{\text{min-off}})(I_{t,j} - I_{t-1,j}) \geqslant 0 \tag{8-115}$$

$$t=1,2,\cdots,T$$

机组跟踪负荷能力

$$P_{t-1,j}-r_{\mathrm{down},j}\leqslant P_{t,j}\leqslant P_{t-1,j}+r_{\mathrm{up},j},t=1,2,\cdots,T \tag{8-116}$$

机组电量约束

$$E_{j\mathrm{d}}\leqslant\sum_{t=1}^{T}P_{t,j}\leqslant E_{j\mathrm{u}},t=1,2,\cdots,T \tag{8-117}$$

式中：N_G 为机组集合；t、T 分别为时段下标和总的时段数；D_t 为时段 t 的系统负荷；R_{Ut}、R_{Dt} 分别是系统的正、负备用率；F_{St} 为系统在时段 t 的调频容量要求；$P_{t,j}$、$P_{\min,j}$、$P_{\max,j}$ 分别为机组 j 在时段 t 的出力及其下限和上限；$F_{t,j}$ 为机组 j 在时段 t 承担的调频容量；$I_{t,j}$ 为机组开停状态变量；$f(P_{t,j})$ 为机组的报价函数；$V_{t,j}^{\mathrm{on}}$、$V_{t,j}^{\mathrm{off}}$ 分别是机组 j 在时段 t 的开机持续时间与停机持续时间；$T_j^{\mathrm{min-on}}$、$T_j^{\mathrm{min-off}}$ 分别为机组 j 的最小开机持续时间与停机持续时间；$r_{\mathrm{down},j}$、$r_{\mathrm{up},j}$ 分别为一个时段内机组 j 的降出力速度与升出力速度；$E_{j\mathrm{d}}$、$E_{j\mathrm{u}}$ 分别为机组 j 的发电量下限和上限。

上式中机组电量约束的引入是为了考虑电力市场过渡时期的合同电量约束。

2. 关于目标函数的说明

传统的发电计划中目标函数为 $\min\sum_{t=1}^{T}\left[\sum_{j\in N_G}I_{t,j}C(P_{t,j})\right]$，即追求计划周期内所有机组总成本最小。其中 $C(P_{t,j})$ 为机组的成本函数。而市场条件下购电计划目标函数的特点是：各时段系统向所有运行机组按照系统边际电价付费，目标为追求整个购电计划周期内系统总购电费用最小。由于购电计划的目标函数是非解析的超越函数，因此采用常规的算法（拉格朗日松弛法）求解比较困难。

3. 关于机组报价的说明

在开放的发电侧电力市场中，要求各发电厂对各机组单独报价，各时段允许申报不同的价格曲线。因此，电厂报价不仅是机组出力的函数，而且也随时间变化。由于目标函数是非解析的超越函数，并且报价曲线是时变的分段折线，从而增加了求解该购电交易计划模型的难度。

4. 关于算法的说明

无约束短期购电交易计划问题是一个大规模、非线性、有约束、动态、混合整数优化问题，现有的算法均不能很好地解决该问题。本节为此专门设计了机组组合算法和经济调度算法。

短期购电交易计划的求解分为两部分。首先确定开停机计划。由于机组组合部分是一个反复的优化和调整的过程，需要大量的运算时间。所以在机组组合中采用的电价步长和功率步长较大，得到的机组功率分配比较粗略。因此在机组组合状态确定后，再进行一次详细的出力优化。

算法的思想是：首先找到一个满足所有约束条件的初始可行解，该可行解的特点是尽量多开机组；然后沿着一定的寻优方向逐步改善解的最优性。这种改进是一个迭代过程，在迭代过程中逐步尝试关停边际机组或开启非边际机组，或者转移边际机组的出力点，直到系统各时段边际电价无法降低为止。在改进解的过程中不仅需要将已开机的机组调整为停机，而且可能将已经关停的机组重新决定为开机，以满足公平性准则。迭代过程中，如果连续两次迭代得到的开停机计划没有变化，则计算收敛，得到了最优解。

二、计及电网安全约束的交易计划

如果考虑电网安全约束，某些机组将会“约束开”，某些机组将会“约束关”。由于输电约束起作用，系统总购电费用必然上升。上升的费用将按一定的规则分摊。在这种情形下，核心问题是求解考虑电网安全约束的电力交易数学模型。

考虑电网安全约束的电力交易模型与无约束短期提前电力交易的数学模型形式上类似，只是多了以下三个约束条件。

1）节点有功平衡

$$AX_t=P_t-D_t,\ t=1,\ 2,\ \cdots,\ T \tag{8-118}$$

2）基尔霍夫第二定律

$$ZX_t=0,\ t=1,\ 2,\ \cdots,\ T \tag{8-119}$$

线路输送容量约束

$$|X_{t,j}|\leqslant X_{\max,j},t=1,2,\cdots,T,j\in N_L \tag{8-120}$$

式中：$X_{t,j}$ 为输电线 j 的有功潮流；$X_{\max,j}$ 为输电线 j 的输送极限，包含系统的静态安全约束和动态安全约束；X_t，P_t，D_t 分别为时段 t 线路的有功潮流、机组出力和节点有功负荷向量；A，Z 分别为电网关联矩阵和基本阻抗矩阵；N_L 为线路集合。

该模型的求解与无约束短期提前电力交易的数学模型类似。新引入的系统边际电价概念同样适用。改进的部分包括：①初始可行解必须满足新增三个约束条件及其他约束条件；②在优化迭代过程中，每次寻优方向的优化要增加输电安全校验，保证只向着可行解的方向优化。

三、实时交易计划

在实际运行时，由于较大的非计划停运以及市场成员的策略决定，发电量和电力负荷出现偏差是不可避免的。这种偏离计划的非指导的偏差导致电能的不平衡，将体现在地区控制误差（ACE）中。AGC 机组会在几秒之内首先响应该偏差。为了周期性地恢复 AGC 机组的基本工作位置点，调度员必须定期采购电力。这种调整产生的偏差叫做指导性偏差。在这种情况下，各种备用都可以被调用。另外，每隔一定的时间（大约 0.5h），根据全系统是否缺电或剩余电力，交易中心还组织实时平衡市场。平衡市场与备用资源同时被作为调节手段。

实时平衡市场是为了鼓励发电商参与调节电力不平衡量。愿意参与平衡市场的发电商可以提前数小时申报可用上调范围及上调价格和可用下调范围及功率下调价格。在实时调度中，系统调度员首先根据系统总不平衡量，决定启用上调机组还是下调机组。然后，根据调节价格排序，从价格低的机组开始调度，直到满足不平衡量。最后一台调节的机组成为边际调节机组，其调节报价成为边际调节价格。按照市场边际定价原则，所有参与调节的机组将均被付以边际调节价格。实时平衡交易模型将考虑各种运行约束，以调节费用的最小化为目标。模型的目标函数是：$\min\sum_i\left[\max_i(I_{i,t}^{T+}\times C_{i,t}^{T+})\times I_{i,t}^{T+}\times|\Delta P_{i,t}|\right]$，或者是：$\min\sum_i\left[\max_i(I_{i,t}^{T-}\times C_{i,t}^{T-})\times I_{i,t}^{T-}\times|\Delta P_{i,t}|\right]$。前者对应于系统不平衡量为负（需要增加总发电量）的情形，后者对应于系统不平衡量为正的情形（需要降低总发电量）。

约束条件是：$\sum_i\Delta P_i = P_{\text{spec}}^{\Delta}$，以及所有系统约束和机组约束条件。

其中 $I_{i,t}^{T+}$ 和 $I_{i,t}^{T-}$ 是机组 i 在时段 t 是否参与上调或下调市场的布尔变量，若 $I_{i,t}^{T+}=1$，表示机组 i 在时段 t 参与了上调市场，而 $I_{i,t}^{T-}$ 必然为 0；若 $I_{i,t}^{T-}=1$，表示机组 i 在时段 t 参与了下调市场，而 $I_{i,t}^{T+}$ 必然为 0；另一种可能性是 $I_{i,t}^{T-}=0$ 且 $I_{i,t}^{T+}=0$，表示既不参与上调市场，也不参与下调市场。

$C_{i,t}^{T+}$ 和 $C_{i,t}^{T-}$ 分别是对应的调节报价；$|\Delta P_{i,t}|$ 是机组 i 在时段 t 的正的调节量。

在求解时，根据原计划做微小调整。先对上调机组或下调机组集合根据机组调节价格进行排序，选取最便宜的机组尝试调节。如果调整一个较小的数值步长 δ，其解依然可行，则调整之。然后在得到的解的基础之上继续调整，直到不平衡量被消除。如果剩下的机组都不能调整得到可行的解，说明实时平衡市场不满足调度的需要。此时，需要启用其他控制手段，比如启用备用机组，或者切负荷。

上述模型中，调节费用的计算表明调节市场的结算规则是按边际调节价格统一付费。假设结算规则改成按各调节商的报价结算，模型中目标函数的形式会变得简单一些。算法思路相差无几。

四、多区域联合电网的交易计划

多区域联合电网的交易计划指在多区域联合运行时，如何协调各区域间的电力交易，使整个系统的运行达到最优。

多区域联合运行有两种调度方式：①集中调度方式，在这种方式下，电力公司间的交易是由统一调度中心按各方赞同的联合运行规约进行集中调度。②分散调度方式，即各公司独立掌握其发电分配，各公司间通过协商进行交易。

图 8-9 三区域电力交易示例

P_{gi}—区域 i 的发电量；P_{di}—区域 i 负荷；C_i—区域 i 的发电费用；μ_i—区域 i 售电电价

（一）集中调度系统交易计划的目标函数

随着电力系统放松管制趋势的发展，联合系统经济运行的目标函数问题变得非常重要。传统的交易计划与经济调度一样，以全网发电费用最小为目标；但在电力市场中，目标函数并非单一的，不同的联合运行系统可以用不同的目标函数。以图 8-9所示的系统，分别采用不同的运行原则，考察其对利益优化的影响。

1. 以发电费用最小为目标

$$\min C = C_1 + C_2 + C_3 \tag{8-121}$$

满足

$$P_d = P_{g1} + P_{g2} + P_{g3} + P_{e1} + P_{e2} + P_{e3} \tag{8-122}$$

式中：P_{e1}为各区域联络线潮流和。

应用拉格朗日乘子法，可得

$$\frac{\partial C_1}{\partial P_{g1}} = \frac{\partial C_2}{\partial P_{g2}} = \frac{\partial C_3}{\partial P_{g3}} \tag{8-123}$$

此为等（费用或成本）微增率原则。

2. 以收入最大为目标

设某个时段的收入 R＝售电单价×电力负荷，则目标函数为

$$\max R = R_1 + R_2 + R_3 \tag{8-124}$$

应满足　$P_d = P_{g1} + P_{g2} + P_{g3} + P_{e1} + P_{e2} + P_{e3}$　(8-125)

$$R_1 = \mu_1 P_{d1} = \mu_1 (P_{g1} + P_{e1}) \tag{8-126}$$

$$R_2 = \mu_2 P_{d2} = \mu_2 (P_{g2} + P_{e2}) \tag{8-127}$$

$$R_3 = \mu_3 P_{d3} = \mu_3 (P_{g3} + P_{e3}) \tag{8-128}$$

该问题的解即为各区域的售电单价相等

$$\mu_1 = \mu_2 = \mu_3 \tag{8-129}$$

3. 以利润最大为目标函数

设某区域利润 Q 为该区域收入与该区域费用之差，则目标函数

$$\max Q = Q_1 + Q_2 + Q_3 \tag{8-130}$$

应满足

$$P_d = P_{g1} + P_{g2} + P_{g3} + P_{e1} + P_{e2} + P_{e3} \tag{8-131}$$

$$Q_1 = \mu_1 P_{d1} - C_1 = \mu_1 (P_{g1} + P_{e1}) \tag{8-132}$$

$$Q_2 = \mu_2 P_{d2} - C_2 = \mu_2 (P_{g2} + P_{e2}) \tag{8-133}$$

$$Q_3 = \mu_3 P_{d3} - C_3 = \mu_3 (P_{g3} + P_{e3}) \tag{8-134}$$

该问题的解为

$$\frac{\partial C_1}{\partial P_{g1}} = \frac{\partial C_2}{\partial P_{g2}} = \frac{\partial C_3}{\partial P_{g3}} \tag{8-135}$$

$$\mu_1 = \mu_2 = \mu_3 \tag{8-136}$$

综上所述，以发电费用最小为目标，得出的结论是各区域发电费用微增率相等。以全网收入最大为目标，得出的结论是各区域售电价应该相等。以全网利润最大为目标，结论是各区域售电电价和微增费用都相等。可见，优化的目标不同，调度运行的方式也将不同。当三个区域中边际费用和售电电价都相等时，三个目标函数即统一了起来。

（二）分散调度系统交易计划的目标函数

在分散调度系统中，各方追求自身的利益最优，则其必须满足售电电价与边际费用相等，有时可能与整个系统最优产生矛盾。在这种方式下，各区域仅关心自身的电力分配；但当各区域间的微增费用存在明显差别时，各区域出于增加利润或降低费用的目的进行交易。

五、交易算法

（一）高低匹配法

交易计划的目标是在满足负荷和其他约束条件下，追求联合系统运行总的效益最优。各电力公司逐时段计算其边际生产费用曲线，该曲线依赖于燃料费用，机组的热效率、运行和维护的微增费用。依据此曲线，各公司提交给交易中心对其电力进行买卖投标。确定投标电价后，交易中心调度人员可以根据高低匹配方法确定交易的买卖双方。基本原则是出价最高的购电方与竞价最低的卖电方匹配，次高的买电方与次低的卖电方匹配，此过程继续到剩余的出价最高的买电方出价低于剩余的卖电方的最低出价。高低报价匹配法没有考虑联络线潮流的约束，当某一交易使联络线潮流违界时，此交易不能执行，应继续试探下一可

能交易。因此，在某些情况下，该方法不能得到最优解，应该考虑应用更加复杂的算法。

（二）其他算法

电力市场中的交易计划，由于参与者间存在着复杂的买卖电关系，且计算机软件的结算结果直接关系到每个参与者的利益，因此必须采用准确有效的算法，如最优网络流规划法、最优潮流方法、动态规划方法等。

六、灵活交流输电技术对电力交易的影响

电力电子技术的最新进展为电力系统控制开辟了崭新的天地。几种新的控制设备都是建立在灵活交流输电概念的基础上的。例如，应用古典控制论的现代可控硅设备，如移相器、串联补偿器等，已经可以使用电压相角和回路电抗作为控制量来优化电力系统的潮流分布。

电力市场中，各区域间的电力交易非常频繁，在交易过程中，经常会引起我们所不希望的环流和并行流。环流将增加网损，并行流可能引起其他输电线越限。

灵活输电系统，简单来说就是利用网络参数作控制量实现控制潮流的目的，以避免不希望的环流和并行流。从而减少运行和输电的投资费用，提高系统安全性和可靠性，增加输电容量。

第八节 电力市场缺电成本分析

一、缺电成本的概念

缺电成本是指因电力供应中断或不足而发生断电或限电时给用户造成的经济损失。电力作为一种商品，电价应能反映缺电成本的大小。合理的电价结构必须考虑两个方面：在供应侧能反映生产成本；在需求侧能反映负荷特性。现行的电价定价方式尽管考虑了不同的供电时段具有不同的发电成本，并因此制定了时间电价和季节电价。但这种定价方式只反映供应侧成本，而将电力产品视为同一品质属性的商品，没有考虑用户的用电特性和供电不足时用户的缺电成本。此处所说的品质属性是指供电可靠度，即可停电时间、时段、次数和提前通知时间，而一般意义上的品质属性还应包括电压、电流、功率因数等内在属性。在单一可靠度的服务标准下，用户均按系统的总体可靠度水平支付电费，即使它不需要较高的可靠度，也要承受相应的较高的电价；而需要较高可靠度的用户，在缺电时同样被限电，从而遭受较大的损失。用户对供电可靠度的要求没有被计入电价，电力价格与电力服务价值不一致，客观上导致了用户之间利益的不合理转移和社会总缺电成本并非最小。

在电力市场中，缺电成本是制定实时电价的一个重要参数。为满足电力用户的不同需求，可将电力产品按不同的品质属性分成不同级别的电力服务形态，并制定一套具有多级供电可靠度的电价方案以供用户选择。因此，从需求侧来看，旨在提供多样化且高品质的电力服务，满足不同用户的需要；从供应侧来看，不缺电时，可通过时间电价和季节电价的“价格”策略引导用户有效率地使用电能；而在缺电情况下，电力公司依照用户认购数额，通过直接负荷控制和可中断负荷控制的“数量”策略，分配有限的电力资源，使得选择电力品质较高（电价亦高）的用户优先获得电力的供应，而选择品质较低（电价亦低）的用户则要有条件地自行限制部分用电，以达到改善负荷曲线的目的。

因此，研究和估计缺电成本，并制定相应的电价策略，给用户提供不同的供电可靠性，是研究电力市场的重要内容。

二、影响缺电成本的因素

在发电、输电、变电和配电过程中，电力中断和不足都会引起缺电。电力中断多数由设备突然故障造成，是无法预知的，而且对所有用户机会均等，由此产生的缺电成本是平均缺电成本。由电力生产不足造成的缺电一般是可以事先知道的，因此分析不同用户的缺电成本就具有实际意义，可分两种情况讨论：①由发电容量不足造成的缺电；②由发电量不足造成的缺电。由容量不足引起的缺电，一般发生在系统尖峰时段，其缺电成本较高；由发电量不足引起的缺电，大多可移至非尖峰时段。因此，研究缺电成本的着重点在于研究夏季尖峰时段供电不足的容量缺电成本。

影响缺电成本主要有以下因素。

1. 缺电方式

（1）缺电时间。用户的活动有时间性，在不同的季节、不同的时刻，具有不同的缺电成本。

（2）缺电的提前通知时间。如果缺电没有预警或提前通知的时间不足，会造成用户严重的损失。提前通知缺电时间，可将缺电成本降低30%～60%。

（3）缺电的持续时间。在缺电开始的时候，单位缺电成本最高。但随着缺电持续时间的增加，单位缺电成本将下降，这是因为缺电造成的直接损失基本上是一定的，而且有即时性。

（4）缺电次数。缺电次数多，用户活动所受的干扰越频繁，缺电成本越高。多数工业用户倾向于采用持续时间长，但缺电次数少的缺电方式。

（5）反映缺电程度的缺电比率。缺电比率越大，单位缺电成本会越高。平均缺电成本与缺电比率有正向关系。如：部分缺电时，用户对家用电器的使用有较大的弹性（如关掉次要的家电），而全部停电时，别无选择，因此缺电成本较高。

2. 用户对电力供应的依赖程度

在相同的缺电方式下，不同用户因其对电力供应的依赖程度不同而具有不同的缺电成本。大用户每次全部断电的缺电成本通常较高，但由于他们的用电数量较大，单位缺电成本低于小用户。而且大用户一般有备用电源，因此其缺电的事后损失应低于没有备用电源的小用户。此外，不同行业的缺电成本有明显的差异。工业用户中，电力密集度高的用户与电力密集度低的用户相比，前者在部分缺电时缺电成本较低，但完全缺电时缺电成本较高。

三、缺电成本与系统可靠性水平的关系

用户的停电损失，与系统的实际可靠性水平有关，同时也与用户对可靠性水平的估计正确与否有关。

如果用户预计系统的可靠性水平较低，则用户为了减少直接停电损失，将购置备用能源或对生产活动加以调整，从而付出较多的间接停电损失。此时，如果系统的实际可靠性水平较低，则用户还将付出较大的直接停电损失，所以总停电损失较大。随着系统实际可靠性水平的提高，用户的停电损失呈下降趋势。

如果用户估计系统的可靠性水平较高，则用户的间接停电损失较小。此时，如果系统实际可靠性水平较低时，则用户将付出很大的直接停电损失，总停电损失值很大。当系统实际可靠性水平较高时，用户的停电损失大为减少。

四、缺电成本与停电持续时间的关系

停电损失与停电持续时间并不成线性关系。一般说来，可将停电损失分为固定分量与可变分量两部分。固定分量与停电的次数有关，而与停电持续时间无关。可变分量与停电持续时间有关，可采用线性关系简化估计。

停电损失的固定分量，不同用户间的差别很大。比如，炼钢厂发生炼钢炉结渣、食品厂冷库的食品变质等。

五、缺电损失的单位电价成本计算

在发电、输电、变电和配电过程中，电力中断和不足都会引起缺电。关于缺电给用户造成的经济损失，即缺电成本的计算上面已分析。这里就缺电对电价的影响进行分析。

电量不足期望值是由电力不足时间概率（LOLP）事件所引起的，且多发生在峰负荷情况下，因此它也应当首先在全年最高峰负荷那一小时内分担。在全年最高峰负荷时的缺电损失单位电价成本为

$$P_{DLE}=\frac{C_{LW}D_{LW}}{W_{ymax}} \tag{8-137}$$

式中：P_{DLE}为缺电损失单位电价成本，元/（kW·h）；C_{LW}为缺电所引起的单位社会损失，元/（kW·h）；D_{LW}为电量不足（年）期望值，kW·h；W_{ymax}为全年最大负荷时的年用电量，kW·h。

六、用户的缺电损失估计

计算缺电成本比计算电力生产成本困难。电力生产成本可以用工程投资和实际运行费用作依据，而缺电成本没有这样的数据作为依据。从国外研究情况来看，一般通过补偿量和均衡量来估计。所谓补偿量，是指用户接受某一缺电方式时所愿意接受的最小电费补偿额；均衡量则是用户为避免缺电而愿意支付的最高电价。在实际的电力市场中，人们一般将缺电损失作为制定电价和选择可靠性水平的一个重要参数。

有关缺电损失估算的数据，与各国的经济发展状况和国情有关。英国对工业、商业、居民负荷的缺电损失，分别按电费的60、70、15倍计算，综合负荷的缺电损失按50倍计算。美国对缺电损失的调查数据为：商业建筑的平均缺电损失为7.21$/（kW·h），办公建筑为8.86$/（kW·h）；住宅短期缺电损失为

1.87$ /（kW·h）。工厂缺电时的平均损失见表 8-9。

表 8-9 美国工厂缺电时的平均损失值 $ /（kW·h）

缺电持续时间	大工厂		小工厂	
1min	0.60	36.00	0.85	51.00
20min	1.80	5.40	2.77	8.31
1h	2.67	2.67	4.39	4.39
2h	4.60	2.30	—	—
4h	6.02	1.51	19.92	4.98
8h	8.83	1.10	31.5	3.94

第九节 电力市场的可靠性定价

一、可靠性的基本概述

可靠性理论是研究一个元件或系统，在预定时间内和规定条件下能满意地工作的概率。一个元件或系统的可靠性是指它们在规定的条件下和预定的时间内完成规定功能的能力。电力系统的供电可靠性是指电力系统把生产的电能供给到用户去的保证程度。

电力系统的供电可靠性在电力系统设计、运行和管理中日显重要。随着科学技术的迅速发展和国民经济的现代化，用户对电力系统供电可靠性的要求越来越高。20 世纪 90 年代以来，我国电力系统朝着超高压、远距离、大系统、大机组、高度自动化的方向快速发展。电力系统越来越大，设备越来越复杂，电网覆盖地区的自然环境差异增大，这些因素可使电力系统的供电可靠性下降。

在电力市场条件下，供电可靠性是供用电合同签订的重要条约，是影响供电信誉的关键所在。从经济学的观点考虑，供电可靠性研究的是如何使电力系统以最小的投入，而取得该投入值下最佳的社会经济效益。

随着电网的发展，火电机组单机容量的不断增大，而衡量机组可靠性的重要指标——强迫停运率(Forced Outage Rate) 是随着机组容量的增大而上升的。

发达国家对电力供应的可靠性要求很高，日本、美国等国家规定对每个用户的电力不足时间概率(LOLP) 每十年不得大于一天。这些都说明了加强电力系统可靠性管理和研究的必要性和迫切性，说明了电力系统供电可靠性是电力市场运作和分析的重要内容。

二、供电可靠性的主要指标

大部分电力设备如发电机、变压器、断路器、母线、输电线等都是可修复元件，所以电力系统是可修复系统。对于可修复的电力设备，为了进行可靠性的定量统计、分析与计算，主要采用了以下可靠性指标。

(1) 平均无故障运行时间（$MTBF$）。平均无故障运行时间（Mean Time Between Failures）表示设备平均每次检修后可以连续运行的时间。

(2) 故障率（λ）。故障率表示平均每台设备在单位时间内（不考虑检修时间）故障的次数

$$\lambda=\frac{1}{MTBF} \tag{8-138}$$

(3) 平均修复时间（$MTTR$）。平均修复时间（Mean Time To Repair）表示设备平均每次连续检修所用的时间。

(4) 修复率（μ）。修复率表示设备在过去的检修能力和维修组织安排的条件下，平均单位时间内修复的台数

$$\mu=\frac{1}{MTTR} \tag{8-139}$$

(5) 可用度（A）。可用度（Availability）又称可用率或可用系数，表示稳态下设备处于正常运行状态

的概率。由于设备的寿命是处于“运行”与“停运”两种状态的交替中，则可用度为

$$A=\frac{MTBF}{MTTR+MTBF}=\frac{\mu}{\mu+\lambda} \tag{8-140}$$

（6）不可用度（$\overline{A}$）。不可用度（Unavailability）又称为不可用率或不可用系数。由于$A+\overline{A}=1$，则

$$\overline{A}=\frac{MTTR}{MTTR+MTBF}=\frac{\lambda}{\lambda+\mu} \tag{8-141}$$

（7）故障频率（f）。故障频率表示稳态下单位时间内的平均故障次数

$$f=\frac{1}{MTTR+MTBF}=\frac{\lambda\mu}{\mu+\lambda}=\lambda A=u\overline{A} \tag{8-142}$$

（8）供电可靠率（R）。供电可靠率（Reliability）可求得

$$R=\left(1-\frac{T}{8760}\right)\times 100\% \tag{8-143}$$

式中：T 为一年中对用户停电的时间（包括一切正常停电与非正常停电的小时数）。

（9）电力不足时间概率（$LOLP$）。电力不足时间概率（Loss Of Load Probability）又称为电力不足率，是在假定日尖峰负荷持续 24h 的条件下，系统可用发电容量小于负荷容量的时间概率期望值。

（10）电量不足概率（$LOEP$）。电量不足概率（Loss Of Energy Probability）是系统中由于发电机组强迫停运造成的不足电能与系统要求的电能的期望比值。

（11）系统平均停电频率指标（$SAIFI$）。系统平均停电频率指标（System Average Interrupt Frequency Index）是运行的系统在一年中的平均停电次数。

（12）系统平均停电持续时间指标（$SAIDI$）。系统平均停电持续时间指标（System Average Interrupt Duration Index）是系统中的用户在一年中经受的平均停电持续时间。

（13）用户平均停电频率指标（$CAIFI$）。用户平均停电频率指标（Customer Average Interrupt Frequency Index）指每个受停电影响的用户每单位时间中经受的平均停电次数。

（14）用户平均停电持续时间指标（$CAIDI$）。用户平均停电持续指标（Customer Average Interrupt Duration Index）指在一年中被停电的用户经受的平均停电持续时间。

（15）平均供电可用度指标（$ASAI$）。平均供电可用度指标（Average Service Availability）指一年中用户的可用电小时数与用户要求供电小时数之比。

三、供电可靠性的经济评价

随着工农业生产的现代化和人民物质、文化生活水平的提高，人们对电力的依赖性越来越大，对供电可靠性的要求越来越高。然而，提高电力系统的可靠性需要增加投资。供电可靠度越高，投资就会越大，停电损失就会越小。因此，要确定合理供电可靠度的标准，就必须综合比较与评价提高供电可靠度的收益和增加投资之间的关系。

提高供电可靠度的收益，是指提高供电可靠度给社会包括电力部门在内带来的经济和社会效益，一般可以看作是所减少的停电损失。

提高供电可靠度的支出，是指电力系统为了提高供电可靠度所支出的费用。这些费用包括一次性投资和经常性运行费用。图 8-10 表示供电可靠度与费用的关系，其中曲线 PC 表示电源一次性投资加运行费用；曲线 SC 表示缺电损失费用；曲线 $PC+SC$ 表示系统的总费用，曲线是一条下凹的曲线。下凹的最低点是理论上的最佳值，即系统可靠度的目标值。按此来选定系统可靠度就称为总费用最低原则。

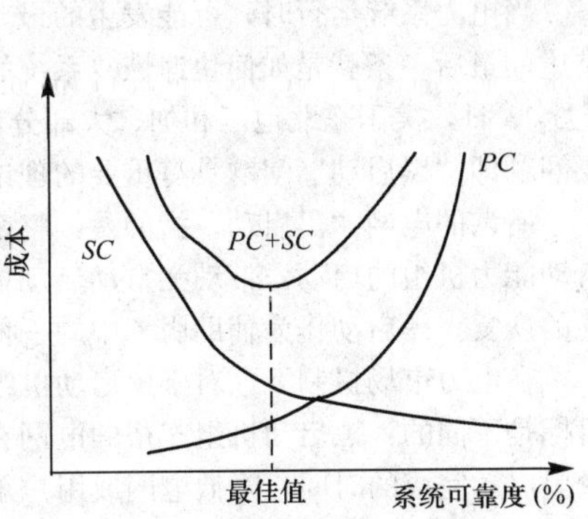

图 8-10　可靠度与成本关系曲线

最佳供电可靠度也可以用边际成本的概念来说明。电源开发净效益（包括电力部门和用户两方面的净效益）NB 为

$$NB=TR-(PC+SC) \tag{8-144}$$

其中，TR 为电源扩建带来的总社会效益，是电力需求量的函数；PC 和 SC 分别为电力开发成本和缺电成本。令

$$\frac{\partial(TR-PC-SC)}{\partial R}=0 \tag{8-145}$$

由于$\frac{\partial TR}{\partial R}=0$，因此极值条件为

$$\frac{\partial(PC+SC)}{\partial R}=0 \tag{8-146}$$

即$\left|\frac{\partial PC}{\partial R}\right|=PMC$，$\left|-\frac{\partial SC}{\partial R}\right|=-SMC$。

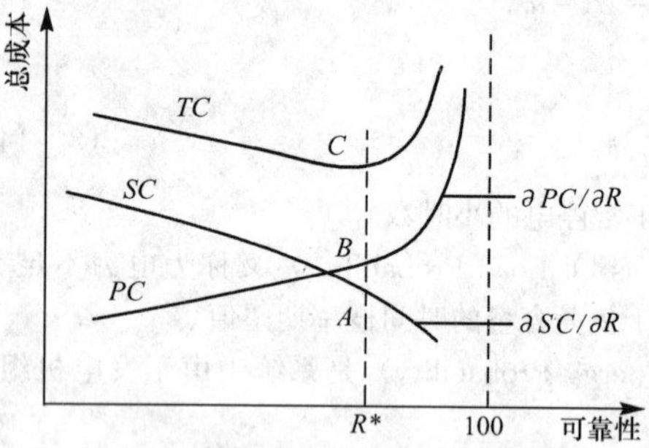

图 8-11 最佳可靠性的确定

则电源开发成本与可靠性的关系如图 8-11 所示。由图可以看出，在供电可靠性水平（R）等于R^*时，$TC=PC+SC$有极小值。

当R值提高时，$\frac{\partial PC}{\partial R}$为正值，$\frac{\partial SC}{\partial R}$为负值，在$R=R^*$时有极小值（$PMC=-SMC$）。可见，最佳可靠性水平位于电源开发成本曲线和缺电成本曲线的斜率绝对值相等处。此时，供电方生产的 1 kW·h 电的边际生产成本等于这 1kW·h 电带来的边际收益。对电力用户而言，供电可靠性是由发电、输电、变电、配电这四个环节的可靠性共同组成的。任一环节的可靠性差，都必然给用户造成缺电成本。电力部门可以通过动态经济调度，缓和发电可靠性问题。因此，由发电可靠性造成的缺电一般可事先通知，且为部分停电；而输、配、变电系统，其可靠性问题大多事出偶然，无法事先通知，且为全部停电，给用户造成的损失比较大。正因为如此，电力部门在规划整体可靠性时，对输、配、变系统的可靠性标准要求应更高些。

整体可靠性规划要求同时考虑各环节的可靠性，并满足

$$\frac{\partial B}{\partial R_G}\cdot\frac{\partial R_G}{\partial C_G}=\frac{\partial B}{\partial R_T}\cdot\frac{\partial R_T}{\partial C_T}=\frac{\partial B}{\partial R_D}\cdot\frac{\partial R_D}{\partial C_D}=1 \tag{8-147}$$

式中：B为用户使用电力获得的效益；R_G为发电可靠性；R_T为输电可靠性，R_D为配电可靠性；C_G为发电成本；C_T为输电成本；C_D为配电成本。

第十节 电力市场的黑启动服务

一、黑启动的定义

当电力系统运行时，可能发生的最严重故障是整个系统全部停运。一旦系统全部停电，电力系统安全措施的最后一条就是如何快速恢复系统的供电。近年来，世界范围内发生的几起大停电事故（包括 2003 年 8 月 15 日，美国东北地区和加拿大部分地区的大面积连锁停电事故）提醒我们，研究电力系统事故后的恢复问题即“黑启动”问题具有重要的理论和实际意义。

所谓的电网“黑启动”指的是：整个系统因故障停运后，不依赖别的网络的帮助，通过系统中具有自启动能力机组的启动，带动无自动启动能力的机组，逐步扩大电力系统的恢复范围，最终实现整个电力系统的恢复。黑启动作为辅助服务中的一种，是电力系统安全运行的重要措施之一。

在电力市场机制下，对于黑启动机组充裕的电网和黑启动机组不足的电网，希望黑启动服务能达到的目标是不同的：黑启动机组充裕的电网在事故情况下能获得足够的黑启动电源，通过选择合适的电源，减少黑启动完成的时间，降低电网或用户承担的黑启动服务费用，尽量减少因为大面积断电引起的供电方和用户的损失；黑启动机组不足的电网，可以通过签订长期辅助服务合同等方式，使用邻网合适的机组作为黑启动机组，在本网出现大停电事故时，能有效利用这些机组自启动，实现本网供电的恢复，也可通过从邻网获得一定的黑启动紧急功率支持（即由相邻的电网提供本系统黑启动电源和系统恢复的部分功率）的方式，实现本网供电的恢复，避免为了满足系统黑启动的要求而增加大量的投资去引入黑启动机组。

二、黑启动服务的形式

根据各个电网黑启动能力的不同，黑启动可以分为三种形式。

(1) 电网内有足够的黑启动能力，在系统大停电时能根据黑启动的恢复计划，自行恢复系统供电，这是一般系统常用的形式。

(2) 电网内没有能够满足黑启动要求的机组或黑启动机组数量不能满足系统恢复的需要，而在本地区域内有满足条件（与本系统联系紧密，黑启动能力强、符合地理位置和系统结构的要求）但不属于本电网的黑启动机组。本电网必须与黑启动机组及机组所属电网的经营者签订合同，约定黑启动服务的提供方式和费用计算方法。

(3) 电网内没有能够满足黑启动要求的机组或黑启动机组的数量不能满足系统恢复的需要，也没有其他电网的黑启动机组可以利用。这种形式的恢复过程相对较为被动，只有在其他电网区域部分恢复，系统有能力向本区域提供黑启动的紧急功率支持的情况下，才能逐步地恢复系统的供电。这种形式不需要维持黑启动能力的费用，只需要支付黑启动紧急功率支持费用，所以费用较少，代价是供电恢复的时间延长并具有一定的不确定性。这种形式的系统恢复方案必须与相邻的电网区域签订黑启动的服务合同，约定提供黑启动紧急功率支持的时间（即相邻的电网在黑启动后负荷恢复到何种程度时给本区域提供紧急功率支持，一般用负荷恢复的百分比计算）及相应的费用。

三、黑启动所需资源与机组选择

1. 所需资源

系统维持黑启动能力，提供黑启动服务需要以下四个方面的资源。

(1) 黑启动机组：能在没有外部电源的情况下自启动，并给输电线充电，带动其他没有自启动能力的机组启动，最终对全网的用户重新提供服务。

(2) 非黑启动机组：在厂用电恢复时能快速恢复供电，并参与以后的系统供电恢复过程。

(3) 输电系统的设备、控制和通信（包括那些离开电网仍能工作的部分）：大范围停电发生时监控和重建电力系统。

(4) 电网调度部门的装置和通信（包括那些离开电网仍能工作的部分）：在大范围停电发生时能够直接指导系统重建。

2. 黑启动机组的确定

在停电后的系统恢复过程中，首先应有可靠的启动电源，即黑启动机组。黑启动机组的选择标准如下。

(1) 自启动能力：在没有外部电网支持的情况下有自启动的能力，启动速度快。

(2) 在电网中的位置：离大容量机组近，启动路径短，电压等级变换少，离重要负荷中心近。

(3) 带负荷的能力：有足够容量带动非黑启动机组厂用负荷。负荷调整、频率控制、电压控制能力强，供电时间长。

一般选择水电机组作为黑启动机组，因为水电机组有自启动能力，且启动速度快。

四、提供黑启动服务所需的工作

系统崩溃时，恢复过程必须以有序、安全的方式进行，优先向电站和输电系统供电，在发电机和输电系统可以承受的情况下尽量恢复用户的供电。出现大停电的时间无法预知，而且系统恢复过程很迅速，系统操作者必须避免因不正确的行为而导致系统重新崩溃。这就需要制定一个详尽并且有一定灵活性的黑启动计划，通过试验来验证方案和设备的有效性，同时还必须对人员进行操作培训。具体而言，为保证系统有足够的黑启动能力，各个部门需要做如下工作。

1. 电网调度部门

电网调度部门应事先制定黑启动计划，并校验其可行性。在系统崩溃的情况下，无法预知系统设备的状态，所以制定的计划必须能够灵活地适应可能出现的意外情况，不至于因为某一设备的故障而导致黑启动过程无法进行。

电力调度部门必须每年根据黑启动机组（包括本网及其他电网提供的黑启动机组）、传输线路、非黑启动机组、负荷以及黑启动计划的信息对系统的黑启动过程进行至少一次的仿真，通过仿真来分析各个部分在恢复过程中可能采取的行为，并确认每项操作能够达到期望的效果，以保证该黑启动计划有很高的成功率。

组织协调整个系统的黑启动试验和训练，使有关人员在大停电事故时能胜任比平时更为紧张、复杂的操作，避免因为人员的误操作造成系统恢复进程的延误或人身、设备的伤害。培训的人员应包括调度人员、输电系统运行人员、黑启动和非黑启动机组运行人员。练习过程中指挥所使用的通信工具必须是实际黑启动过程中能得到的。

2. 黑启动机组

黑启动机组有一些技术上的限制，例如自启动能力、响应速度、控制能力和电压调节能力等，这些能力与黑启动的成功与否有直接的联系，因此除了对通信和计量仪表的统一要求外，黑启动电厂应根据黑启动计划，进行单独的机组黑启动试验、线路充电试验和带负荷试验。

1）机组黑启动试验，每年至少进行一次，将机组从系统中独立出来，在规定的时间内自启动，并且至少保持30min的电压和频率的稳定。试验中，交流厂用电中断的情况下，黑启动机组的主辅设备性能应满足黑启动的需要，即机组仅靠本厂备用电源，能从静止状态转为发电状态；还需检验黑启动机组的进相运行能力。对于不符合要求的设备，需要投入一定的资金进行改造。

2）线路充电试验，每三年至少进行一次，以证明发电机对线路的充电能力，保证至少30min稳定。

3）带负荷试验，每六年至少进行一次，以证明它能带起输电线远端的足够负荷至少30min。

在系统恢复初期，黑启动机组处于“孤岛”运行状态，系统运行情况变化较大，有时一般靠黑启动电厂来调频、调压，所以黑启动机组的调频、调压能力应能承受被启动火电厂大型辅机投入及负荷投入时产生的冲击。对于不满足要求的调频、调压设备的参数，应针对黑启动过程的工况重新整定，甚至将硬件升级或改造。

黑启动电厂应根据黑启动计划，调整本厂的操作规程和人员配置；应定期或不定期地进行黑启动演习，提高有关人员的业务水平，使之能胜任黑启动过程中比平时更为紧张、复杂的操作。

3. 非黑启动机组

非黑启动机组必须向调度部门提供它的恢复计划，指明非黑启动机组从厂用电供电开始到与系统同步并带起负荷所需的时间，以及每台机组恢复供电对厂用电有功和无功功率的要求。计划还需指明机组的特性参数，如最小负荷、最大负荷、负荷增加速度、在最大和最小负荷时的无功能力等。

4. 输电系统

输电系统必须保证其传输能力（包括设备和人员的要求）来支持黑启动。输电系统要向调度部门提供输电系统所有与黑启动相关设备的能力和要求，包括：没有全网手动或自动控制支持时的控制能力，没有全网支持的通信能力，后备电源的使用时间，紧急反应的人员，同步能力及其他重建系统时使用的特殊设备等。通信、计量仪器和控制系统在没有电力系统支持的情况下，应有足够的工作能力来支持系统黑启动恢复过程。

五、黑启动服务的费用

黑启动服务的费用分为维持系统黑启动能力的费用和系统实际黑启动过程的费用两种。维持系统黑启动能力的费用是系统保证足够黑启动能力的固定费用，为了在大停电时能有效、快速地恢复供电，这种费用是必需的。系统实际黑启动过程中的费用由系统大停电发生后的供电成本及相关费用组成。

1. 维持系统黑启动能力的费用

维持系统黑启动能力的费用主要集中在黑启动计划的制定和验证、设备的试验和维护以及人员的培训上，细分到以下各个部门。

(1) 调度部门。黑启动计划制定和仿真计算费用、系统试验组织费用、调度人员培训费用。这些主要是人工费用，根据调度部门完成黑启动相关工作所需要的工时或工作日，乘以相应的工资，折算成人工费用。

(2) 黑启动发电厂。

1）黑启动机组由于它的特殊性，当前所使用的设备可能不能完全满足黑启动的需要，因此需要增加一些必要的投资来购买或改造现有的设备。这部分费用由黑启动电厂和电网经营企业协商，可以由黑启动电厂自行解决，也可由两方共同投资。

2）黑启动机组一般不只是提供黑启动服务，在平时也参与系统的发电、调峰等事务，所以只能支付给电厂与黑启动相关的费用。主要费用如下

$$\text{黑启动的折旧费用}=\text{黑启动设备的折旧费用}+\text{一般设备的折旧费用}\times\text{黑启动分配系数} \tag{8-148}$$

投资和贷款的分期偿还及收益＝发电厂投资和贷款的分期偿还及收益×黑启动分配系数 (8-149)

黑启动的运行和维护费用＝由黑启动设备运行和维护产生的所有费用 (8-150)

黑启动相关的管理、行政及一般费用＝（发电机的管理及一般费用＋工资）×黑启动分配系数 (8-151)

黑启动相关税费＝发电机所有相关税费×黑启动分配系数 (8-152)

黑启动分配系数根据黑启动机组与黑启动相关的维护时间来确认。例如，如果一个维护过程每年维持1000h，黑启动相关活动（黑启动试验或实际黑启动过程）持续时间为1h，那么0.1%的费用由黑启动支付。

3）试验费用，包括燃料、电力、材料损耗等实际费用。

4）人员的培训费用，包括试验人员的费用（试验过程同时也是人员培训的过程），根据时间折算成人工费用。

(3) 非黑启动电厂部分。主要是协同试验费用。系统在进行黑启动试验，例如黑启动机组启动、供电给非黑启动机组的辅机、启动非黑启动机组试验时，需要部分机组配合试验。由于这种试验的时机一般选择在机组停机后，重新与系统并网的过程中进行，所以一般不支付与这些非黑启动机组的并网相关的费用，只支付额外的协同试验费用，主要是人工费用。

(4) 输电系统部分。协同试验费用，主要是配合黑启动电厂试验时的人工费用。

2. 系统实际黑启动过程的费用

系统黑启动过程的费用根据实际黑启动过程的产生额计算，包括燃料费用和实际黑启动操作的劳力成本及设备损害费用等。

3. 黑启动服务的计费标准

所有黑启动费用要体现在电价中，根据用户用电量的多少，决定其支付的费用。

对于黑启动能力维持的费用，计算公式为

$$C_{\mathrm{BSSC}}=\frac{C}{N_{\mathrm{L}}} \tag{8-153}$$

式中：C_{BSSC}为输电用户单位电量的服务费用；N_{L}为网络负荷的总数；C为每年服务的费用。

用户费用的计算公式为

$$C_i=C_{\mathrm{BSSC}}N_{\mathrm{L}i} \tag{8-154}$$

式中：C_i为分摊的黑启动服务费用；$N_{\mathrm{L}i}$为用户网络负荷的总数。

对于系统实际黑启动过程的费用，根据分时段的黑启动电价来计算。希望在事故情况下优先恢复负荷用户，可事先签订黑启动服务合同，在系统运行条件允许的情况下，按所付费用享受不同的恢复优先权。

4. 费用的支付方法

对于维持系统黑启动能力的费用，每年计算一次：由电力调度部门制定次年相应的黑启动试验和运行计划，在电网经营企业认可的情况下公布，黑启动相关的各部门提交次年各自相应的黑启动费用要求，电网经营企业审核后，统计维持系统黑启动能力所需的费用。负荷总量的估计，根据次年年度负荷预测来计算。如果次年的实际负荷与估计的负荷有误差，在第三年负荷估计的基础上相应加减误差的部分；或者使用专用的缓冲账户来平衡黑启动服务的费用。在电费结算时，同时收取维持黑启动能力的费用；支付费用给相应部门时，可以采用按月支付或年底结算的方式。

系统实际黑启动过程的费用，在系统安全恢复后，由电网经营企业统计各部门实际产生的费用并核实。参考计量系统的记录，估计系统负荷恢复的时间（用负荷恢复的百分比来衡量），计算分时段的黑启动电价，例如从黑启动机组开始到启动负荷恢复75%之间的时间执行黑启动电价，将实际产生的费用分摊到使用这些电能的用户上。

六、各方的权利和义务

1. 电网经营者的权利和义务

电网经营者通过电力调度部门制定本网黑启动计划，确定黑启动机组，与黑启动电厂签订长期黑启动服务合同，在合同期内不能中止机组的黑启动服务，在终止机组的黑启动能力前，必须至少提前一年时间告知发电机的所有者；编制黑启动的试验计划和相应人员的培训计划，监督黑启动试验的进行，并根据试验结果对黑启动机组进行评估，确定机组能保持黑启动的能力，如果黑启动试验失败，要监督机组的所有者尽快解决试验出现的问题，使机组通过黑启动试验；计算和审核黑启动的费用，收取、支付相关的黑启动费用。

如果黑启动机组不属于本电网，电网经营者必须同时与黑启动机组所属电网的经营者和该机组的所有者签订合同，由黑启动机组所属电网的经营者协助本电网的经营者，监督黑启动试验的进行和人员的培训，审核黑启动相关的费用。

在大停电事故发生后，电网经营者有权中止发电市场的运行，下达黑启动命令，指挥协调各厂站操作，安全、迅速地恢复系统。对于不属于本电网的黑启动机组，在大停电事故发生后，黑启动的指挥权由该机组所属电网的调度部门转交给本电网的调度部门，根据制定的黑启动方案，恢复系统供电。

2. 黑启动电厂的权利和义务

在被确定为黑启动机组后，黑启动电厂与电网经营企业签订长期黑启动服务合同。合同期内，机组不能中断黑启动服务合同，除非以下两种情况发生：由于不可抗拒的力量，发电机的所有者不能提供黑启动服务；发电机的所有者指定具有黑启动能力的机组退役。在终止机组的黑启动能力前，黑启动电厂必须至少提前一年发布公告，并获得电网经营企业许可。

黑启动机组依据合同的要求，在黑启动计划指导下进行试验，验证它的黑启动能力。如果一个黑启动机组无法通过相应的黑启动试验，机组的所有者必须在不定的时间内支出必要的费用，解决存在的问题，使机组通过试验。在机组没有重新通过试验之前，将不会得到黑启动服务的费用。在这期间，所有与黑启动相关的费用将由机组所有者承担。

如果黑启动设备由电网经营企业投资，或黑启动电厂和电网经营企业共同投资，机组所有者在设备的服役期内，投资的所有成本未还清前终止提供黑启动服务，机组所有者只能得到机组提供黑启动服务期间的那部分设备投资，其他投资由机组所有者负担。

在大停电事故发生后，在没有不可抗拒的外力的情况下，若黑启动机组不能达到合同约定的服务能力，机组的所有者将受到处罚。

3. 非黑启动电厂的权利和义务

非黑启动机组必须按时向调度部门提交发电机及辅机的数据，以利于黑启动计划的制定。在事故状态下，非黑启动机组直接影响系统的恢复过程。非黑启动机组必须无条件地服从调度部门的调度，在厂用电恢复、保证机组不受损的情况下，尽快恢复供电。如果达不到规定的要求，将受到处罚。

4. 输电系统

输电系统必须按时向调度部门提交发电机的数据，以利于黑启动计划的制定。在事故状态下，应无条件地服从调度部门的调度，根据调度命令增减负荷、投切线路，全力配合调度部门安全、快速地恢复供电。

近年来，世界范围内发生的几起大停电事故提醒我们，研究电力系统事故后的恢复问题及黑启动问题具有重要的理论和实际意义。国家电网公司要求各区域电网必须制定各自的黑启动计划，以保证在出现系统大停电事故的情况下能安全、快速地供电。在各区域都在逐步推行电力市场的背景下，对于黑启动的研究和黑启动辅助服务的提供还需要做很多的工作。

第十一节　电力市场下的电网规划

一、电力市场对电网规划的新要求

电力工业的改革将发电、输电和配电三部分逐步从传统的电力企业一体化结构中分离开来，引入基于市场条件的竞争机制。在市场条件下如何进行电源规划和电网规划仍为十分重要的问题。

由于经济、技术和地理等本身的特点，输电网在电力市场中仍然体现出自然的垄断特色，因而与传统的垄断性电力企业一样，电网的规划和发展同样要受到政府或相应机构的监管。但是，由于电力市场机制的形成，输电网以往的规划方式（规划的目标、方法等内容）将要作很大的变化，以适应新的环境。因此，为了符合竞争的电力市场的需要，为了使电网能满足日益增长的电力需求以及保证电网的安全运行，必须对市场条件下的电网规划进行研究，建立合理的新的电网规划方法。在电力市场中的电网规划要解决：谁对电网规划负责？应在什么地点、什么时候和为什么目的进行新的电网投资？谁将提供投资？如何实现投资回报？虽然对于这些问题，每一个电力市场不需要有相同的答案，但是每一个电力市场必须回答它们，以保证电网运行的长期可靠性。

传统电力企业的电网规划的任务是根据规划期间的负荷增长及电源规划方案，即满足电力供应和需求的发展，确定相应的最佳电网结构，在保证将电力安全可靠地输送到负荷中心的前提下，使电网的建设和运行费用为最小。所以，电网的规划、投资和建设是包括发电、输电和配电的一体化电力企业中的内部行为。

电力市场中发电厂和输电网的分开，使得电力系统的规划方式发生了重大变化。尽管社会效益最优仍然是电网规划所要考虑的最终目标，但是电网所有者和投资者的直接目的从原来的最小化成本转变成电网投资者的最大化利润。这种变化是市场化改革的必然结果，所以要很好地研究和发展电网规划原则和方法。

在最大化利润成为各市场参与者的主要目标后，电网投资者可获得的利润多少将是电网规划中的决定因素。由于目前各国的电力市场仍处于一个发展阶段，尽管已经开发了以边际输电成本、区域电价差和ATC等为基础的输电定价方法，以及最近出现的新理论，如基于潮流分解的Flowgate，但输电转运的计费还没有一个完善的解决方法，这种情况将在很大程度上制约电网规划的顺利实施。例如，挪威电网自1991年实行改革以来至1996年的统计数据表明，电网的投资总额减小了10倍（从4亿NOK降到4000万NOK），这主要是由于挪威电网的计费方法导致电网投资者无法获取足够的利润而引起的。因此，制定合理的输电计费方法是一个十分迫切需要解决的问题。

电力市场中电网规划的技术目标可以采取最小化成本、最小化剩余输电容量等多种形式，不过其根本目标是在保证系统可靠性的前提下满足市场的输电需求，减少系统的输电容量限制，从而降低电厂的地区性市场力。因为当电网达到传输极限时，系统不能再以最低报价为调度原则，而只能使用靠近负荷区域的成本较高的电厂来满足用户的需求，同时负荷区域附近的电厂也可能根据电网拥护的情况故意抬高电力出售价格，这些情况都降低了市场的总体效益。

电力市场改革会使输电网的负载加重，因此要求制定出新的可靠性标准。目前美国等一些国家正在考虑基于供电质量的定价体系，这会导致传统的系统可靠性向供电可靠性转变，从而供电质量的好坏会直接影响输电网所获得的利润。

由于经济、技术和地理等原因，包括我国在内的大多数国家依然将输电网作为一个垄断企业处理，输电网的运营仍然要受到政府或相应机构的严格监管。在新的形势下，政府需要很好地解决如何制定电网的市场运营规则以及如何建立电力市场运行模式等问题，将最大化利润的局部目标和最优化社会效益的总体目标统一起来。市场机制要保证向电网的投资者提供足够的投资动力，从而使输电网在市场的环境下得以有效发展，而相对于电网的所有者和投资者来说，如何定义电网规划的目标、建立新的规划原则以及发展新的规划模型和工具成为其主要的任务。

电力市场中的电网规划将面临很多的市场不确定因素，包括电源规划、负荷变化、系统潮流变化等未知情况，如何适应这些不确定因素，使电网具有较好的灵活性和鲁棒性，相对于传统的电网规划来说要困难得多。

1. 未来电源规划的不确定性

传统的电源规划是由一体化的电力企业所完成的、可以很好地与电网规划统一起来。这时，电源规划是核心，而电网规划则是以电源规划为基础进行的。在市场环境下随着电厂和电网的分离，各自的规划都是相对独立的。未来电源的规划（新增发电容量和旧机组的退役）是发电公司的决策，必然以电厂投资者的利润最大化为前提，很大程度上取决于未来市场的电价波动情况、国家监控政策的变化、能源的价格，以及负荷的变化等因素。并且，由于生产利润的变化还可能出现已有电厂停运等情况，而新的机组（或电厂）的类型、位置、容量和投运时间，以及旧机组和旧电厂的退役或停运等情况基本上由发电公司确定，并且往往不能提前在市场运行管理中进行公告。这些情况对电网规划来说都是不确定的因素，但电网的运行又要适应电源的配置和负荷的变化，这会给电网规划带来很大的困难和影响。

另外，发电厂的建设周期一般2～5年（如燃气轮机或联合循环电厂只需2年或更短的时间），而输电线路的建设周期相对较长，其寿命一般在30～40年，所以很难在规划阶段估计未来这么长期间内的系统电源及市场的变化，这也增加了输电网建设的投资风险。如果输电网建设期间出现了规划时未考虑到的新电厂，由于电厂较输电线路更早完成，从而可能改变了原先电网规划时所估计的情况，影响了规划的效果。

2. 未来负荷变化的不确定性

电力市场中实时电价会发生波动，甚至会发生剧烈的波动，如果考虑用户的需求弹性，则负荷水平也会随电价的波动而变化。另外，电力市场的发展趋势是根据供电质量向用户收费，因此当用户根据自身的考虑出发改变对供电质量的要求时，可导致系统资源一定程度的重新分配，这也增加了电网规划的不确定性。

3. 系统潮流的不确定性

在竞争的市场中，电网调度的原则是根据电厂报价的高低而确定成交量、成交价格和优先调度次序。由于市场中各电厂生产的目标是其利润的最大化，从各自的利益出发它们会不断调整自己的竞价策略，导致市场平衡点不断变化。如果随着市场逐渐对用户侧的开放，用户可以自由选择供电商购买电力，则用户和电厂之间的供求关系将更频繁变化，并可能产生大规模的远距离输电交易。这也是要求电网有足够的区域间输电容量。所有这些都导致潮流的不确定性。

现存的电网是由传统的电力企业设计的，不能很好地适应竞争的市场运行。随着电力市场中潮流的变化，原来的电网势必会产生新的网络拥挤情况，这时要建设新的输电线路来减少输电瓶颈，也可以采用安装 FACTS 等设备或提供无功支持的方法来调整线路的潮流，以便尽可能利用现有电网的传输容量。以上这些情况都应该在电网规划中进行考虑。

总之，如何量化所有的这些不确定性因素所造成的风险，并将电网建造的风险降至最低，也是电力市场中电网规划的一个关键步骤。

二、电网规划中的投资方式

电力市场改革前，一体化电力企业通常是电网的投资者。传统的机制保证电力企业能安全地实现投资回收并获得一定的利润，这种情况下电网投资不存在任何的风险。电力市场中则不然，电网的投资需要大量的资金并且投资回收是一个长期的过程，而大部分投资者都对短期的投资回报感兴趣，不太愿意选择长期的电网投资。因为时间越长不确定性问题越多，例如电源规划、负荷变化、市场规则变化等不确定因素，导致投资者面临的投资回收的风险很大。因此，投资者就会采取非常谨慎的态度。所以，电力市场中解决电网规划的最主要问题是如何确定投资者，以及如何进行投资回收。总的来说，电网的投资方式有两种，即由垄断性的电网公司进行的投资方式和基于市场驱动的投资方式。

1. 垄断性管理

类似传统的电力企业，垄断的电网公司可以对电网进行有效的投资，或通过其他的手段（如与市场参与者合同）来提高电网的输电容量或消除输电的限制。不过这种方式必然带来垄断企业的一些普遍问题，所以政府必须制定合理的价格上限以及采用其他一些控制垄断企业盈利的手段来保证较好的社会效益。英国的英格兰—威尔士电力市场采用的是这种方式，政府为了控制电网在输电拥挤情况下可能的额外盈利，该电力市场规定不收取电网拥挤费用，而代替的是采用事先约定的切负荷规则来重新分配可用的电网输电容量。

2. 市场驱动

在采用边际电价或区域性电价的电力市场中，电网拥挤会导致各区域或各节点之间的电价产生较大的差异，这时可以考虑使用基于市场的电网投资方式，让可能从新建输电线路中获益的投资者根据市场输电价格水平自愿地进行相应的线路投资。地区性的价格差异是导致电网投资的主要激励因素，投资者将通过这个价格差（也就是输电拥挤费用）来获得收益。

类似地，基于市场的电网投资还可以通过向市场参与者拍卖电网输电拥挤合同 TCC（Transmission Congestion Contract）来实现。TCC 是一种规定了电网两点之间输电价格的套期保值（Hedge）的合同，它提供了一种避免输电拥挤费用风险的手段，也就是说，当购买了一定容量的 TCC 之后，不管将来电网是否出现拥挤情况，TCC 中规定容量的电力传输都不再受电网拥挤的影响，电厂不必支付输电拥挤费用。目前这种机制已经在美国 PJM 市场中实行，称为固定输电权力（Fixed Transmission Right）。

基于市场的电网投资方式的主要问题对前一种方法来说是如何保证投资者回收成本，对后一种方法来说是电网通过出售 TCC 是否能获得及时并且足够的资金，解决这些问题的关键是市场能否建立一种合理的拥挤管理方法。市场方式的电网投资显然大大增加了电网规划问题的复杂性，但是总的来说它较垄断方式更适合竞争的电力市场。

电网规划也可以由政府机构按照传统的最小化成本的方法确定，并作为可供选择的方案提供给市场的投资者。投资者然后可以根据自身情况对方案进行选择。

对于不同的国家和不同的电力企业改革模式，不管电网规划由政府、电网公司、市场参与者及ISO等何种实体负责进行，需要有一个专门的政府部门对电网规划和投资进行审查，其主要的目的是保证电网的发展符合全局最优，并保证电网安全可靠，同时减少未来因输电设备没有充分利用而带来的风险。审查部门必须将市场中的各种局部利益和全局利益融合起来，保证电网的发展具有最优的社会效益。特别要指出的是，由于市场利益的存在，有些电网投资可能并不增加电网传输容量，而是减少电网传输容量，通过故意制造电网拥挤来增加某些市场参与者的获利。

三、市场条件下的电网规划方法

一个可行的电网规划方案必须能满足未来市场对电网容量的需求，保证电网运行的可靠性和质量，并且能安全和较快地回收投资成本。市场环境下的电网规划方法是从经济角度和工程角度两方面同时对电力系统进行分析，即同时考虑发电、负荷和输电的物理规律，有效地评估各种规划方案和不确定因素。

电网规划工具应当包括以下功能。

(1) 分析未来电源规划和负荷变化。

(2) 各种规划方案的认定和筛选。

(3) 选择候选的输电方案。

(4) 审核可能的获利情况。

(5) 最优方案的容量。

(6) 项目不确定性和风险评估。

(7) 经济评估或投资分析。

电网规划主要面临的未知因素是未来电源规划和负荷变化。在规划过程中，可以把将来各种可能的情况列举出来，针对每种情况进行概率或模糊集等方法的分析，最后得到市场对输电网最可能的容量的需求。不过，未来的电源规划将会有大量的可能情况，因为新电厂的投资者、电厂类型、地理位置、设计容量、建造时间等不能确定，对所有这些可能情况进行详细分析是不现实的。因此，减少规划中需要分析的可能性是一个首要步骤。一个简单的办法是根据所有这些可能情况对输电网容量的需求进行分类，然后再从每一类中选出有代表性的情况进行详细分析。例如，可以认定输电瓶颈后，把输电网分成区域，并认为在一个区域内的新建发电容量对电网容量有类似的需求。

另一方面，负荷预测对电网规划也有很重要的影响，如果预测有误，将有降低系统运行的安全性或经济性的风险。由于电力市场中负荷的变化会更加难以估计，在使用传统的负荷预测方法时还必须增加对各种不定市场因素的考虑。

输电网扩建的目的是为了减少现存的或将来可能的电网拥挤情况。由于边际节点电价可在一定程度上反映电网拥挤的状况，所以可通过分析网络各节点之间的边际电价差来推断现存网络需要增加的线路位置。对于未来可能出现的网络拥挤，可以根据市场的状况进行预测。

确定经济上最有效的扩大输电方案的步骤可以表示如下。

1) 确定输电中所有的约束条件，根据这些约束得到可能的扩大输电方案。

2) 根据实际运行中约束条件的累加时间长短，将对应的方案排序。

3) 计算每一种方案获得的总收益和需要的投资，分析其经济性，在分析中需要知道电价，所以这是最难的一步。

4) 对每一种方案进行市场仿真，计算输电容量增加的大小，并确定各方案的性能价格比。

对电网规划方案进行经济评估是非常必要的，其目的在于减少项目投资的资金风险和保证获得最大的投资回报。经济评估需要对电网投资后的获利情况进行分析，而这又直接和市场的电价紧密联系在一起，因此需要发展预测电价及其变动的有效方法。另外，由于电网投资所需的资金量大，超前期较长，因此在评估过程中还要合理地考虑通货膨胀的影响。

市场中的不确定性总会引起投资风险。虽然完全避免不确定性很难，但可以用一些手段来对风险进行管理和限制。分析输电容量的使用情况以及市场价格是风险评估的主要内容。风险的衡量标准根据投资者的不同而变化，量化风险的工具一般有概率分析、模糊集等。一旦发现风险较大，可以采用较小风险的投资方案或者采用一些风险回避方法来减少风险。一种好的规划工具应帮助规划者去认定和管理风险，并建议一种鲁棒性（或灵活性）好的规划方案，以适应各种可能的不确定因素。

总之，竞争的电力市场改变了以往传统电网规划的目的、方式、方法和标准。电网要针对市场的需要进行合理的规划，消除网络的拥挤情况，为日益增长的电力交易提供足够的输电容量，并保证电网的可靠性。

新形势下的电网规划必须要考虑大量的不确定因素，包括未来电源规划、负荷变化、市场交易导致的潮流变化等。同时，电力市场仍处于初级阶段，理论、政策和定价体系都不完善，电网投资者将面临较高的投资风险，因此发展合适的风险管理工具具有重要的意义。另外，政府管理部门要尽快建立合适的投资环境，确保电网投资的合理收益，从而保证市场环境中电网能够得到有效的发展。

第十二节　电力市场下的系统安全可靠性

一、概述

在开放的电力市场中，买卖双方通过互联的电力网络来协商其价格，进行电能的交易。在一定的需求水平下，买方希望以较低的价格获取电能，而卖方希望以较高的价格卖出电能。显然对买卖双方而言，参与市场的目的是为了追求自身的最大经济利益，而绝非为了系统的安全可靠性。

作为电力市场中的一方，电网公司只有在一个安全运行的电网上才能使得买卖双方的交易成为可能。电网公司对买卖双方收取交易佣金，其收益的大小与交易量的大小成正比，但该收益并非其净收益，因为电网公司不仅要为建设、维护电网付出费用，还要为维持电网的运行支付费用（例如辅助服务的购买）。可见，虽然电网公司负责电网的运行，但其维护电网运行的目的仍然是为了追求自身的最大经济利益，在电网建设、运行上的投入应视可能的收益而定，而非仅仅为了系统的安全可靠性。

当然，系统安全可靠性的破坏有可能使得各方的经济利益受到损害，但此时市场参与者保证系统安全可靠运行的目的仅仅是为了更好地维护自己的经济利益。换言之，在传统的电力系统运行中，可靠性高于经济性；而在电力市场中，可靠性服务于经济性。在市场环境下，维持电网安全可靠运行的动力来自市场各参与者对经济利益的追求，而非来自各种安全、可靠性的规程。

二、电网运行安全可靠性的考虑

1. $N-1$ 安全经济运行的考虑

在传统的电力系统中，$N-1$ 标准是输电系统静态安全评估的标准之一，即系统中 1 个发电机组或 1 个电网设备（线路、电线、变压器）退出运行时，系统仍能维持运行。显然，$N-1$ 标准的执行将导致系统在正常情况时运行于非最优状态下。而在市场环境下，电网公司的目标是获得最大的经济效益。所以 $N-1$ 标准是否执行，执行到什么程度，均取决于经济效益。亦即：通过比较 $N-1$ 安全经济运行与不计 $N-1$ 安全经济运行（正常网络的经济运行）的经济指标，确定为确保 $N-1$ 安全经济运行而付出的代价；若不计及 $N-1$ 安全经济运行，则系统运行可靠性将降低。为此，电网公司可能付出如下代价：①因为负荷预测的不准确性可能导致比计及 $N-1$ 标准时更大的停电损失；②因为单一线路或设备故障而导致的可能的停电损失。

在市场环境下，更可能的情况是，系统能够在部分运行方式下不切机、不切负荷地应付部分设备故障，而在另外一些设备故障或其他的运行方式下，系统将会以切机或切负荷的方法进行处理，因为此时为保障供电的付出将大于切机、切负荷的赔款。

2. 备用容量对经济指标可能导致的损害

系统运行涉及的备用主要有负荷备用和事故备用。在传统的电力系统中，备用容量的大小应根据系统负荷的大小、各类用电的比重和运行经验确定，一般为最大负荷的 2%～5%，大系统采用较小值，小系统采用较大数值。事故备用的容量大小应根据系统容量、发电机台数、单位机组容量、机组的事故概率、系统的可靠性指标等确定，一般约为最大负荷的5%～10%，但不得小于系统中最大机组的容量。在电力市场环境下，备用容量应以其是否带来经济利益为标准。

通过分析备用可能带来的收益，亦即，因调用备用而避免的损失（若不预留备用容量，则当负荷预测不准或发生故障时均会出现切负荷的情况，此时电网公司需要为不能保障供电而支付赔款）与提供备用而支付的代价（所有备用的容量成本与被调用机组的电量成本之和）之差，可以确定是否需要备用及需要多少备用。也就是说，只有当某一备用带来的收益为正值时，电网公司才会考虑购买该备用。

3. 市场环境下合理的静态稳定储备

《电力系统安全稳定导则》规定：电力系统在运行中应有足够的静态稳定储备，要求在正常运行方式或正常检修运行方式下，按功角判据计算的静态稳定储备系数 $K_P \geqslant 15\%$，按无功电压判据计算的静态储备系数 $K_U \geqslant 10\%$；在事故后运行方式和特殊运行方式下，$K_P \geqslant 10\%$，$K_U \geqslant 8\%$。但在电力市场环境下，电网公司将根据静态稳定储备所能带来的经济利益确定储备系数的大小，如果为储备的付出大于其可能带来的利润，电网公司将更乐意选择切机、切负荷等措施来保证系统的安全运行，尽管切机、切负荷将导致对电力公司的赔款。

4. 对暂态稳定性的考虑

《电力系统安全稳定导则》中将电力系统发生大扰动时的暂态安全标准按电网结构和故障性质的不同分为四类。在电力市场环境下，由于电网公司只是根据自身的经济利益来考虑系统的暂态稳定性，因此它不会将系统的安全稳定标准分类，不论处于哪种情况，电网公司只会维持能给其带来经济效益的稳定性，电网结构和故障性质的不同将会对分析结果产生影响。

三、规划设计中安全可靠性的考虑

1. 电网规划设计中的安全可靠性

传统的电网规划设计中，安全校验计算分静态安全分析和动态安全分析两种。静态安全分析主要用于 $N-1$ 校验，即校验网络中 1 个元件故障退出运行时网络的潮流分布，以判断其他元件有无过负荷及电压越限情况。对 220kV 及以上电网一般要进行各种运行方式的稳定分析，此即所谓动态安全校验。当以上校验不满足要求而发生过负荷、电压越限或失去稳定时，则应采取措施，例如：加设输电线路，增加导线截面，增加无功补偿或提高稳定措施等，使电网满足运行要求。否则，应将不满足运行要求的电网方案放弃。

在电力市场环境下，电网公司保障供电的目的是要获得更大的经济利益。因此，一个电网设计方案是否应被放弃的准则有异于传统的电网规划设计。此时，除了改善网络结构，其他提高系统稳定性的措施（例如，设中间开关站、串联电容补偿、调相机、静止无功补偿和快速投入电容器组、电气制动、快速继电保护及其他自动装置等），包括切负荷、切机都将成为提高系统安全可靠性的措施。而最终被选定的方案应该是一个能给电网公司带来最大回报的方案。

此外，在传统的电网规划设计中，对暂态稳定计算采用的故障形式、故障切除时间均做出了规定。而在电力市场环境中进行暂态稳定计算时，电网公司将综合考虑各种故障发生的概率、可能导致的损耗、提高暂态稳定性的可能投入及其维护费用等因素，最终得出在经济上最有利的网络设计方案。

2. 电源规划设计中的安全可靠性

电气主接线的设计在发电厂的规划设计中占有重要地位。在传统的电力系统中，电气主接线方案的确定是通过对几种可能的方案进行技术、经济比较，并根据所设计的电源在系统中的地位，确定出从整个系统角度而言认为是最为合适的方案。并且，在对方案进行技术、经济比较时，二者是相互独立的。在电力市场环境下，这种设计思想将遭到挑战，因为这时电厂是独立的经济实体。在确定其电气主接线方案时，不可能从系统的利益考虑问题，一个方案是否可行，完全取决于该方案是否有利于该电厂的经济利益。因此，在电力市场环境下，电厂在确定电气主接线的方案时尽管也会对各种可能的方案进行比较，但此时的比较将既不同于前述的技术比较，也不同于前述的经济比较，而是从经济的角度对各类方案进行整体的技术经济比较，即既要考虑各类设备的投资、维修费用，也要考虑各方案的运行可靠性及由此可能导致的停电损失，并在此基础上得出综合的最经济的方案。

变压器的选择是发电厂（变电站）规划设计中的一个重要问题。在传统的电力系统中，基于可靠性因素的考虑，对变压器的选择做出了一些规定。

1）若发电机电压母线上接有 2 台或以上的主变压器，当其中容量最大的一台因故退出运行时，其他主变压器在允许正常过负荷范围内，应能输送母线剩余功率的 70%以上。

2）对重要变电站，应考虑当一台主变压器停运时，其余变压器容量在计及过负荷能力允许时间内，应满足一类及二类负荷的供电；对一般性变电站，当一台变压器停运时，其余变压器容量应能满足全部负荷的 70%～80%。

3）通常与系统具有强联系的大、中型发电厂和枢纽变电站，在一种电压等级下，主变压器应不少于

2台。

上述规定更多的是从维护整个电力系统供电可靠性的角度来考虑问题。而在电力市场环境中，电力公司考虑问题的立场将会完全不同。实际上，按上述规定所设计的发电厂或变电站，其相当一部分变压器容量是长期空闲的。考虑到变压器是一种静止电器且其事故率较小的实际情况，在电力市场环境下，电力公司在经过详细的经济比较后，也许会选择不留剩余容量或少留剩余容量，仅选择1台变压器等设计方案。

四、电力设备的检修

1. 传统电力系统的设备检修计划及对电网运行的影响

由于不能进行有效的设备故障在线预报，因此，在传统的电力系统中，为了保证电力系统的安全运行，采用了对设备进行定期检修的制度。按我国现行规定，火电每年要计划大修和小修，水电每年要小修，2年大修一次。所需检修时间，火电每年为40～50天，水电每年为30天。变压器大修5年一次。以发电机组为例，由于当机组停运进行检修时，备用容量减少，系统的可靠性将会降低，为此，电力系统采取了多种机组检修方法，以尽可能保证系统的安全可靠性。按其追求的优化目标（可靠性或经济性）的不同，目前安排检修计划的方法有：等储备法、等风险度法、最小风险度法、最小发电费用法等。不论采用哪一种方法，预防性检修的实施对减少故障隐患、防患于未然有显著作用，可以有效提高系统运行的安全可靠性。但由于在任何一种方法中，计划的实施均没有对经济性做任何考虑，而只是考虑了可靠性及技术性（方案实施的可能性），因此，在传统的电力系统中，预防性设备检修的目的仅仅是为了提高系统运行的安全可靠性，而经济利益不在考虑之列，这与传统电力系统中可靠性高于经济性的指导思想是一致的。

2. 市场环境下的设备检修计划及对电网运行的影响

与传统电力系统不同，在电力市场环境下，各电力公司、电网公司分属不同的经济实体，因此，传统电力系统中着眼于整个系统而统一进行的检修计划安排的组织基础已不再存在。此外，在市场环境下，由于各公司对经济利益的追求，使得预防性检修的目的不再是为了提高系统运行的可靠性，而是为了给公司带来更大的利润。因此，在市场环境下检修计划的安排将会与传统电力系统中的安排有着本质的区别。亦即，在传统的电力系统中，设备的检修是按规程进行的，没有考虑设备及系统的实际情况；但在电力市场环境下，设备属于各独立的公司所有，设备是否进行检修，什么时间进行检修完全是各公司自己的事，各公司将根据自己设备当前的故障概率，预测的今后数星期内电价甚至一次能源价格等因素进行全面的经济指标分析，最终决定是否需要安排检修。

尽管市场环境下各公司的设备预防性检修计划有别于传统电力系统中的检修计划，但这并不意味着市场环境下电网运行的可靠性会大大降低。各个公司为了降低检修成本，会尽可能将设备的预防性检修安排在电网电价较低的时期，也就是在年负荷曲线的低负荷时段，这与传统电力系统中的安排大致相同，不同之处在于设备检修的频率，电力公司将根据设备的实际情况来确定设备是否需要进行检修。因此可以说，市场环境下设备检修的安排方法不会对电网运行造成大的影响。

在传统电力系统中，设备预防性检修计划由系统进行统一安排，某一台设备是否需要检修，是大修还是小修均按规定执行，且在确定检修计划时不做经济性的考虑，因此，整个系统只有一个检修计划。在市场环境下，设备预防性检修由各公司根据自己的判断进行，不仅各公司有各自的计划，而且不同类型的公司其计划的编制原则也将不尽相同，例如，电力公司的计划可能考虑一次能源的价格。因此，必须研究新的、适合不同类型公司的设备预防性检修计划的原理，并开发相应的软件。

五、继电保护与自动控制装置面临的新问题

1. 传统的继电保护配置与市场环境下保护配置的差别

电力系统中一旦发生故障，则主保护动作，断路器将故障设备切除；主保护拒动时，由后备保护动作。当后备保护为远后备且动作时，断路器切除的将不仅是故障设备，还包括故障点的上一级设备。

在传统的电力系统中，保护的这种配置方法在实际运行中不会遇到什么问题。但在电力市场环境下，由于系统中的设备分属不同的公司时，有可能出现甲公司的设备发生故障而导致连同乙公司设备一起被切除，例如，当输电线路发生故障且主保护拒动时导致将上一级发电机切除的情况。显然，此时乙公司的损失是由于甲公司设备故障导致的，该损失应由甲公司承担。问题是这一损失到底是多少，如果乙公司向甲公司索取的赔偿过大，甲公司有可能更乐意将远后备变更为近后备或者甚至考虑再增设一套主保护，条件是增加的投资低于可能向乙公司支付的赔偿。

因此在电力市场环境下，继电保护装置的配置将与传统电力系统中有着较大的差别，这将在电力系统规划设计、运行中导致不同的分析思想和方法。

2. 自动低频、低压切负荷控制在市场环境下遇到的新问题

自动低频、低压切负荷控制是在电力系统紧急状态下频率异常降低时广泛采用的最有效的措施。在传统电力系统中，一切资源均由系统统一调度，因而在低频、低压切负荷时不会遇到行政上或经济上的障碍。但在电力市场环境下，各公司在行政上、经济上是相互独立的，因而在采取低频、低压切负荷时将会遇到如何进行经济赔偿（或补偿）的问题。

从电网公司的角度出发，当系统频率异常降低时，采取切负荷措施是必须的，问题是如何以最小的代价与电力采办公司达成切负荷的协议。此时，可能的处理方法有两种：

（1）事先在可能的切负荷点购买切负荷容量，即将切负荷容量与有功备用容量一样归入辅助服务范畴。

（2）不进行事先的购买，而是在低频、低压切负荷后对相应的电力采办公司进行违约赔偿。电网公司在处理这一问题时可根据实际的网络、运行方式及电价等情况做出对本公司最有利的选择。对一些处于关键节点的电力采办公司，采用第一种处理方法更有利，而对其他电力采办公司则采取第二种处理方法更好。

3. 安全稳定紧急控制系统在电力市场环境下需要协调的问题

紧急控制的作用主要是电力系统承受扰动时保持运行稳定性和防止事故扩大，并保持供电的持续性，其主要措施有切机、切负荷、系统解列等。在电力市场环境下，由于这些措施的实施会影响不同公司的利益，因此，电网公司必须事先与其他公司就切机、切负荷、系统解列等达成协议，以便在系统运行的稳定性受到威胁时能够按协议采取措施。所达成的协议，可能是在关键节点预先购买切机、切负荷容量及系统解列许可权（归属于辅助服务范围），也可能是当系统运行的稳定性受到威胁时在一些非关键节点处先采取相应措施，然后再对相应的公司按协议进行违约赔款。当然，具体到某一节点到底采取何种方式，应在详细的经济分析基础上做出决定。

六、市场环境下安全性与经济性的统一

与传统的电力系统不同，在电力市场环境下，系统的安全可靠运行将通过各独立的电力公司、电力采办公司及电网公司对利润的追求而得到保障。电力公司为了保障自己的利益，会尽可能保证自己经营的电厂的可靠运行；电力采办公司为了保障自己的利益，会尽可能保证自己经营的配电网的可靠运行；而电网公司则会尽可能保障整个电网的安全运行，否则，它非但不能获得利润，还将因为不能提供服务而向电力公司和电力采办公司支付赔款。

在电力市场环境下，经济性和安全性不再表现为两个独立的指标，安全性将融入经济性中。传统电力系统中的安全性指标，只是作为可能给相应公司带来经济利益的一种措施，某一安全性指标在市场环境下是否会得到执行，执行到何种程度，取决于这一指标的执行能否会带来经济利益。可以预见，市场环境下的网络运行决策将由安全性、可靠性和经济性因素共同决定。

习题与思考题

1. 什么是辅助服务，其主要内容有哪些？
2. 辅助服务分析的技术难点是什么？
3. 在负荷频率控制方面（AGC），频率的一次、二次、三次调整有何物理意义？
4. 电力市场条件下如何组织和实施 AGC 辅助服务的？
5. 可中断负荷的定义、作用及工程中需要解决的主要问题是什么？

第九章　电力市场中发电厂商的竞价策略

第一节　发电厂商竞价策略研究现状

Power Pool 通常采用“暗标拍卖”并按统一市场价格结算，采用这种机制的依据是：在一个完全竞争的市场中，发电厂商追求利润最大化的唯一可行的竞价策略是按照机组的边际成本报价，这时的市场具有最高的运行效率。然而，实际的 Power Pool 往往不是一个完全竞争市场，而是更接近于寡头垄断市场，其市场成员相对固定且个数有限，少数几个规模较大的发电厂商可能拥有较强的市场力。也就是说，发电厂商可以不按边际成本报价，而是采用一定的竞价策略，以期影响市场结算价格，从而获得比按边际成本报价更高的利润。

针对 Power Pool 中具体采用的不同竞价方式，竞价策略可分为：电能多部分投标、电能单部分投标、电能与辅助服务同时投标三种类型。

1. 电能多部分投标

最早建立的 England & Wales Power Pool 采用的是多部分投标的竞价方式，发电企业申报能量价格、启动费用、停机费用等多个参数，Pool 采用类似传统的优化机组组合算法进行市场结清。早在 1993 年，A. K. David 即研究了针对该种竞价方式下发电厂商的竞价策略问题，并以动态规划为基础构造了优化竞价策略。

2. 电能单部分投标

单部分投标发电厂商只申报能量价格，发电厂商在构造竞价策略时要自己计及启动成本及停机费用等各项成本，自己考虑运行约束，而 Pool 则只需根据报价进行排序，确定各发电厂商的成交量。如加州和澳大利亚电力市场都采用单部分投标。

在这方面，F. Wen 和 A. K. David 采用概率方法来模拟其他发电厂商的竞价策略，同时建立了一个简化的 Pool 交易模型来模拟市场竞争，并提出了两种求解上述统计优化模型的方法——Monto Carlo 方法和优化方法。美国学者基于 New England 特殊的市场结构研究了一个拥有多台发电机组的发电厂商的优化竞价策略，基本思路也是用概率模型来描述其他市场成员的竞价策略，用简化的 Pool 交易模型来模拟市场结清过程，最终用 Lagrangian 松弛法求解多时段的优化竞价策略。还有学者将构造竞价策略的问题表示为一个马尔可夫决策过程：一种离散概率多阶段优化方法，竞争对手的投标行为用离散量和相应的概率来表示，优化目标是规划时段内的期望收益最大化。

有的 Power Pool 允许迭代投标，也就是说，允许发电厂商根据上一轮竞价的结果修改报价，市场根据新的报价重新结清，例如，澳大利亚国家电力市场。针对迭代投标市场，可以采用一些智能方法如遗传算法（GA）、遗传编程（Genetic Programming）、有限状态自动机（Finite State Automata）来构造自适应的竞价策略。作为迭代投标的理想化情况，可以将整个“竞价——结清”机制描述为一个最优控制问题，并且证明，如果发电机采用最大化期望效用的竞价策略对市场电价响应，则市场将达到帕累托最优（Pareto Optimum）。

在单部分投标机制下，发电厂商在报价中应考虑多时段机组启停约束和启动、停机等成本。J. M. Arroyo 和 A. J. Conejo 建立了作为价格接受者的火电机组对多个时段现货电价优化响应的混合整数规划模型，指出混合整数规划模型可以比动态规划模型更真实严格地描述机组的成本特性和约束条件。实际上，发电厂商在构造策略性的投标试图影响市场价格时，也必须考虑多时段竞价策略的协调，然而目前这方面的研究却很少见。

3. 电能与辅助服务同时投标

在新西兰、西班牙、加州、New England 等电力市场中，各种旋转备用、AGC、冷备用等一些辅助服务与电能一样，通过竞价的方式购买。由于这些辅助服务与电能都占用发电机的容量资源，因此，它们的市场结清过程与电能的结清过程关系密切。F. Wen 和 A. K. David 以加州电力市场为背景，提出了一种协调能量市场和旋转备用市场的投标策略的方法，并采用遗传算法进行求解。如何构造辅助服务的竞价策略以及如何与电能的竞价策略相协调是一个新兴的研究领域。

第二节　短期电力市场竞价的数学模型

目标函数

$$\min\sum_{t=1}^{T_s}\sum_{i=1}^{N_s}c_{i,t}^{s}p_{i,t}^{s} \tag{9-1}$$

其约束条件如下。

(1) 功率平衡约束

$$\sum_{i=1}^{N_s}p_{i,t}^{s}-P_{D,t}^{s}=0 \tag{9-2}$$

(2) 合同电量约束

$$\sum_{t=1}^{T_s}p_{i,t}^{s}T_0^{s}-W_i^{s}\geqslant 0 \tag{9-3}$$

(3) 功率的上、下限约束

$$P_{i,t,s}^{\max}\geqslant p_{i,t}^{s}\geqslant P_{i,t,s}^{\min} \tag{9-4}$$

(4) 功率上升、下降速度约束

$$\left.\begin{aligned}p_{i,t}^{s}-p_{i-1,t}^{s}\leqslant R_{i,\max}\\ p_{i-1,t}^{s}-p_{i,t}^{s}\leqslant R_{i,\min}\end{aligned}\right\} \tag{9-5}$$

短期的电力市场的周期为

$$T_0^{m}=T_S\times T_0^{s}$$

式中：$t=1, 2, \cdots, T_S$，为短期电力市场周期内的时段数量；T_0^{s} 为短期电力市场中每一时段的长度；$p_{i,t}^{s}$ 为第 i 发电公司在时段 t 的功率；$c_{i,t}^{s}$ 为第 i 发电公司在时段 t 的申报电价；W_i^{s} 为由中期电力市场决定的，分配到第 i 发电公司的合同电量数量；$P_{D,t}^{s}$ 为在第 t 时段的负荷预测值；$P_{i,t,s}^{\max}$、$P_{i,t,s}^{\min}$ 分别为第 i 发电公司在时段 t 的功率上、下限；$R_{i,\min}$、$R_{i,\max}$ 为第 i 台机组的出力调节下降速率和上升速率限值。

因为中、长期电力市场的合约交易最终是通过短期电力市场的现货交易来实现的，所以在短期电力市场上，机组所发出的电量必须满足上述电量需要。

第三节　中期电力市场竞价的数学模型

目标函数

$$\min\sum_{t=1}^{T_M}\sum_{i=1}^{N_c}x_{i,t}^{m}c_{i,t}^{m}w_{i,t}^{m} \tag{9-6}$$

约束条件：

(1) 电量平衡约束

$$\sum_{i=1}^{N_c}x_{i,t}^{m}w_{i,t}^{m}-\beta P_{D,i}^{m}T_0^{m}\geqslant 0 \tag{9-7}$$

$$\sum_{t=1}^{T_M}\sum_{i=1}^{N_c}x_{i,t}^{m}w_{i,t}^{m}-\sum_{i=1}^{N_c}W_i^{m}-\sum_{t=1}^{T_M}\beta P_{D,t}^{m}T_0^{m}=0 \tag{9-8}$$

$$\sum_{t=1}^{T_M}x_{i,t}^{m}w_{i,t}^{m}-W_i^{m}\geqslant 0 \tag{9-9}$$

(2) 发电机组发电量的上、下限约束

$$W_{i,t,m}^{\max}\geqslant w_{i,t}^{m}\geqslant W_{i,t,m}^{\min} \tag{9-10}$$

(3) 发电机组时间方面的约束

$$t_{i,t}^{on}\geqslant T_{i,\min}^{on}\qquad t_{i,t}^{off}\geqslant T_{i,\min}^{off} \tag{9-11}$$

中期的电力市场的周期为

$$T_0^{\mathrm{l}}=T_{\mathrm{M}}\times T_0^{\mathrm{m}}$$

式中：$t=1，2，\cdots$，T_{M} 为中期电力市场周期内的时段数量；T_0^{m}为中期电力市场中每一时段的长度，一般为一天；$w_{i,t}^{\mathrm{m}}$为第 i 发电公司在时段 t 的申报电量；$c_{i,t}^{\mathrm{m}}$为第 i 发电公司在时段 t 的申报电价；W_i^{m} 为由长期电力市场决定的、分配到第 i 台机组的合同电量数量；β 为中期合同电量占负荷的百分数；$P_{\mathrm{D},t}^{\mathrm{m}}$为在第 t 时段的中期负荷预测值；$W_{i,t,\mathrm{m}}^{\max}$、$W_{i,t,\mathrm{m}}^{\min}$分别为第 i 发电公司在时段 t 的申报电量上、下限；$t_{i,t}^{\mathrm{on}}$、$t_{i,t}^{\mathrm{off}}$、$T_{i,\min}^{\mathrm{on}}$、$T_{i,\min}^{\mathrm{off}}$的定义如前所述。

同长期电力市场的竞价原理相同，在中期电力市场上，对系统安全方面的约束也不必考虑过细。为了保证长期的合同电量能够在中期的电力市场上实施，增加电量平衡约束，见式（9-7）、式（9-8）、式（9-9），式（9-7）说明在中期电力市场的每一时段中，由于考虑长期电力市场的合同电量，所以各个发电公司被分配的实际电量的和应该不小于放在电力市场中竞争的负荷电量；式（9-8）表明在一个周期内，长期合同电量、中期合同电量及负荷电量应该是平衡的；式（9-9）表明在一个周期内，每台机组的长期合同电量必须被保证。

在中期电力市场中考虑机组组合问题，由于中期电力市场一个时段的时间较长，一般来说大于机组开、停机约束的时间，所以在很多情况下，式（9-11）可以被省略，这样交易优化算法被简化了。

中期电力市场的结算价格应该作为各电力公司在短期电力市场上报价的依据。问题式（9-6）～式（9-11）是一个混合整数规划问题，其中含有动态约束，见式（9-8）、式（9-9）和式（9-11），可以运用动态优化技术作为中期电力市场的交易优化算法。

第四节　电力市场中发电厂商竞价的博弈论方法

电力市场不是一个完全意义上竞争的市场，而是一个典型的寡头垄断的市场。博弈论是经济学上研究寡头垄断市场常采用的工具之一，是专门研究两个或两个以上有利益冲突的个体，在有相互作用的情况下，如何进行各自优化决策的理论。因此，用博弈论来研究电力市场主体的行为应该是比较合适的。

本章主要研究在电力市场中信息完全和信息不完全两种情况下，用博弈论的方法来分析发电厂商的竞价策略问题。在电力市场信息完全情况下，主要研究在PowerPool模式下，参与Pool的发电厂商想使自己的利润最大化，而Pool却想使得整个系统的利益最大（即整个系统的发电成本最小）的问题。运用完全信息静态博弈的方法分析在此种情况下的发电厂商竞价策略问题，并以IEEE—30节点系统作为模拟的电力市场进行实例分析，在考虑电力网络和发电机容量限制等约束下，得出了三方博弈的纳什均衡解。在电力市场信息不完全情况下，引入经济学上的Cournot模型，假定关于发电厂商生产成本的不完全信息，用不完全信息静态博弈的方法分析不对称的不完全信息和对称的不完全信息两种情况下的发电厂商竞价策略问题，并以一个简单的算例予以验证。

一、博弈论的基本概念

博弈论的基本概念包括参与人、行动、信息、战略、支付、结果和均衡等。其中，参与人、战略和支付是描述一个博弈所需要的最少的要素，而行动和信息是其“积木”。参与人、行动和结果统称为“博弈规则”。博弈分析的目的是使用博弈规则预测均衡。

（1）参与人（Players）。参与人指的是一个博弈中的决策主体，他的目的是通过选择行动或者战略以最大化自己的支付水平。参与人可能是自然人，也可能是团体。在本文所讨论的参与人指的是电力市场环境下的发电厂商。

除了一般意义上的参与人外，为了分析的方便，在博弈论中，“自然”作为虚拟参与人处理。在不完全信息博弈中，自然选择参与人的类型。同一般参与人不同的是，“自然”作为虚拟的参与人没有自己的支付和目标函数，即所有的结果对自然都是无差异的。

在本书中，用 $i=1，\cdots，n$ 代表参与人，N 代表自然。

（2）行动（Actions or moves）。行动是参与人在博弈的某个时点的决策变量。一般的，用 a_i 表示第 i 个参与人的一个特定行动，$A_i=\{a_i\}$ 表示可供 i 选择的所有行动集合（Action set）。参与人的行动可以是离散的，也可以是连续的。

在 n 人博弈中，n 个参与人的行动的有序集 $a=(a_1, \cdots, a_n)$ 称为“行动组合”，其中第 i 个元素 a_i 是第 i 个参与人的行动。和行动相关的一个重要问题是行动顺序（The order of play）。行动顺序对于博弈的结果是非常重要的。事实上，有关静态博弈和动态博弈的区别就在于行动顺序的做出。我们看到，同样的参与人，同样的行动组合，行动的顺序不同，每个参与人的最优选择就不同，博弈的结果也就不同。

在博弈论中，一般假定参与人的行动空间和行动顺序是所有参与人的共同知识。

(3) 信息（Information）。信息是参与人有关博弈的知识，特别是有关“自然”的选择，其他参与人的特征和行动的知识。信息集（Information set）是博弈论中描述参与人信息特征的一个基本概念，可以理解为参与人在特定时刻有关变量的值的知识。

在博弈论中，“完美信息”和“完全信息”是既有联系又有区别的两个概念。完美信息（Perfect information）指的是一个参与人对其他参与人（包括自然）的行动选择有准确了解的情况；完全信息（Complete information）是指自然不首先行动或者自然的初始行动被所有参与人准确观察到的情况，即没有事前的不确定性。

共同知识（Common knowledge）指的是“所有参与人知道，所有参与人知道所有参与人知道，所有参与人知道所有参与人知道所有参与人知道……”的知识。共同知识是博弈论一个很强的假定。

(4) 战略（Strategy）。战略是参与人在给定信息集的情况下的行动规则，它规定参与人在什么时候选择什么行动。因为信息集包含一个参与人有关其他参与人之前行动的知识，战略告诉该参与人如何对其他参与人的行动做出反应，因而战略是参与人“相机行动方案”（Contingent action plan）。

一般的，用 s_i 表示第 i 个参与人的一个特定战略，$S_i=\{s_i\}$ 代表第 i 个参与人的所有可选择的战略集合。如果 n 个参与人每人都选择一种战略，n 维向量 $s=(s_1, \cdots, s_n)$ 称为一个战略组合（Strategy profile）。

(5) 支付（Payoff）。在博弈论中，支付指的是在一个特定的战略组合下参与人得到的确定效用水平，或者是指参与人得到的期望效用水平。博弈的参与人的目标是选择自己的战略以最大化自己的支付。博弈的一个基本特征是，一个参与人的支付不仅仅取决于自己的战略函数，而且取决于所有其他参与人的战略选择，是所有参与人的战略选择的函数。

(6) 结果（Outcome）。结果是博弈分析者感兴趣所在，如均衡战略组合，均衡行动组合和均衡支付组合等。

(7) 均衡（Equilibrium）。均衡是所有参与人的最优战略组合，一般记做

$$s_i^*=(s_1^*, \cdots, s_n^*)$$

其中，s_i^* 是第 i 个参与人在均衡情况下的最优战略，它是参与人 i 的所有可能的战略中使得支付最大化的战略。

二、博弈的战略式表述

在讨论了博弈论的基本概念以后，先给出博弈的表述方式。在博弈论中，一个博弈可用两种不同的方式表述，一种是战略式表述（Strategic form representation），另外一种是扩展式表述（Extensive form representation）。这两种表述形式几乎完全等价。这里仅给出战略式表述。

(1) 博弈的参与人集合：$i\in(1,2,\cdots,n)$；

(2)每个参与人的战略空间：$S_i, i=1,2,\cdots,n$；

(3)每个参与人的支付函数：$u_i(s_1,\cdots,s_n), i=1,2,\cdots,n$；

(4)一般的，$G=\{S_1,\cdots,S_n;u_1,\cdots,u_n\}$代表这个战略式表述博弈。

三、博弈的分类

按照参与人的先后行动分类：

(1) 静态博弈。参与人同时选择行动或者虽非同时但后行动者并不知道前行动者采用了什么具体行动。

(2) 动态博弈。参与人的行动有先后顺序，而且后动者能够观察到先动者所选择的行动。

按照参与人对有关其他参与人的特征，战略空间和支付函数的知识分类：

(1) 完全信息。每一个参与人对所有其他参与人的特征、战略空间和支付函数有完全的了解。

(2) 不完全信息。至少有一个参与人对其他参与人的特征、战略空间或者支付函数不完全的了解。

由此，可以得到四种不同类型的博弈及其对应的均衡，见表 9 - 1。

表 9-1 博弈的分类和所对应的均衡

信息 \ 行动顺序	静态	动态
完全信息	完全信息静态博弈纳什均衡	完全信息动态博弈子博弈精练纳什均衡
不完全信息	不完全信息静态博弈贝叶斯纳什均衡	不完全信息动态博弈精练贝叶斯纳什均衡

四、纳什均衡

在本节的以下部分，集中讨论完全信息静态博弈，这里“完全信息”指的是每个参与人对所有其他参与人的特征（包括战略空间和支付函数等）有完全的了解，“静态”指的是所有参与人同时选择行动而且只选择一次。应该指出的是，“同时行动”在这里是一个信息上的概念，只要每个参与人在选择自己的行动时候不知道其他参与人的选择，就是说明他们在同时行动。

博弈分析的目的是预测博弈的均衡结果，即给定每个参与人都是理性的（Rational），每个参与人都知道每个参与人都是理性的，什么是每个参与人的最优战略，什么是所有参与人的战略组合。纳什均衡是完全信息静态博弈的一般概念，也是所有其他类型博弈解的基本要求。下面先讨论纳什均衡解的特殊情况，然后给出纳什均衡的一般概念。

1. 占优战略均衡（Dominant-strategy equilibrium）

一般，由于每个参与人的效用或者支付是博弈中所有参与人的战略函数，因此每个参与人的最优战略选择依赖于其他参与人的战略选择，但是在一些特殊的博弈中，一个参与人的最优战略可能并不依赖其他参与人的战略选择，就是说，不管其他参与人选择何种战略，他的最优战略是唯一的，这样的最优战略称为“占优战略”（Dominant strategy）。

定义：s_i^* 称为参与人 i 的（严格）占优战略，如果对应所有的 s_{-i}，s_i^* 是 i 的（严格）最优选择，即：$u_i(s_i^*, s_{-i}) > u_i(s'_i, s_{-i})$ 对任意 s_{-i}，任意 $s'_i \neq s_i^*$。

相应地，所有的 $s'_i \neq s_i^*$ 称为“劣战略”（Dominated strategy）。

占优战略均衡：在博弈的战略式表述中，如果对于所有的 i，s_i^* 是 i 的占优战略，那么，战略组合 $s_i^* = (s_1^*, \cdots, s_n^*)$ 称为占优战略均衡（Dominant-strategy equilibrium）。在一个博弈中，如果所有参与人都有占优战略存在，那么，占优战略均衡是可以预测到的唯一均衡，因为没有一个理性的参与人会选择劣战略。

2. 重复剔除的占优均衡（Iterated dominance equilibrium）

在每个参与人都有占优战略的情况下，占优战略是一个非常合理的预测，但是在绝大多数博弈中，占优战略均衡是不存在的。此时我们求解“重复剔除的占优均衡”（Iterated dominance equilibrium）。为了准确地理解“重复剔除的占优均衡”，首先对占优战略和劣战略的概念作恰当地阐述。前面介绍的占优战略是指一个参与人所有可选择的战略中严格优于所有其他战略的那个战略。在应用重复剔除方法寻找均衡时候，一个战略是占优战略和劣战略可能只是相对于另外一个特定的战略而言的。

定义：令 s'_i，s''_i 是参与人 i 可选择的两个战略（即 $s'_i, s''_i \in S_i$）。如果对于任意的其他参与人的战略组合 s_{-i}，参与人 i 从选择 s'_i 得到的支付（严格）小于从选择 s''_i 得到的支付，即：$u_i(s'_i, s_{-i}) < u_i(s''_i, s_{-i})\ \forall s_{-i}$。

我们说战略 s'_i（严格）劣于战略 s''_i。通常，s'_i 称为相对于 s''_i 的劣战略；对应地，s''_i 称为相对于 s'_i 的占优战略。占优战略均衡中的占优战略 s_i^* 是相对于所有 $s'_i \neq s_i^*$ 的占优战略。

重复剔除的占优战略：战略组合 $s^* = (s_i^*, \cdots, s_n^*)$ 称为重复剔除的占优均衡，如果它是重复剔除劣战略后剩下的唯一的战略组合。如果这种唯一的战略组合是存在的，我们说该博弈是重复剔除占优可解的（dominance solvable）。

3. 纳什均衡（Nash equilibrium）

纳什均衡是完全信息静态博弈解的一般概念，其含义为：有 n 个参与人的战略式表述博弈 $G = \{S_1, \cdots, S_n; u_1, \cdots, u_n\}$，战略组合 $s^* = (s_1^*, \cdots, s_n^*)$ 是一个纳什均衡，如果对于每一个 i，s_i^* 是给定其他参与人选择 $s_{-i}^* = (s_1^*, \cdots, s_{i-1}^*, s_{i+1}^*, \cdots, s_n^*)$ 的情况下第 i 个参与人的最优战略，即：$u_i(s_i^*, s_{-i}^*) \geqslant u_i(s_i, s_{-i}^*)$，对任意 $s_i \in S_i$，任意 i。

或者用优化理论的观点，s_i^* 是该最优化问题的解

$$s_i^* \in \arg\max u_i(s_1^*, \cdots, s_{i-1}^*, s_i, s_{i+1}^*, \cdots, s_n^*), i=1, \cdots, n$$

第五节　发电厂商竞价策略的完全信息静态博弈

在电力市场“厂网分开，竞价上网”的前提下，发电厂商业已成为各自独立的经济实体，以谋求各自利益最大化为目标。首先由发电厂商制定自己的竞价策略向 PowerPool 提出自己的报价曲线，然后由 Pool 依据各发电厂商的报价曲线按照最优方案进行经济调度，安排发电计划，并得出市场清算电价，由此可以得出各个发电厂商的收益。毫无疑问，电力厂商可以通过改变其竞价策略（报价曲线），进而改变分配的发电计划，最终改变自身的收益。同时发电厂商必须要考虑改变自身竞价策略对利润的影响和其他发电厂商的竞价策略的改变对自身利润的影响。

一、发电厂商的竞价策略

发电厂商可以依据其生产成本决定自己的竞价策略。通过改变自己的报价成本曲线，可以改变系统的负荷分配和节点电价，从而影响着所有发电厂商的收益，同样可能促使其他参与人改变其竞价策略，进而可以使得整个系统的利益重新分配。

发电厂商有高价、中价和低价三种常见的离散型竞价策略（H，M，L），可分别应用于不同的场合。

（1）高价策略 H。以高于成本 20%进行报价，模型中发电机成本函数相应地变成

$$C_{iH}=1.2\left(\frac{1}{2}a_i p_{gi}^2+b_i p_{gi}+c_i\right) \tag{9-12}$$

（2）中价策略 M。以实际成本进行报价，模型中发电机成本函数相应地变成

$$C_{iM}=1.0\left(\frac{1}{2}a_i p_{gi}^2+b_i p_{gi}+c_i\right) \tag{9-13}$$

（3）低价策略 L。以低于成本 20%进行报价，模型中发电机成本函数相应地变成

$$C_{iL}=0.8\left(\frac{1}{2}a_i p_{gi}^2+b_i p_{gi}+c_i\right) \tag{9-14}$$

发电厂商可以选择以上三种报价策略，或者高价策略抬高市场电价，或者低价策略出售更多电量，还可以选择中价策略和 Pool 合作，选择目的是为了使得自身的利益最大化。当然最终的策略选择还得取决于所有发电厂商博弈的结果。

二、有功负荷的最优分配

Power Pool 根据发电厂商的报价，按照以下原则进行有功负荷的最优分配：

（一）目标函数

发电机运行费用最小

$$\min f=\sum_{i=1}^{n_g} C_i(p_{gi})$$

其中，费用函数常用二次函数表示

$$C_i(p_{gi})=\frac{1}{2}a_i p_{gi}^2+b_i p_{gi}+c_i$$

式中：a_i，b_i，c_i 为 i 号机组的经济参数。

（二）等式约束

等式约束就是节点潮流方程

$$\Delta P_i = P_{gi}-P_{di}-\sum_j V_i V_j (G_{ij}\cos\theta_{ij}+B_{ij}\sin\theta_{ij})=0$$

$$\Delta Q_i = Q_{gi}-Q_{di}-\sum_j V_i V_j (G_{ij}\sin\theta_{ij}-B_{ij}\cos\theta_{ij})=0$$

（三）不等式约束

发电机有功出力限制

$$P_{gi}^{\min}\leqslant P_{gi}\leqslant P_{gi}^{\max}$$

发电机无功出力限制

$$Q_{gi}^{\min}\leqslant Q_{gi}\leqslant Q_{gi}^{\max}$$

有载调压变压器变比限制

$$t_i^{\min} \leqslant t_i \leqslant t_i^{\max},\ i=1,\ 2,\ \cdots,\ nt$$

节点电压幅值限制

$$V_i^{\min} \leqslant V_i \leqslant V_i^{\max},\ i=1,\ 2,\ \cdots,\ nn$$

线路最大传输限制

$$|P_k| \leqslant P_{k\max},\ k=1,\ 2,\ \cdots,\ T,\ \cdots$$

综上所述，发电机在约束条件下的有功负荷分配等价为求解如下的最优化问题

$$\min f = \sum_i C_i = \sum_i \left(\frac{1}{2} a_i p_{gi}^2 + b_i p_{gi} + c_i \right) \tag{9-15}$$

$$\text{s. t} \begin{cases} \Delta P_i = P_{gi} - P_{di} - \sum_j V_i V_j (G_{ij} \cos\theta_{ij} + B_{ij} \sin\theta_{ij}) = 0 \\ \Delta Q_i = Q_{gi} - Q_{di} - \sum_j V_i V_j (G_{ij} \sin\theta_{ij} - B_{ij} \cos\theta_{ij}) = 0 \\ P_{gi}^{\min} \leqslant P_{gi} \leqslant P_{gi}^{\max} \\ Q_{gi}^{\min} \leqslant Q_{gi} \leqslant Q_{gi}^{\max} \\ t_i^{\min} \leqslant t_i \leqslant t_i^{\max} \\ V_i^{\min} \leqslant V_i \leqslant V_i^{\max} \\ |P_k| \leqslant P_{k\max}, k = 1,2,\cdots,T,\cdots \end{cases}$$

三、发电厂商的博弈过程

在博弈模型中，博弈方是各个发电厂商，他们在博弈模型中的决策步骤有以下两步组成：计算收益，形成支付表；进行博弈。

（1）计算收益，形成支付表。每一个发电厂商都有高、中、低三种竞价策略（H，M，L），如果有 n 个发电厂商的话，则共有 3^n 种战略组合。在某种战略组合下，Pool 根据所有发电厂商的报价，进行经济调度，得出负荷在每一个发电厂商中的最优分配；经济调度和负荷最优分配的原则是牛顿法的最优潮流，以全网发电成本最小为目标。根据 Pool 的负荷分配情况，发电厂商根据实际的发电成本和实时电价，可以计算所有发电厂商在该种战略组合下的支付（销售电量的收入和发电成本的差值，即发电收益）。发电厂商收益的求取如下：

求解出负荷的最优分配方案后，按照统一清算价的原则，找出所有发电机节点电价最高的值作为市场清算价 ρ（$\rho = \max\{\rho_1 \cdots \rho_{ng}\}$），通过计算如下的收益函数，可以得出发电厂商的收益

$$u_i = \rho p_i - f_i = \rho p_i - \left(\frac{1}{2} a_i p_{gi}^2 + b_i p_{gi} + c_i \right) \tag{9-16}$$

依此类推，可以把所有 3^n 种战略组合下每一个发电厂商的支付都求出来，从而可以形成支付表。

（2）发电厂商博弈和 Nash 均衡。对支付表进行博弈分析，可以得到所有发电厂商的最优策略，即 Nash 均衡。在博弈的过程中，发电厂商 i 首先针对其他发电厂商的高、中、低三种竞价策略（H，M，L），根据自己的收益来寻求自己的最佳对策。经过对支付表多次的分析，最终会得到以下的结果：

在给定其他发电厂商策略下，发电厂商选择自己的最优策略，所有发电厂商选择的最优策略构成了最优策略组合，即 Nash 均衡。也就是说，在 Nash 均衡中，在给定别人战略的情况下，没有任何单个发电厂商有积极性选择其他战略，从而没有任何发电厂商有积极性打破这种均衡。

（3）流程图。如图 9-1 所示。

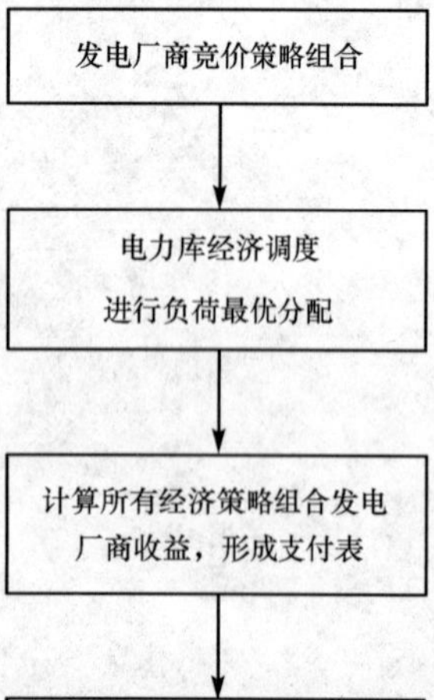

图 9-1　发电厂商的博弈过程

四、模拟电力市场的完全信息静态博弈实例研究

采用IEEE—30节点系统作为模拟电力市场，如图9-2所示。该电力市场中共有6台发电机组，分别位于节点1、2、5、8、11、13。假设市场上有A、B、C 3家发电厂商，其中发电厂商A拥有发电机{1，11}；发电厂商B拥有发电机{2，13}；发电厂商C拥有发电机{5，8}。这三家电力公司的6台发电机组的参数见表9-2。

数据说明：IEEE—30节点试验系统中，所有功率数据都是标幺值（以100MVA为功率基准值）；电压相角单位是度；电压幅值是标幺值，节电电压上下限值为1.10/0.95。在潮流计算中所有发电机节点均被视作电压控制节点（即PV节点），节点1为平衡节点；变比正号表示非标准变比在首端，负号表示非标准变比在末端；并联电容电纳是正号而电抗电纳是负号。

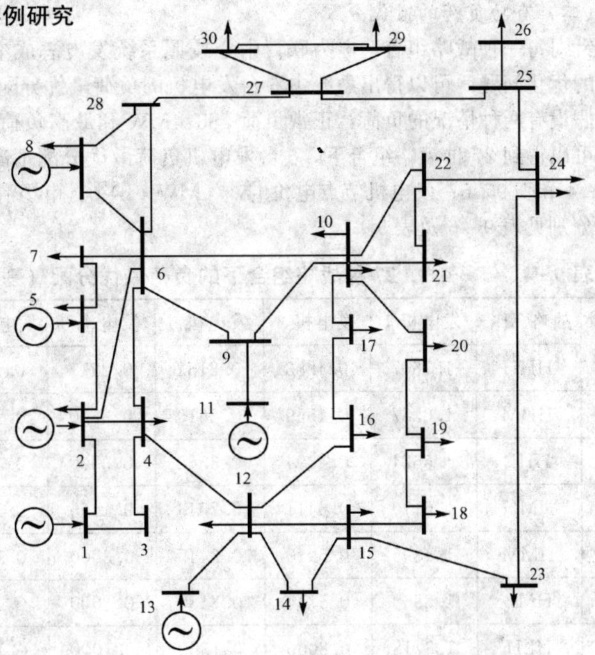

图9-2　IEEE—30节点试验系统拓扑结构图

表9-2　发电机经济参数和出力限值

发电厂商	节点号	a	b	c	有功上限	有功下限	无功上限	无功下限
A	1	75.00	200.0	0	2.00	0.50	1.5	—0.2
	11	500.0	300.0	0	0.30	0.10	0.40	—0.1
B	2	350.0	175.0	0	0.80	0.20	0.6	—0.2
	13	500.0	300.0	0	0.40	0.12	0.45	—0.15
C	5	1250.0	100.0	0	0.50	0.15	0.63	—0.15
	8	166.8	325.0	0	0.35	0.10	0.50	—0.1

(一) 发电厂商的竞价策略

发电厂商A、B、C有高价、中价和低价三种竞价策略（H、M、L），在博弈中共有27种不同的战略组合。根据H、M、L三种竞价策略，发电厂商A、B、C的成本系数见表9-3。

表9-3　不同竞价策略下的成本系数

发电厂商	发电机号	H			M			L		
		a	b	c	a	b	c	a	b	c
A	1	90.0	240.0	0	75.0	200.0	0	60.0	160.0	0
	11	600.0	360.0	0	500.0	300.0	0	400.0	240.0	0
B	2	420.0	210.0	0	350.0	175.0	0	280.0	140.0	0
	13	600.0	360.0	0	500.0	300.0	0	400.0	240.0	0
C	5	1500.0	120.0	0	1250.0	100.0	0	1000.0	80.0	0
	8	200.2	390.0	0	166.8	325.0	0	133.4	260.0	0

（二）有功负荷的最优分配

针对每一种战略组合，电力联营中心按照系统发电总成本最小作为目标函数进行经济调度，通过求解如下的优化问题，可以得出系统中6台发电机的负荷最优分配和3家发电厂商分配到的负荷。

假设有两种情况的负荷：正常负荷283.4MW和最高负荷368.8MW。通过用最优潮流计算上述优化问题，可以得到27种策略组合下，6台发电机负荷最优分配情况和相应的发电厂商的负荷分配情况，分别见表9-4和表9-5；发电机节点电价[$ /(MW·h)]、市场清算电价[$ /(MW·h)]和最小发电成本（$ / h），分别见表9-6及表9-7。

表9-4　27种战略组合下的负荷最优分配（基准值100MW，负荷283.4MW）

数目	战略ABC	发电机1	发电机2	发电机5	发电机8	发电机11	发电机13	发电商A	发电商B	发电商C
1	HHH	1.7607	0.4883	0.2152	0.2217	0.1223	0.1200	1.883	0.6083	0.4369
2	HHM	1.6287	0.4559	0.2610	0.3500	0.1000	0.1200	1.7287	0.5759	0.6110
3	HHL	1.5624	0.4394	0.3368	0.3500	0.1000	0.1200	1.6624	0.5594	0.6868
4	HMH	1.6110	0.6411	0.2043	0.1465	0.1000	0.2218	1.7110	0.8629	0.3508
5	HMM	1.4395	0.5910	0.2445	0.3500	0.1000	0.1833	1.5395	0.7743	0.5945
6	HML	1.3868	0.5754	0.3180	0.3500	0.1000	0.1723	1.4868	0.7477	0.6680
7	HLH	1.3718	0.8000	0.1869	0.1000	0.1000	0.3581	1.4718	1.1581	0.2869
8	HLM	1.2044	0.7777	0.2244	0.2830	0.1000	0.3129	1.3044	1.0906	0.5074
9	HLL	1.1182	0.7465	0.2894	0.3500	0.1000	0.2901	1.2182	1.0366	0.6394
10	MHH	2.0000	0.3745	0.1820	0.1000	0.1682	0.1200	2.1682	0.4945	0.2820
11	MHM	1.8469	0.3421	0.2214	0.2623	0.1363	0.1200	1.9832	0.4621	0.4837
12	MHL	1.7317	0.3182	0.2842	0.3500	0.1135	0.1200	1.8452	0.4382	0.6342
13	MMH	1.8708	0.5156	0.1738	0.1000	0.1448	0.1351	2.0156	0.6507	0.2738
14	MMM	1.7607	0.4883	0.2152	0.2217	0.1223	0.1200	1.8830	0.6083	0.4369
15	MML	1.6174	0.4531	0.2739	0.3500	0.1000	0.1200	1.7174	0.5731	0.6239
16	MLH	1.6215	0.6918	0.1584	0.1000	0.1000	0.2579	1.7215	0.9497	0.2584
17	MLM	1.5722	0.6766	0.2015	0.1268	0.1000	0.2467	1.6722	0.9233	0.3283
18	MLL	1.3817	0.6188	0.2526	0.3500	0.1000	0.2025	1.4817	0.8213	0.6026
19	LHH	2.0000	0.2949	0.1581	0.1000	0.2689	0.1200	2.2689	0.4149	0.2581
20	LHM	2.0000	0.2749	0.1979	0.1000	0.2474	0.1200	2.2474	0.3949	0.2979
21	LHL	1.9309	0.2000	0.2274	0.3018	0.1500	0.1200	2.0809	0.3200	0.5292
22	LMH	2.0000	0.3753	0.1500	0.1000	0.2002	0.1200	2.2002	0.4953	0.2500
23	LMM	2.0000	0.3601	0.1777	0.1000	0.1864	0.1200	2.1864	0.4801	0.2777
24	LML	1.8646	0.3121	0.2226	0.2707	0.1392	0.1200	2.0038	0.4321	0.4933
25	LLH	1.8868	0.5197	0.1500	0.1000	0.1479	0.1379	2.0347	0.6576	0.2500
26	LLM	1.8772	0.5173	0.1642	0.1000	0.1460	0.1362	2.0232	0.6535	0.2642
27	LLL	1.7607	0.4883	0.2152	0.2217	0.1223	0.1200	1.8830	0.6083	0.4369

表 9-5　27 种战略组合下的负荷最优分配（基准值 100MW，负荷 368.8MW）

数目	战略 ABC	发电机 1	发电机 2	发电机 5	发电机 8	发电机 11	发电机 13	发电商 A	发电商 B	发电商 C
1	HHH	2.0000	0.6776	0.2782	0.3500	0.2663	0.2519	2.2663	0.9295	0.6282
2	HHM	2.0000	0.6512	0.3386	0.3500	0.2472	0.2336	2.2472	0.8848	0.6886
3	HHL	2.0000	0.6141	0.4238	0.3500	0.2203	0.2078	2.2203	0.8219	0.7738
4	HMH	2.0000	0.7577	0.2399	0.3500	0.1742	0.3086	2.1742	1.0663	0.5899
5	HMM	1.9622	0.7460	0.2988	0.3500	0.1668	0.3004	2.1290	1.0464	0.6488
6	HML	1.9073	0.7291	0.3845	0.3500	0.1562	0.2885	2.0635	1.0176	0.7345
7	HLH	1.9115	0.8000	0.2332	0.3238	0.1581	0.4000	2.0696	1.2000	0.5570
8	HLM	1.8370	0.8000	0.2875	0.3500	0.1436	0.4000	1.9806	1.2000	0.6375
9	HLL	1.7614	0.8000	0.3683	0.3500	0.1294	0.4000	1.8908	1.2000	0.7183
10	MHH	2.0000	0.6605	0.2730	0.3500	0.3000	0.2397	2.3000	0.9002	0.6230
11	MHM	2.0000	0.6252	0.3292	0.3500	0.3000	0.2149	2.3000	0.8401	0.6792
12	MHL	2.0000	0.5766	0.4069	0.3500	0.3000	0.1808	2.3000	0.7574	0.7569
13	MMH	2.0000	0.7193	0.2301	0.3000	0.2975	0.2816	2.2975	1.0009	0.5301
14	MMM	2.0000	0.6776	0.2782	0.3500	0.2663	0.2519	2.2663	0.9295	0.6282
15	MML	2.0000	0.6448	0.3532	0.3500	0.2425	0.2291	2.2425	0.8739	0.7032
16	MLH	2.0000	0.8000	0.2121	0.1768	0.2474	0.4000	2.2474	1.2000	0.3889
17	MLM	1.9517	0.7947	0.2362	0.3460	0.1654	0.3344	2.1171	1.1291	0.5822
18	MLL	1.9032	0.7793	0.3087	0.3500	0.1560	0.3235	2.0592	1.1028	0.6587
19	LHH	2.0000	0.6605	0.2730	0.3500	0.3000	0.2397	2.3000	0.9002	0.6230
20	LHM	2.0000	0.6252	0.3292	0.3500	0.3000	0.2149	2.3000	0.8401	0.6792
21	LHL	2.0000	0.5766	0.4069	0.3500	0.3000	0.1808	2.3000	0.7574	0.7569
22	LMH	2.0000	0.7186	0.2299	0.2987	0.3000	0.2811	2.3000	0.9997	0.5286
23	LMM	2.0000	0.6605	0.2730	0.3500	0.3000	0.2397	2.3000	0.9002	0.6230
24	LML	2.0000	0.6168	0.3426	0.3500	0.3000	0.2090	2.3000	0.8258	0.6926
25	LLH	2.0000	0.8000	0.2056	0.1310	0.3000	0.4000	2.3000	1.2000	0.3366
26	LLM	2.0000	0.7453	0.2243	0.2603	0.3000	0.3004	2.3000	1.0457	0.4846
27	LLL	2.0000	0.6776	0.2782	0.3500	0.2663	0.2519	2.2663	0.9295	0.6282

表 9-6　27 种战略组合下的发电机节点电价、市场清算电价和发电成本（负荷 283.4MW）

数目	战略 ABC	发电机 1	发电机 2	发电机 5	发电机 8	发电机 11	发电机 13	市场清算电价	发电成本
1	HHH	398.4593	415.0921	442.7364	434.3840	433.3078	428.3035	442.7364	962.6427
2	HHM	386.5837	401.4659	426.2343	417.2283	417.4789	412.9266	426.2343	928.7927
3	HHL	380.6195	394.5560	416.8245	409.6991	409.9581	405.6408	416.8245	887.0330
4	HMH	384.9870	399.3765	426.5167	419.3312	418.1673	410.9034	426.5167	920.5089
5	HMM	369.5516	381.8463	405.6529	396.6008	397.0741	391.6712	405.6529	891.4524
6	HML	364.8153	376.3855	397.9838	390.7175	391.1567	386.1669	397.9838	851.3148

续表

数目	战略 ABC	发电机 1	发电机 2	发电机 5	发电机 8	发电机 11	发电机 13	市场清算电价	发电成本
7	HLH	363.4631	374.7204	400.4191	393.5280	392.5469	383.2332	400.4191	854.7500
8	HLM	348.3947	357.7427	380.4960	372.2022	372.5681	365.1778	380.4960	834.1145
9	HLL	340.6357	349.0216	369.3739	361.7274	362.5252	356.0314	369.3739	796.7938
10	MHH	350.2628	367.2727	392.9677	386.1957	384.1153	379.5222	392.9677	849.8191
11	MHM	338.5156	353.6718	376.6886	368.7541	368.1559	364.0609	376.6886	830.4992
12	MHL	329.8764	343.6586	364.1581	356.5998	356.7659	352.9744	364.1581	793.9651
13	MMH	340.3098	355.4637	380.6845	374.2827	372.4081	367.5342	380.6845	819.4370
14	MMM	332.0494	345.9101	368.9471	361.9867	361.1424	356.9196	368.9471	802.2023
15	MML	321.3078	333.5740	353.8548	346.6028	346.8309	343.0710	353.8548	767.4813
16	MLH	321.6112	333.7125	357.6022	351.2326	350.0211	343.1697	357.6022	772.3027
17	MLM	317.9135	329.4464	351.9253	346.1473	345.1220	338.6967	351.9253	757.9186
18	MLL	303.6279	313.2541	332.5565	325.2315	325.6789	320.9964	332.5565	728.7298
19	LHH	318.1935	333.8586	357.2174	349.7724	347.5670	344.2851	357.2174	724.4463
20	LHM	310.1936	325.4385	347.3893	341.0224	338.9410	335.6026	347.3893	710.3072
21	LHL	275.8540	289.0254	307.4055	300.2746	299.9951	296.8243	307.4055	687.8048
22	LMH	292.1242	306.3607	328.3389	321.8998	320.0707	316.4696	328.3389	700.8582
23	LMM	287.0479	301.0224	322.0828	316.3217	314.5651	310.9468	322.0828	687.8148
24	LML	271.8764	284.2192	302.6271	296.1161	295.6790	292.4247	302.6271	669.0200
25	LLH	273.2064	285.5086	306.2288	300.6511	299.1420	295.1771	306.2288	670.8831
26	LLM	272.6348	284.8301	305.2250	299.9201	298.4167	294.4911	305.2250	658.2722
27	LLL	265.6395	276.7280	295.1577	289.5894	288.9139	285.5357	295.1577	641.7619

表 9-7　27 种战略组合下的发电机节点电价、市场清算电价和发电成本（负荷 368.8MW）

数目	战略 ABC	发电机 1	发电机 2	发电机 5	发电机 8	发电机 11	发电机 13	市场清算电价	发电成本
1	HHH	471.8632	494.6019	537.2814	520.6891	519.7860	511.1441	537.2814	1365.7874
2	HHM	461.3598	483.4975	523.2632	509.1569	508.3016	500.1401	523.2632	1323.0512
3	HHL	446.6282	467.9348	503.7896	492.9857	492.1944	484.6836	503.7896	1272.6968
4	HMH	420.0325	440.1919	479.8880	464.6450	464.5113	454.3216	479.8880	1302.0040
5	HMM	416.5994	436.0901	473.5495	460.1924	460.0735	450.1998	473.5495	1262.8612
6	HML	411.6567	430.1983	464.5153	453.8000	453.7015	444.2749	464.5153	1216.8705
7	HLH	412.0364	430.8918	469.8065	454.8198	454.8854	442.7142	469.8065	1222.7930
8	HLM	405.3271	423.0054	459.3659	445.7855	446.1806	434.3108	459.3659	1184.5995
9	HLL	398.5301	414.9958	448.2523	437.1643	437.6332	426.0117	448.2523	1140.0153
10	MHH	464.9664	487.4284	529.4672	512.6762	511.5524	503.7976	529.4672	1233.7653
11	MHM	450.8682	472.5883	511.4647	496.9698	495.7808	488.9456	511.4647	1191.7186

续表

数目	战略 ABC	发电机 1	发电机 2	发电机 5	发电机 8	发电机 11	发电机 13	市场清算电价	发电成本
12	MHL	431.4685	452.1773	486.9158	475.3803	474.1112	468.4700	486.9158	1142.8224
13	MMH	407.0960	426.7432	465.1446	450.0423	448.7452	440.7762	465.1446	1175.3789
14	MMM	393.5195	412.1684	447.7349	433.9079	433.1554	425.9538	447.7349	1138.1565
15	MML	382.3524	400.6805	433.2453	421.9767	421.2734	414.5671	433.2453	1094.7656
16	MLH	382.3998	400.7934	438.0754	425.3786	423.6853	412.7682	438.0754	1100.3419
17	MLM	346.3763	362.5296	395.3017	382.7155	382.6982	373.7622	395.3017	1072.8959
18	MLL	342.7424	358.2025	388.6814	377.9481	377.9758	369.3948	388.6814	1033.5490
19	LHH	464.3763	487.4252	524.4637	512.6726	511.5487	503.7943	524.4637	1101.2613
20	LHM	450.8650	472.5851	511.4613	496.9663	495.7773	488.9424	511.4613	1059.2157
21	LHL	431.4655	452.1743	486.9125	475.3770	474.1078	468.4669	486.9125	1010.3196
22	LMH	406.8710	426.5094	464.8884	449.7924	448.4705	440.5420	464.8884	1042.8787
23	LMM	387.4722	406.1906	441.2330	427.2305	426.2140	419.8317	441.2330	1006.0545
24	LML	372.4139	390.8669	422.6499	411.0133	410.0102	404.4920	422.6499	963.4138
25	LLH	373.8319	391.8322	428.4379	416.2166	413.9197	403.6804	428.4379	968.7905
26	LLM	332.6661	348.6908	380.3807	368.4244	367.0998	360.1549	380.3807	946.3959
27	LLL	314.5758	329.7350	358.1882	347.1266	346.5245	340.7633	358.1882	910.5254

$$\min f=\sum_i C_i=\sum_i\left(\frac{1}{2}a_i p_{gi}^2+b_i p_{gi}+c_i\right),i=1,\cdots,6 \tag{9-17}$$

$$\text{s. t.}\begin{cases}\Delta P_i=P_{gi}-P_{di}-\sum_j V_iV_j\ (G_{ij}\cos\theta_{ij}+B_{ij}\sin\theta_{ij})=0\\ \Delta Q_i=Q_{gi}-Q_{di}-\sum_j V_iV_j\ (G_{ij}\sin\theta_{ij}-B_{ij}\cos\theta_{ij})=0\\ P_{gi}^{\min}\leqslant P_{gi}\leqslant P_{gi}^{\max}\\ Q_{gi}^{\min}\leqslant Q_{gi}\leqslant Q_{gi}^{\max}\\ t_i^{\min}\leqslant t_i\leqslant t_i^{\max}\\ V_i^{\min}\leqslant V_i\leqslant V_i^{\max}\\ |P_k|\leqslant P_{k\max}\end{cases}$$

（三）发电厂商支付表的形成

求解出负荷的最优分配方案后，按照统一清算价的原则，找出所有发电机节点电价最高的值作为市场清算价 ρ {$\rho=\max$（ρ_1，ρ_2，ρ_5，ρ_8，ρ_{11}，ρ_{13}）}，通过计算如下的收益函数，可以得出 6 台发电机的各自收益

$$u_i=\rho p_i-f_i=\rho p_i-\left(\frac{1}{2}a_i p_{gi}^2+b_i p_{gi}+c_i\right) \tag{9-18}$$

进而可以得到 A、B、C 3 个发电厂商的收益

$$\left.\begin{aligned}u_A&=u_1+u_{11}\\ u_B&=u_2+u_{13}\\ u_C&=u_5+u_8\end{aligned}\right\} \tag{9-19}$$

依此类推，可以把所有 27 种战略组合下每一个发电厂商的收益都求出来，从而可以形成支付表，支付表见表 9-8、表 9-9。

表 9-8　　27 种战略组合下的发电机的收益和发电厂商的收益（负荷 283.4MW）　　($/h)

数目	战略 ABC	发电机 1	发电机 2	发电机 5	发电机 8	发电机 11	发电机 13	发电厂商 A	发电厂商 B	发电厂商 C
1	HHH	217.4533	63.5739	34.7196	6.7730	5.6313	5.6084	223.0846	69.1823	41.4926
2	HHM	183.9503	54.9331	42.5715	25.2157	3.6234	3.6281	187.5737	58.5612	67.7872
3	HHL	166.4227	50.3339	56.7254	46.7165	2.6824	2.4990	169.1051	52.8329	103.4419
4	HMH	183.6876	89.3201	31.3175	3.2020	3.6517	15.7628	187.3396	105.0829	34.5195
5	HMM	145.2087	75.1914	37.3695	18.0120	1.5653	10.9670	146.7740	86.1584	55.3815
6	HML	132.5485	70.3647	50.5568	40.1219	0.7984	9.4612	133.3469	79.8259	90.6787
7	HLH	135.3808	118.7353	26.2116	0.0411	1.0420	31.7988	136.4228	150.5341	26.2527
8	HLM	103.9368	102.3582	31.4712	9.0258	−0.9502	24.3806	102.9866	126.7388	40.4970
9	HLL	88.3985	93.2110	41.8686	30.1080	−2.0623	20.6995	86.3362	113.9105	71.9766
10	MHH	235.9354	39.0678	24.8371	−0.7040	8.5646	−0.3637	244.5000	38.7041	24.1331
11	MHM	198.4113	32.4468	30.6226	7.8200	5.8083	−2.3170	204.2196	30.1298	38.4426
12	MHL	171.8177	27.7911	40.3729	28.2824	4.0616	−3.8205	175.8793	23.9706	68.6553
13	MMH	206.7785	59.5286	22.6521	−1.9322	6.4415	6.3371	213.2200	65.8657	20.7199
14	MMM	181.2112	52.9782	28.9330	5.6442	4.6928	4.6736	185.9040	57.6518	34.5772
15	MML	150.7467	45.1111	37.4982	24.6762	2.8855	2.8626	153.6322	47.9737	62.1654
16	MLH	156.9540	83.5357	18.8183	−4.2403	3.2605	17.0275	160.2145	100.5632	14.5780
17	MLM	146.1632	79.2982	25.3865	2.0731	2.6925	15.4403	148.8557	94.7385	27.4596
18	MLL	111.5624	65.5454	31.8924	17.2216	0.7557	10.5413	112.3181	76.0867	49.1140
19	LHH	274.4352	25.1516	18.7574	−4.2787	17.0585	−4.6533	291.4937	20.4983	14.4784
20	LHM	254.7788	21.8976	24.4806	1.4049	14.3264	−5.8325	269.1052	16.0651	25.8855
21	LHL	172.7740	11.0811	25.8566	8.2300	5.6107	−10.6297	178.3847	0.4514	34.0866
22	LMH	216.6778	32.8997	14.3759	−7.1662	9.6692	−0.1992	226.3470	32.7005	7.2097
23	LMM	204.1656	30.2712	19.7283	−1.1257	8.3513	−0.9499	212.5169	29.3213	18.6026
24	LML	161.6408	22.7855	24.7814	6.6497	4.8424	−3.2844	166.4832	19.5011	31.4311
25	LLH	169.1032	48.5762	11.0595	−9.3768	5.4200	5.3301	174.5232	53.9063	1.6827
26	LLM	166.9015	48.0060	16.8469	−2.8113	5.2599	5.1739	172.1614	53.1799	14.0356
27	LLL	144.9690	42.3826	23.1464	4.5154	3.7542	3.7389	148.7232	46.1215	27.6618

表 9-9　　27 种战略组合下的发电机的收益和发电厂商的收益（负荷 368.8MW）　　($/h)

数目	战略 ABC	发电机 1	发电机 2	发电机 5	发电机 8	发电机 11	发电机 13	发电厂商 A	发电厂商 B	发电厂商 C
1	HHH	414.5634	125.3471	58.0413	39.2892	25.9355	25.6213	440.4989	150.9684	97.3305
2	HHM	386.5267	114.9435	71.6607	59.1774	22.0258	21.7668	408.5525	136.7103	130.8381
3	HHL	347.5793	101.2223	89.7988	77.1568	17.1175	16.9253	364.6968	118.1476	166.9556
4	HMH	299.7759	130.5441	43.1731	19.2010	11.7806	31.7060	311.5565	162.2501	62.3741

续表

数目	战略 ABC	发电机 1	发电机 2	发电机 5	发电机 8	发电机 11	发电机 13	发电厂商 A	发电厂商 B	发电厂商 C
5	HMM	285.0113	125.3265	55.8157	41.7765	10.5932	29.5742	295.6045	154.9007	97.5922
6	HML	264.5172	118.0592	73.9260	63.4095	9.0054	26.6556	273.5226	144.7148	137.3355
7	HLH	274.8536	174.2459	40.7882	15.3489	9.8624	59.9229	284.716	234.1688	56.1371
8	HLM	251.1178	165.8933	51.6575	36.8120	8.0831	55.7466	259.2009	221.6399	88.4695
9	HLL	227.2040	157.0023	67.8049	57.7170	6.3964	51.3010	233.6004	208.3033	125.5219
10	MHH	508.9364	119.3953	55.8878	36.5541	46.3406	23.3835	555.2770	142.7788	92.4419
11	MHM	472.9310	106.3923	67.7213	55.0476	40.9397	18.6954	513.8707	125.0877	122.7089
12	MHL	423.8326	89.8519	82.7902	71.2504	33.5748	13.1395	457.4074	102.9914	154.0406
13	MMH	380.2898	118.1560	39.7083	13.5357	27.0038	26.6789	407.2936	144.8349	53.2440
14	MMM	345.4702	104.4562	48.3678	32.7410	21.6130	21.3512	367.0832	125.8074	81.1088
15	MML	316.4908	93.7574	62.3911	52.4641	17.6110	17.4054	334.1018	111.1628	114.8552
16	MLH	326.1511	148.8606	33.7240	5.3708	18.8577	47.2302	345.0088	196.0908	39.0948
17	MLM	238.3272	114.4732	34.8812	14.3403	8.9236	29.5683	247.2508	144.0415	49.2215
18	MLL	223.2686	108.7741	47.6421	36.8659	7.7498	27.1677	231.0184	135.9418	84.5080
19	LHH	618.9319	119.3926	55.8868	36.5528	68.8417	23.3825	687.7736	142.7751	92.4396
20	LHM	582.9265	106.3899	67.7201	55.0464	63.4404	18.6945	646.3669	125.0844	122.7665
21	LHL	533.8282	89.8498	82.7889	71.2492	56.0752	13.1388	589.9034	102.9886	154.0381
22	LMH	489.7791	117.9462	39.6493	13.4402	49.4674	26.5954	539.2465	144.5416	53.0895
23	LMM	442.4478	99.4963	46.5733	30.4618	42.3675	19.4864	484.8153	118.9827	77.0351
24	LML	405.3012	86.1719	58.7045	48.7555	36.7953	14.7133	442.0965	100.8852	107.4600
25	LLH	416.8772	141.1505	31.7113	3.3176	38.5317	43.3752	455.4089	184.5257	35.0289
26	LLM	320.7619	101.3904	31.4453	8.7652	24.1142	24.1221	344.8761	125.5125	40.2105
27	LLL	276.3768	83.5652	38.6943	26.1929	17.2905	17.0810	293.6673	100.6462	64.8872

（四）纳什均衡的求解

由支付表可以得出不同战略组合下的 3 家发电厂商的收益情况。发电厂商 A、B、C 根据各自利润最大化的原则进行博弈，寻求各自的最优战略，最终可以得到 3 家发电厂商都可以接受的最优战略组合，即纳什均衡。在此均衡下，3 家发电厂商都没有动力主动改变这个战略组合。两种负荷水平下的纳什均衡见表 9-10 和表 9-11。

表 9-10　　负荷 283.4MW 下的纳什均衡

发电厂商	竞价策略	收益（$/h）	发电成本（$/h）
A	L	148.7232	641.7619
B	L	46.1215	市场电价（$/h）
C	L	27.6618	295.1577

表 9-11　负荷 368.8MW 下的纳什均衡

发电厂商	竞价策略	收益（$/h）	发电成本（$/h）
A	L	589.9034	1010.3196
B	H	102.9886	市场电价（$/h）
C	L	154.0381	486.9125

（五）纳什均衡的讨论

1. 占优战略均衡和重复剔除的占优均衡

通过对表 9-8、表 9-9 的发电厂商支付表的分析可以发现，两种负荷情况下，博弈的纳什均衡属于占优战略均衡和重复剔除的占优均衡。

在正常负荷水平下（283.4MW），在纳什均衡求取的过程中，不管其他发电厂商 B 和 C 选择什么战略，发电厂商 A 的最优战略总是 L 低战略；同样，发电厂商 B 和 C 的最优战略也是 L。即如果发电厂商 A、B、C 是理性的，3 个发电厂商都会选择 L 低战略作为他们的最优战略。

如果负荷增长到高负荷情况下（368.8MW），在纳什均衡求取的过程中，发电厂商 A 和 C 的最优战略总是 L 低战略；而发电厂商 B 的最优战略依赖于其他两个发电厂商 A 和 C 战略的选择组合。对发电厂商 B 而言，如果发电厂商 A 和 C 战略的选择是战略组合 {HH，HM，HL，MH，MM，ML，LH，LM} 中的任意一种，B 的最优战略都是 L；如果发电厂商 A 和 C 选择的战略组合是 LL，则 B 的最优战略是 H。因为假设所有发电厂商都是理性的，所以发电厂商 A 和 C 会各自选择自己的最优战略 L，而理性的发电厂商 B 认为理性的发电厂商 A 和 C 选择的战略组合是 LL，所以此时 B 会选择 H 作为自己的最优战略。

2. 负荷的增加对均衡的影响

随着负荷的增加，纳什均衡从 LLL 改变到 LHL，发电厂商 B 选择了向 Pool 报高成本的策略。说明，如果电量需求出现增长，发电厂商有行使自己市场力，抬高市场电价的可能。

3. 市场电价对均衡的影响

本章中以所有发电机节点电价的最高值作为市场清算电价 ρ，按此市场清算电价得出发电厂商的支付表，进而得到纳什均衡。可以想见，可以按照实际发电机节点电价来计算各发电机的收益，以此得到发电厂商的支付表，最终的纳什均衡很有可能发生变化。

第六节　发电厂商竞价策略的不完全信息静态博弈

本节中假设关于发电厂商的生产成本的信息不完全，而其他信息都是所有发电厂商的共同知识。而对于生产成本的信息不完全，假设有两种情况：①不对称的不完全信息；②对称的不完全信息。

一、基于博弈论的 Cournot 模型

古诺模型最先由法国人 Cournot 提出。该模型业已成为经济学上研究垄断市场的常用模型之一。在这个模型中，各个发电厂商彼此采取不合作的态度，每一个发电厂商独立地做出自己的策略，决定自己的生产电量；各个发电厂商主要根据市场决定自己的产量，而不是价格，价格由所有发电厂商的产量决策和需求曲线共同决定。在该模型中，各个发电厂商通过选择产量使自己的利润最大化。模型中的所有发电厂商共同遵循如下前提假设：

（1）n 个发电商同时或者独立地提出其竞价策略。

（2）市场上总的供给等于总的需求，即市场没有剩余。

（3）市场上的供应电量决定市场电价。

（4）竞价上网的过程中只有这 n 个发电商参与。

（5）各个发电商供应电量的同质性和不能储存性。

问题描述如下：设某区域电力市场中有 n 个发电厂商通过电力公司竞价上网向用户供电；用 q_i 表示第 i

个发电厂商的发电量，C_i（q_i）表示相应的成本函数，$p=f(\sum_{i=1}^{n} q_i)$ 表示市场电量价格函数，依赖于市场总电量，并令 $Q=\sum_{i=1}^{n} q_i$ 表示所有发电厂商总发电量。

发电厂商 i 的利润函数为

$$u_i(q_1,q_2,\cdots,q_n)=q_i f(Q)-C_i(q_i),i=1,\cdots,n \tag{9-20}$$

使其利润最大化的均衡产量（q_1^*，q_2^*，…，q_i^*，…，q_n^*）满足下式

$$q_i^* \in \arg\max u_i(q_1^*,\cdots,q_{i-1}^*,q_i,q_{i+1}^*,\cdots,q_n^*)=q_i f(q_i+\sum_{j=1,j\neq i}^{n} q_j^*)-C_i(q_i),i=1,2,\cdots,n \tag{9-21}$$

二、生产成本信息不完全下的发电厂商竞价策略的静态博弈分析

对于生产成本的信息不完全，假设存在以下两种情况。

(1) 不对称的不完全信息。由于发电厂商能力、条件等方面的不同，势必有一方发电厂商比另一方拥有更多的关于生产成本的市场信息，称为不对称的不完全信息。

(2) 对称的不完全信息。市场上的各个发电厂商关于生产成本所获得的信息基本相当，即拥有相同的共同知识，称为对称的不完全信息。

1. 不对称的不完全信息

电力市场中，由于发电厂商能力、条件等方面的不同，势必有一方发电厂商比另一方拥有更多的关于生产成本的市场信息，称为关于生产成本的不对称不完全信息。

具体阐述如下，假设市场上有 n 家发电厂商，共计有两种类型：

类型 1：发电厂商 i（$i=1$，2，…，k）具有一种类型的生产成本 C_i；

类型 2：发电厂商 j（$j=k+1$，$k+2$，…，n）具有 m 种类型的生产成本，分别是 $C_j^{(1)}$，$C_j^{(2)}$，…，$C_j^{(m)}$。

假设类型 1 的发电厂商的生产成本是共同知识，而关于类型 2 的发电厂商的生产成本是不完全信息，也就是说发电厂商 $k+1$，$k+2$，…，n 知道市场中所有发电厂商的真实的发电成本，而发电厂商 1，2，…，k 除了知道该类型 1 的所有厂商的生产成本外，并不知道类型 2 厂商的发电成本，而只是知道关于类型 2 厂商发电成本的如下概率分布表，见表 9-12［总可以把某一个发电厂商的某几种类型的生产成本对应的概率定义为 0，使得该发电厂商具有 m' 种类型的生产成本（$m\neq m'$）］。

表 9-12　　发电厂商 j（$j=k+1$，$k+2$，…，n）的生产成本函数概率分布

生产成本	$C_j^{(1)}$	$C_j^{(2)}$	…	$C_j^{(m)}$	
概率	$p_j^{(1)}$	$p_j^{(2)}$	…	$p_j^{(m)}$	$\sum_{i=1}^{m} p_j^{(1)}=1$

在这种情况下，类型 1 的发电厂商 $i(i=1,2,\cdots,k)$ 好像是和共计有$\lfloor m(n-k)+k-1 \rfloor$个不同的发电厂商竞争而不是原先的$(n-1)$个发电厂商。

采用博弈论中专门处理不完全信息的海萨尼变换来解决这样的问题。在海萨尼变换中，引入自然的概念，假设首先自然依照概率来选择发电厂商 j 的生产成本。

因为发电厂商 j 拥有完全信息，该厂商将会选择如下发电量来最大化自己的利润（$j=k+1$，$k+2$，…，n）

$$\begin{aligned} \max \quad & u_j=q_j F(Q)-C_j(q_j) \\ \text{s.t.} \quad & q_j^{\min}\leqslant q_j\leqslant q_j^{\max} \end{aligned} \tag{9-22}$$

然而发电厂商 i 不知道 j 到底是 m 种发电成本中的哪一种，因此该发电厂商 i 会选择如下的发电量 q_i 来最大化如下的利润期望（$i=1$，2，…，k）

$$\begin{aligned} \max \quad & Eu_i=\underbrace{\sum_r \cdots \sum_t}_{n-k} p_{k+1}^{(r)}\cdots p_n^{(t)}[q_i F(q_1+\cdots+q_k+q_{k+1}^{(r)}+\cdots+q_n^{(t)})-C_i] \\ \text{s.t.} \quad & q_i^{\min}\leqslant q_i\leqslant q_i^{\max} \end{aligned} \tag{9-23}$$

其中，依次的 $q_{k+1}^{(r)}$，…，$q_n^{(t)}$ 是发电厂商 $k+1$ 采用发电成本 $C_{k+1}^{(r)}$ 时的发电量，…，发电厂商 n 采用发电

成本 $C_n^{(t)}$ 时的发电量（r，$t=1$，2，…，m）；依次的 $p_{k+1}^{(r)}$，…，$p_n^{(t)}$ 则是发电厂商 $k+1$ 采用发电成本 $C_{k+1}^{(r)}$ 时的概率，…，发电厂商 n 采用发电成本 $C_{k+1}^{(r)}$ 时的概率（r，$t=1$，2，…，m）。

因而，求解这 n 个发电厂商的纳什均衡（最优发电量组合），则可以化为如下的多目标优化问题

$$\max\ (\underbrace{u_1,\ \cdots,\ u_k}_{k\text{个类型1的厂商}},\ \underbrace{Eu_{k+1},\ \cdots,\ Eu_n}_{n-k\text{个类型2的厂商}}) \tag{9-24}$$

$$\text{s. t. } q_i^{\min}\leqslant q_i\leqslant q_i^{\max}\quad (i=1,\ 2,\ \cdots,\ n)$$

通过求解，可以得到市场中每一个发电厂商的最优发电量，进而可以得到每一个发电厂商的利润和市场电量价格。

2. 对称的不完全信息

市场上的各个发电厂商关于生产成本所获得的信息基本相当，除了知道自己的真实发电成本外，并不知道其他所有发电厂商真实的发电成本，称为关于生产成本的对称不完全信息。

具体问题阐述如下：假设市场上有 n 家发电厂商，每一个发电厂商具有 m 种生产成本 $C_j^{(1)}$，$C_j^{(2)}$，…，$C_j^{(m)}$（$j=1$，2，…，n），每一个发电厂商只是知道自己采用哪一种发电成本进行生产，但是不知道其他 $n-1$ 个发电厂商具体采用哪一种发电成本进行生产，只是知道其他发电厂商关于采用生产成本的概率（共同知识），见表 9 - 13［总可以把某一个发电厂商的某几种类型的生产成本相应的概率定义为 0，使得该发电厂商具有 m' 种类型的生产成本（$m\neq m'$）］。

表 9 - 13　发电厂商 j（$j=1$，…，n）的生产成本函数概率分布

生产成本	$C_j^{(1)}$	$C_j^{(2)}$	…	$C_j^{(m)}$	
概率	$p_j^{(1)}$	$p_j^{(2)}$	…	$p_j^{(m)}$	$\sum_{i=1}^{m} p_j^{(i)}=1$

在这种情况下，发电厂商 i 好像是和共计有［m（$n-1$）］个不同的发电厂商竞争而不是原先的（$n-1$）个发电厂商。

同样采用博弈论中专门处理不完全信息的海萨尼变换来解决这样的问题。在海萨尼变换中，引入自然的概念，假设首先自然依照概率来选择发电厂商 j 的生产成本。

发电厂商 i 不知道发电厂商 j（$j=1$，…，$i-1$，$i+1$，…，n）到底是 m 种发电成本中的哪一种，因此该发电厂商 i 会选择如下的发电量 q_i 来最大化如下的利润期望：

$$\max\quad Eu_i=\underbrace{\sum_r\cdots\sum_t}_{n-1\text{个}}\sum_t p_1^{(r)}\underbrace{\cdots}_{n-1\text{个}}p^{(t)}\left[q_iF(q_1^{(r)}\underbrace{+\cdots+}_{n-1\text{个}}q_n^{(t)}+q_i)-C_i\right] \tag{9-25}$$

$$\text{s. t. } q_i^{\min}\leqslant q_i\leqslant q_i^{\max}$$

其中，依次的 $q_{k+1}^{(r)}$，…，$q_n^{(t)}$ 是发电厂商 1 采用发电成本 $C_1^{(r)}$ 时的发电量，…，发电厂商 n 采用发电成本 $C_n^{(t)}$ 时的发电量（r，$t=1$，2，…，m）；依次的 $p_1^{(r)}$，…，$p_n^{(t)}$ 则是发电厂商 1 采用发电成本 $C_1^{(r)}$ 时的概率，…，发电厂商 n 采用发电成本 $C_n^{(t)}$ 时的概率（r，$t=1$，2，…，m）。

因而，求解这 n 个发电厂商的纳什均衡(最优发电量组合)可以化为如下的多目标优化问题

$$\max\ \underbrace{(Eu_1,\ \cdots,\ Eu_n)}_{n\text{个}} \tag{9-26}$$

$$\text{s. t. } q_i^{\min}\leqslant q_i\leqslant q_i^{\max}\quad (i=1,\ 2,\ \cdots,\ n)$$

通过求解，我们可以得到市场中每一个发电厂商的最优发电量，最大利润和市场电量价格。

3. 算例分析

假设某电力市场中，有两个寡头的发电厂商，厂商 1 和厂商 2。用 q_i（$i=1$，2）表示第 i 个发电厂商的发电量，发电厂商成本函数是发电量的二次函数，市场电量价格函数如下

$$P(Q)=\begin{cases}P_0-kQ,\text{if } 0\leqslant Q\leqslant P_0/k\\ 0,\text{otherwise}\end{cases},C_i(q_i)=a_iq_i^2+b_iq_i,i=1,2$$

各发电商的成本函数和电量价格函数见表 9 - 14。

表 9-14　**成本函数和电量价格函数**

		发电厂商 1	发电厂商 2	
			类型 L	类型 H
生产成本	a_i	0.02	0.025	0.035
$C_i=a_iq_i^2+b_iq_i$	b_i	1.8	2.0	3.0
电价函数	P_0	8.0	—	—
$P=P_0-kQ$	k	0.05	—	—

假设厂商 1 只有一种确定的成本函数；而厂商 2 有两种成本函数，我们称之为低成本函数类型 L 和高成本函数类型 H。厂商 1 只是知道厂商 2 生产成本是类型 L 和类型 H 的概率值。表 9-15 是厂商 1 所知道的厂商 2 成本函数的概率分布。

表 9-15　**厂商 2 成本函数的概率分布**

	成本类型 L	成本类型 H
情况 1	1.00	0
情况 2—1	0.65	0.35
情况 2—2	0.65	0.35
情况 3—1	0.50	0.50
情况 3—2	0.50	0.50
情况 4—1	0.35	0.65
情况 4—2	0.35	0.65
情况 5	0	1.00

情况 1：厂商 1 知道厂商 2 具有成本 L 类型的概率是 1.00，具有成本 H 类型的概率是 0。这种情况相当于完全信息，厂商 1，2 互相知道对方的成本函数，厂商 2 的生产成本是 L 类型。

情况 2—1：厂商 1 知道厂商 2 具有成本 L 类型的概率是 0.65，具有成本 H 类型的概率是 0.35；而厂商 2 采用的生产成本是低成本，L 类型。

情况 2—2：厂商 1 知道厂商 2 具有成本 L 类型的概率是 0.65，具有成本 H 类型的概率是 0.35；而厂商 2 采用的生产成本是高成本，H 类型。

情况 3—1：厂商 1 知道厂商 2 具有成本 L 类型的概率是 0.50，具有成本 H 类型的概率是 0.50；而厂商 2 采用的生产成本是低成本，L 类型。

情况 3—2：厂商 1 知道厂商 2 具有成本 L 类型的概率是 0.50，具有成本 H 类型的概率是 0.50；而厂商 2 采用的生产成本是高成本，H 类型。

情况 4—1：厂商 1 知道厂商 2 具有成本 L 类型的概率是 0.35，具有成本 H 类型的概率是 0.65；而厂商 2 采用的生产成本是低成本，L 类型。

情况 4—2：厂商 1 知道厂商 2 具有成本 L 类型的概率是 0.35，具有成本 H 类型的概率是 0.65；而厂商 2 采用的生产成本是高成本，H 类型。

情况 5：厂商 1 知道厂商 2 具有成本 L 类型的概率是 0，具有成本 H 类型的概率是 1.00。类似情况 1 的完全信息，此时厂商 2 的生产成本是 H 类型。

表 9-16 是以上 8 种情况下发电厂商 1 和 2 的最优发电量和市场的电量价格。

表 9 - 16　发电厂商 1 和 2 的最优发电量和市场的电量价格

	厂商 1 电量	厂商 2 电量	市场电价
情况 1	34.0541	28.6486	4.8649
情况 2—1	35.3597	28.2134	4.8213
情况 2—2	35.3597	19.0119	5.2814
情况 3—1	35.9148	28.0284	4.8028
情况 3—2	35.9148	18.8486	5.2618
情况 4—1	36.4673	27.8442	4.7844
情况 4—2	36.4673	18.6861	5.2423
情况 5	37.7465	18.3099	5.1972

讨论如下。

(1) 市场需求变化对纳什均衡的影响。如果 P_0 从 8 增长到 12，相应的电价函数变为

$$P(Q)=\begin{cases}12-0.05Q，\text{if } 0\leqslant Q\leqslant 240\\ 0，\text{otherwise}\end{cases}$$

对表 9 - 15 的 8 种情况进行计算，可以得到如表 9 - 17 所示的纳什均衡和市场电价。

表 9 - 17　发电厂商 1 和 2 的最优发电量和市场的电量价格

	厂商 1 电量	厂商 2 电量	市场电价
情况 1	55.6757	48.1081	6.8108
情况 2—1	57.3043	47.5652	6.7565
情况 2—2	57.3043	36.0870	6.3304
情况 3—1	57.9968	47.3344	6.7334
情况 3—2	57.9968	35.8833	7.3060
情况 4—1	58.6861	47.1046	6.7105
情况 4—2	58.6861	35.6086	7.2817
情况 5	60.2817	35.2113	7.2254

对比表 9 - 16 和表 9 - 17 可知，随着需求的增加，发电厂商 1 和 2 都增加其发电量并且市场电价有所升高。

k 发生变化，增大 4 倍变成 0.2，相应的电价函数变为

$$P(Q)=\begin{cases}8-0.2Q，\text{if } 0\leqslant Q\leqslant 40\\ 0，\text{otherwise}\end{cases}$$

对表 9 - 15 的 8 种情况进行计算，可以得到表 9 - 18 所示的纳什均衡和市场电价。

表 9 - 18　发电厂商 1 和 2 的最优发电量和市场的电量价格

	厂商 1 电量	厂商 2 电量	市场电价
情况 1	10.0633	8.8608	4.2152
情况 2—1	10.5608	8.6397	4.1599
情况 2—2	10.5608	6.1444	4.6590
情况 3—1	10.7728	8.5454	4.1364
情况 3—2	10.7728	6.0541	4.6346

续表

	厂商 1 电量	厂商 2 电量	市场电价
情况 4－1	10.9842	8.4515	4.1129
情况 4－2	10.9842	5.9642	4.6103
情况 5	11.4748	5.7554	4.0584

通过对比表 9 - 16 和表 9 - 18 可知，随着 k 增加，发电厂商 1 和 2 都减少其发电量，市场电价有所下降但下降不大。

(2) 通过对比表 9 - 16、表 9 - 17、表 9 - 18，发现在不同的发电成本信息下，发电厂商会选择不同的竞价策略，其目的都是使自己的利润最大化，进而导致不同的市场供应电量和市场电价。

(3) 小结。自 20 世纪 80 年代末以来，电力市场在世界范围内得到了飞速的发展。进入 21 世纪的今天，我国也在电力市场改革方面迈出了坚实的步伐。本章围绕电力市场环境下发电厂商竞价策略问题，用博弈论分析和研究当前电力市场中这一相当重要的课题，并通过算例或者试验系统进行了仿真和验证。

然而博弈论的一个极其重要的假设是，市场上所有参与博弈的厂商都是理性的。但是在现实中，厂商制定策略的时候，或多或少都会掺杂一些人为的因素在里面。如果能把厂商的主观行为因素考虑进去，那么研究无疑会完美得多。

在实际的电力市场中，影响发电厂商制定竞价策略的因素有很多，比如市场的模式、规则和定价方法等；厂商所占的市场份额和垄断地位；厂商自己的生产成本和市场其他参与者的成本曲线；系统的需求曲线和负荷特性；市场的管制、监管、放松管制的力度等。如果能把以上的影响因素加以适当考虑，无疑研究将更为完美。

第七节　现货市场发电竞价的动态优化算法

一、概述

由于静态优化技术是在单时段内孤立地解决竞价问题，所以在抑制发电市场的垄断行为方面存在一定的困难，用动态优化技术则可解决这类问题。

所谓动态优化技术，是指在一段时期（一般为一天）内进行全局优化的方法，具体包括负荷分配的分段线性规划方法和二次规划方法、机组组合问题的动态规划方法以及考虑网络安全约束的分块法。

由于动态优化算法不再将发电机组的动态约束进行解耦，又是多时段优化，所以优化的效果较好。此外，在一个计划周期内，各发电公司无法准确预测自己的开、停机状态以及系统的负荷水平，进而可有效抑制发电公司利用电力系统的自然垄断性来牟取暴利。但是，同样由于在多时段内优化，和静态优化技术相比，动态优化算法较复杂，很难得到最优解。因此，动态优化技术中的电价管理也是非常重要的。

采用动态优化技术制作电力市场发电计划时，电价的管理方式与静态优化技术中的电价管理是相同的。虽然在多时段内进行优化，但是可以按照单时段进行结算。

在动态优化技术当中，由于各时段之间的关联性，等报价方法和动态规划负荷分配方法不再适用，而且采用基于统一边际电价的目标函数也很不方便。为此，本节采用基于各发电机组实际报价的目标函数

$$\min\sum_{t=1}^{T}\sum_{i=1}^{N_G}c_{i,t}x_{i,t}p_{i,t} \tag{9 - 27}$$

满足如下约束条件。

(1) 系统负荷平衡约束

$$\sum_{i=1}^{N_G}x_{i,t}p_{i,t} = P_{D,t} \tag{9 - 28}$$

(2) 发电机组出力上、下限约束

$$x_{i,t}P_{i,t}^{\min}\leqslant x_{i,t}p_{i,t}\leqslant x_{i,t}P_{i,t}^{\max} \tag{9 - 29}$$

（3）发电机组出力上升、下降速度约束

$$\left.\begin{aligned}x_{i,t}p_{i,t}-x_{i,t-1}p_{i,t-1}\leqslant R_{i,\max}\\x_{i,t-1}p_{i,t-1}-x_{i,t}p_{i,t}\leqslant R_{i,\min}\end{aligned}\right\}\tag{9-30}$$

（4）系统旋转备用约束

$$\left.\begin{aligned}\sum_{i=1}^{N_G}x_{i,t}P_{i,t}^{\max}-\sum_{i=1}^{N_G}x_{i,t}p_{i,t}\geqslant S_{\max,t}\\\sum_{i=1}^{N_G}x_{i,t}p_{i,t}-\sum_{i=1}^{N_G}x_{i,t}P_{i,t}^{\min}\geqslant S_{\min,t}\end{aligned}\right\}\tag{9-31}$$

（5）发电机最小运行时间和最少停机时间约束处理

$$\left.\begin{aligned}(t_{i,t-1}^{on}-T_{i,\min}^{on})\ (x_{i,t-1}-x_{i,t})\ \geqslant 0\\(t_{i,t-1}^{off}-T_{i,\min}^{off})\ (x_{i,t-1}-x_{i,t})\ \geqslant 0\end{aligned}\right\}\tag{9-32}$$

其中

$$\left.\begin{aligned}t_{i,t}^{on}=(t_{i,t-1}^{on}+T_0)\ x_{i,t}\\t_{i,t}^{off}=(t_{i,t-1}^{off}+T_0)\ (1-x_{i,t})\end{aligned}\right\}\tag{9-33}$$

（6）电网传输容量约束

$$|d_{l,t}|\leqslant D_{l,t}^{\max}\tag{9-34}$$

式（9-34）中的符号如前所述。由于在整个计划周期内进行优化，问题的复杂性增加了，本节采用分层优化技术进行求解。

二、负荷动态分配的分段线性规划方法

1. 问题描述

分段线性规划方法是一种改进的线性规划方法，这种方法的核心思想是将报价曲线做分段线性处理，从而将问题转化成变系数的线性规划灵敏度分析问题，用有界变量单纯形法连续迭代求解。负荷动态分配的数学模型如下。

目标函数

$$\min\sum_{t=1}^{T}\sum_{i=1}^{N_G}c_{i,t}p_{i,t}\tag{9-35}$$

满足如下约束条件。

（1）系统负荷平衡约束

$$\sum_{i=1}^{N_G}p_{i,t}=P_{D,t}\tag{9-36}$$

（2）发电机组出力上、下限约束

$$P_{i,t}^{\min}\leqslant p_{i,t}\leqslant P_{i,t}^{\max}\tag{9-37}$$

（3）发电机组出力上升、下降速度约束

$$\left.\begin{aligned}p_{i,t}-p_{i,t-1}\leqslant R_{i,\max}\\p_{i,t-1}-p_{i,t}\leqslant R_{i,\min}\end{aligned}\right\}\tag{9-38}$$

这是一个多约束的优化问题，由于在整个计划周期内进行优化计算，所以，可有效的处理机组出力上升、下降速度约束。

2. 报价曲线的处理

发电公司的报价曲线一般是多段折线，如图 9-3 中实线所示（横坐标为发电机组输出功率，纵坐标为发电公司的单位电量报价）。因此，式（9-36）可写成如下形式

$$\min\sum_{t=1}^{T}\sum_{i=1}^{N_G}c_{i,t}(p_{i,t})\,p_{i,t}\tag{9-39}$$

其中，$c_{i,t}$（$p_{i,t}$）表示第 i 台机组在第 t 时段的报价曲线，一般可写成分段函数的形式

$$c_{i,t}(p_{i,t})=\begin{cases}a_{i,t,1}p_{i,t}+b_{i,t,1}, & P_{i,t,1}^{\min}\leqslant p_{i,t}\leqslant P_{i,t,1}^{\max}\\ a_{i,t,2}p_{i,t}+b_{i,t,2}, & P_{i,t,2}^{\min}\leqslant p_{i,t}\leqslant P_{i,t,2}^{\max}\\ \vdots & \vdots\\ a_{i,t,j}p_{i,t}+b_{i,t,j}, & P_{i,t,j}^{\min}\leqslant p_{i,t}\leqslant P_{i,t,j}^{\max}\\ \vdots & \vdots\\ a_{i,t,J}p_{i,t}+b_{i,t,J}, & P_{i,t,J}^{\min}\leqslant p_{i,t}\leqslant P_{i,t,J}^{\max}\end{cases} \tag{9-40}$$

式中：$j=1, 2, \cdots, J$ 为报价曲线的段数；$a_{i,t,j}$、$b_{i,t,j}$ 为第 j 段报价曲线的斜率、截距；$P_{i,t,j}^{\min}$、$P_{i,t,j}^{\max}$ 为第 j 段报价曲线的功率上、下限值。

由此可见，式（9-35）～式（9-38）是一个非线性规划问题，且目标函数是不可微的，这在实际问题中是很难解决的。为了简化问题，便于求解，将报价曲线等值成为分段线性的形式，如图 9-3 所示（图中 $P_{i,t,1}^{\max}=P_{i,t,2}^{\min}$，$P_{i,t,2}^{\max}=P_{i,t,3}^{\min}$），报价曲线变为

$$c_{i,t}(p_{i,t})=\begin{cases}C_{i,t,1}, & P_{i,t,1}^{\min}\leqslant p_{i,t}\leqslant P_{i,t,1}^{\max}\\ C_{i,t,2}, & P_{i,t,2}^{\min}\leqslant p_{i,t}\leqslant P_{i,t,2}^{\max}\\ \vdots & \vdots\\ C_{i,t,j}, & P_{i,t,j}^{\min}\leqslant p_{i,t}\leqslant P_{i,t,j}^{\max}\\ \vdots & \vdots\\ C_{i,t,J}, & P_{i,t,J}^{\min}\leqslant p_{i,t}\leqslant P_{i,t,J}^{\max}\end{cases} \tag{9-41}$$

式中：$C_{i,t,j}$ 为近似后的第 j 段的报价系数，是常数。

由于约束条件是线性的，式（9-35）～式（9-38）变为一种变系数的线性规划问题，但是，随着报价系数的变化，机组出力约束的常数也随着变化，普通的线性规划灵敏度分析不能解决此问题。本节提出一种改进的线性规划方法解决报价曲线的分段特性，这种线性规划算法称为分段线性规划算法。

3. 算法描述

见式（9-35）～式（9-38）中，约束条件，见式（9-37）是发电机组的出力上、下限制，将报价曲线作如图 9-3 的分段处理后，对于每台机组取其中一个分段的上、下限为此机组出力约束条件，相应的费用系数为这个分段上的报价，则形成一个子优化问题：

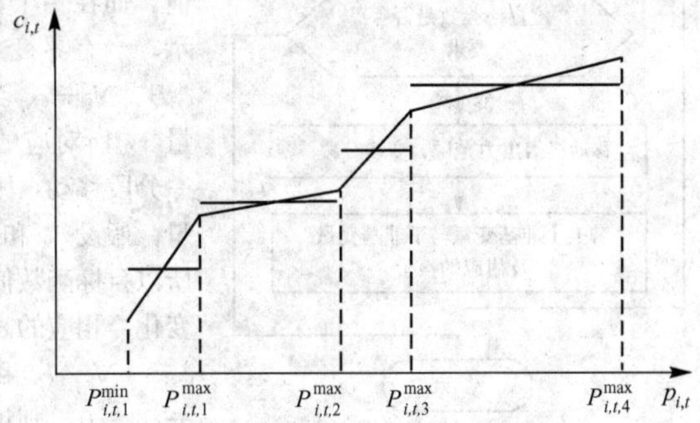

图 9-3　发电公司报价曲线

目标函数

$$\min\sum_{t=1}^{T}\sum_{i=1}^{N_G}c_{i,t,j}p_{i,t} \tag{9-42}$$

满足约束条件式（9-36）、式（9-38）及

$$P_{i,t,j}^{\min}\leqslant p_{i,t}\leqslant P_{i,t,j}^{\max} \tag{9-43}$$

式中：j 为所定的报价曲线初始分段号。

将不等式约束松弛后，此子问题写成线性规划的标准形式为

$$\min \boldsymbol{c}^T x \tag{9-44}$$

$$\boldsymbol{A}x=\boldsymbol{b} \tag{9-45}$$

$$L\leqslant x\leqslant U \tag{9-46}$$

式中，x 为状态变量和松弛变量向量；$\boldsymbol{c}$ 为报价系数矩阵；$\boldsymbol{A}$ 为对应约束条件式（9-36）、式（9-38）的状态变量系数矩阵；$\boldsymbol{b}$ 为对应约束条件式（9-36）、式（9-38）的系数矩阵；L 为对应式（9-43）的状态变量的下界集合；U 为对应式（9-43）上的状态变量的上界集合。

将式（9-45）中的 $\boldsymbol{A}$ 阵分解为 $[B, N_1, N_2]$，其中 B 为对应基变量的满秩方阵，N_1 对应给定的下非基变量，N_2 对应给定的上非基变量，相应的

$$\boldsymbol{x}=\begin{bmatrix}\boldsymbol{x}_B\\ \boldsymbol{x}_{N_1}\\ \boldsymbol{x}_{N_2}\end{bmatrix},\ \boldsymbol{c}=\begin{bmatrix}\boldsymbol{c}_B\\ \boldsymbol{c}_{N_1}\\ \boldsymbol{c}_{N_2}\end{bmatrix},\ \boldsymbol{L}=\begin{bmatrix}\boldsymbol{L}_B\\ \boldsymbol{L}_{N_1}\\ \boldsymbol{L}_{N_2}\end{bmatrix},\ \boldsymbol{U}=\begin{bmatrix}\boldsymbol{U}_B\\ \boldsymbol{U}_{N_1}\\ \boldsymbol{U}_{N_2}\end{bmatrix} \tag{9-47}$$

若 x 是 $\boldsymbol{A}x=\boldsymbol{b}$ 的解，且令 $x_{N_1}=L_{N_1}$，$x_{N_2}=U_{N_2}$，于是

$$x_B=B^{-1}b-B^{-1}N_1L_{N_1}-B^{-1}N_2U_{N_2} \tag{9-48}$$

若 x_B 满足 $L_B\leqslant x_B\leqslant U_B$，则称 $x=[x_B,\ x_{N_1},\ x_{N_2}]^T$ 为一个基本可行解。由有界变量单纯形法的定理可知，若问题，见式（9 - 44）～式（9 - 46）有界，则一定在基本可行解处达到。建立有界变量的单纯形表格，如表 9 - 19 所示。

表 9 - 19　有界变量单纯形表

I	$B^{-1}N_1$	$B^{-1}N_2$	$\bar{b}$
0	$c_BB^{-1}N_1-c_{N_1}$	$c_BB^{-1}N_2-c_{N_2}$	f_0

于是有

$$f_0=c_Bx_B-(c_BB^{-1}N_1-c_{N_1})x_{N_1}-(c_BB^{-1}N_2-c_{N_2})x_{N_2} \tag{9-49}$$

式中：f_0 为目标函数值。

在式（9 - 49）中，若检验数 $c_BB^{-1}N_1-c_{N_1}\leqslant 0$ 和 $c_BB^{-1}N_2-c_{N_2}\geqslant 0$，因为变量 x_{N_1} 达到下界，x_{N_2} 达到上界，所以目标函数值 f_0 不能再减少，为最优值。当费用系数随着变量的上、下限变化而变化时，如何使目标函数值 f_0 进一步减小？即解决选择哪些分段能使目标函数值达到最小值问题。

如图 9 - 3 所示，变量在一个分段取最小值则为下一个分段的最大值，而在一个分段取最大值则为上一个分段的最小值。如表 9 - 9 所示，当有界变量单纯形法达到最优值时，此时 $c_BB^{-1}N_1-c_{N_1}\leqslant 0$ 且 $c_BB^{-1}N_2-c_{N_2}\geqslant 0$，$x_{N_1}$ 达到分段的下界，x_{N_2} 达到分段的上界，若将变量 x_{N_1} 所对应的出力范围向下一分段移动，x_{N_2} 所对应的出力范围向上一分段移动，则 x_{N_2} 在新的报价段内变为下非基变量，x_{N_1} 变为上非基变量，假设 c_{N_1} 和 c_{N_2} 不变，此时由于 $c_BB^{-1}N_1-c_{N_1}\leqslant 0$ 和 $c_BB^{-1}N_2-c_{N_2}\geqslant 0$，所以目标函数值还可以下降，并没有达到最优值。但是，随着报价段的变化，相应的 c_{N_1} 和 c_{N_2} 的值也发生变化，将相应的 c_{N_1} 和 c_{N_2} 代入，检查 $c_BB^{-1}N_1-c_{N_1}$ 和 $c_BB^{-1}N_2-c_{N_2}$ 的值，若 $c_BB^{-1}N_1-c_{N_1}\geqslant 0$ 且 $c_BB^{-1}N_2-c_{N_2}\leqslant 0$，则说明目标函数值 f_0 不再下降了，停止迭代；否则，重新选择进基变量和离基变量，形成新的单纯形表进行迭代计算，直到 f_0 不再下降为止。由于 f_0 不再下降，所以最后的解为问题式（9 - 35）～式（9 - 38）的解。流程图如图 9 - 4 所示。

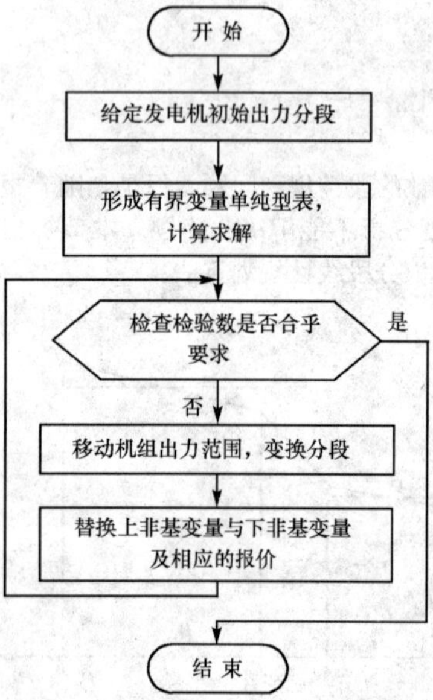

图 9 - 4　分段线性规划算法流程图

4. 算例分析

本文对一个含有 10 台发电机组的电力市场进行模拟。以现货市场中的发电计划为例，将全天分为 24 时段，每时段 1 h。因篇幅所限，系统数据未予列出。计算结果见表 9 - 20。一共进行了 8 次迭代，如表 9 - 21 所示，除最后一次之外，每次迭代的目标函数值都下降了一些，最后的目标函数值为 4.60067×10^6 元。从计算结果显示，各机组在各时段的出力满足各种约束条件，且功率分配合理。

表 9 - 20　计 算 结 果　（MW）

时段	机组功率									
	1	2	3	4	5	6	7	8	9	10
1	180	150	130	110	150	177	130	110	150	180
2	180	168	130	110	150	180	130	110	150	180

续表

时段	机组功率								
	1	2	3	4	5	6	7	8	9	10
3	180	168	130	110	150	180	130	110	150	180
4	180	150	130	110	150	179	130	110	150	180
5	180	150	130	110	150	179	130	110	150	180
6	180	168	130	110	150	180	130	110	150	180
7	180	180	130	130	165	180	130	130	150	180
8	180	150	130	110	150	155	130	110	150	180
9	180	168	130	110	150	180	130	110	150	180
10	180	150	130	110	150	160	130	110	150	180
11	180	150	130	110	150	179	130	110	150	180
12	180	180	130	130	150	180	130	121	150	180
13	180	168	130	110	150	180	130	110	150	180
14	180	176	130	110	150	180	130	110	150	180
15	180	150	130	110	150	150	130	110	150	165
16	180	168	130	110	150	180	130	110	150	180
17	180	150	130	110	150	157	130	110	150	180
18	180	150	130	110	150	155	130	110	150	180
19	180	180	130	130	150	180	130	115	150	180
20	180	150	130	110	150	155	130	110	150	180
21	180	180	130	130	150	180	130	120	150	180
22	180	177	130	110	150	180	130	110	150	180
23	180	150	130	110	150	150	130	110	150	173
24	180	180	130	130	150	180	130	115	150	180

表 9-21　迭代的目标函数值　（$\times 10^6$ 元）

1	2	3	4	5	6	7	8
5.36197	4.81944	4.74442	4.68334	4.63629	4.6104	4.60067	4.60067

5. 结论

本节将改进的线性规划算法——分段线性规划算法应用到发电市场的竞价交易过程中，经实际系统证明是非常有效的。这种算法的主要特点是对报价曲线做分段线性处理，将优化问题转换成线性规划灵敏度分析的形式，用有界变量单纯形法连续迭代求解。这种算法的优点是：①解决了报价曲线分段特性给解算优化问题所带来的困难；②可以处理发电机组出力上升、下降速度约束。

由前述推导和证明过程可以得出，这是一种下降算法，这种方法的迭代过程中，目标函数值是逐渐减小的，并最终收敛到一个极小值点。理论上说，与非线性规划方法一样，无法证明这种算法可以得到全局最小值，只能证明分段线性规划方法得到的是局部极小值点。此外，经实际计算发现，报价曲线的形状对分段线性规划算法的计算效果影响很大，对于目前电力市场上所实行的不降报价曲线，计算效果较好；当报价曲线是任意形状时，计算结果不理想。

三、负荷动态分配的二次规划方法

1. 概述

本节以二次规划方法解决发电市场中的负荷动态分配问题。这种方法也是在整个计划周期内进行优化，采用的数学模型与分段线性规划方法的数学模型相同，解决的问题也与分段线性规划方法相类似。它的核心思想是将报价曲线进行处理，形成一个报价区域，从而将竞价模型转化成为一个标准的二次规划形式，这种方法可以解决含有任意形状报价曲线的发电计划制定问题。

将式（9-35）～式（9-38）写成矩阵形式如下

$$\min \quad c^T p \tag{9-50}$$

$$Yp \geqslant (= 或 \leqslant)\ b \tag{9-51}$$

式中：p 为 $N_G T$ 阶的机组出力向量；c 为 $N_G T$ 阶的机组报价系数向量；$\boldsymbol{Y}$、$\boldsymbol{b}$ 为约束方程式（9-36）～式（9-38）的系数和常量矩阵。

2. 报价曲线的处理

首先对报价曲线进行处理，以图 9-5 所示的 3 种报价曲线为例，用包络线将报价曲线包住，从而形成一个报价区域。由于所形成的报价区域在 $p-c$ 平面上是一个凸集，所以优化问题的最优解一定落在此报价区域内，如图 9-5（c）A 点所示，当 A 点为被解算的某机组的最优解时，则 p_A 和 c_A 分别为此机组的出力和出力所对应的价格。

报价曲线经过上述处理后，机组的报价系数 $c_{i,t}$ 成为状态变量，目标函数变成二次的形式。令：$x=[p，c]^T$，则目标函数可以写成如下形式

$$\min \quad \frac{1}{2} x^T \boldsymbol{H} x \tag{9-52}$$

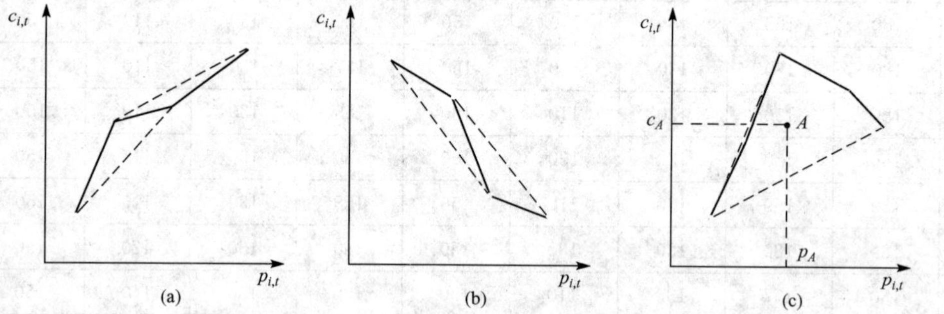

图 9-5　报价曲线的处理

其中，$\boldsymbol{H}=\begin{bmatrix}0 & 1\\1 & 0\end{bmatrix}$为汉森矩阵，是一个对称的方阵，其中 0 和 1 分别为元素为 0 和 1 的对角线矩阵。

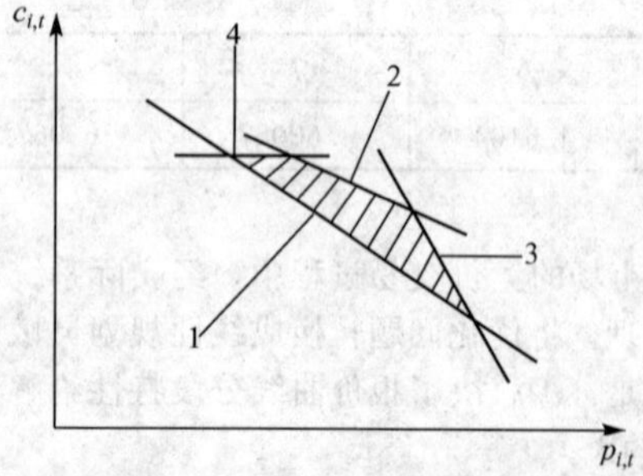

图 9-6　报价区域的表示法

将目标函数转化为二次形式的同时，必须增加一组约束条件，用来表示报价区域。如图 9-6 所示，来描述报价区域的表达方式。图 9-6 中的阴影部分所示的报价区域由直线 1、2、3、4 围成，设 4 条直线的方程分别为：$m_1 p+n_1 c=l_1$，$m_2 p+n_2 c=l_2$，$m_3 p+n_3 c=l_3$，$m_4 p+n_4 c=l_4$，则报价区域可表示为

$$\left.\begin{array}{l} m_1 p+n_1 c \geqslant l_1 \\ m_2 p+n_2 c \leqslant l_2 \\ m_3 p+n_3 c \leqslant l_3 \\ m_4 p+n_4 c \leqslant l_4 \end{array}\right\} \tag{9-53}$$

由上可见，报价区域可由一组线性方程组来描述，并可写成一般的矩阵形式

$$Mp+Nc \geqslant (= 或 \leqslant)\ L \tag{9-54}$$

式中，向量 M、N 和 L 分别为报价区域边界直线的系数和常数向量。

因为式（9-54）为线性形式，综合报价区域式（9-54）和原约束条件式（9-51），有

$$\begin{bmatrix} Y & 0 \\ M & N \end{bmatrix}\begin{bmatrix} p \\ c \end{bmatrix} \geqslant (=\text{或}\leqslant) \begin{bmatrix} b \\ L \end{bmatrix} \tag{9-55}$$

令 $A=\begin{bmatrix} Y & 0 \\ M & N \end{bmatrix}$，$B=\begin{bmatrix} b \\ L \end{bmatrix}$，可以进一步将约束条件写成如下形式

$$Ax \geqslant (=\text{或}\leqslant) B \tag{9-56}$$

综上所述，优化问题形式如下

$$\min \quad \frac{1}{2}x^T Hx \tag{9-57}$$

$$Ax \geqslant (=\text{或}\leqslant) B \tag{9-58}$$

式（9-57）、式（9-58）是一个标准的二次规划问题，可以运用二次规划算法方便地进行解算。

3. 算例

使用一个5机系统来检验本文所提出的算法，将二次规划转换成线性规划的方式以单纯形法来解决。为了分析问题的方便和检验算法的有效性，将发电计划周期（1天）划分为24个时段，每时段1 h；系统负荷见表9-22，各时段的旋转备用为30 MW；计算结果如表9-23所示。由表9-23可见，系统的功率符合各种约束条件，目标函数值为4.88816×10^6。

表9-22 系 统 负 荷 (MW)

1～6时段	1267	1288	1288	1269	1250	1288
7～12时段	1255	1245	1288	1250	1269	1231
13～18时段	1288	1296	1225	1288	1247	1245
19～24时段	1225	1245	1230	1297	1233	1225

表9-23 机 组 的 功 率 (MW)

时段	机组1	机组2	机组3	机组4	机组5
1	315.753	306.159	188.797	157.904	298.387
2	302.469	289.981	200.002	220	275.547
3	300	247.999	200	220.001	320.002
4	288.279	320.077	220	220	220.645
5	203.64	330	220.001	220	276.358
6	318.001	330.001	219.998	219.999	200
7	204.639	309.528	219.243	203.846	317.744
8	199.999	322.956	219.999	214.305	287.739
9	220.814	329.999	220.001	197.184	320.001
10	330	236.216	176.004	187.781	320
11	329.999	274.017	220.003	150.008	294.977
12	330.001	300	152.126	207.296	241.576
13	330	257.999	220	220.003	260.001
14	329.997	206.002	219.999	220.001	319.999
15	329.999	200	220	220.002	255.003
16	330.001	250.965	215.172	219.999	271.865

续表

时段	机组1	机组2	机组3	机组4	机组5
17	330.001	329.998	150.001	220	217
18	329.999	330	150.002	219.999	214.997
19	309.487	268.556	194.134	178.876	273.947
20	329.999	262.677	182.034	219.999	250.291
21	240.62	330.001	198.064	192.867	268.448
22	330	330.001	192.192	187.229	257.577
23	249.982	291.317	194.754	184.061	312.885
24	330	200	220.003	220	254.996

4. 结论

本节将二次规划算法应用到发电市场的竞价交易过程中。由于二次规划方法是优化领域中的一个相当成熟的方法，对于大型电力系统来说，当状态变量的维数很大时，二次规划方法也完全可以解决。对报价曲线进行特殊处理，将目标函数变成二次的形式，并引入一组线性的约束条件来表示报价区域，可以考虑任意形状报价曲线的竞价问题，并解决报价曲线分段特性给解算优化问题所带来的困难；可以处理发电机组出力上升、下降速度约束，在多时段内进行优化。

同分段线性规划算法相比，二次规划方法适合于报价曲线为折线的情形，而分段线性规划方法更适合于发电公司的报价为点报价的场合。最后应该指出，二次规划算法也只是一种近似算法。

四、机组组合问题的动态规划方法

1. 问题的提出

在传统经济调度过程中，动态规划算法是一种解决机组组合问题非常有效的方法。但是，动态规划方法不能很好的处理机组功率上升、下降速度约束（Ramp constrains，简称爬坡约束），特别是机组启动、停机时的爬坡问题（Star-up ramp，Shut-down ramp），但这些约束又是机组运行所不能违背的，因为机组组合确定后，经济调度算法就会在在线的发电机组之间分配功率，但机组的开机或停机是有一定过程的，特别是火电机组，必须考虑锅炉的燃烧特性，表 9-24 中列出了一些发电机组的启动特性。由此可见，在某时段确定某台机组开（停）后，在此时段的前若干时段（后若干时段）这台机就应该逐步加负荷（减负荷），也就是说，考虑了机组的开机（停机）特性后，在某些时段，这些机组等值于有固定出力的发电机组。

表 9-24　机组的启动特性　(MW)

机组	类型	出力上限	开机时段及功率						
			1	2	3	4	5	6	7
1	煤	229	50	90	140	180	220	230	—
2	煤	399	50	120	160	200	300	350	400
3	煤	483	60	120	180	220	280	320	350
4	煤	483	60	120	180	220	280	320	350
5	油	395	80	150	150	180	200	250	350

传统的动态规划算法是解决不了上述问题的，因为其无法将机组的开、停机特性考虑进算法中。本文提出了一种插值动态规划法，是在 DP－TC 法的基础上，提出了路径的概念，在满足时间约束的路径中寻找满足其他约束的最优路径。

2. 算法描述

机组组合问题是一个多时段的优化问题，数学模型如式（9-27）～式（9-34）所示。下面介绍电力市场环境下机组组合问题的动态规划方法。

动态规划方法是一种求解多阶段决策问题的优化方法，用于求解有离散变量的机组组合问题是比较方便的。图 9 - 7 所示为一简单系统的动态规划法示意图（两台机，三个时段），其中 0、1 表示机组的开停状态，每一圆圈表示的是一时段机组的组合状态，状态数共有 $2^{N_G}-1$ 个。

设每一状态的运行成本为

$$F_t=\sum_{i=1}^{N_G}F_{i,t}(x_{i,t},p_{i,t},t_i) \tag{9-59}$$

式中：F_t 为第 t 时段系统的运行成本。

因为考虑了爬坡约束和机组的开停机特性之后，在单一时段内无法确定功率 $p_{i,t}$ 的值，所以 F_t 的值也无法确定，传统动态规划算法的应用受到限制，为了解决这个问题，本文在 DP－TC 法的基础上提出了改进的动态规划算法——插值动态规划算法，这种算法的特点是仍取 DP－TC 法的近似，但不是去求解某一时段状态变量的值，而是求解由所有时段组成的路径的状态变量的值。

首先定义路径的概念。从时段 1 到时段 T 的所有时段中，每一时段任取一种机组组合状态，这样组成的一个决策集合称为一条路径。如图 9 - 7 黑线所示，支路 1 和 2 组成了一条路径。设满足时间约束条件式(9 - 32)、式（9 - 33）的所有路径集合为 L。则式（9 - 27）～式（9 - 33）所描述的问题等价于以下问题

$$\min F_l \tag{9-60}$$

其中 F_l 为一子优化问题，表达式如下

$$F_l=\min_{p_{i,t}}\sum_{t=1}^{T}F_t \tag{9-61}$$

满足约束，见式（9 - 28）～式（9 - 31）。

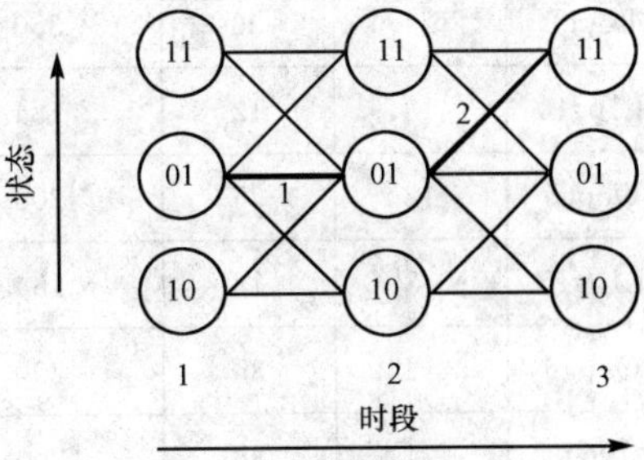

图 9 - 7　动态规划法示意图

对于任一条路径 l，因为各机组的开停状态已经确定，且满足时间约束，所以 F_t 只是功率 $p_{i,t}$ 的函数，可用分段线性规划或二次规划等方法解式（9 - 61）的子规划问题。因为随着机组数量的增加，每一时段机组组合的状态数也随着指数地增加，所以求解上述问题也不可避免地导致“维数灾”，可以用下面的方法解决“维数灾”问题。

对于集合 L，取其中的 M 条路径进行寻优，这 M 条路径均匀地分布在集合 L 中，对于 M 条路径中的最优路径，在其一定的邻域内进行进一步优化，所得到的解即为机组组合问题的解。M 可视系统的规模及计算时间确定。

为了减少被搜索路径的数量，路径的搜索次序是很重要的，采用分支定界法的思想来搜索满足时间约束的路径是必要的。如图 9 - 7 中的黑线所示，在第 2 时段累积各机组的开、停机时间，如有不满足时间约束的，则与支路 1 相关联的路径可以不搜索了，这样大大减少了计算量。

此外，为了减少被搜索路径的数量，在各时段可以以负荷值来校验各状态的旋转备用约束，对于不满足旋转备用约束的状态除掉，与之相关联的路径可以不搜索了，这也可以大大减小计算量。如图 9 - 7 中所示，机组开、停状态为 0 的状态没有被表示，这就是因为当所有机组停机时，不可能满足旋转备用约束。

3. 算例

本算法以某省 2000 年 4 月 6 日的发电计划为例，系统的技术数据见表 9 - 25。此发电计划的周期为一天，将一天分为 48 个时段，按照运行惯例，前几个时段和后几个时段是不开机也不停机的，所以只计算 12～44 时段的机组组合，前 12 时段的机组组合按前一天第 48 时段的机组组合结果，后 4 个时段的机组组合同第 44 时段的机组组合。

首先用排队算法进行初始状态排队，其结果见表 9 - 26，从表 9 - 26 中可得到边界机组为第 20 台机(dwpg1)，取第 18、19、20、21、22 等 5 台机进行重新优化组合，并且满足各种约束条件，用插值法找到其中的 20 条路径，其购电费用如表 9 - 27 所示，称为全局范围内寻优，寻取其中最小的一条路径，在其上下选取 20 条路径进行优化，优化的结果如表 9 - 28 所示，称为局部寻优，选取最小购电费用的路径，最终的机组组合结果如表9 - 29 所示。

表 9-25　　某省电力系统 2000 年 4 月 6 日技术参数

机组 ID	$T^{on}_{i,min}$（h）	$T^{off}_{i,min}$（h）	$P^{max}_{i,t}$（MW）	$P^{min}_{i,t}$（MW）	$R_{i,max}$（MW /min）	$R_{i,min}$（MW/min）	起机费（元）
Jzpg2	4	4	200	127	150	150	71174
Jzpg5	4	4	200	127	150	150	72174
Jzpg6	4	4	200	130	150	150	72174
Ykpg2	24	24	320	180	150	90	10000
Shpg1	20	20	200	140	150	150	100000
Ddpg1	24	36	350	240	240	180	10000
Ddpg2	24	36	350	240	240	180	10000
L1pg14	13	12	184	120	150	150	100000
Qhpg5	12	35	200	130	150	150	25000
L1pg15	13	12	184	120	150	150	100000
Qhpg6	12	35	200	130	150	150	25000
Cypg2	24	36	200	135	150	90	10000
Tipg3	24	24	290	180	180	120	10000
Tipg4	24	24	290	180	180	120	200000
Jzpg1	4	4	200	126	150	150	72174
Cypg1	24	48	180	120	90	90	10000
Dwpg2	12	0	336	192	150	150	300000
Tipg2	48	6	300	165	90	90	10000
Qhpg7	12	35	200	130	150	150	25000
Dwpg1	12	0	336	192	150	150	300000
Shpg2	20	20	200	140	300	150	100000
Tipg1	24	24	290	200	180	120	10000
Fxpg1	24	36	183	135	90	60	60000
Qhpg8	12	35	200	130	150	150	25000
Jzpg4	4	4	200	127	150	150	72174
Jzpg3	4	4	200	127	150	90	72174
Dwpg4	12	0	336	192	180	180	300000
Dwpg3	12	0	336	192	180	180	300000

表 9 - 26　**排队法运行结果**

时段	机组状态	时段	机组状态
1	1111111111111111100100000000	25	1111111111111111111100000000
2	1111111111111111100100000000	26	1111111111111111111100000000
3	1111111111111111100100000000	27	1111111111111111111100000000
4	1111111111111111100100000000	28	1111111111111111111100000000
5	1111111111111111100100000000	29	1111111111111111111100000000
6	1111111111111111100100000000	30	1111111111111111111100000000
7	1111111111111111100100000000	31	1111111111111111111100000000
8	1111111111111111100100000000	32	1111111111111111111100000000
9	1111111111111111100100000000	33	1111111111111111111100000000
10	1111111111111111100100000000	34	1111111111111111111100000000
11	1111111111111111100100000000	35	1111111111111111111100000000
12	1111111111111111100100000000	36	1111111111111111111100000000
13	1111111111111111100100000000	37	1111111111111111111100000000
14	1111111111111111100100000000	38	1111111111111111111100000000
15	1111111111111111110100000000	39	1111111111111111111100000000
16	1111111111111111110100000000	40	1111111111111111111100000000
17	1111111111111111110100000000	41	1111111111111111111100000000
18	1111111111111111110100000000	42	1111111111111111111100000000
19	1111111111111111110100000000	43	1111111111111111111100000000
20	1111111111111111110100000000	44	1111111111111111111100000000
21	1111111111111111111100000000	45	1111111111111111111000000000
22	1111111111111111111100000000	46	1111111111111111111000000000
23	1111111111111111111100000000	47	1111111111111111111000000000
24	1111111111111111111100000000	48	1111111111111111111000000000

表 9 - 27　**全局寻优的 20 条路径的运行费用**　（元）

40405780	40255164	40255164	40255164	40150460
40150460	40150460	40150460	40150460	40150460
40146648	40146648	40146648	40146648	40146648
40146648	40146648	40146648	40146648	40146648

表 9 - 28　**局部寻优的 20 条路径的运行费用**　（元）

40573300	40073700	40626100	40103500	40093000
40867700	40193100	40509400	40182800	40492900
40207500	40490000	40073700	40073700	40073700
40073700	40073700	40073700	40073700	40073700

表 9 - 27 列出了全局寻优结果，最优值为 40146648 元；进一步的局部寻优结果如表9 - 28所示，从中可

见，运行费用被进一步优化为40073700元。

表9-29　插值动态规划法的运行结果

时段	机组状态	时段	机组状态
1	1111111111111111100100000000	25	1111111111111111110100000000
2	1111111111111111100100000000	26	1111111111111111110100000000
3	1111111111111111100100000000	27	1111111111111111110100000000
4	1111111111111111100100000000	28	1111111111111111110100000000
5	1111111111111111100100000000	29	1111111111111111110100000000
6	1111111111111111100100000000	30	1111111111111111110100000000
7	1111111111111111100100000000	31	1111111111111111110100000000
8	1111111111111111100100000000	32	1111111111111111110100000000
9	1111111111111111100100000000	33	1111111111111111110100000000
10	1111111111111111100100000000	34	1111111111111111110100000000
11	1111111111111111100100000000	35	1111111111111111110100000000
12	1111111111111111100100000000	36	1111111111111111110100000000
13	1111111111111111100100000000	37	1111111111111111110100000000
14	1111111111111111100100000000	38	1111111111111111110100000000
15	1111111111111111110100000000	39	1111111111111111110100000000
16	1111111111111111110100000000	40	1111111111111111110100000000
17	1111111111111111110100000000	41	1111111111111111110100000000
18	1111111111111111110100000000	42	1111111111111111110100000000
19	1111111111111111110100000000	43	1111111111111111110100000000
20	1111111111111111110100000000	44	1111111111111111110100000000
21	1111111111111111110100000000	45	1111111111111111110000000000
22	1111111111111111110100000000	46	1111111111111111110000000000
23	1111111111111111110100000000	47	1111111111111111110000000000
24	1111111111111111110100000000	48	1111111111111111110000000000

4. 结论

本节提出的插值动态规划算法是一种近似算法，同其他的动态规划算法一样，只能得到局优解，但同以往的动态规划算法相比，它解决了爬坡约束问题，并考虑了机组的开、停机特性曲线，这些都是系统的实际运行所必须解决的。实践证明，这种算法是一种简单、有效的算法。

插值动态规划算法在确定机组组合的过程中，在解决外层问题时，只考虑了时间变量，因此它更接近于类举法，但因为与DP－TC法相结合，故称为插值动态规划算法。这种算法的缺点是，当插值点过少时，有可能得不到满足约束条件的可行解，而当插值点过多时，计算量显著增大。因此对于实际的系统，M的取值是一个关键问题，应具体问题具体分析，以保证所得到解的最优性。

五、考虑网络安全约束的分块法

1. 分块法的数学模型

在编制短期发电计划时，电网的运行方式和拓扑结构一般来说变化不大。针对系统近期可能出现的各种运行方式，用潮流和稳定程序计算出各线路的安全限值，再将其转化为地区功率的安全限值，在实际编制计划时，只控制地区功率的安全限值就可以了。从而可将一个大系统分成几个地区型的子系统，在保持联络线功率不越界的情况下在子系统之间分配负荷。将系统划分为几个子系统之后，问题式（9-27）～式（9-34）变换为

目标函数

$$\min \sum_{t=1}^{T} \sum_{s=1}^{N_s} c_{s,t} p_{s,t} \tag{9-62}$$

满足如下约束条件。

（1）功率平衡

$$\sum_{s=1}^{N_s} p_{s,t} = P_{D,t} \tag{9-63}$$

（2）发电机组出力上、下限约束

$$P_{s,t}^{\min} \leqslant p_{s,t} \leqslant P_{s,t}^{\max} \tag{9-64}$$

（3）系统旋转备用约束

$$\left.\begin{aligned} \sum_{s=1}^{N_s} P_{s,t}^{\max} - \sum_{s=1}^{N_s} p_{s,t} \geqslant S_{\max} \\ \sum_{s=1}^{N_s} p_{s,t} - \sum_{s=1}^{N_s} p_{s,t}^{\min} \geqslant S_{\min} \end{aligned}\right\} \tag{9-65}$$

（4）发电机出力上升、下降速度约束

$$\begin{aligned} p_{s,t} - p_{s,t-1} \leqslant R_{s,\max} \\ p_{s,t-1} - p_{s,t} \leqslant R_{s,\min} \end{aligned} \tag{9-66}$$

（5）电网传输容量约束

$$| d_{l,t} | \leqslant D_{l,t}^{\max} \tag{9-67}$$

式中，$i=1, 2, \cdots, N_s$ 为子系统集合；$c_{s,t}$为第 s 个子系统在第 t 时段的报价；$p_{s,t}$为第 s 个子系统在第 t 时段的出力；$P_{s,t}^{\max}$、$P_{s,t}^{\min}$为第 s 个子系统在 t 时段的最大、最小出力；$R_{s,\min}$为第 s 个子系统的最大功率下降速度限值；$R_{s,\max}$为第 s 个子系统的最大功率上升速度限值。

其余符号定义如前所述。

因为各子系统之间不应该存在开、停问题，因此式（9-62）～式（9-67）为一个连续变量的优化问题，此优化问题的解为在各子系统间分配的功率。这样，式（9-27）～式(9-34)由发电机组之间的竞价问题就变为各子系统之间的竞价问题。

2. 参数的确定

当问题变为各子系统之间的竞价问题时，式（9-62）～式（9-67）的参数需要确定，具体的确定方法如下。

（1）报价曲线的确定：将多台发电机的报价曲线拟合成一条曲线。如图 9-8 所示的两条报价曲线为例，将其拟合成一条报价曲线。设 $C_{0,t}^{\min} = \min\{C_{1,t}^{\min}, C_{2,t}^{\min}\}$，$C_{0,t}^{\max} = \max\{C_{1,t}^{\max}, C_{2,t}^{\max}\}$，在报价范围 $C_{0,t}^{\min} \sim C_{0,t}^{\max}$ 内，子系统输出的功率为每一报价点所对应的两台机出力之和。如图 9-8 黑线所示，当报价为 C' 时，相应的子系统出力为 $P_{1,t} + P_{2,t}$，此值说明在价格 C' 上，此子系统所提供的最大功率。

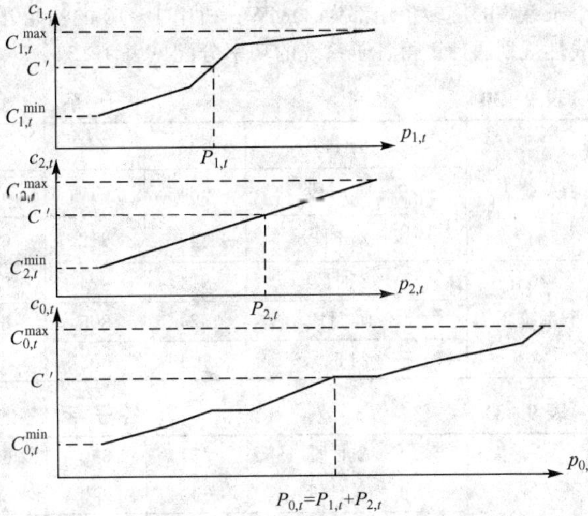

图 9-8　报价曲线的拟合

（2）各子系统最大出力为此子系统内各机组的最大出力之和减去此子系统的旋转备用约束；各子系统的最小出力为此子系统中最小出力机组的最小出力加上此子系统的旋转备用约束。

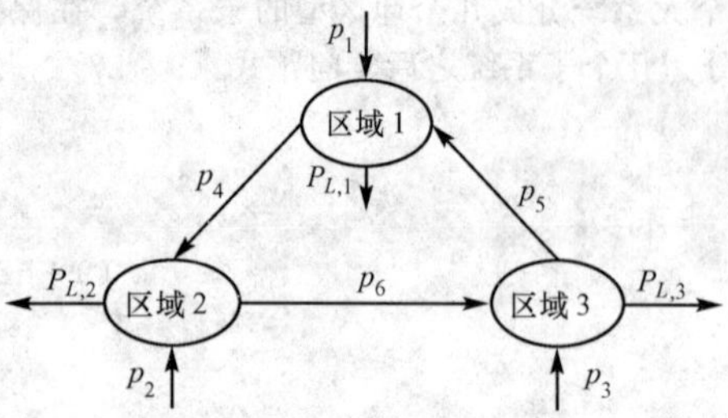

图 9-9　联络线功率的确定

（3）各子系统的负荷上升、下降速度约束为此子系统内各机组的负荷上升、下降速度约束参数之和。

（4）子系统之间联络线功率的确定：以图 9-9 所示的三个子块的系统为例，共有 3 条联络线，设各区域的发电功率为 $\{p_1, p_2, p_3\}$，负荷为 $\{P_{L,1}, P_{L,2}, P_{L,3}\}$，联络线功率分别为 $\{p_4, p_5, p_6\}$，参考方向见图 9-9。

则有

$$\left.\begin{aligned} p_4+p_5&=p_1-p_{L,1}\\ p_6-p_4&=p_2-p_{L,2}\\ -p_5-p_6&=p_3-p_{L,3}\end{aligned}\right\} \tag{9-68}$$

在此线性方程组中，设 $|p_4|\leqslant P_{4,\max}$，$|p_5|\leqslant P_{5,\max}$，$|p_6|\leqslant P_{6,\max}$，则有

$$\left.\begin{aligned} |p_1-P_{L,1}|&\leqslant P_{4,\max}+P_{5,\max}\\ |p_2-P_{L,2}|&\leqslant P_{6,\max}+P_{4,\max}\\ |p_3-P_{L,3}|&\leqslant P_{5,\max}+P_{6,\max}\end{aligned}\right\} \tag{9-69}$$

即

$$\left.\begin{aligned} \max\{P_{L1}-(P_{4,\max}+P_{5,\max}),0\}\leqslant p_1\leqslant P_{L1}+(P_{4,\max}+P_{5,\max})\\ \max\{P_{L2}-(P_{6,\max}+P_{4,\max}),0\}\leqslant p_2\leqslant P_{L2}+(P_{6,\max}+P_{4,\max})\\ \max\{P_{L3}-(P_{5,\max}+P_{6,\max}),0\}\leqslant p_3\leqslant P_{L3}+(P_{5,\max}+P_{6,\max})\end{aligned}\right\} \tag{9-70}$$

从而将联络线的传输容量界限转换为各子系统的功率限值。

用式（9-70）取代式（9-67），将式（9-62）～式（9-67）变换为以各子系统出力为变量的线性规划问题。用分段线性规划法解此问题，可得到各子系统的经济功率分配，将各子系统所分配的功率作为各子系统的负荷，在各子系统之间重新进行机组组合优化。子系统的负荷分配采用分段线性规划方法，机组组合采用动态规划方法。

3. 算例

以一个 10 机系统为例（系统数据未列出），将其划分为两个子系统，机组 1～5 为第一个子系统，机组 6～10 为第二个子系统。两个子系统的联络线功率限制为 200MW；系统在各时段的旋转备用都为 40MW；两个子系统的旋转备用都为 20MW；机组 1～10 的初始开机时间都为 5h；子系统的负荷见表 9-30。应用分段线性规划法计算得各子系统的功率分配见表 9-31。

表 9-30　　子系统负荷　　(MW)

子系统 1	1～8 时段	653	664	664	654	645	664	697	642
	9～16 时段	664	645	654	685	664	668	632	664
	17～24 时段	643	642	682	642	685	668	636	682
子系统 2	1～8 时段	814	824	824	815	805	824	858	803
	9～16 时段	824	805	815	846	824	828	793	824
	17～24 时段	804	803	843	803	845	829	797	843

表 9-31　　各子系统的功率　　(MW)

子系统 1	1～8 时段	777	690	690	690	690	690	755	690
	9～16 时段	690	690	690	731	690	690	690	690
	17～24 时段	690	690	725	690	730	690	690	725
子系统 2	1～8 时段	690	798	798	779	760	798	800	755
	9～16 时段	798	760	779	800	708	806	735	798
	17～24 时段	757	755	800	755	800	807	743	800

以各子系统所分配的功率值作为各子系统的负荷，应用改进的动态规划法和分段线性规划法解各子系统的机组组合问题。

计算结果如下，表 9 - 32 为机组的开、停状态；表 9 - 33 为各机组的出力和价格，子系统 1 的购电费用为 2.18791×10^6 元，子系统 2 的购电费用为 2.4542×10^6 元，则系统总的购电费用为 4.64211×10^6 元。

表 9 - 32　　**机 组 的 状 态**

机组	时段（1～24）																							
1	1	1	1	1	1	1	1	1	1	1	1	1	1	1	1	1	1	1	1	1	1	1	1	1
2	1	1	1	1	1	1	1	1	1	1	1	1	1	1	1	1	1	1	1	1	1	1	1	1
3	1	1	1	1	1	1	1	1	1	1	1	1	1	1	1	1	1	1	1	1	1	1	0	0
4	1	1	1	1	1	1	1	1	1	1	1	1	1	1	1	1	1	1	1	1	1	1	1	1
5	1	1	1	1	1	1	1	1	1	1	1	1	1	1	1	1	1	1	1	1	1	1	1	1
6	1	1	1	1	1	1	1	1	1	1	1	1	1	1	1	1	1	1	1	1	1	1	1	1
7	1	1	1	1	1	1	1	1	1	1	1	1	1	1	1	1	1	1	1	1	1	1	1	1
8	1	1	1	1	1	1	1	1	1	1	1	1	1	1	1	1	1	1	1	1	1	1	0	0
9	1	1	1	1	1	1	1	1	1	1	1	1	1	1	1	1	1	1	1	1	1	1	1	0
10	1	1	1	1	1	1	1	1	1	1	1	1	1	1	1	1	1	1	1	1	1	1	1	1

表 9 - 33　　**机组出力及相应的电价**　　［元/（MW·h）］

时段	机组功率（MW）									
	1	2	3	4	5	6	7	8	9	10
1	180	180	130	130	157	150	130	110	150	150
2	170	150	110	110	150	180	130	130	178	180
3	170	150	110	110	150	180	130	130	178	180
4	170	150	110	110	150	180	130	130	159	180
5	170	150	110	110	150	180	130	120	150	180
6	170	150	110	110	150	180	130	130	178	180
7	180	180	130	115	150	180	130	110	150	230
8	170	150	110	110	150	180	130	115	150	180
9	170	150	110	110	150	180	130	130	178	180
10	170	150	110	110	150	180	130	120	150	180
11	170	150	110	110	150	180	130	130	159	180
12	180	161	130	110	150	180	130	110	150	230
13	170	150	110	110	150	180	130	130	178	180
14	170	150	110	110	150	180	136	130	180	180
15	170	150	110	110	150	180	130	110	150	165
16	170	150	110	110	150	180	130	130	178	180
17	170	150	110	110	150	180	130	117	150	180
18	170	150	110	110	150	180	130	115	150	180

续表

时段	机组功率（MW）									
	1	2	3	4	5	6	7	8	9	10
19	180	155	130	110	150	180	130	110	150	230
20	170	150	110	110	150	180	130	115	150	180
21	180	160	130	110	150	180	130	110	150	230
22	170	150	110	110	150	180	137	130	180	180
23	200	180	0	130	180	210	173	0	180	180
24	235	180	0	130	180	310	220	0	0	270

计算结果显示，各机组在各时段的出力满足各种约束条件，并且各机组的功率分配比较准确地反映了它们的报价水平。这说明了本算法的有效性，完全可以运用到实际系统的运行中去。

4. 结论

组合优化算法解决了电力市场环境下的机组组合问题，考虑了联络线的功率约束。它首先将发电机组之间的竞价问题转换为各子系统之间的竞价问题，然后在各子系统内进行竞争，这符合电力系统的实际情况，因为电力系统受地域的限制是自然分块的。另外，在电力市场条件下，一个系统中一般都有一些大的电力公司，这些大的电力公司本身就是一些子系统，电力公司也可以在其内部展开竞争。

由于电力系统在正常运行过程中，不可能将一部分系统切除，也就是说各子系统之间不存在开停问题，因此可将原问题变换成为连续变量的优化问题，从而大大简化其计算工作量。

习题与思考题

1. 电力库模式下发电商有哪几种常见的电能投标方法？
2. 如何从静态、动态、完全信息和不完全信息的角度，理解博弈的分类及其所对应的均衡？
3. 试分析发电厂商的三种竞价策略及其作用。

第十章　配电侧电力市场分析

第一节　配电侧电力市场中的用户

一、电力市场中的用户

在垄断的电力系统中，用户被视为固定的、被动的和没有协作性的“负荷”。但在竞争的电力市场中，用户作为市场主体之一，既参与协调，又具有能动性。近年来在世界范围内实行的需求侧管理（DSM）和综合资源规划（IRP），便是这一思想的集中体现。

用户最好先将自己的负荷按照供电可靠性的要求进行排队，并依据各工序的具体情况选择不同的贸易方式。对大用户而言，由于计量和自动化水平高，有多种贸易形式可供选择，如长期 BC 贸易（期货）、短期提前交易、实时电力市场交易等；对中型用户而言，可选择短期提前市场交易（如提前 24h）；对小用户而言，一般都不具备计算机控制系统，可采用手动控制或供电方统一操作控制。

在未来竞争性的电力市场中，用户对供电方的选择有以下几种方式。

（1）直接从发电厂购电。

（2）从配电公司或持供电许可证的零售商那里购电。

（3）从电力库（Power Pool）或电力交易中心（Power Exchange）购电。

二、用户停电损失评估

停电损失是指故障停电或计划停电给用户造成的全部经济损失。停电损失包括直接损失（固定损失）和间接损失（可变损失）。在一般性的分析中，可近似认为可变损失在某个时段内与停电时间呈线性关系。

影响停电损失的主要因素有停电时刻（如工作或休息），停电对象及性质（Ⅰ、Ⅱ、Ⅲ类负荷），停电次数，停电持续时间，为提高可靠性而准备的容量备用等。

第二节　电力市场的需求侧管理与综合资源规划

一、需求侧管理与综合资源规划的概念

需求侧管理和综合资源规划最早起源于美国。早在 1973 年初就提出了能源需求侧管理，后来逐渐发展到最小成本规划和综合资源规划。而最有成效的工作是在电力部门，即进行电力需求侧管理和电力综合资源规划。这就要求不仅要管理好供应侧，还要管理好需求侧。因此，电力规划已不再仅仅是电力工业自身的规划，还应当成为包括供应侧、需求侧以及其他因素的综合资源规划，我们应当走出以前纯粹的供应侧管理模式。

1. 需求侧管理（DSM）

早在 1982～1984 年，美国 EPRI 就开始研究和发展需求侧管理（DSM）项目，并给出了具体的定义：需求侧管理是电力企业活动的计划和实施，这些活动能够影响用户对电力的使用，从而使电力企业的负荷曲线发生预期的变化。

需求侧管理是需方资源。当今世界面临资源和环境问题的多重挑战，必须整合各方资源，优化资源配置，提高运营效率。因此，竞争性电力市场的形成需要考虑新的策略，即更多地重视需方资源，实现电力消耗的零增长。需求侧管理的主体是用户，而不是某项具体的用电技术或产品。

经过 20 多年的探索和实践，需求侧管理与综合资源规划已成为电力工业可持续发展的重要支持手段。例如，美洲、欧洲、亚洲、大洋洲的 30 多个国家和地区，美国的 30 多个州，都采用 DSM 和 IRP 进行电源开发和最小成本规划，提高能源利用率和改善环境。我国于 1992 年引进 DSM 和 IRP 的概念，1997 年后对 DSM 的研究成为新的热点。到目前为止，江苏、浙江、深圳、上海、华北、北京、辽宁、福建、浙江、广东等地区电网，以及胜利油田等企业电网已经实行了 DSM 的试点和示范。

2. 综合资源规划（IRP）

综合资源规划（IRP），是把实施DSM而节省的电能，视为一种资源参与电力规划，对发电、供电和用电的方案及节电方案进行比较，经过优选组合和筛选，制定最小费用资源计划，确定最佳资源配置，形成对社会、电力公司和用户各方受益、成本较低、又能满足能源服务的综合方案。

各方受益的含义是：①电力公司采用DSM降低了用电增长率，可以缓建或者避免新建电厂，从而平抑电价。②用户采用先进设备的投资能在短期内从节省的电费中收回，进而获得长久的效益。③全社会得到了优化的资源配置，抑制了资源的过快消耗，保护了环境（如减少二氧化碳、硫化物和灰渣的排放量），实现了可持续发展。

二、需求侧管理的内容和手段

电力企业在需求侧管理方面的活动，包括负荷管理、新技术运用、战略性的节能措施、电气化、分布式发电以及市场机制的调整，它们与广大用户在电力供应、计量、收费等方面有着密切的联系，所处地位有利于传递和收集信息，并组织需求侧管理项目的实施，理应成为实施需求侧管理的主体。

实施需求侧管理的手段包括经济手段、技术手段和行政手段三种。经济手段是市场经济中最重要的手段，对电力公司而言，可采取分类电价、分时电价、实时电价、可中断电价、奖惩、补贴、财政援助、低息贷款、免费服务等。技术手段包括，采用先进技术设备及管理技术，调整用户负荷曲线的形状。行政手段包括，制定政策法规，鼓励电力公司和用户参与需求侧管理，进行宏观调控；加大宣传推广的力度。

实施需求侧管理的内容及措施是：

(1) 削峰或错峰（Peak Clipping or Load Shifting）。其目的是：减少峰荷时调用昂贵机组，减少备用容量（旋转备用），降低运行费。主要措施：①供电公司直接切负荷（严重缺电时）或用户接到通知后自己减负荷；②转移负荷，如采用经济或行政手段错开高峰时段和枯水期用电，调整不同用户的高峰用电时间或作业程序等。

(2) 填谷（Valley Filling）。其目的是提高负荷率，充分利用闲置机组，增加电力销售。主要措施：①采用峰谷分时电价和季节分时电价；②使用蓄水、蓄冰制冷或蓄热设备，实现移峰填谷的作用。

(3) 节能（Energy saving）。其目的是提高用电效率，减少能源浪费，保护环境。主要措施是采用节能技术和设备，如“绿色”电器、隔热材料等。

(4) 灵活负荷（Flexible Loads or Interruptible Loads）。其目的是：降低用户电费支出，或使用户承担系统部分备用。主要措施：提供多种多样的供电方式及电价，如可中断负荷电价等。可中断负荷电价是指在高峰时段，用户按要求停止部分或全部用电，因避峰而享受的一种优待电价。因即将全面实施于电力市场中，所以急需进行这方面的研究。

(5) 战略性负荷增长。其目的是：扩大电力能源市场的规模，优化资源配置。主要措施有：开发新设备，如电动汽车专用的蓄电池；淘汰低效率的其他能源设备等。

三、实施需求侧管理的模式

实施DSM的主体为电力公司。电力公司与用户有着供应、计量、收费等多方面的联系，所处地位有利于传递和收集信息并组织项目的实施。在实施DSM的过程中，可采用统筹型模式或对象型模式。前者有代表性的是美国，而后者则是北欧国家。

(1) 统筹型模式。以美国为例，在实施DSM的时候，经电价管理委员会同意，在电价上附加少部分费用作为开展DSM的资金来源，然后用于广大用户购买节能电器和高效电机等的直接回扣。

(2) 对象型模式。如北欧（丹麦）等国，单独对每一用户进行能源监测，然后提出其高耗能设备使用效率等方面的报告，并进行整改，使参与DSM的用户的能源使用效率有很大提高。

四、DSM与IRP的实施流程

图10-1所示为我国DSM与IRP计划的实施流程图。

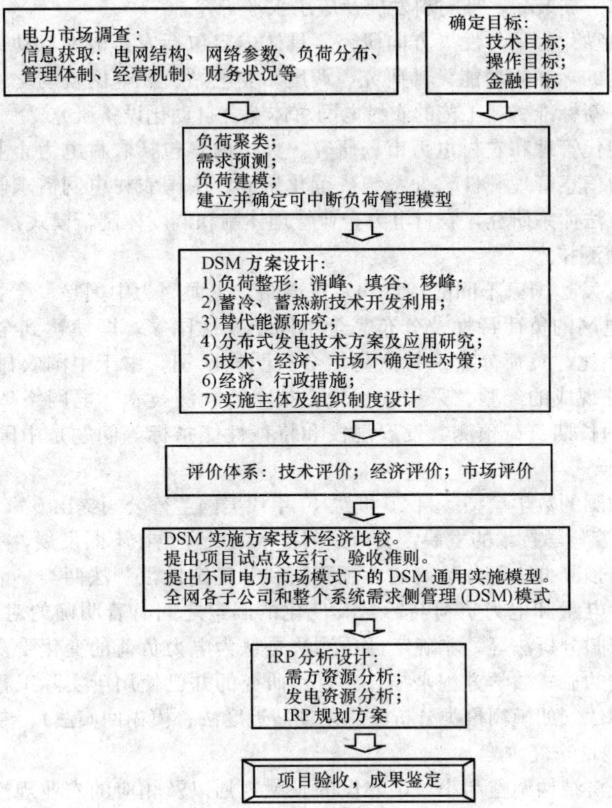

图 10-1　DSM 与 IRP 计划的实施流程图

第三节　适应全面小康社会的农村电力网研究

一、农村电网的内涵与特征

县及县以下的供电体系构成了农村电网。目前，我国已逐步形成了以 220kV 和 110kV 线路为主网架，35kV 变电站为电源点，10kV 线路为配电网络的农村电网架构。

我国的农村电网覆盖了全国 80%的人口和 90%的国土，对于配电侧和售电侧电力市场的建设具有十分重要的作用。

二、农村电力网研究的主要内容

农村电网作为整个配电侧电力市场的关键组成部分，对于促进和完善电力市场的全面改革，推动农村经济稳步和健康发展起着至关重要的作用。要想实现农村的全面小康，必须对农村电网进行系统的、科学的研究，揭示农村电网负荷及市场发展规律，预测农村电力市场的负荷水平，找到适应农村电力市场需求的农村电网发展规模、发展模式、特征性能指标、技术装备和自动化水平，得到相应的农村电网现代管理模式。

当前急需解决的问题如下：

（1）中国农村电网电力需求研究。具体内容包括农村电力负荷空间分布跳跃性变化的规律、特征研究，中国小康农村负荷分布预测模型建模，中国小康农村负荷分类预测模型建模，全面小康社会全国农村电网综合负荷预测模型建模及预测。

（2）中国农村电网发展规模与特征性能优化研究。具体内容包括适应全面小康社会的中国农村电网发展规模研究，适应全面小康社会的中国农村电网模式研究，适应全面小康社会的中国农村电网合理结构布局及特征性能优化研究，适应全面小康社会的中国农村电网可靠性与农网接线方式研究，适应全面小康社会的中国农村电网新技术、新装备、新材料发展及应用水平研究。

（3）中国农村电网自动化水平与发展方向研究。具体内容包括农村电网自动化技术发展和实施规划研究，农村电网自动化系统的标准化功能设计研究，调度、变电站、配电网自动化一体化模式、系统结构研究，新一代采用新技术、新标准、新工艺的农村电网总体综合自动化设备研究。

（4）中国农村电网现代管理和农村电力市场研究。具体内容包括农村电力企业管理的规范化研究，信息规范化研究，农村电力信息管理硬件软件系统规范化研究，中国农村电网需求侧管理模式研究；农村电力企业效绩管理模式与方法体系研究，农村电力企业管理体制和调度体制新模式，“可中断负荷”管理。

三、农村电网负荷预测技术

中国农村电网具有与发达国家不同的特点和发展道路，主要因为中国是一个农业和农村人口占大多数的国家，这使中国农村电网的负荷特性及分布完全不同于发达国家。即使达到全面小康的水平后，我国的农村电网与发达国家相比，负荷分布及特点仍然会有明显区别。由于中国农村电网本身的技术经济规律和特点，无法借鉴国外现成的经验。采用现代优化技术、预测技术、电网络理论和计算机技术研究和解决适合中国农村电网的长期负荷预测、发展规模和特征性能指标等问题是中国农村电网科技发展的特殊需要。

预测的核心问题是预测的数学模型。自 20 世纪 40 年代美国兰德公司提出专家小组预测法并命名为德尔非法（Delphi）以来，随着科学技术的发展，负荷预测技术的研究也在不断发展，所提出的中长期负荷技术和方法多达几十种。所有预测方法可分为确定性预测法和非确定性预测法两类。前者把电量和电力负荷用一个或一组方程来描述，电量和电力负荷与影响其变化的因素之间有着明确的对应关系。如弹性系数法、单耗法、时间序列法、回归分析法等。非确定性预测法是认为电力负荷的变化受众多模糊的、不确定的因素影响，它不可能用精确的显式数学方程来描述。近年研究的并已使用于实际工程的不确定性预测法有灰色系统预测法、模糊预测法（如模糊聚类分析法、模糊贴近度法、模糊回归法）、专家系统预测法等。

1. 农村电网负荷预测的研究内容

（1）根据全国农村经济结构调整和小城镇建设的发展规划以及相应的农业规模化集约程度，分析农村电力负荷空间分布跳跃性变化的规律和特征。预测农村城镇化对用电需求的影响，得出农村电力负荷特征及负荷分布特征的论证结论。

（2）研究和建立小康农村电力需求预测模型。包括空间负荷分布预测模型、中国小康农村负荷分类预测模型、小城镇负荷预测模型、集约化农庄负荷预测模型和全国农村电网综合负荷预测模型。

（3）全国农村电网电力负荷预测中长期负荷预测。

2. 农村电网负荷预测的技术方法

（1）空间负荷预测以考虑大事件的“用地仿真法”为建模基础。事件中心对负荷空间分布的影响相当于“多峰钟形曲面”在中心处隆起一个新的峰。这样，整个负荷空间分布是由“事件中心”“小城镇中心”“龙头农业企业中心”“集约农庄中心”等所引起的负荷分布叠加而成的。

（2）中国小康农村负荷分类预测将采用单耗法与系统动力学原理相结合的方法建立负荷预测模型。

单耗法是对各类工业的用电量采用单位产品（或按产值）的耗电定额（简称单耗）进行预测的经典方法。计算公式为

$$\text{用电量}=\text{产品产量}\times\text{产品的单位耗电量} \tag{10-1}$$

也可以用国内生产总值或工业总产值结合其电量单耗计算出用电量，又称产值单耗法。式（10-1）中的产量（或产值）由经济发展规划作出，产品或产值的单位耗电量采用系统动力学原理建模求得。

系统动力学模型本质上是带时滞的一阶微分方程组。这种方法在建模时借助于流程图综合分析影响产品耗电量的主要因素，确定状态变量、速率和辅助变量，建立数学模型。该方法对系统的观察、建模以及结果分析由人来完成，对系统动态过程的跟踪由计算机来完成。

（3）农村电网综合负荷预测将以灰色系统理论为建模基础，并结合模糊数学、遗传算法、专家系统法对模型和算法进行改进。电力负荷中长期预测具有十分显著的灰色特征。影响电力负荷的因素众多，信息部分已知、部分未知，电力负荷随时间是一个非负递增数列。灰色预测具有要求原始数据少、原理简单、不考虑分布规律、运算方便、可检验等优点。因此灰色系统理论在负荷预测中得到了广泛应用，并取得了较好的效果。

3. 农村电网负荷预测的技术流程

适应全面小康社会的中国农村电力需求研究需要分三个阶段进行：①调研与收集资料；②建立预测模型库；③负荷预测。实施方案如图 10-2 所示。

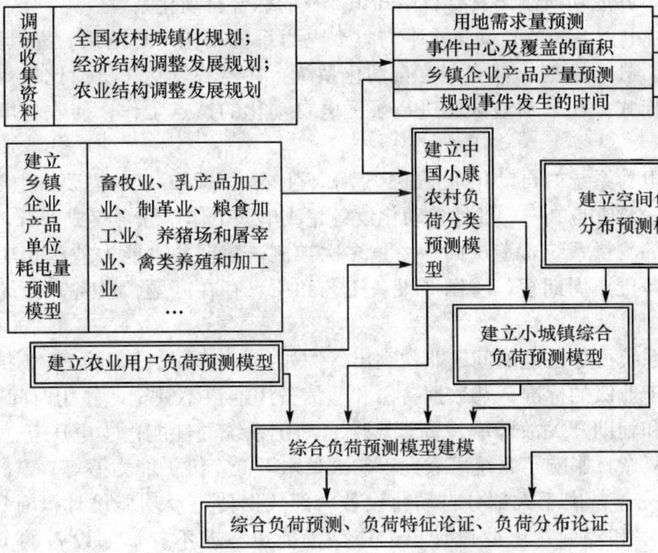

图 10-2 农村电力需求预测流程图

四、农村电网优化技术

随着优化技术和方法自身的发展，解决电网优化问题所采用的优化方法也不断发展。传统的优化技术和方法具有严密性、确定性、精确性的特点，有线性规划、非线性规划、整数规划和动态规划四个主要分支。

自 1947 年丹捷格提出求解线性规划问题的单纯形法之后，线性规划在理论上已经比较成熟。求解非线性化问题的方法的研究在 1950～1980 年有较大的发展，提出的方法主要有一位搜索法、最速下降法、共轭梯度法、二次规划法、逐步逼近法和灵敏度法等。这些方法都有各自特定的适用范围，目前仍是一个重要的研究领域。

整数规划是 20 世纪 60 年代发展起来的一个分支，其中分支定界法既可用于求解纯整数规划问题又可以用于求解混合整数规划问题，是一种较为成熟的算法。动态规划是美国数学家贝尔曼 1951 年首次提出的解决多阶段决策优化问题的方法。根据决策过程的时间是离散的还是连续的，决策问题是确定的还是不确定的，决策过程模型可以分为离散确定性、离散随机性、连续确定性和连续随机性四种。求解随机性决策过程模型的方法仍在研究之中。

随着 20 世纪 80 年代初禁忌搜索、模拟退火、遗传算法和人工神经网络算法的兴起，形成了新的现代优化技术研究领域。这些优化方法为解决传统优化方法难以解决的不确定性问题的优化以及 NP-hard 问题开辟了新的途径。农村电网优化技术研究需首先解决以下两个方面的问题。

（1）农村电网发展规模。该问题的实质是规模预测，其技术原理为利用数理统计原理找到发展规模与相关因素的关系并进行电网可靠性研究；利用灰色系统理论和模糊数学的理论建立预测模型；利用数学规划和现代优化技术提供的方法对不同地区所建立的模型进行预测，并对多种方法计算结果综合平衡得出最终结果，预测的同时要考虑网络结构的变化。

（2）农村电网的预期特征性能指标。对农村电网预期特征性能指标的研究采用数学优化方法进行，并考虑供电可靠性的影响。利用数理统计、可靠性数学和可靠性经济学的基本理论和方法对农网可靠性评估和可靠性指标进行研究。

五、农村电网自动化技术

最初的农村电网比较简单，几乎没有自动装置，随后出现了单一功能的自动装置，对单个电力设备和单一过程用分立的自动装置来完成自动化的某项单一功能。20 世纪 80 年代开始，出现了微机保护、微机监控等变电站内自动化装置，随后把保护装置和自动化监控装置按变电站一次设备的配置进行组态，并设计为功能单元。从 20 世纪 90 年代开始，我国已能用一套自动化系统或装置完成以往两套或多套分离的自动化系统或装置所完成的功能，并成功研制出具有自主知识产权的综合自动化装置。

我国 35kV 及以上农村电力系统的自动化水平与整个电力系统相比不算落后。尤其通过农村电网改造，自动化水平发展速度较快。县一级基本都有调度自动化系统。在经济发达、负荷比较集中地区，变电站越来越多地采用综合自动化模式。在个别地区还进行了配电自动化的试点工作，使农村电网自动化水平上了新的台阶。

尽管如此，我国农村电力系统的自动化水平还远远跟不上农村电网发展的需要，主要表现在如下方面。

（1）功能设计有缺陷。①功能单一，各种自动化设备完成单项工作，综合集成度低，总体协调性差，综合成本高；②各自有独立的测量系统，造成同一个量多次被测，数据共享能力差；③功能设计缺少预见性和长远规划研究，致使设备更换周期短；④国产设备工艺和质量存在问题，设备寿命周期短；⑤软硬件功能接口扩展性差等。

（2）农村电网自动化系统可靠性差的问题非常突出。例如：①自动化设备的 EMC 抗电磁干扰水平、运行温度等指标还不能达到工业级的标准；②数据备份和通信备用通道不健全，停用时间长和历史数据不全；③一次设备机械操作机构和辅助开关故障率过高，影响自动化系统的性能；④电压互感器和电流互感器的负载过重，站内二次接线复杂，影响了系统可靠性；⑤人员水平低，维护能力差等。

（3）标准化问题很不完善。由于大部分自动化设备内部数据传递及功能设计没有可遵循的完备标准，基本按照开发商自己的理解和经验，因此设计出的产品性能也参差不齐，如设备的 EMC 抗电磁干扰指标、系统的可扩展性、各级数据传输的机制、同步高速数据采样水平，系统与各种类型的微机保护设备的通信、与调度中心间的通信、与数据交换网间的广域网连接、与智能电能表间的通信等，导致中间数据转换环节多，资源重复配置，扩展性差，总体性能低。标准化问题也是造成浪费和降低系统整体可靠性的关键因素之一。

（4）通信渠道不够畅通。通信通道不健全、信道质量差是影响农村电力自动化水平和制约农村电力自动化发展的重要因素。

总之，农村电网自动化将向功能与结构综合和集成的方向发展，在以上四个方面必须尽快加大投入，进行研究进而形成生产力。图 10-3 所示为适应全面小康社会的中国农村电网自动化研究的实施流程。

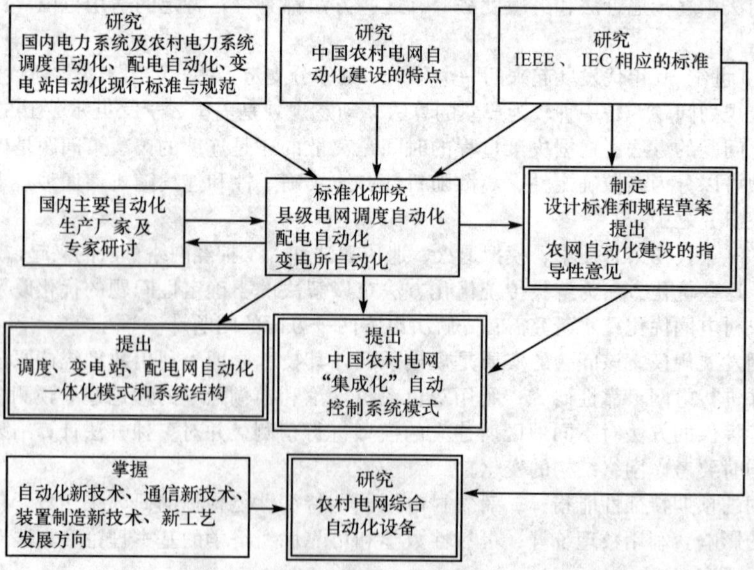

图 10-3　中国农村电网自动化研究实施流程

六、农村电网现代管理与电力市场技术

1. 农村电网现代管理技术

自1961年加拉格尔提出管理信息系统（MIS）以来，其概念和技术随着计算机技术的迅速发展不断拓宽，总的说来MIS是信息科学、计算机科学、系统科学和管理科学综合交叉的新的专门学科。

20世纪70年代，计算机在发达国家管理方面的应用已经十分普遍。计算机技术在我国电力行业管理方面的应用始于20世纪80年代初期，当时计算机不普及以及汉字处理技术没有突破，所以计算机在电力管理方面应用的范围不大。20世纪80年代中后期到90年代，计算机硬件、软件技术有了突飞猛进的发展，MIS技术和开发方法也不断涌现，其主流方法有：生命周期法、快速原型法、战略数据规划法和面向对象法等。MIS技术在我国农电及其他电力企业的用电营业管理、财务管理、人事管理、生产设备和生产资料管理等方面的应用比较普及。20世纪90年代末期，研究与地理信息系统相结合的MIS以及与SCADA自动化系统相结合的电力生产运行管理的MIS成为国内外研究的热点和电网数字化管理发展的趋势。

在电力逐步市场化的今天，配电侧市场模拟与分析决策已成为信息化、数字化农村电网现代管理不可或缺的组成部分。就管理信息系统的建设过程而言，发达国家是在实现了工业化以后再进行信息化建设，也就是在管理流程和数据处理流程比较规范的基础上进行信息化建设的。而中国则是同时进行工业化和信息化建设，而且管理模式有很大差异，因此国外电力企业的信息管理系统的研究成果很难直接在中国电网中采用。目前急需解决的问题如下。

（1）农村电力企业管理模式规范化。我国目前的电力企业管理流程是多年以来自然形成的，从现代管理的理念和信息管理的角度来看未必合理，此外各地农电企业的管理模式差异较大，没有统一的管理规范。而企业管理模式的规范化是企业管理信息化、数字化最基本的、必要的条件。因此，用现代管理理念研究电力市场环境下，农网企业的各种管理业务流程、岗位职责、运行规程等规范是当前农网数字化管理首先需要解决的问题。

（2）多源异构数据和信息规范化。目前在我国电力企业中调度自动化系统、配电自动化系统、用电营业管理MIS、财务及人力资源管理MIS、办公自动化MIS以及地理信息系统、设备管理、自动绘图与设计系统（GIS、FM、AM）各自独立研发，数据信息和资源不能共享，低水平重复开发和建设的现象较为普遍。出现这种现象最根本的原因是没有统一的数据平台。目前农电企业各种自动化和MIS系统的普及程度不太高。因此，研究农村电网数据信息分类、数据处理流程、数据信息编码的规范，建立农村电力企业统一的数据平台是当前急需解决的主要问题之一，也是农村电网管理数字化信息化的核心内容。

（3）管理软件平台规范化。上述各种自动化系统开发和建设的另一个重要原因是没有统一规划的功能规范。因此，研究并建立统一的功能规范和各子系统数据交换的规约或规范也是当前急需解决的主要问题。

2. 农村电网配电侧电力市场

垄断经营了上百年的电力调度运营模式终于在电力买方市场到来之际，在世界范围内实行了电力市场化运营。我国已实现了厂网分开，引入了竞争机制，发电侧电力市场正式开始实施。随着国民经济的发展和电力体制改革的推进，第二阶段的“输电开放、趸售竞争的电力市场”将全面展开，最终将过渡到“配电和零售适度竞争的电力市场”模式。随着国家级电力市场、区域电力市场、省级电力市场的建立，上网竞争电价（市场清算价）、输配电核定电价和零售竞争电价的三段式电价结构终将逐步形成。

世界各国对配电侧电力市场的改革投入了巨大精力，发达国家对发电侧、输电环节和配电侧同时解除管制或放松管制，取得了显著的社会和经济效益。发展中国家根据本国国情，大都在探索电力市场的运营模式，部分国家的电力市场运营水平已经达到很高的水平。英国成立了12家地区电力公司（REC），负责向终端用户供电，所有用户均可自由选择供电商并可在期货市场、现货市场和平衡市场中与电网公司签订合同。美国加州、PJM、NewEngland等电力市场引入了配电公司、电力客户、电力服务提供商作为配电侧电力市场的主体，提高了整个电力系统的运营效益和效率。

我国电力市场的改革已经起步，但对配电侧电力市场的研究非常欠缺，在宏观上缺乏系统科学的认识、规划和管理。配电侧电力市场发展趋势是电力企业重组并实行公司化运作，在配电和零售领域逐渐加大竞争力度，对农村电网系统的所有操作进行定价，实现交易成本最低或用电效益最高的调度和交易模式，电力企业实现现代化管理。在此背景下，我国农村电网配电侧电力市场研究应集中在以下几个方面。

（1）我国农村电网需求侧管理（DSM）模式研究。其内容包括负荷特性及建模，负荷整形—削峰、填

谷、移峰等，蓄冷、蓄热新技术的开发和应用，可中断负荷管理，替代能源；分布式发电，技术评价体系及推广手段。

(2) 电力企业效绩管理（管理目标，效绩激励、效绩评价、效绩诊断和效绩提高）模式与方法体系。

(3) 不同电力市场模式下，中国农电市场的内涵、特征及规模。内容涉及农电电价结构、电价水平、电价弹性，中长期农电市场的需求规律及市场均衡的条件。

(4) 农电企业管理体制和调度体制新模式。

第四节　省级电网企业效绩管理的系统分析与构建

一、引言

在电力工业市场化改革的今天，"厂网分开、竞价上网"的发电侧竞争模式正在全面推开，原国家电力公司管理的资产按照发电和电网两类业务划分，并分别进行资产重组。相应地，电网运营业务的组织与结构、各主体的职能与地位发生了重大的变化。在电网环节形成国家电网公司、区域电网公司和省级电网企业这一紧密的层级式组织结构，其中国家电网公司主要负责各区域电网之间的电力交易与调度，参与跨区域电网的投资和建设；区域电网公司负责规划本区域电网发展，培育区域电力市场，按照市场规则进行电力调度；区域内的省级电网企业成为区域电网公司的子公司或分公司，主要负责分担国家电网公司、区域电网公司的管理目标、运营方案的贯彻、实施与完成，是电网经营企业的业务操作层。

省级电网企业内部运营效绩状况直接影响国家电网公司、区域电网公司效绩目标的实现与管理职能的发挥，间接影响国家电力体制改革过程中形成的组织结构、管理制度和监管机制运行的有效性。作为主营电网业务的省级电网企业，如何在竞争的市场环境中，通过实施以效绩管理制度为基本特征的制度创新，改善其内部效绩的形成和管理，促使电网整体运营效绩的提高，推动电力市场化改革的深入，是当前省级电网企业效绩理论与实践上急需解决的一个主要问题。

电力企业效绩形成和管理的问题在理论界、企业界及政府部门引起了广泛的重视与深入的探讨。国外学者对企业效绩的形成和管理在理论和方法上形成了一系列的认识，国内学者从20世纪中后期开始了对企业效绩形成和管理的影响因素及评价方法的研究；实践中，电力企业通过制定相应的效绩评价办法、激励制度进行了效绩形成和管理的探索；政府部门和国电公司也通过建立效绩评价制度和准则，营造企业对效绩形成和管理的重视与规范化管理的氛围。这些理论研究、实践探索及政策规范，有效地促进了省级电网企业效绩形成和管理水平的提高，增强了其价值创造能力和风险防范能力。但是由于电力体制改革正处于深入的变革进程中，其环境、体制、制度及机制等面临较大程度的不确定性，与此同时，国家电力公司的有关效绩管理制度还不成熟，各省级电力公司经验性的效绩管理办法缺乏理论提升。

基于上述认识，本节以当前电力体制改革与管理制度创新为背景，以省级电网企业效绩持续改善与提高为目的，依据系统理论、委托代理理论、管理控制论等相关理论，采用系统分析、决策分析等方法，首先通过对省级电网企业效绩形成的理论和形成的影响因素分析的基础上，提出了效绩管理的系统框架，从而丰富和推动省级电网企业效绩形成与管理的理论研究。

二、省级电网企业效绩形成及其影响因素

系统深入的分析省级电网企业效绩形成的特性和内外部影响因素，是构建省级电网企业效绩管理系统的基础和前提。省级电网企业的实务技术系统和管理技术系统特性决定和影响了其效绩形成。随着我国的电力体制改革正在向纵深方向的推进，省级电网企业的生存环境也发生了巨大的变化。这些变化最终影响了省级电网企业委托代理关系良性化状况，进而影响了省级电网企业效绩的持续提高。

(一) 省级电网企业技术系统和管理系统特性对效绩形成的影响

电力工业是国民经济的重要的基础产业，又是资金密集、技术密集的网络性行业，是社会公用事业的重要组成部分。在过去的20年里，我国电力工业取得了历史性的巨大成就。到2000年底，全国装机容量达到3.19亿kW、年发电量超过13600亿kW·h，标志着我国已进入世界电力生产和消费大国，我国电力工业已开始从大电网、大机组、超高压、高自动化阶段进入到优化资源配置、实施全国联网的新阶段。

依据企业效绩形成系统理论，分析由省级电网企业的实务技术系统特性、管理技术系统的特性所表现的效绩的形成的特殊性。首先，从供电企业产品、资源、技术、效益及市场等实务技术系统要素分析，揭

示其效绩形成过程中的各类投入要素的特性；其次，从生产管理、成本管理、销售管理、财务管理、人事任免等管理技术系统要素的重点方面，反映效绩形成过程中的管理技术系统的功能与作用。

1. 由实物技术系统特性决定和影响的效绩形成特性

（1）供电企业产品特性。电力企业的产品是电能，其作为商品除了具有一般商品的特性外，还具有不可存储性、不可见性、同质性及电网依附性等特殊性。电力作为一种能源商品是不能储存的，其生产与消费必须同时进行，因此电网在技术设备上要能实现一定的容量储备。电力商品的不可见性，使其交易主要以合约或期货方式实现，因而电量商品交易带有较强的计划性，而且电力商品的交易过程必须以庞大电网技术系统为媒介，具有电网技术系统依附性。

对一个大的电力系统，由于电力商品的同质性，同时又由于电能商品的不可见性与电力商品的不能储存特性，电能在供大于求时，只能降价。电力商品的内在质量主要表现为能够按需、按时满足用户各种合理需要，由于电力商品的电网依附性，电网的规模、技术保障决定着电力商品的内在质量；电力商品的外在质量主要是反映供电企业营销服务水平，包括内部管理水平、外部营销策略、用电侧管理服务能力及社会公众形象和企业文化等。因此，供电企业在既定的规模和技术体系下，其效绩形成更多的需要借助于对效绩形成过程中关系要素的改善、服务能力和管理能力的提高。

（2）供电企业的资源与技术特性。供电企业是一个显著的资源依赖性企业，具有资本密集、技术密集的特点，其效绩的决定因素是供电企业所依赖的资源——电网系统的规模、技术状况及自动化完备程度。

在供电企业中，连接生产者和消费者的是电网，它连接各个发电厂并将电厂发出的电力供给分散的多个负荷中心（用户）。形成电网的好处在于可以实现安全供电和通过降低备用发电量提高其经济性。电网投资大，运营中的固定成本比高，变动成本比低，成本函数具有弱增性，因而强调发挥网络规模经济和范围经济的效益十分重要。与此同时，技术上的规模经济也导致了自然垄断（Natural monopoly）的形成。供电企业在不同的发展阶段，其所依赖的资源与能力是不同的，在20世纪90年代初，电力短缺环境下，基于资金和技术的规模是其发展的瓶颈；在21世纪初电力供应相对充裕，且存在一定的市场竞争的环境下，基于资源的素质与能力形成的电力服务品牌是其竞争优势所在，又是其获得卓越效绩表现的基础所在。

（3）供电企业的效益特性。在工业化初期，我国电力行业各经营单位不是一个独立的企业，它们作为基础设施和公用事业，其经营亏损由政府给予一定的财政补贴。随着经济体制改革的深入，市场竞争的加剧，电力企业旱涝保收的局面被打破。电力体制的改革旨在促使电力企业逐步成为经营性和盈利性较强的独立市场主体。与此同时，电力企业又不同于纯粹的企业，它具有较强的公益性。由于电力企业经营的社会公益性，政府予以特别重视，往往通过实施管制政策和补贴政策进行调控，以避免重复建设造成的资源浪费，规范经营者的行为，防止其收取垄断高价，造成资源配置的扭曲。

我国政府对电力工业主要采用设置高的壁垒实行“进入管制”与政府严格审批的价格管制。由此电力企业效绩部分反映在通过市场价格调节的投入产出效益水平上，部分反映在相关主体的需求满足上，即与效绩相关主体的效应上。

（4）电力市场结构特性。对于电力市场，尽管电力商品具有完全的同质性，但是我国当前电力市场实际上形成的是政府管制下的寡头垄断市场，由于电力市场的集中性和进入的壁垒高等特性而使电力企业缺乏提高资源配置效率的外部压力，由于电力商品用户需求弹性低等特性，约束了电力企业效绩在一定的经济环境下大幅度增长的可能性。随着以引入竞争、打破垄断为目标的电力体制改革的深入推进，电力企业将直接面临市场对其资源配置效率提高的压力。

2. 由管理技术系统特性决定和影响的效绩形成特性

（1）管理体制的特性。国有电力资产经过层层委托代理以后，省电力公司作为国有电力资产的直接经营管理主体。在“厂网”未分开时期，省电力公司是一个集发供输配送管理于一身的集团企业。供电企业与直属电厂均属于省电力公司的下属单位，省公司对下属的电业局、直属电厂采取矩阵式管理模式，由省公司的各个职能部门分别负责管理下属单位的生产、销售、财务、项目建设等。这种过于集权的管理模式使省电力公司与下属经营单位之间在责权利方面存在较大程度的不对等，更多的时候表现为下属单位的权利大，而承担的义务小。由于责权利范围界定的不对称与不明确，省电力公司需要更多的承担下属单位经营失误造成的损失；由于管理权限的高度集中，省公司时常会在不能准确把握实际情况下，做出不利的经营决策而造成损失。

在“厂网分开”以后，省级电力公司成为一个主营供电业务的企业集团，下属从事供电业务的单位作为其下属的子公司，省电力公司将依据市场标准，对下属各个子公司采取分权式管理与控制。这种管理体制的改变，相应改变了其下属单位在效绩形成过程中与省公司（委托人）之间的权责利关系，集团公司给予下属子公司经营者能力与努力的施展空间相应增大了，从而也使电力企业效绩管理成为必要。

（2）生产管理的特性。供电企业保证安全供电是其首要职责，由于电力生产消费的同时性，电力有效供给需要供电企业具备良好的负荷预测系统，并且通过合约与用电大户建立供应关系，供电企业安全供电的重要性能指标包括容载比、电网的调峰能力和抗灾变能力。这些能力需要相应的技术系统与生产作业管理来保障，因而供电企业的效绩产出结果的间接效益还包含实体要素的安全生产管理状况。

（3）成本管理的特性。由于供电企业是技术密集型企业，其安全生产需要依靠良好的设备维护与修理保障，因此供电企业的修理费、材料费占其成本的较大比重。省级电网企业在集权式的管理体制下，下属各个经营单位的管理成本的核算比较粗糙，对由于责权利划分不明确而产生的成本费用主要采用平均的方式进入各个下属单位的成本中。在推进市场化的进程中，为了提高供电企业的效绩产出的效益，省电力公司越来越注重生产成本的管理，注重对生产成本和费用的控制与降低，并将这两项指标的控制与降低程度作为下属经营者的一项重要考核项目。

（4）销售管理的特性。供电企业是以经营电网为主业、从事电力商品买卖的经营主体。随着我国电力市场结束了短缺供应，出现了低水平的供大于求的局面，供电企业需要转变观念，采取积极的营销措施，由过去缺电限制用户用电转向与用户一起制定能保证用户需求且成本比较低的用户侧需求管理，形成用电时段与用电价格多种组合的系列产品，由此，供电企业效绩形成过程中的能力投入要素在销售管理方面表现为对用户有效需求的挖掘能力和有效供给能力。

（5）财务管理的特性。财务管理是省电力公司重要的职能管理。省公司以集中式财务管理模式将下属各个经营单位经济利益连接在一起：在筹资方面，省公司为下属分公司提供与筹资渠道、方式、风险及资金成本等相关的资源与信息；对费用（包括电费、折旧、贴费等）进行预算管理；供电企业不是一个纯粹企业的特点，决定了电网的投资决不能完全取决于项目的成本效益，而是要更多考虑社会公益。当前省电力公司由于电费的回收困难形成了大笔的坏账损失，为改善财务状况，规避经营风险，提高经济效益，增强企业实力，针对当前电力企业的财务管理存在的主要问题，需要通过构建电力企业效绩管理系统对其财务效绩进行系统的评价与诊断，以寻求有效的改善途径。

（6）经营者任免与激励约束机制特性。目前的电力企业其经营者的任免主要是依据上级主管人事部门的人事考核标准来任免下属单位的经营者，政企分开的体制还不彻底。采用工效工资挂钩的分配方式，经营者与职工收入差距不大，效益工资发放平均主义的思想还比较突出。依据经营者对企业效绩贡献的理论可以推知，电力企业在经营者的任免方式及激励机制方面存在的缺陷，是根本上制约电力企业效绩改善与提高的原因。随着电力体制改革逐步深入，经营者的任免机制将逐步科学，相应的激励机制将逐步合理，重新审视电力企业经营者对企业效绩的贡献，寻求更好的激励机制以充分有效的配置电力企业内部的以经营者为代表的人力资源要素，必将加快电力企业现代企业制度的建设进程。

3. 省级电网企业效绩形成的委托代理关系

所有权与经营权分离背景下形成的委托代理关系，是企业效绩形成和管理过程中主客体之间的主要作用关系。省电力公司作为发供电集于一身的集团企业，从产权角度来看，省电力公司与国电公司、国有资产管理局及国有电力资产管理委员会等部门形成了层层委托代理关系；从信息经济学角度来看，省电力公司与下属的地市供电单位之间又形成了委托代理关系。

委托人拥有企业产权并享有企业剩余索取权，代理人（经营者）作为受托方代表委托人（所有者）享有企业的经营控制权，并创造企业的剩余价值。要实现委托人的投资收益，企业首先必须盈利；企业盈利大小主要取决于经营者经营的企业在市场上实现的效绩；企业效绩取决于经营者有效代理的努力程度和个人行为与委托人预期一致化的程度，取决于委托代理关系的良性化程度。而委托代理关系的良性化发展的一个必要条件是省级电网企业管理者与下属单位经营者之间责权利的结构和关系对等。为此，本节在分析省级电网企业效绩形成过程中的委托代理关系的基础上，剖析其责权利的内容、结构及关系，为效绩管理系统的构建奠定制度基础。

省级电网企业的委托代理关系中，由于委托代理双方存在目标不一致、信息不对称、权责不对等和利益不和谐等矛盾，而使双方的关系处于非良性化状态。委托人拥有选择代理人，进行收益的分配等权利，其面临的问题是如何避免代理人的逆向选择，设计有效的激励相容约束而使委托人的期望效用最大化等。代理人由于拥有自身能力与经营单位状况的“私人信息”，而使作为代理人的经营者存在逆向选择和败德行为等问题。

代理人问题与委托人问题的有效解决，关键是建立一套有效的效绩管理系统。该系统首先是信息揭示机制，能够准确反映委托代理双方合理的愿望与需求，能够对经营单位的效绩、经营者的业绩进行客观、公正的揭示。其次是一个目标引导系统，该系统的出发点是提高经营单位的效绩，促进委托代理双方关系的良性化发展，以效绩评价系统为媒介，建立基于效绩结果的激励约束机制，从而协调评价主体目标调和其利益矛盾，实现效绩的提高与委托代理关系的良性化发展。三是一个科学的效绩决策支持系统，能够对效绩改善与提高提供决策支持的可靠依据。上述三项任务的实现需要由贯穿于效绩形成过程的效绩管理系统来实现。管理者自身能力与努力问题的解决是省级电网企业产权制度和治理结构需要重点解决的问题，不做重点讨论。

（二）省级电网企业效绩管理系统外部环境变化及其影响

随着现代技术的发展和需求的改变，由某些特殊领域的规模经济规律与市场有限需求等因素共同决定的自然垄断产业也在发生着巨大的变化。国家推出了“厂网分开，竞价上网，打破垄断，引入竞争”的电力体制改革方案，并开始实施。此次电力体制改革的总体目标就是，打破垄断，引入竞争，提高效率，降低成本，健全电价机制，优化资源配置，促进电力发展，推进全国联网，构建政府监管下的政企分开、公平竞争、开放有序、健康发展的电力市场体系。

随着电力企业市场化改革的深入推进，省级电网企业外部环境（包括宏观经济环境、行业环境、政策和体制环境以及企业内部管理）对效绩的形成和发展产生了较大的影响，具体表现为以下几个方面。

(1) 宏观经济环境。随着改革的深入，在资源配置以市场为主的大环境下，国家已经逐步取消过去计划经济下由于严重缺电而给予电力企业的各项优惠政策。随着各项优惠政策的取消，在社会不景气指数制约下，受社会宏观环境的影响，电力企业资源获取困难，平均固定成本上涨，市场销售不旺，沉淀资本增大，电费回收困难，应收账款增多，产品限价。与此同时，为维护社会公正和社会稳定，支持经济发展，减轻社会负担，电价调整必然困难；为防止电力机制落后、管理不严造成资产流失，司法部确定电力为重点监督行业之一；面临这一系列经济宏观环境的变化，电力企业的发展不得不由过去靠政策支持转向在市场寻求资源和通过建立基于效绩形成过程的效绩管理系统以挖掘其内部潜力，以培育电力企业效绩持续改善的自生能力。

(2) 行业环境。电力作为生产动力的资金技术密集型行业，资金和技术是其使用的主要资源。随着市场供求形势的变化，整个行业将由高速成长期转向成熟期，电力行业获得政策支持的可能性将越来越小；电力产品的销售变得更为困难，销售方式由促销转为营销，与用户关系将发生质的变化；市场增长率和获利能力开始下降，行业吸引力减弱，行业内部组织结构开始由垂直 体化经营结构转向水平一体化经营结构。市场经济反对各种形式的非法垄断，以往各种形式的内部保护和行业保护都将逐渐失效，电力市场竞争日益加剧。因此，各级电力企业必须转变观念，将自己摆在与用户完全平等的地位，以用户的满意为其效绩管理系统的第一效绩目标，将有效满足用户的需求作为电力企业效绩的一个重要指标。

(3) 政策和体制环境。随着国家电力体制改革的进一步深入，产权制度改革和企业组织方式改革的操作实施，电力企业获得的政策支持将越来越少，国家宏观政策的调控作用将越来越明显。在省为实体、政企分开，厂网分开、农电体制等四项具体改革任务完成后，电力企业在计划经济体制下国家赋予的政府职能将被彻底转变，相应的政府职能、政策支持也将不复存在。省电力公司作为国家电网公司或者区域电网公司的子公司，将经营电力公司赋予的全部国有资产，按照《中华人民共和国公司法》规定，规范各下属供电单位为省电力公司的分公司，形成竞争、开放的电力市场，实现资源的最优化配置，实现局部利益与全局利益相统一的经济政策。在这种情况下，建立基于效绩形成过程的效绩管理系统有利于优化供电企业内部的各类资源的配置效率，提高已有资源的利用效率，增强企业再获得资源的能力。

(4) 企业内部条件。长期以来，由于电力企业一直沿用计划经济的管理模式运作，其经营思想和经营方式都打下计划经济的深深烙印，再加上长期面临的电力短缺局面，使电力企业观念转变和机制转换普遍滞后。

当前为电力企业着手体制和制度改革之时，将效绩管理的思想和相关措施有效的贯穿其中，正是电力企业建立和完善现代企业制度的恰当时机，而且也是一种成本较小的改革方式。

三、省级电网企业效绩管理系统的构建分析

（一）效绩管理系统形成的依据和需解决的问题

省级电网企业效绩管理系统构建的依据来自以下四方面：首先是电力企业面临的外部竞争环境、内部体制、制度变革的需要；其次是省级电网企业效绩形成及经营者业绩形成的系统理论分析；第三是借鉴不断发展的效绩管理理论与方法；第四是电力企业效绩管理方面的经验总结。以实践需要与理论总结为基础构建的效绩管理系统需要解决四个方面的问题：即效绩管理系统的层次、功能、运行机制和内容。

1. 效绩管理系统形成的依据

（1）效绩管理实践的需求。新时期下，电力企业外部环境、战略、组织及管理模式等都发生了重大的变化，从而对其效绩管理模式也提出了新的要求。尤其是企业微观环境在战略思维、组织变革、运营模式等方面发生的变化较为显著。一是战略思维的转变，供电企业从原来作为政府“附属物”以行政垄断求得生存的思维模式，转向在市场竞争中通过培育和提高自身竞争能力求生存的战略思维模式的调整，使供电企业更加关注资源使用的效益、效率及相关资源供应主体的需求满足程度（即效应）三大目标的改善、提高与协调。二是组织变革，主要是围绕提高供电企业市场应变与扩张能力，促使组织制度非层级化、团队化，以提高管理效率，更加注重对经营者（团体）的业绩的考核与激励。三是运行管理模式的变革，“厂网分开”后，供电企业需要调整与发电市场中独立发电企业的关系，促进发电与供电企业的竞争双赢的局面，供电企业运行管理模式的变革，使其迫切需要改善企业效绩与经营者业绩的管理控制系统，构建一个全面动态的效绩管理系统。

（2）效绩形成过程的系统认识。由电力企业效绩和经营者业绩形成的系统观理论可知，为保证供电企业效绩和经营者业绩形成过程及产出结果形成相互协同、相互促进与持续发展的目标，供电企业在效绩形成的投入过程需要协调管理各项投入要素，形成系统的投入结构以提高效绩形成的投入水平和质量；在效绩形成的产出活动中，要求实现多项效绩目标之间的协调与匹配，以保证效绩改善并能够获得持续的资源投入和动力支持。

对供电企业效绩形成和产出过程进行管理，是为了引导和控制效绩形成过程合理性。要提高企业效绩和经营者业绩形成过程的合理化程度，首先要以企业效绩的持续提高为目标，建立企业效绩目标与经营者业绩目标的协调和激励机制；其次是要建立一套有效的包括企业效绩和经营者业绩及其关系的评价体系，以全面掌握效绩目标的实现程度以及效绩目标之间的协调状况；第三是建立效绩诊断体系，由“果溯因”以对企业效绩和经营者业绩形成过程中存在的问题进行剖析；最后是基于上述分析过程，提出改善企业效绩与经营者业绩策略体系的形成思路，这一策略体系的实施通过效绩目标的确定及资源要素的配置，以改善效绩形成的投入要素系统的结构与质量；通过调整激励机制、评价及诊断方法体系，以修正导致不合理效绩结果的相关主体的行为，优化电力企业效绩形成与经营者业绩形成过程，并使两者达到协调与相互促进的良性循环发展局面。

（3）效绩管理理论与方法的发展。效绩管理是企业的一种新兴集合管理模式。管理变革是企业永续发展的主题。一个企业的持续和健康发展，必然要紧随市场环境的变迁而变革内部的管理与运营机制，以适应新形势对企业内部组织、经营结构和管理系统等的要求，从而使企业在一个全新的战略平台上获得新的竞争优势和长足发展。

效绩管理是以考察企业效绩和经营者业绩为核心内容的企业整体经营的集合管理，是世界范围内现代企业的一种新兴管理模式，其以效绩为核心，以提高效绩为企业一切经营活动的出发点和落脚点，将企业各项业务管理、各个部门管理、公司战略管理、技术创新管理等有机结合在一起，从而确保了经营者、职工、业务部门等个体利益与公司整体战略利益保持一致，是符合现代企业制度发展要求的企业管理形式。新形势下，构建省级电网企业效绩管理系统能够有效适应和满足其体制改革形势与建立现代企业制度的目标要求。

（4）效绩管理的实践总结。省级电网企业已有的电力企业效绩评价的三种模式，即具有行政管理特色的业绩评价模式、国电公司引导下的兼顾财务效益与行业领先的双重效绩评价模式、电力企业市场化进程中的法人资本金效绩评价模式，是省级电网企业适应电力体制改革的需求，形成的一类具有特定适用条件的，并以效绩评价为主线的效绩管理实践的总结。这些效绩管理的实践活动为效绩管理系统的改造与完善奠定了一定的基础，并且为该系统的重构提供了可以借鉴的实践经验。

行政管理特色的效绩评价模式体现了管理者的重视和参与在效绩管理实践中所起到的作用；国电公司引导下的双重效绩评价模式反映了效绩管理必须注重管理对象的财务效益；法人资本金评价模式体现了效绩管理的出发点与归宿是企业在市场中的表现，另外，该评价模式在实践操作中遇到的问题，反映出对于省级电网企业的特殊性，需要在借鉴一般竞争性企业效绩管理方法与手段的基础上，构建出适应新环境需要的效绩管理系统。

2. 效绩管理系统需要解决的问题

（1）效绩管理系统的出发点。从改善和优化委托代理关系的角度出发，效绩管理需要满足委托人对其委托资产的经营状况的全面把握，对企业经营结果的综合考核，对代理人贡献的客观评价与有效激励，必须建立两个层次的效绩评价体系，一方面是省公司以委托人资产为载体对下属单位经营效绩的评价，另一方面是体现下属单位经营者能力、努力等因素的经营者（团体）的业绩评价。这两个方面的评价存在一定的内在联系，企业效绩是经营者能力与努力的结果，但又不完全反映经营的能力与努力情况；经营者阶层的业绩需要通过企业经营效绩来体现，但也不仅仅依赖于经营者的能力与努力。因此，这两个既相互联系又相互区别的效绩评价系统分属不同的效绩管理层次，可以说企业效绩评价是基础的层次，而经营者的业绩评价是建立在前者基础上相对较高的层次。

（2）效绩管理系统的功能。省级电网企业效绩管理系统从功能上看应该具备以下几大功能：判断功能、导向功能、协调功能、选择功能。

1）判断功能：通过效绩目标系统和效绩评价系统能够实现对受托企业的实际经营状况进行客观的判断，能够对代理人的业绩做出公正的评价。

2）导向功能：通过效绩目标系统及效绩调整系统的有效连接与互动，为保证受托资产的保值增值可达目标，为促使代理人与委托人利益目标一致提供有力保障措施。

3）协调功能：效绩管理系统存在的意义在于协调委托代理双方的利益冲突与矛盾，协调企业战略管理与日常管理之间的错位，促使企业效绩和经营者业绩的高度相关。

4）选择功能：要切实发挥效绩管理的上述功能，改善和优化委托代理关系，则委托人必须依据效绩评价结果建立委托人对代理人等经营资源的选择配置的制度。委托人相应的选择配置权力包括：由评价结果选择对各个受托经营实体后续资源（包括资金、技术设备、人才等）的投入或支持力度；由评价结果可以选择对各个代理人职位、收入、福利等的调整与增减。

（3）效绩管理系统的运营机制。省级电网企业效绩管理包括三大机制，即效绩目标形成及协调机制、效绩评价动力机制、效绩调控与改善机制。效绩目标的形成与协调机制主要是通过省公司在效绩形成过程，建立有效的目标确定方式，保证省公司经营目标的实现，同时明确经营者的任务目标，协调管理者与经营者责权利关系的过程；效绩评价的动力机制主要是从参与效绩评价的相关主体之间就效绩评价方法、指标、标准及权值确定过程中引起的利益得失的较量，进而产生的对效绩评价系统实施及其构成要素选择调整要求的动态过程；效绩评价的调控机制主要是基于效绩评价结果与效绩目标的偏差进行原因诊断与深入分析，提出效绩改善的相应策略体系的过程。

（二）省级电网企业效绩管理系统的内涵与结构

鉴于当前省电力公司效绩管理与遵循理论分析所构建的效绩管理系统，在系统的功能、内容、运作机制与环境方面存在的较大差异，将基于理论分析构建的省级电网企业效绩管理系统称为理想效绩管理系统。

理想的省级电力公司效绩管理是指在一定的体制框架约束和战略目标指导下，尊重产业发展规律和市场运行规律，以合理的委托代理关系和主体契约关系为保障，省级电力公司通过有效地创建效绩激励机制和开展效绩管理活动（科学的效绩目标设计、完善的效绩形成过程调控），促使与效绩形成过程相关的利益主体以实现合理的需求满足和规避博弈风险为目的，协同各自的发展目标和利益目标，理性地选择有利于企业效绩产出（效益、效用、效率）水平提高的决策行为。该系统是以企业效绩形成为出发点，在考虑经营者业绩对企业效绩的贡献与影响的基础上，分析如何形成一套贯穿于效绩形成过程的系列管理控制手段，以满足效绩形成过程的系统投入、系统产出及系统管理的要求，适应新形势下电力企业体制、战略、组织及管理变革的挑战。

基于上述对电力企业效绩管理系统构建的基点与层次、基本内容、机制与功能的简析，可将这个系统的结构归结为包括两大部分和九个紧密联系的环节循环作用的连续过程，即省级电网企业内部效绩与经营者业绩两大部分，具体包括效绩形成、效绩目标确定、效绩测度、效绩评价、效绩诊断、效绩激励、主体行为选择、效绩改善、资源吸引与利用这九个关键环节，该系统的总体结构，如图 10-4 所示。

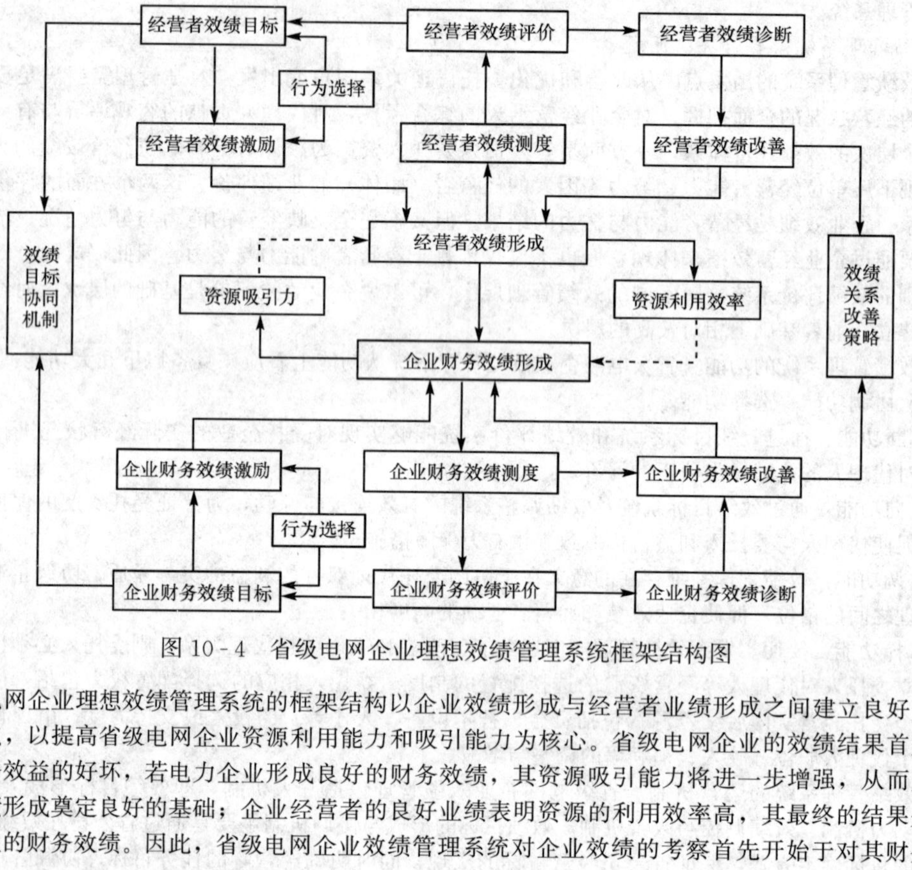

图 10-4　省级电网企业理想效绩管理系统框架结构图

省级电网企业理想效绩管理系统的框架结构以企业效绩形成与经营者业绩形成之间建立良好的促进关系为出发点，以提高省级电网企业资源利用能力和吸引能力为核心。省级电网企业的效绩结果首先表现为企业的财务效益的好坏，若电力企业形成良好的财务效绩，其资源吸引能力将进一步增强，从而为企业经营者的业绩形成奠定良好的基础；企业经营者的良好业绩表明资源的利用效率高，其最终的结果是改善和提高了企业的财务效绩。因此，省级电网企业效绩管理系统对企业效绩的考察首先开始于对其财务效绩的考察。

省级电网企业效绩与经营者业绩管理体系具有相同的研究结构，即都包括效绩/业绩目标的确定与激励、效绩/业绩的测度与评价、效绩/业绩的诊断以及效绩/业绩的改善策略等环节。经营者业绩目标的形成机制，要规范委托代理双方的责权利，要通过控制和改善效绩评价相关主体之间的多次重复博弈过程中的关键变量，从而提高委托代理双方合作博弈的概率，增加合作博弈的得益。效绩激励约束机制的优化，主要是通过对效绩评价主体行为的优化为依据，努力寻求委托代理双方利益达到帕累托最优的激励制度安排。效绩评价子系统作为一个评价主体（主观）见之于评价对象（客观）的价值判断系统，必须依据被评价对象的现实特征选择合理的评价指标、评价标准及评价方法。因此，效绩评价系统的优化的依据是客观、真实反映评价对象系统，其优化过程是建立企业效绩评价方法库的过程，通过对不同方法的比较分析，以信度和效度提高为标准，选择适用的各类评价方法。效绩管理系统与这些构成要素之间，以及构成要素之间存在着密切的相互作用关系，而且要素之间的作用关系对系统功能的发挥有着重要的影响作用。

第五节 新电改背景下售电公司的购售电途径与经营模式

促进售电侧开放是我国新一轮电力体制改革的重要目标之一，加快售电公司的组建与发展是实现这一目标的必要措施。在新电改背景下，电网公司、发电公司和售电公司均将面临新的机遇和挑战。对售电业务而言，其机遇在于，传统供电公司、发电公司、社会资产企业等均可申请和投资成立售电公司，开展售电业务、附加增值服务及社会普遍服务；其挑战在于，售电公司作为新的市场主体，需要不断探索和适应新的市场机制和运营模式，并独自承担由于供给侧和需求侧波动带来的市场风险。

一、售电公司的内涵

售电公司是将电力商品由发电公司或批发市场销售至终端用户的中间商，是电力零售市场中购售电环节的主要承担者，为终端电力用户提供电力业务及相关增值服务。

在2015年国家发改委出台的《关于推进售电侧改革的实施意见》中，明确要求售电公司的资产总额至少在2千万元以上，并且需要具有匹配售电规模和业务范围的设备、场所、技术、人员等条件，保障售电公司的发展实力。

二、售电公司的分类

根据售电公司的组建来源及资质能力，可将其分为A类（配电型）、B类（发电型）和C类（社会型）三种。此外，还有一类“中间代理商”，其本身不具备购售电资质，也不属于售电公司的范畴，但在条件成熟后，仍可转变成为售电公司（定义为D类）。售电公司（包括中间代理商）的分类见表10-1。

表10-1　售电公司分类

类别	性质	条件与资质
A	配电型零售商	符合市场准入条件；具备（输/配）电网运营权；有零售资质
B	发电型零售商	符合市场准入条件；具备发电能力；有零售资质；经过批准和授权可具备新增配网运营权
C	社会型零售商	符合市场准入条件；不具备电网和发电资产；有零售资质
D	中间代理商	通过工商注册；具备代理服务资质

A类售电公司：属于配电型零售商，符合市场准入条件，具备电网运营权，由电网公司或社会资本投资的增量配电网运营商组建而成。该类售电公司在其供电营业区内仅有一家，具有提供保底供电服务及输配电服务的义务。

B类售电公司：属于发电型零售商，符合市场准入条件，具备发电能力，经过批准和授权可以具备新增配网运营权。该类售电公司由发电公司或者拥有分布式电源（Distributed Generation，DG）的综合性用户及微电网投资组建而成，因其具备发电资质，可以与用户直接建立交易关系。

C类售电公司：属于社会型零售商，符合市场准入条件，不具备电网运营权和发电能力，由资产实力雄厚的社会企业投资组建而成。该类售电公司数量众多、竞争意识强烈，是售电市场最基本、最普遍的组成部分。

D类中间代理商：通过工商注册，由资产能力暂且不足或者尚不具备相应客观条件的企业组建而成。通常，节能服务公司、公共服务行业、高新技术园区与经济开发区在成立售电公司之前，可以首先承担D类中间代理商的角色，积累业务经验。

三、售电公司的购售电途径

（一）电力市场的购售电结构

由第三章可知，电力市场的运营主体主要由发电公司、电网公司、电力交易中心、售电公司和用户等构成。这些市场主体之间存在着复杂的购售电关系，形成如图10-5所示的电力市场购售电结构。

在电力市场中，大多数购售电合同的能量流均按照“发电公司—电力交易中心—售电公司—用户”的总体方向（正向）流动。但是对于“拥有DG的B类售电公司”，若能实现多余电量上网销售，其能量流将

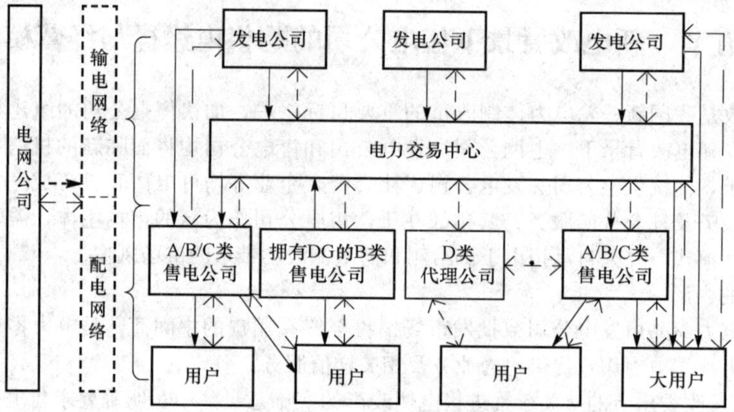

图 10-5　电力市场的购售电结构

→ 购售电合同能量流；←-→信息流；---→经营管理

会出现逆向。

（二）售电公司的购售电途径及其特点

售电公司在电力市场的整体购售电结构中，将具备紧密连接其他市场主体的职能。拥有售电资质的 A、B、C 共 3 类售电公司，需要同时承担购电和售电业务。在购电方面，售电公司可以与发电公司签订合同进行双边交易，也可以在交易中心通过竞标方式集中交易。在售电方面，用户自由选择售电公司签订合同进行交易。

各类售电公司由于组建资质各不相同，因而具有不同的购售电途径及其特点。具体分析如下。

1）A 类售电公司。在购电方面，此类售电公司经验丰富、资源广泛，更容易与发电公司开展双边交易。在售电方面，拥有大量用户基础，提供所在区域的保底供电服务，售电量稳定可观。

2）B 类售电公司。在购电方面，该类售电公司可将所属发电企业生产的电力通过内部协调后直接销售，因此价格浮动幅度灵活，购电过程简单易行。在售电方面，少部分拥有 DG 的 B 类售电公司可将发电余量上网销售。对于具备新增配网运营权的 B 类售电公司，可自建电网直接向用户售电，进一步扩大盈利空间。

3）C 类售电公司。在购电方面，由于 C 类售电公司用户群体具有相对不确定性，需要灵活把控双边交易和集中交易的比例，尽可能降低购电风险。在售电方面，C 类售电公司创新意识和市场竞争意识强烈，服务内容丰富，具有较大的竞争潜力。

4）D 类中间代理商。因 D 类中间代理商不具备售电资质，无法直接参与电力交易，但是掌握市场上的电价信息和供求信息，可以为其他 3 类售电公司或用户提供中间代理服务，撮合各方主体顺利完成市场交易。

四、售电公司的经营模式

在“多买多卖”的市场格局和竞争态势下，售电公司需要制定科学有效的市场经营方案，开展多样化和新颖化的服务业务。各类售电公司的经营模式如图 10-6 所示。从盈利的角度看，一般是以基本电力销售模式为主，以附加增值服务模式为辅。两种经营模式相辅相成、相互促进，共同提升售电公司的市场竞争力。

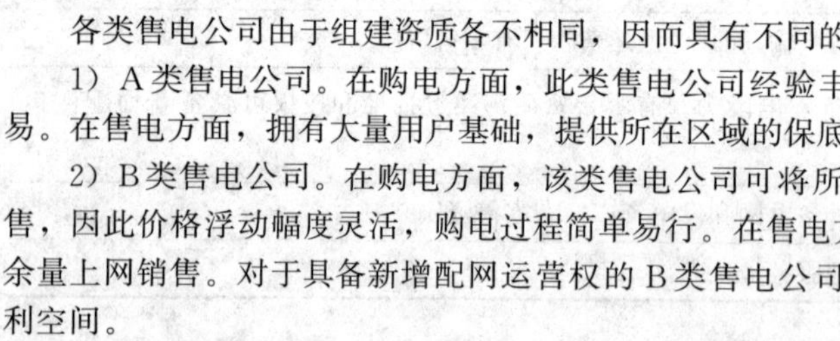

图 10-6　售电公司的经营模式

（一）基本电力销售模式

基本电力销售模式是售电公司最主要的经营模式，该模式下开展的具体服务如图 10-7 所示。电力销售服务是售电公司的立足之本，也是与用户开展交易的基础。在该经营模式下，售电公司掌握大量的区域用能数据，可以为发电公司、电网公司、配电公司等开展负荷预测，协助完成电力系统的经济调度。同时，售电公司可以协助开展需求侧管理，将需求意向直接体现在电价或者合同中，广泛引导用户参与。对于大型工商业用户，其签订的电力交易合同最为复杂，对电能质量要求最高，因此售电公司还可以提供合同管理及电能质量分析等服务。

图 10-7　基本电力销售服务

在基本电力销售服务模式下，影响售电竞争力的关键因素是售电价格。因此，售电公司在制定销售电价时，可以采用会计成本或边际成本的定价方法，涵盖购电成本、输配电分摊费用、售电利润，以及税收和政府性基金等，针对不同用户分别制定均一电价、保底电价、封顶电价等售电方案。售电公司只有提出健康、合理、详尽的销售电价方案，才能更好地拓展核心售电业务。

影响售电业绩的另一个重要因素是售电量。用户群体数量将直接影响售电量。因此，应当建立用户偏好和需求模型，从市场销售的角度对售电价格、合同类型、企业口碑、消费观念等因素进行系统性分析和研究，吸引更多用户，增加售电量，扩大市场份额。

售电公司在竞争过程中，应制定有效的竞争策略，控制购电成本，最大限度减小市场风险。第一，售电公司应具有精确负荷预测的能力，根据负荷量确定与发电公司或用户签订的交易量和合同类型。负荷预测越精准，售电风险越小，可以最大化创造利润，从而减少不必要损失。第二，售电公司应根据市场均衡理论制定有效的竞价方案，实施正当的价格竞争。不正当的价格竞争，会严重破坏市场经济原则和市场规则，不利于推动我国售电市场的长期稳定发展。

（二）附加增值服务模式

售电公司属于服务型企业，除了本职的售电业务之外，应根据自身特点及优势开展有差异的增值服务，最大化地满足不同类型用户的用能需求。

1. 个性化服务模式

售电公司可以根据用户需求开展个性化服务，具体服务的内容如图 10-8 所示。

首先，售电公司可以根据工商企业等大型用户的需求开展用电管理服务，为其统计历史负荷数据、分析电能消耗水平和制定合理的用电方案。其次，根据中型用户及小型家庭用户的用电习惯，提供设备及整体的用能分析，帮助节省用电支出。同时，售电公司可以借鉴国外售电公司的销售经验，根据用户的特殊需求为用户量身定制电力套餐。此外，售电公司可以研发用能监测平台，开展能耗监测服务，对上述个性化方案的实施效果进行追踪。

2. 节能化服务模式

为了促进电力行业低碳化发展，售电公司可以提供节能化服务，具体服务内容如图 10-9 所示。一方面，售电公司根据用户的用电习惯，进行节能方案设计与节能技术咨询，制定经济有效的节能计划，改善用户的用电消费行为。另一方面，售电公司根据业务范围，加强节能技术研发和节能电器设备供应，提供设计、安装、维修、保险等配套服务。

图 10-8　个性化电力服务

图 10-9　节能化电力服务

3. 清洁化服务模式

为促进清洁能源应用，售电公司可以开展清洁化服务，具体服务内容如图 10 - 10 所示。在电动汽车服务方面，可以将普通路灯改装为电动汽车充电桩，有效解决电动汽车的随机就地充电问题。对于拥有 DG 的售电公司，可以为农村及偏远山区用户销售风力照明灯、屋顶发电等分布式电源设备，提供培训和咨询，帮助用户利用新能源技术解决部分用电、用热等日常消耗。此外，在技术成熟和条件允许的情况下，售电公司可以代理执行分布式电源并网业务，提高分布式能源的利用效率。

4. 网络化服务模式

在大力发展“互联网＋”的时代，售电公司应不断促进用电方式的网络化，提供网络化服务，具体服务内容如图 10 - 11 所示。

图 10 - 10　清洁化电力服务

图 10 - 11　网络化电力服务

售电公司通过研发并推出互联网、移动设备软件等新型网络服务平台，改善用户体验。在此基础上，售电公司应普及智能电表的使用，获得更精准的用户用电数据，为实现网络化服务提供数据支撑。同时，可用户建立在线“电力档案”，方便用户随时查阅电子账单、用电能耗等情况。此外，售电公司与其他平台合作，能够提供更多的网络化服务。例如，与支付平台合作，开发网上付费功能，实现用户“一键缴费”；与社交平台合作，开发“邻里比较”功能，便于用户随时在社交圈中查看用能排序情况，提升用户效应。

图 10 - 12　综合化能源服务

5. 综合化服务模式

为了促进资源整合，由公共服务行业组建的售电公司可以开展综合化服务业务，具体服务内容如图 10 - 12 所示。

售电公司可以将售电业务与供水、供暖、供气等其他能源业务捆绑销售，并且向用户提供销售、咨询、优化等“一站式”综合能源管理服务。对于同时使用多种能源的企业和家庭，售电公司可以通过经济性分析，为其制定最优综合能源使用方案。此外，售电公司利用电能的经济性和环保性，开展“电采暖”“油改电”“煤改电”等清洁能源替代项目。

（三）售电公司各类经营模式比较

在售电侧电力改革和发展的初期阶段，各类售电公司应根据自身特点及优势，在经营模式的选择方面有所侧重。各类售电公司经营模式的对比情况，见表 10 - 2。

表 10 - 2　　售电公司经营模式对比

经营模式	售电公司类型	特点对比
基本电力销售模式	A类	行业优势
	B类	开拓售电市场意愿强烈、综合服务成本低
	C类	趋利性强、商机敏感度高
	D类	无售电资质，增值服务潜力大

续表

经营模式		售电公司类型	特点对比
附加增值服务模式	个性化	C类	电力套餐、用能分析、用电管理
	节能化	D类	节能技术、节能装备、节能监控与管理系统
	清洁化	B类	新能源发电就地消纳比例高
	网络化	A类	智能电表、互联网移动平台、在线电力销售
	综合化	D类	供水、供气、供暖等综合能源服务

1）A类售电公司。在基本电力销售模式方面，具有先天的行业优势，主要表现为具有配电网资产和运营权、拥有大量的电力传统用户。在附加增值服务模式方面，由于具备用户基础，可以重点开展“网络化服务模式”，加快电力行业的网络化进程。

2）B类售电公司。在基本电力销售模式方面，具有开拓售电市场意愿强烈和综合服务成本较低的特点。可以通过提高管理和技术水平，提升生产效率，降低电力成本，扩大售电盈利水平。对于未来具备新增配网运营权的B类售电公司而言，可以从配电和售电环节进行整体优化和成本核算，进一步增加在售电市场中的综合竞争力。在附加增值服务模式方面，应积极发展“清洁化服务模式”，加强新能源发电技术的研发与应用，提高分布式能源就地消纳比例。

3）C类售电公司。在基本电力销售模式方面，具有趋利性强、商机敏感度高的特点，应不断创新服务内容和提高用户体验。在附加增值服务模式方面，首要开拓“个性化服务模式”，根据用户的不同需求，提供一对一的用能分析，制定适合的电力套餐，提出有效可行的用电管理方案。

4）D类中间代理商，虽然无法提供基本电力销售服务，但其具有较大的附加增值服务潜力。例如，由节能服务公司组建的D类中间代理商，掌握较全面的节能技术和节能装备，拥有节能监控与管理系统，可以采用“节能化服务模式”，为电力用户提供经济性分析和制定节能方案；由公共服务行业组建的D类中间代理商，具备供水、供暖、供气等综合能源服务能力，可以通过“综合化服务模式”为客户群体提供“一站式”能源服务。

习题与思考题

1. 试简要论述农村电网的内涵及特征。
2. 试简要论述需求侧管理（DSM）的内涵及措施。
3. 试简要论述综合资源规划的内涵及作用。
4. 新电改背景卜售电公司的种类有哪些？
5. 试剖析新电改背景下电力市场的购售电结构。

第十一章 电力市场技术支持系统

从前面几章的分析中可以看出，电力市场是以现代化电网为载体，以电力系统分析、经济学理论、计算机技术、网络技术和通信技术为依托，引入竞争机制，实现电能主市场和辅助服务市场公平、公正、公开运营的一种高效的市场机制。一个成功的电力市场不仅应有比较完善的理论体系、良好的企业内部环境和外部环境，更重要的是必须在硬件和软件方面建立一套电力市场技术支持系统。

电力市场技术支持系统又称电力市场运营系统，是经预先规划和设计的，由计算机设备、网络设备以及各种功能的应用软件所组成的一套自动化系统。国际电工技术委员会（IEC）第 57 技术委员会（TC57）早在于 1996 年就成立了一个临时工作组 AHWG05，负责调查世界各国电力市场的进展及功能要求，并于 1998 年提出了相关技术报告，试图制定相应的国际标准。然而，由于国情不同，各国电力市场的模式、运营规则及功能要求也不相同，很难提出一套完整的和通用的电力市场技术支持系统。

电力市场技术支持系统的复杂程度取决于不同阶段电力市场的运营模式：买电型运营模式比较简单，批发型运营模式次之，零售型运营模式最为复杂。设计电力市场技术支持系统，应当考虑系统投资、可扩展性、维护和管理等重要因素，同时还应当与电力市场的发展保持同步。换句话说，电力市场技术支持系统的功能软件可以随时进行补充和完善。

根据我国电力工业市场化改革的总体进程和要求，我国的电力市场技术支持系统应至少包括以下九个子系统：①电能量计量系统；②能量管理系统（EMS）；③报价处理系统；④交易管理系统；⑤合同管理系统；⑥结算系统；⑦即时信息系统；⑧发电商竞价管理系统；⑨数据网络系统。

第一节 电能量计量系统

为了保证市场环境下电力交易的公平、公正和公开，必须建设一套精确和可靠的电能量计量系统，对电厂上网点、用户下网点、区域间联络线关口等的表计数据、事件信息、报警信息、时钟同步信息等进行采集、分时段存储和处理，为电力市场结算、考核及运营状况分析提供最基本的数据信息。

一、基本功能

电能量计量系统由安放在局端的主工作站和分布在厂、站端的智能电表及远动装置组成。其基本功能如下。

(1) 智能化分时电能计量。智能电力表计应当具有电力/电能测量、分时段累积、存储和简单处理的功能。

(2) 数据采集。数据传输应基于网络方式，可以采用数据集中器、终端服务器或电表直接传送的方式。对数据采集的基本要求是保证传输速度、传输容量和通信可靠率，能够实现多主站数据通信和数据共享。

由远动系统可以方便、快捷地从远程电表处理器采集任何必要的原始数据。原始数据一经采集便存入历史数据库中，不允许做任何改动。

(3) 数据处理。数据处理是指对包括原始值、报表值、时间信息等进行的查询、计算、校验或删除的过程。数据处理软件应具备下列功能：①数据显示；②数值匹配；③数据替换与删除；④联机记录。

(4) 电能统计。统计功能应当包括：

1) 各种辅助服务交易的电能量及其时间规律；

2) 参与输电主服务的所有关口的交易电量；

3) 系统阻塞时各主要关口的电能量变化情况；

4) 电网事故、频率波动期间的电能量统计；

5) 电能量加总、网损计算。

(5) 计费与考核。根据电力市场规则，对各项交易进行计费（包括奖惩）、结算、考核，自动生成相应报表和图形。

二、系统要求

(1) 灵活性。支持多种规约和通信手段，适应网络化通信的要求。能够接收不同来源的数据，支持多种数据采集方式。

(2) 多功能。便于数据查询、处理、分析和结算。

(3) 扩展性。必须能够适应电力市场运营模式和运营规则的变化，最大限度地减少重复建设的可能性。

(4) 采用开放式数据平台和数据库标准。

(5) 安全可靠性。采用加密和防火墙等措施，确保原始数据的安全。整个系统应保证在全年中，每天24h连续运转，系统可用率应达到99.75%以上。

第二节　能量管理系统

一、EMS的发展

能量管理系统（EMS）是一套大型计算机应用软件，在传统的垂直一体化的电力系统中，其主要的功能模块有数据采集与监视（SCADA）、负荷预测、自动发电控制（AGC）、网络分析（NA）、在线经济调度、预想事故与潮流分析、发电与输电计划、开断计划等。

电力系统自动化经历了"元件自动化""局部自动化""单一岛自动化"到"综合自动化（EMS）"的发展阶段。能量管理系统将各个自动化孤岛连接成为一个有机的整体。20世纪60年代提出的在线安全分析的急迫性，促进了能量管理系统的诞生；20世纪80年代频繁出现的大型电力系统电压崩溃事故，使EMS的重要性更为突出；20世纪90年代以来实行的电力市场，使电力系统的运营从垄断走向开放、走向市场，EMS的功能子模块重新面临技术改造和补充完善的严峻挑战，突出表现在实时电价计算、最大输电能力计算、输电路径优化、输电费用计算、输电服务预调度和实时调度等。

能量管理系统的开发和应用可大致划分为四个阶段：20世纪70年代，基于专用计算机和专用操作系统的SCADA系统，其功能局限于实时数据采集和处理；20世纪80年代，基于通用计算机的EMS系统，除具备SCADA功能外，还实现了部分应用功能，其标志是各大电网采用的基于VAX/VMS的SCADA/EMS系统；20世纪90年代，基于RISC/UNIX的开放式和分布式EMS，采用商用关系型数据库和先进的图形显示技术，其标志是国产CC-2000、OPEN2000、RD-800、SD-6000等系统；进入21世纪，采用JAVA、Internet、面向对象等技术，能够满足电力市场运营要求的第四代EMS的开发工作已经展开。

二、EMS的主要应用软件

根据各主要软件的功能及用途，可将EMS划分为五个部分：发电控制类、发电计划类、网络分析类、调度员培训模拟、市场交易与管理类。

1. 发电控制类软件

这类软件主要有自动发电控制、发电成本分析、交换计划评估和机组计划等。

(1) 自动发电控制（AGC）。自动发电控制是一项成熟的技术，它有40多年的历史而且已经由模拟系统发展到数字系统，由线性反馈控制发展到最优控制。自动发电控制的基本功能包括：负荷频率控制，维持系统频率（50Hz）或/和维持区域间联络线交换功率为计划值；经济调度，确定各机组的经济基准运行点；系统备用容量监视；AGC系统性能监视。

电力系统的频率偏差调整主要依靠调整发电功率和负荷管理。调整发电功率由频率的三次调整完成。频率的第一次调整，是机组动力系统的自然属性，由调速器自动完成。一次调频后，发电功率与负荷功率维持在新的平衡点上，系统频率必然出现偏移。要想消除这一偏移，或减小这一偏移，需要进行频率的二次调整。频率二次调整的任务由具有AGC功能的机组承担，可以做到无差调节，同时可对系统间联络线功率进行监视与调整。频率二次调整后，系统频率达到要求，或维持在负荷扰动前的正常水平，但各机组的出力分配大多不能保证整个系统的经济运行。频率的第三次调整，即在频率一、二次调整完成之后进行的在线经济调度（ED），是系统中所有按给定负荷曲线发电的发电机组分担的调整任务，该任务的分配以系统总耗费最小为目标，受有功、无功平衡约束，以及各类变量约束和电网安全约束。

频率的一次调整是机组动力系统的自然属性，所以不存在发电厂间通过投标提供一次调频备用的问题。但需指出，调度中心仍要根据机组在发电市场中的中标情况选择一次调频的备用机组（可能多台机组）。一般以提供一次备用容量的边际机组的发电微增费用作为一次备用容量的价格。频率的二次调整就是通过手动或自动地操作调频器，使发电机组的频率特性平行地上移（这是与一次调频最根本的区别），从而使负荷变动引起的频率偏移保持在允许范围内。

在传统的自动发电控制中，电力公司拥有发电厂，其调度中心可以直接发送控制信号到各发电厂具有AGC功能的机组，从而完成自动发电控制的功能。在电力市场环境下，AGC服务存在收费问题，即如何合理确定输电公司从发电公司购买AGC服务的能量的费用。相应地，对AGC也提出了一些新的要求，如改进网损修正、安全约束调度及动态经济调度；在线机组耗热特性测试和发电厂效率系统的建立；实时电价计算等。

（2）发电成本分析。在垄断体制下，该软件模块将定期给出每台机组及各区域总的生产成本。在电力市场环境下，每个发电厂都将成为独立发电运营商（IPP），电网调度或交易中心在分析单个电厂成本及报价的同时，应当把握信息公开的范围和尺度，做好部分信息的保密工作。

（3）交换计划评估和机组计划。前者对发电交换计划的结果进行评估和AGC再校正，后者确定机组的基点功率计划和减出力计划等。

2. 发电计划类软件

发电计划类软件主要包括负荷预测、机组组合、水电计划、交换计划、火电计划等。在电力市场机制下，负荷预测应该引入电价弹性的理念；机组组合应该充分考虑不同机组在负荷曲线上的位置及其预期的报价盈利水平；交换计划应该满足购电和买电双方交易的利益均分原则；火电计划应兼顾绿色能源和环境保护的需要。

机组组合是在满足系统负荷、备用容量、机组容量、最小启动时间和最小停机时间等约束条件下，考虑机组启动费用和发电费用特性，确定系统各区域的电厂、机组次日规定时段的开停机计划，使一定周期内的总费用最小。但在计划经济体制下，人为干预和不确定性因素太多，很难自动实现。在电力市场中，报价面前人人平等，实现机组组合反而容易了。虽然机组组合功能是在交易管理系统中，目标函数不同了，但其基本算法并没有根本改变，原来的基础和经验仍然有效。

3. 网络分析类软件

网络分析类软件主要由网络拓扑、状态估计、外部网络等值、调度员潮流、安全约束调度、最优潮流、静态安全分析、暂态安全分析、电压稳定分析、无功优化、短路计算等。

网络拓扑和外部等值是EMS应用软件中最基本的功能。拓扑分析的作用在于将网络的物理模型实时转化为计算的数学模型，根据数据采集与监视系统中断路器和隔离开关的信息确定电网的电气连接状态，并将网络的物理模型转换为数学计算模型；外部等值（有静态和动态等值之分）的作用是简化计算，提高求解速度。它是对调度范围或计算范围以外的网络进行简化，以便考虑这部分网络对本区域电网的影响。两者作为公共模块广泛应用于状态估计、调度员潮流、安全分析、无功优化等程序中。

静态安全分析的作用在于，对多种给定运行方式进行预想事故分析，模拟元件或线路越限或开断故障，找出薄弱环节，评估整个系统的静态安全水平。当发现有危及系统静态安全的预想事故时，调用安全约束调度软件，以系统控制量调整最小或生产费用最低或网损最小为目标函数，提出解除有功、无功、电压越限并使系统进入新的安全状态的对策。

暂态安全分析是在给定的或预想的运行方式下，针对预想事故集中的故障或继电保护装置动作情况，判断系统是否会失去暂态稳定并确定故障的最长持续时间。电压稳定性分析可以给出预想运行方式下各个节点的电压稳定性指标、功率极限和临界电压。

最优潮流的计算目的是优化电力系统的静态运行条件，通过调节控制变量使目标函数达到最小，实现发电费用最小或购电总成本最低的经济运行目标。无功优化则是在调度员潮流分析基础上，通过改变无功设备，在满足安全约束和电压质量的条件下，使系统的有功总网损达到最小。

4. 调度员培训模拟

这主要用于培训调度员在正常状态下的操作能力和事故状态下的快速反应能力，也可用作独立系统调度员（ISO）分析电网运行状况的工具。

5. 市场交易与管理类

这主要包括实时电价计算、最大输电能力计算、输电路径优化、输电费用计算、输电服务预调度和实时调度等软件。这类软件在功能上如何与现有 EMS 软件整合与分工，有待进一步研究和探索。

三、EMS 与电力市场交易管理系统的关系

电力市场机制给 EMS 带来了巨大挑战，其主要软件模块在功能和内涵上将发生重大的变化，如 SCADA、AGC、负荷预测、机组组合、调度员潮流、安全分析、无功优化、数据库结构、人机界面等。开发电力市场交易管理系统，应充分利用现有 EMS 中的各种资源，实现两者的有机结合，同时应科学合理地对 EMS 和电力市场交易管理系统的功能进行划分。

EMS 系统应当为电力市场交易管理系统提供带时标的各种系统数据，这些数据包括：每台机组出力及累计出力曲线、机组启停记录、事件记录、指令记录、系统频率、节点电压及曲线，以及有功或无功调整、备用容量、机组出力越限、AGC 动作情况等用于辅助服务市场结算的参数。此外，EMS 还应保证电力市场即时信息系统的数据需求，如每个时段的电网频率、总出力和总负荷，还有机组状态、线路潮流、开关状态等。这些数据将按照预先约定的等级，随时通过即时信息系统向市场成员发布。

第三节 电力市场报价处理系统

由于不同电力市场具有风格差异较大的报价处理系统，因此本节只对电力市场运营系统主站侧（相对于发电厂侧或用户侧而言）的报价处理系统作概括性的介绍，市场设计者应有选择性地利用其各个模块的功能。

一、报价处理系统的网络结构

报价处理系统通常设计为客户端免维护的、多层的 Browser/Server 方式，安装在电力市场运营系统的主服务器上，其网络接线如图 11-1 所示。发电商（IPP）可以通过电力数据网络（SPDnet）或公用电话网实现与报价处理系统的连接。

二、报价处理系统的主要功能

报价处理系统是实现发电公司竞价上网的关键软件之一，主要功能包括用户管理和电厂报价管理两个部分。报价处理系统的用户分为两个层次：系统管理员和电厂报价员。系统管理员不能直接参与报价，主要负责机组注册、机组参数录入和修改、电厂报价员注册等。电厂报价员只负责报价，不能修改机组参数。系统管理员和电厂报价员通过不同的入口、不同的密级，进入不同的浏览页面。

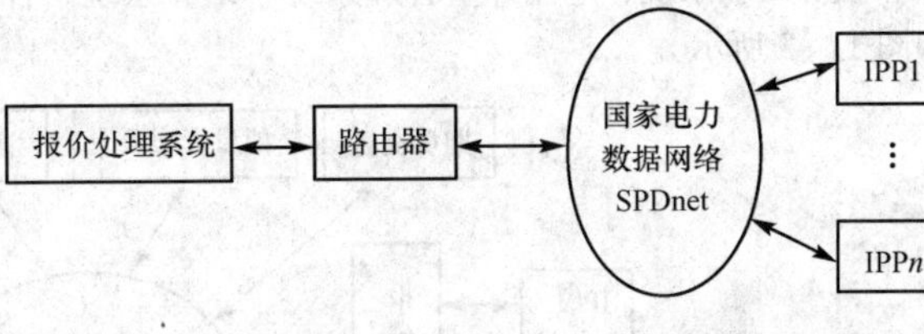

图 11-1 发电报价系统的 SPDnet 网络接线示意图

1. 用户管理的内容

用户管理模块主要包括机组管理和报价员管理两部分功能。机组管理的内容有：①机组首次注册；②修改或删除注册机组数据；③保存修改数据；④自动校验输入数据的有效性。报价员管理的内容有：①增加、修改、删除、浏览已注册交易员的信息；②交易员信息存储；③交易员的信息有效性检验；④修改登录密码。

2. 电厂报价管理的内容

电厂报价管理模块的主要内容包括当日报价或重申报价、次日报价或重申报价、历史报价数据下载、中期和短期发电能力申报等。

当日重申报价又称“迭代报价”，必须有复杂的技术支持系统作支撑，其报价内容包括：①机组物理参数；②价格递增的分段容量报价；③每个交易时段的容量增量、最大调节容量、升降速率、固定出力等。次日报价或重申报价的内容主要包括机组运行状态、报价时间、报价人、报价版本等。历史报价数据下载的主要内容有：①历史报价信息；②短期发电能力信息；③长期发电能力信息。

三、发电报价的规则及操作流程

发电报价的对象可以是发电商，也可以是区域间电力交易商。只有在电力市场中注册登记的成员才能进行发电报价，报价必须通过专用计算机系统，严格按照市场交易规则的条款，在规定时间之内进行。发电商可按单台机组或合并机组（名义机组）进行报价，但必须经过交易管理中心的技术许可。

报价处理系统有非常严格的时序图，各项具体的报价业务必须按照操作流程进行，否则报价系统将不接受发电厂商的报价，或只按照预先达成协议的默认（缺省）报价参数执行。发电报价需要经过校核与确认，这项工作应当包括下列内容：①交易员身份验证；②报价接收（包括报价重申接收）；③数据有效性检验；④报价确认及文件发送；⑤报价缺省处理；⑥报价汇总；⑦市场成员登录管理。

同时，报价处理系统还应该处理好与交易管理系统、实时调度子系统、即时信息发布系统，以及结算系统的接口。

四、报价保密与公开

报价处理系统的安全问题极为重要，必须予以高度的重视。可分四个层次解决这一问题：①设置用户等级、口令及对应的访问权限；②对在公共网络上传输的数据实行高度加密；③对每个发电商的报价信息严格保密，拒绝他人访问；④对所有的访问进行等级备案，必要时实行反向扫描、追踪、警告，甚至封锁其访问端口。

第四节　交易管理系统

一、交易管理系统的功能与结构

在未来的一段时间内，我国的电力市场将主要集中在发电侧，采用 Pool 模式实现现货电力的交易，电网公司成为电力市场交易的组织者，根据发电商的报价和机组约束，组织电厂竞价上网，降低整个系统的购电成本，实现安全、可靠、经济的电力传输。

随着电力市场改革的深入和技术的不断完善，交易管理系统将面临多个交易市场，如电能市场、辅助服务市场、实时平衡市场、期货市场等。电力交易管理系统基于统一的商用数据库管理各项数据，并与 EMS、报价处理系统、电能计量管理系统、结算系统、合同管理系统之间定期交换和更新数据，其基本结构如图 11-2 所示。

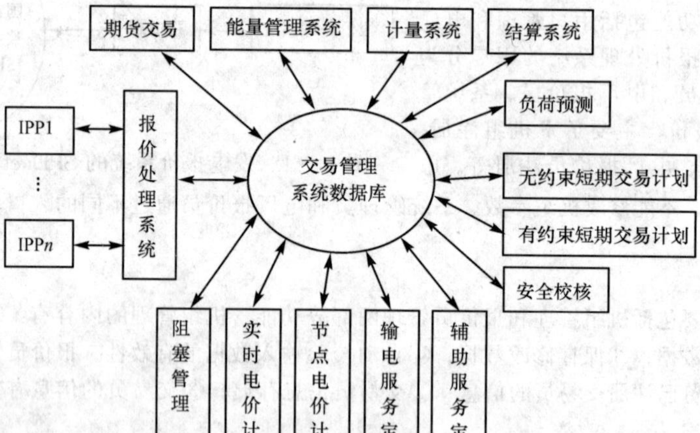

图 11-2　交易管理系统的基本结构

二、目前电能市场的组织及运作

在目前电力市场中，电网公司（代表电力交易中心）首先进行负荷预测，并将预测的负荷曲线向发电商公布。各发电商根据自己的策略进行竞争性报价。电网公司接收到发电商的申报数据后，首先调用相关程序制定无约束购电计划，在不考虑输电约束的条件下，形成系统各个时段的边际电价；然后再调用有约束购电计划模块，在考虑输电约束的条件下进一步制定对各发电机组的购电计划。该计划在付诸实施之前，还须经过安全校核模块的检验，即潮流和拥堵检验、静态安全和动态安全检验，被确认为“可行计划”之后才能调度执行。

Pool模式下，发电商需要申报大量的数据，比如次日各时段的报价信息和运行参数。报价信息包括机组基荷费用、腰荷费用、启动费用、最大发电费用等；运行参数包括机组最大、最小出力，最小运行与停机时间，爬坡速率等。交易中心与发电商之间可以采用统一付费政策（市场清算价MCP或系统边际价格SMP），或差别付费政策（Pay-as-bids）。两种付费政策各有优缺点，目前均有应用，尚有待进一步实践和探索。

在实行系统边际价格的机制下，SMP是在满足机组运行约束的条件下，逐时段，按机组的报价由低到高排序，最后一台满足负荷需求的机组的报价。在计算SMP的过程中，无须考虑输电网络的约束（即无约束短期交易计划），这样可以尽可能真实地反映电力供需的状况，体现IPPs之间的公平竞争。研究结果表明，在扩大市场份额、追求更多利润的力量驱使下，各发电商将会合理利用资源、主动降低生产成本，提高其市场竞争力。电网公司与用户之间的结算价格，是在SMP的基础上附加一部分输电费用（Uplift）构成，附加费用主要包括交易中心购买发电辅助服务的费用、网损补偿、输电设备使用费以及输电管理费。电网公司与发电商之间的结算价格，也要考虑网损分摊，输电设备使用费的分摊，以及运行状态变化产生的奖惩费用。

有关无约束购电计划、有约束购电计划、输电定价、阻塞管理及辅助服务定价等理论，以及电力期货市场、期权市场的交易理论，请参阅其他书籍和资料。

第五节 合同管理系统

电力市场中各式各样的合同对于市场成员规避风险，促进交易的灵活性和多样性具有极其重要的作用。合同管理系统负责对这些合同的制定、管理、执行、评估提供全过程的技术支持。

一、合同的基本类型

按照交货时间、交货条件、支付方式等差别，可将合同划分为以下几个类别。

（1）现货合同，是指“立即”交货的交易合同。

（2）远期合同（Forward contract），是指买卖双方提前一个较长时间段而签订的物理合同，当指定交易日期到达时，必须按照合同规定的数量和价格进行交易。远期合同具有法律效用。

（3）期货合同（Futures contract），是指在期货市场上进行交易的标准化合同，多数情况下可以不引起商品的实际交割。期货合同的价值变化量在市场上逐日结算，期货合同的利润等于购买合同的价格与市场结算时的市场价格之差。

（4）金融差价合同（CFD），买卖双方认可并签署的，用于规避价格波动风险的双边合同。金融差价合同只是财务上的交易，与电能的实际传送过程无关。

（5）期权合同，期权作为一种选择权，主要是买卖某种期货合同的权利，也就是说，期货可以通过期货合同来买卖，也可以通过期权合同进行交易。期货合同同时具有保值和投机的作用。与期货合同有所区别的是，期权合同中包括了敲定价格，因而具有更为明显的经济杠杆作用。

二、电力市场中的合同

（1）按交易方的数量划分。有双边合同（BC）和多边合同（MC）之分。

（2）按合同周期划分。①长期合同：一年及以上的合同，包括交换合同、购电合同、售电合同、供电合同、辅助服务合同等。合同要素包括：总电量、计量点、上网点、年度计划的分月计划、每月典型日的负荷曲线、年期货合同中每月的平均价格，以及违约处理办法。②中期合同：包括季合同、月合同和周合同，这类合同的要素与长期合同基本相同，区别只是在于签订月度计划的各交易日的详细计划、各交易日的负荷曲线、月交易合同中的平均价格。

（3）按是否可以调度来划分。可分为可调度合同与不可调度合同两类。

（4）按交易内容划分。可分为基本服务合同与辅助服务合同两类。基本服务合同包括买电合同、卖电合同、金融合同、季节性发电合同等；辅助服务合同包括发电公司可以提供辅助服务的能力、方法及其成本。

三、不同周期合同成分的相互关系

本节以目前国内电力市场的实际情况为例进行分析。

1. 年度合同

年度合同包括年基数电量合同与年竞价电量合同两部分。年度合同的交易量，根据对下个年度电力供需平衡及电价预测的结果而定，一般应少于年度负荷预测的数量，预留部分在月度交易中实施。年基数电量属于政策性电量，其电价单独核算，与竞价无关。年竞价电量可描述为

$$\text{年度竞价电量}=\text{年度负荷预测电量}\times(1-\text{年度预留系数})-\text{年度基数电量} \tag{11-1}$$

2. 月度合同

月度合同包括年基数电量的分月电量、年竞价电量的分月电量和月竞价电量三个部分的内容。月度合同中还规定了月交易电量各成分在每日的分摊量。

月度合同的交易量应少于月度负荷预测的数量，预留部分在日交易中实施。月度竞价电量可计算为

$$\text{月度竞价电量}=\frac{\text{月度负荷}}{\text{预测电量}}\times(1-\text{月度预留系数})-\frac{\text{年度基数电量}}{\text{在该月的分摊电量}}-\frac{\text{年度竞价电量}}{\text{在该月的分摊电量}} \tag{11-2}$$

3. 现货合同（日前交易）

现货合同包括四部分内容：年基数电量的分日电量、年竞价电量的分日电量、月竞价电量的分日电量、日竞价电量。现货交易按负荷预测值进行，预测偏差部分在实时交易中实施

$$\text{日竞价电量}=\frac{\text{日负荷}}{\text{预测电量}}-\frac{\text{年度基数电量}}{\text{的分日电量}}-\frac{\text{年度竞价电量}}{\text{的分日电量}}-\frac{\text{月度竞价电量}}{\text{的分日电量}} \tag{11-3}$$

4. 实时交易

实时交易在平衡市场中进行，即在当前时段内调整负荷预测不准确带来的误差或机组异常出力产生的偏差，时刻保持电力系统的动态平衡。

四、合同管理系统的功能

合同是电力市场商业化运营的核心对象，是制定调度计划和进行费用结算的最主要的依据之一。在保证安全可靠的前提下，合同管理系统必须具备以下功能：

（1）合同编制与签订功能。提供合同的输入、编辑、修改功能；具有电子签名功能，在电子签名得到法律认可之前，可用纸质合同作为合同管理的辅助手段。合同一旦签订，即具有法律效用。

（2）查询功能。与绝大多数数据库相类似，合同管理系统应当具备查询各类历史合同的功能。

（3）辅助分析功能。通过对相关历史合同数据的查询分析，为用户提供各类参考数据，如年度合同的分月计划、典型负荷曲线、平均价格等。对待签订的合同提供仿真环境，对合同进行评估，为市场成员提供研究和分析的工具。

第六节　结　算　系　统

一、结算系统的作用

结算系统与电力市场的其他许多软件系统密切相关，涉及财务、税务、金融等问题，是集核算、查询、管理、分析、预测于一体的全方位、多功能的软件系统。结算系统的作用是，根据合同内容，在特定时间段，对合同当事人应履行的义务进行归总，以货币形式或折合电量的形式给出结算结果，同时具备报表、打印、数据管理、综合查询等功能。

二、结算系统的内涵

1. 结算对象

结算对象包括各类已经注册的电子合同，如远期物理合同、期货合同、现货合同、辅助服务合同等。

2. 结算内容

（1）独立发电公司的结算内容为：①计划发电量电费；②上网成交量电费；③实时指令发电量电费；④机组违约电量电费；⑤容量电费；⑥阻塞管理费；⑦各种辅助服务的费用。

（2）供电公司的结算内容为：①计划用电电量电费；②违约电量电费。

3. 结算数据

经电力市场成员认可或经电力监管机构确认的交易管理系统和 EMS 中的数据，是各类合同的结算数据。

4. 结算规则

结算规则充分体现了各种结算内容的具体算法，主要包括：①网损系数计算和网损修正规则；②计划发电量结算规则；③实时指令调整电量结算规则；④违约处罚规则；⑤容量电费收取规则；⑥有偿辅助服务结算规则。

在不同类型的电力市场中，上述结算规则可能会有所差异。

三、结算系统的实现机理

从合同结算的物理过程和认知科学的角度看，合同结算系统可用四个反馈环节进行描述和说明，如图 11-3 所示。

图 11-3 中包括了合同认知理解的自反馈环节，结果分析到结算过程的反馈环节，各种质疑的反馈，例如，对合同认知的反馈以及对原始数据正确性的反馈。归纳起来，合同结算系统至少应当包括以下软件模块。

1）原始数据处理模块。

2）合同分解模块。

3）结算模块。

4）校核模块。

5）纠纷处理模块。

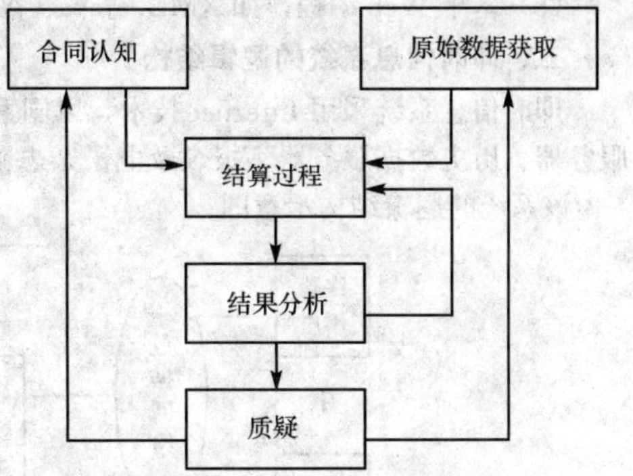

图 11-3　合同结算系统的实现机理

第七节　即时信息系统

即时信息系统 SIS（Same-time Information System），主要完成生产数据和市场信息的发布、存档、交换、检索及处理，使所有市场成员都能及时、平等、准确地按照各自的权限范围，访问相关的市场信息，进而做出符合各自利益的决策或行动。

一、即时信息系统的主要内容

即时信息系统应能全天不间断地提供下列服务。

（1）电子邮件（E-mail）。

（2）Web 浏览。

（3）信息发布。

1）常规信息，如调度部门必须公开的发电公司的常规信息和市场运营部门必须公开的电网公开信息。

2）实时交易信息的发布，包括市场运营部门必须公开的上个交易日发生的交易信息、EMS 记录的系统运行数据、负荷预测值与实际负荷的偏差限值、实时交易价格与现货交易价格出现偏差的原因、各类市场干预信息。

3）现货市场信息，包括下个交易日每个时段的日发电计划、前个交易日的各种交易结果。

4）期货市场信息，包括下年度期货市场的信息、上个年度每个月的期货市场的交易信息、签订期货合同的相关信息发布。

5）辅助服务信息发布，包括基本辅助服务信息、有偿辅助服务信息、辅助服务合同信息。

6）系统自适应性评估信息。

7）市场干预信息，包括市场暂停、发电不足、发电富裕、交易价格超出戴帽价格、网络约束、购买辅助服务、系统事故、各种违规事件等。

8）必要的电量电费结算信息。

9）公众信息发布，包括市场规则、法规、制度，上个交易日的总体系统信息和交易信息，定期公布市场状况及风险评估报告。

二、即时信息系统的技术平台

即时信息系统包括管理信息系统（MIS）和电子商务的主要内容，其技术平台如下：

（1）基于 Internet/Intranet 技术。

（2）数据库编程及数据库互操作技术。

（3）数据传输网络通道。

（4）网络防火墙、监视与管理技术。

（5）身份认证技术。

（6）Email 技术。

（7）电子商务实现技术。

（8）基于 Web 编程，如 XML、Java、ActiveX，CORBA 技术等。

三、即时信息系统的逻辑结构

即时信息系统采用 Internet 技术，以国家电力数据网络（SPDnet）为传输媒介，由 Web 服务器、Email 服务器、历史数据服务器、报表及电子杂志服务器，以及防火墙等计算机网络设备和软件模块组成，图 11-4 为该系统的逻辑结构示意图。

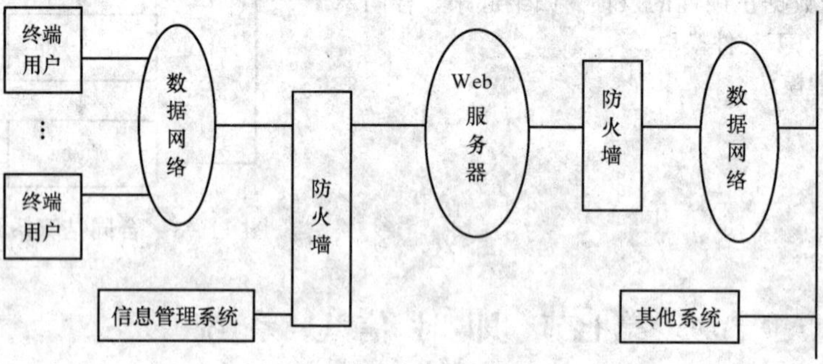

图 11-4　即时信息系统逻辑结构示意图

即时信息系统还应实现与电能量计量系统、EMS、交易管理系统、结算系统、合同管理系统、发电报价管理系统的无缝数据连接。同时，借助即时信息系统的物质基础和软件基础，推进电子商务技术的普及和应用，实现物资流（潮流）、资金流和信息流的畅通和高效利用。

第八节　发电商竞价管理系统

一、发电竞价管理系统的功能结构

发电商作为参与“厂网分开、竞价上网”和独立经营的市场主体，对发电竞价管理系统有着很高的要求。在设计发电竞价管理系统时，应突破计划经济体制下的技术框架，结合原有的 MIS 系统，引入先进的企业管理规划（EPR）经营理念，推出适合不同类型发电商和中国电力市场实际的竞价管理模式。

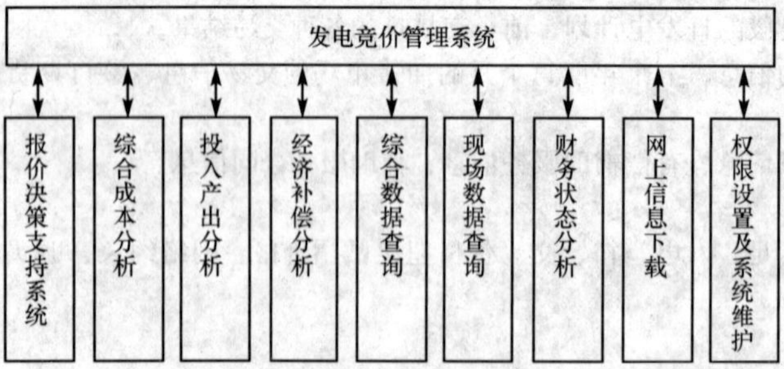

图 11-5　发电竞价管理系统的总体框架

发电竞价管理系统应遵循最大效益原则，将发电商的运行信息和人、财、物等信息与电力市场的动态信息密切关联，采用先进技术平台，为发电商提供科学的、合理的决策支持。发电竞价管理系统的总体框架如图11-5所示，其主要模块有：报价决策支持系统、综合成本分析、投入产出分析、经济补偿分析、综合数据查询、现场数据查询、财务状态分析、网上信息下载、权限设置及系统维护等。

二、报价决策支持系统

1. 机组参数查询

根据所选择的机组号，从机组技术参数数据库里搜索该机组的技术参数，如：允许开机和停机次数、爬坡速率、开机和停机费用、允许最大负荷、最小负荷和煤耗曲线，并将这些数据显示在页面上。该数据库是报价和机组优化的重要参数。

2. 历史交易查询

根据所选择的历史日期（某年某月某日），从历史成交数据库里搜索该天的成交数据：成交电力和成交电价，并将这些数据显示在页面上。

3. 报价决策分析

可以采用成本报价法、基于 MCP 预测的报价法、倒逼报价法和现货空间预测法。

（1）成本报价法。本模型的思想：首先根据机组的发电能力 P_G 和电网的现货需求 L_{net} 确定电厂的申报电力 P；其次按照等耗量微增率原则进行负荷最优分配；再次根据各机组的煤耗曲线计算其发电燃料成本 C_C；最后加上固定成本 C_f、税金 C_r 和利润 C_p，形成出力 P 下的报价。

（2）基于 MCP 预测的报价。准确了解次日的市场出清价（MCP）对报价决策具有非常重要的意义。由于高于 MCP 的报价将不被市场接受，因此，对 MCP 的预测可用来修改成本报价中的报价。

1）电价预测方法。对于国内模拟电力市场而言，可采用由时间序列法、线性外推法和平均值法构成的组合模型，根据历史交易电价数据进行预测。

2）参加运行机组数的确定。在执行期货和现货的电力市场中，次日电厂期货计划曲线一般由电网提前一日向电厂下达，且一般期货所占电厂总出力比例已知，故参加运行机组数可按下式确定

$$\sum_{i=1}^{n} p_{i,\max} \geqslant p_{\max}^{f}/k + R \tag{11-4}$$

式中：$p_{i,\max}$ 为机组 i 的最大出力；n 为机组数；$p_{\max}^{f}$ 为最大期货出力；k 为期货所占电厂总出力比例；R 为备用容量。

3）现货电力及边际电价的确定。发电厂在决策次日申报现货电力时，除了要考虑次日电网现货电力需求外，另外很重要的一点是对次日的系统成交电价有足够的认识，如果系统成交电价低于本厂的成本电价，多申报电力不仅不能获利，反而会亏本。

（3）倒逼报价法。根据上年度峰、平、谷各时段完成售电收入和发电量的比例系数，确定今年以后时间的峰、平、谷各时段应完成的售电收入。上一年度的峰、平、谷时段的售电收入和发电量的比例系数，可根据上年度的历史交易数据统计得出。

（4）现货空间决策。如果了解各竞争对手的现货空间及本厂在各时段现货空间所占比例，报价人员可及时修改报价策略，以获得更多的利润。

4. 电价成本分析

提供固定成本和可变成本的计算结果。

5. 功率成本对照

根据各台机组的煤耗曲线与标煤和实际用煤的换算关系及实际用煤的单价，计算各机组的燃料成本。

6. 机组启停分析

根据所提供的机组号，可以查询各台机组的起停费用。

三、电力市场交易及经济补偿

1. 电能交易与网上数据信息分析

在电力市场条件下，完整记录和保存全厂的各类经济技术参数、网上发布的各类电能交易数据，尤其是现货和期货的电量电价，对于分析现有经营状态，确定今后的竞价策略是必不可少的。

电能交易与网上数据信息分析模块具有以下功能：①现货电力电量分析汇总；②计划出力及技术参数；③分时段电力电量分析；④网上竞价数据查询；⑤合同及电费结算；⑥功率电价查询分析。

（1）现货电力电量分析汇总。现货电力电量是竞价上网的核心，其运作情况的优劣在很大程度上反映了生产经营的现状，它主要包括以下功能：日现货电力成交情况；月现货电力成交汇总；月现货电力电价汇总；月现货电力成交分析；月现货上网电力成交结算；年现货电力成交汇总；年现货电力成交分析；年现货上网电力成交结算。

（2）计划出力及技术参数。计划出力及技术参数包括每天全厂的最高、最低可调出力，这些参数将为其他模块进行辅助决策提供依据。例如，在统计全厂现货竞价空间时需要知道全厂的最高可调出力；在进行经济补偿计算时将调用最低可调出力；在条件成熟时，发电机组投入或退出备用、退出 AGC 辅助服

务以及各机组负荷增减速率等参数也将发挥重要作用。

（3）分时段电力电量分析。现货电力电量分析汇总，主要是围绕现货的各种特点以及交易经营要求展开统计分析，而分时电力分析模块则是针对全厂总的生产情况展开的，主要包括对每天各时段发电计划与发电量的情况统计和计算。

（4）网上竞价数据查询。本模块主要用于显示交易中心发布的各类电力市场交易数据，主要包括：电网电力需求；电厂日计划出力数据；电厂日现货电力成交数据；电厂实际电量；电厂实际出力偏离±2%数据；电厂经济补偿旬报数据；电厂典型期货计划数据；偏离计划扣减不合格电量；机组经济补偿日报；各时段发电、上网电量等。

（5）合同电费结算。合同电费结算模块对各种形式的合同及电费结算进行分析、统计和管理。其中，期货合同是指按照国家审批的价格所签订的中长期发电合同。一般期货合同每年鉴定一次，然后由调度运行部门将其分解为月期货计划和日期货计划。期货计划将根据每天的实际负荷变化加以调整修改；现货合同是指按电力市场的边际电价所成交的短期合同。电费结算是履行合同的一种主要形式。通过电费结算，能直接反映企业的生产经营状况，企业的经营效益，并为企业的经营决策提供依据。

（6）功率电价查询分析。功率电价查询分析模块依照各台机组的煤耗曲线、煤价，当前的燃煤与标准煤的折算率等数据，测算出机组在不同负荷工况下的可变电价。

2. 电能质量与辅助服务经济补偿

在电力市场环境下，发电商和电网双方的经营活动都以经济效益为主要目标。为了确保双方的共同利益，维护电网和电厂的安全、可靠及经济运行，必须对发电机组的辅助服务项目进行有偿化和定量化的分析研究，使性能好、服务优的机组得到较好的回报，进而促进整个电网电能质量的提高并提升服务水平。

辅助服务及其经济补偿的项目通常包括：发电偏离电量；计划检修延期或提前；非计划检修；发电厂母线电压质量监视；AGC辅助服务；发电机低出力和调停；年度期货偏离预定计划。

四、综合成本分析

综合成本分析模块主要对电价成本的各分量数据进行处理，有六项功能。

1）实时成本分析模块：在线显示各机组的实时出力、给煤量、厂用电率、供电煤耗等，并生成各机组以及全厂的变动成本。

2）日成本分析：各机组以及全厂的单位变动成本、单位供电成本和实际出力数据。

3）经济性能分析：机组及全厂负荷率、煤库存率、实际出力与成本电价的关系。

4）不同核算周期固定成本分析：对全厂及各机组的固定成本进行成本分配，如材料、水费、购电费、折旧、工资、福利、修理费用、财务费用和其他费用，得出不同核算周期下固定成本的大小。

5）成本构成统计分析：包括各机组及全厂的日、月、季、年的成本构成。

6）生产费用变化趋势分析：材料费、管理费、燃煤费等的月变化趋势。

五、现场数据及综合数据查询

现场数据包括：①实际出力、计划出力；②运行数据偏差，包括各机组当前的运行参数：主汽压力、主汽温度、再热温度、凝汽器真空、凝汽器端差、给水温度、排烟温度、排烟氧量、厂用电量、厂用电率（综合厂用电率）等。

综合数据查询模块一般应包括生产数据查询和生产数据录入两个部分。

六、投入产出分析

投入产出分析模块包括投入产出分析、交易指标分析、全厂利润分析和项目管理功能，同时应提供数据的查询、分析及维护功能。

七、财务数据分析及查询

本模块提供生产运行分析、企业资产和资金分析功能，对全厂收入、支出和利润进行财务汇总与核算，为报价决策支持系统提供财务数据支持。

第九节 数据网络系统

电力市场技术支持系统对数据网络系统的需求主要是联机事务处理（如调度决策管理、结算管理、合同管理等）和基于浏览器的应用（如即时信息系统，SIS），传输的数据类型有数据库数据、图形数据、音频数据以及文本数据等。进入 21 世纪，采用 Internet 技术、借助全国电力系统骨干通信网络，实现高水平的电力市场技术支持系统是完全可行的。

一、电力系统通信网络建设及其核心技术

20 世纪 80～90 年代，数据网络主要采用 X. 25 分组交换技术，并以动态统计复用为技术基础。随着光纤通信技术的发展，通道的传输质量大幅度提高，网络层的纠错机制显得多余，于是出现了帧中继技术。随着多媒体技术的发展，为了满足话音、数据、图像综合业务所需的宽带要求和传输速度的要求，需要采用可靠的高速网络技术。目前比较流行的高速网络传输模式有三种：快速以太网（Fast Ethernet）模式；基于光纤或铜导线的令牌环网（FDDI）模式；快速异步传输模式（ATM，Asynchronous Transfer Mode）。

异步传输模式（ATM）采用大容量光纤数据通道，便于硬件实现，可大大提高交换处理的速度，既适用于广域网，也适用于局域网。这种数据传输模式能够提供可伸缩的多媒体宽带传输，是一种正在迅速发展并具有传输方式透明、长度固定和信元中继优点的新的通信传输交换系统。就电力市场技术支持系统的应用和发展情况来看，采用 ATM 高速网络技术是一种很好的选择。

从总体上看，我国电力系统的通信网络始终处于不断发展和快速进步的过程之中。目前的全国数字微波电路、微型地球站全国性的骨干网架基本形成，省级以上程控交换机联网已经实现。国家电力数据网络（SPDnet）经过前期工程的建设，一级网络的二期工程已经于 1997 年正式开通，它覆盖了全国各网公司及直属省公司共 17 个节点，大量采用了数字数据网（DDN）设备、数据交换设备和路由设备。考虑二级和三级网络的建设情况，全国 33 个省级以上网络中已有 24 个接入国家电力数据网络，这些网络在电力市场的建设和运营过程中发挥着非常重要的作用。目前，SPDnet 已通过国家科技网络与 Internet 相连，同时国家电力信息中心又通过邮电数据网与 Internet 相连，两套系统互为备用，确保网络系统物理通道和软件系统的安全与可靠。

“十五”期间，国家级电力数据网络形成了由核心层、骨干层、接入层构成的三级宽带业务数据网络，连接所有大区级电力市场和省级电力市场，并具备以下功能：

1）实时数据通信；

2）E-mail 及网络浏览服务；

3）生产报表、文件与 MIS 信息传输；

4）虚拟终端；

5）电子商务。

二、网络系统的结构设计

1. 网络系统设计的要点

网络系统设计的主要特点有采用高速、宽带数据传输网络，支持先进的 VLAN 功能，保证网络的可靠性和冗余性，网络系统能够长期连续运行。

2. 数据传输网络的结构

从逻辑结构看，数据传输网络分为核心层、边界服务层、用户接入层三个层次。核心层是整个宽带网的基础，主要提供数据传输干线，保证带宽、服务质量、可用性及可扩展性，控制流量和下行接口密度等功能。边界服务层采用多服务交换机或路由器，提供信息交换服务、局域网连接、IP 通信服务等功能。

用户接入层采用的设备种类比较多，如交换机、路由器、多路复用器、ISDN、ADSL、无线接入设备等；接入方式可以是 MODEM 拨号、局域网接入或线路仿真接入等；传输模式可以基于 ATM、帧中继或 IP 方式。

总之，数据网络的建设应当随时将最先进的网络技术与本地区现有网络通道有机结合，立足现实，考虑发展余地，避免重复投资和建设；要与国际先进技术接轨，坚持自主研发，建立严密的安全防护体系；其应用要面向电力调度、电力市场运营以及管理信息化与现代化，充分发挥数据网络系统的综合效益，促进电力市场朝着健康、稳定、安全和高效的方向发展。

习题与思考题

1. 试阐述电力市场技术支持系统的主要技术模块及功能

2. 什么是能量管理系统（EMS），其主要功能模块有哪些？

3. 2002 年国务院发布的国发〔2002〕5 号《关于印发电力体制改革方案的通知》提出的电力市场改革的总体目标是什么？

4. 试阐述 2015 年 3 月 15 日中共中央、国务院颁发的〔2015〕9 号文件《关于进一步深化电力体制改革的若干意见》的主要改革内容。

5. 试简述 2015 年以来，我国电力市场建设情况及存在的问题（以电力交易中心或现货市场建设为例）。

参 考 文 献

[1] 南京工学院. 电力系统. 北京：电力工业出版社，1980.

[2] 吴际舜，候志俭. 电力系统静态安全分析. 上海：上海交通大学出版社，1985.

[3] 文矩，李林川. 电力系统最优运行. 西安交通大学出版社，1987.

[4] 骆济寿、张川. 电力系统优化运行. 武汉：华中理工大学出版社，1990.

[5] 邓聚龙. 灰色控制系统. 武汉：华中理工大学出版社，1993.

[6] 宋承先. 现代西方经济学. 上海：复旦大学出版社，1997.

[7] 现代应用数学编委会. 运筹学与最优化理论卷. 北京：清华大学出版社，1998.

[8] 牛东晓，曹树华等. 电力负荷预测技术及其应用. 北京：中国电力出版社，1998.

[9] 于尔铿，刘广一等. 能量管理系统. 北京：科学出版社，1998.

[10] 于尔铿，韩放等. 电力市场. 北京：中国电力出版社，1998.

[11] 彭玉华. 小波变换与工程应用. 北京：科学出版社，1999.

[12] 黑龙江电力有限公司. 新西兰电力市场规则. 北京：中国电力出版社，1999.

[13] 姚建刚，章建. 电力市场分析. 北京：高等教育出版社，1999.

[14] 王广庆，蒋连海，马殿敏等. 农村电力市场. 北京：中国电力出版社，1999.

[15] 朱成章，徐任武. 需求侧管理. 北京：中国电力出版社，1999.

[16] 杨志荣，劳德荣. 需求方管理及其应用. 北京：中国电力出版社，1999.

[17] 曾鸣. 电力市场理论及应用. 北京：中国电力出版社，2000.

[18] 言茂松. 当量电价与融资重组. 北京：中国电力出版社，2000.

[19] 黄永浩，尚金成. 电力市场运营模式及技术支持系统设计. 北京：科学出版社，2000.

[20] 国电湖南电力调度中心. 电网调度技术标准汇编. 北京：中国电力出版社，2000.

[21] 吴际舜，侯志俭. 电力系统潮流计算的计算机方法. 上海：上海交通大学出版社，2000.

[22] 黄亚钧，郁义鸿. 微观经济学. 北京：高等教育出版社，2000.

[23] 赵遵廉，辛耀中，郭国川. 电力市场运营系统. 北京：中国电力出版社，2001.

[24] 叶泽方. 电力企业资本经营研究. 北京：中国电力出版社，2001.

[25] M. Shahidehpour，H. Yamin，L. Zuyi. Market Operations in Electric Power Systems. New York：Wiley Interscience. 2002.

[26] F. C. Schweppe，M. C. Caramanis，R Bohn，et al. Spot pricing of electricity. Kluwer Academic Publishers，1988.

[27] 尚金成，黄永浩，夏清等. 电力市场理论研究与应用. 北京：中国电力出版社，2002.

[28] 宋守信. 电力市场机制. 北京：中国电力出版社，2002.

[29] 国家电力公司. 1999 中国电力市场分析与研究. 北京：中国电力出版社，1999.

[30] 国家电力公司. 2000 中国电力市场分析与研究. 北京：中国电力出版社，2000.

[31] 国家电力公司. 2001 中国电力市场分析与研究. 北京：中国电力出版社，2001.

[32] A review of the first three months of the New Electricity Trading Arrangements. UK：OFGEM 2001.

[33] Balancing and Settlement Code. UK：ELEXON 2001.

[34] The review of the first year of NETA. UK：OFGEM July 2002.

[35] Natalia Fabra，Juan Toro. The Fall in British Electricity Prices：Market Rules，Market Structure，or Both?

[36] British Electricity Trading and Transmission Arrangements Regulatory Impact Assessment. DTI/Ofgem，January 2003.

[37] B. Stott，O. Alsac. Fast decoupled load flow. IEEE PAS，1974，93 (3)，859-869.

[38] H. H. Happ. Optimal Power Dispatch: A Comprehensive Survey. IEEE, Vol. PAS-96, 1977: 841-851.

[39] F. C. Schweppe, R. D. Tabors, J. L. Kirtley, et al. Homeo Static Utility Control. IEEE Trans. PAS. Vol. PAS-99, No. 3, 1980: 1151-1163.

[40] M. C. Caramanis, R. E. Bohn, F. C. Schweppe. Optimal Spot Pricing: Practice and Theory. IEEE Trans. PAS, Vol. PAS-101, No. 9, 1982: 3234-3245.

[41] Bohn, Roger E; Caramanis, Michael C; Schweppe Fred C. Optimal pricing in electrical networks over space and time. Rand Journal of Economics. 1984, 15 (3): 360-376.

[42] F. C. Schweppe, M. C. Caramanis, R. D. Tabors. Evaluation of spot price based electricity rates. IEEE Trans on PAS. 1985, Vol. PAS-104, No. 7, 1644-1655.

[43] Gellings, Clark W. Concept of demand-side management for electric utilities. Proceedings of the IEEE, 1985, 73 (10): 1468-1470.

[44] B. F. Hobbs. Network models of spatial oligopoly with an application to deregulation of electricity generation, Operations Research, 1986, 34 (3): 395-409.

[45] M. C. Caramanis, R. E. Bohn, F. C. Schweppe. The Cost of Wheeling and Optimal Wheeling Rates. IEEE Trans on PWRS, 1986, 11 (1): 63-74.

[46] M. B. Rosensweig, J Bar-Lev. Transmission access and pricing: some other approaches. Public utilities fortningtly, Aug. 21, 1986: 20-26.

[47] Van Amerongen R. A. M. A general purpose version of the fast decoupled load flow. IEEE Trans. on PWRS, 1989, 4 (2): 760-770.

[48] F. D. Galliana, M. Hunneault. A Survey of the Optimal Power Flow Literature. IEEE Trans. on PWRS, 1991, 6 (8): 1099-1105.

[49] K Y Lee, Y M Park, et al. A united approach to optimal real and reactive power dispatch. IEEE Trans on PWRS, 1993, 8 (1): 44-52.

[50] I. J. Perez-Arriage, H. Rudnick, W. O. Stadlin. International power system transmission open access experience. IEEE Trans. on PWRS. 1995, 10 (1): Part I.

[51] I. J. Perez-Arriage, E. J. Rubio, J. F. P. Gutierrez, et al. Marginal pricing of transmission services: An analysis of cost recovery. IEEE Trans. on PWRS. 1995, 10 (1): Part II.

[52] H Rudnick, R Palma, J E Fernendez. Marginal pricing and supplement cost allocation in transmission open access. IEEE Trans. on PWRS. 1995, 10 (2): 1125-1132.

[53] H. Wei, H. Sasaki, R. Yokoyama. An application of IPQP algorithm to power system optimization problems. IEEE Trans on PWRS, 1996, 11 (1): 260-266.

[54] S. Granville, J. C. O. Mello, A. C. G. Mello. Application of IP Methods to Power Flow Unsolvability, IEEE PWRS, 1996, 11 (2): 1096-1103.

[55] N. H. Dandachi, M. J. Rawlins, O. Alsac, et al. OPF for reactive pricing studies on the NGC system. IEEE Trans on PWRS, 1996, 11 (1): 226-232.

[56] A. F. Rahimi, K. Kato, et al. On external network model development. IEEE Trans on PWRS, 1996, 11 (2): 905-910.

[57] S. Majumdar, D. Chattopadhyay, Jyoti Parikh. Interruptible load management using optimal power flow analysis. IEEE Trans on PWRS, 1996, 11 (2): 715-720.

[58] Michael J. Sullivan, Terry Vardell. Interruption costs, customer satisfaction and expectations for service reliability. IEEE Trans on PWRS, 1996, 11 (2): 989-995.

[59] Dariush Shirmohammadi, Xisto Vieira Filho, et al. Some Fundamental Technical Concepts about Cost Based Transmission Pricing. IEEE Trans. on PWRS, 1996, 11 (2): 1002-1008.

[60] J W Marangon Lima. Allocation of Transmission Fixed Charges: An Overview. IEEE Trans PWRS,

1996，11（3）：1409 - 1418.

[61] B. L. P. P. Perera，E. D. Farmar，B. J. Cory. Revenue Reconciled Optimum Pricing of Transmission Services. IEEE Trans on PWRS，1996，11（3）：1419 - 1426.

[62] J. A. Momoh，R. J Koessler，M. S. Bond，et al. Challenges to Optimal Power Flow. IEEE Trans on PWRS，1997，12（1）：444 - 455.

[63] J A. Momoh. Interior point methods and variants for OPF：a tutorial. 1997.

[64] L. Nepomuceno，A. Santos Jr. Equivalent optimization model for loss minimization：a suitable analysis approach. IEEE Trans on PWRS，1997，12（4）：1403 - 1412.

[65] S Hao，Papale xopoulos A. Reactive Power Pricing And Management. IEEE Transactions on Power Systems，1997，12（1）：95 - 104.

[66] A. Wang，B. Ramsay. Prediction of system marginal price in the UK power pool using neural networks. In：Proceedings of IEEE international conference on neural networks，1997（4）：2116 - 2120.

[67] Daniel Kirschen，Ron A llan，Goran Strbac. Contribution of Individual Generators to Loads and Flows. IEEE Trans. on PWRS，1997，12（1）：52 - 60.

[68] Bialek Janusz. Topological generation and load distribution factor for supplement charge allocation in transmission open access. IEEE Trans on PWRS，1997，12（3）：1185 - 1193.

[69] Koreneff G.，Seppala A.，Lehtonen M.，Kekkonen V.，Laitinen E.，Hakli J.，Antila E. Electricity spot price forecasting as a part of energy management in de-regulated power market. In：Proceedings of EMPD，1998（1）：223 - 228.

[70] Zhang Boming. Development of power system control facilities in China. Electric Power System Research，1998，44（1）：27 - 33.

[71] J A. Momoh，M. E. EI-Hawary，A. Ramababu. A Review of Selected OPF Literature to 1993，Part Ⅰ：Nonlinear and Quadratic Programming Approaches. IEEE Trans on PWRS，1999，14（1）：96 - 104.

[72] J A Momoh，M. E. EI-Hawary，A Ramababu. A Review of Selected OPF Literature to 1993，Part Ⅱ：Nenton，Linear Programming and Interior Point Methods. IEEE Trans on PWRS，1999，14（1）：105 - 111.

[73] J. A. Momoh，Zhu. J. Z. Improved Interior Point Method for OPF Problems. IEEE Trans on PWRS，1999，14（3）：1114 - 1119.

[74] Giorgio Tognola，Rainer Bacher. Unlimited Point Algorithm for OPF Problems. IEEE Trans on PWRS，1999，14（3）：1046 - 1054.

[75] Les Pereira，Don Deberry. The role of less-economic generating units in the open access transmission era. IEEE Trans on PWRS，1999，14（3）：1133 - 1136.

[76] W. G. Thomas. On Transmission Congestion and Pricing. IEEE trans on PWRS，1999，14（1）：241 - 248.

[77] B R Szkuta，L A Sanabria，T S Dillon. Electricity price short-term forecasting using artificial neural networks. IEEE Trans. on PWRS，1999，14（3）：851 - 857.

[78] Obradovic，Z，Tomsovic，K. Time series methods for forecasting electricity market pricing. In：IEEE Power Engineering Society Summer Meeting，1999（2）：1264 - 1265.

[79] V. H Quintana.，G. L. Torres，J. M. Polomo. Interior-Point Methods and Their Applications to the Power System：A Classification of Publications and Software Codes. IEEE Trans on PWRS，2000，15（1）：170 - 176.

[80] Gao Feng，Guan Xiaohong，Cao Xiren，Sun Jie，Huang Yong. Forecasting power market clearing price using neural networks. In：Proceedings of the 3rd World Congress on Intelligent Control and Automation，2000（2）：1098 - 1102.

[81] Gao Feng，Guan Xiaohong，Cao Xi-Ren，A Papalexopoulos. Forecasting power market clearing price and quantity using a neural network method. In：IEEE Power Engineering Society Summer Meeting，2000

(4)：2183 - 2188.

[82] Zhang Pingan，Guan Xiaohong. Fuzzy modeling for electrical market price forecasting. In：Proceedings of the 3rd World Congress on Intelligent Control and Automation，2000 (3)：2262 - 2266.

[83] J. Bastian，Jinxiang Zhu，V. Banunarayanan，R. Mukerji. Forecasting energy prices in a competitive market. IEEE Computer Applications in Power，1999，12 (3)：40 - 45.

[84] D. W. Bunn. Forecasting loads and prices in competitive power markets. Proceedings of the IEEE，2000，88 (2)：163 - 169.

[85] Jiang Chuanwen，Hou Zhijian，Zhang Yongchuan. Chaos Analyzing the Grey Forecasting Model. The Journal of Grey System，2000，No. 4：319 - 322.

[86] Fco. Javier Rubio-Oderiz，Ignacio J. Perez-Arriage. Marginal pricing of transmission services：a comparative analysis of network cost allocation methods. IEEE Trans. on PWRS，2000，15 (1)：448 - 454.

[87] Ni E.，Luh P. B.. Forecasting power market clearing price and its discrete PDF using a Bayesian-based classification method. In：IEEE Power Engineering Society Winter Meeting，2001 (3)：1518 - 1523.

[88] Ying Yi Hong，Chuan-Yo Hsiao. Locational marginal price forecasting in deregulated electric markets using a recurrent neural network. In：IEEE Power Engineering Society Winter Meeting，2001 (2)：539 - 544.

[89] A. M. Breipohl. Electricity price forecasting models. In：IEEE Power Engineering Society Winter Meeting，2002 (2)：963 - 966.

[90] Jiang Chuanwen，Hou Zhijian，Zhang Yongchuan. Chaos Analyzing the Grey Forecasting Model. The Journal of Grey System，2000，No. 4：319 - 322.

[91] Du Songhuai，Hou Zhi Jian，Jiang Chuanwen. A New Short-term Grey Forecasting Procedure of Spot Price. The Journal of Grey System，2002，No. 4：351 - 358.

[92] Du Songhuai，Hou Zhi Jian，Jiang Chuanwen. Grey Forecasting Price Mutation and Its Simulation. The Journal of Grey System，2003，No. 1：43 - 48.

[93] Du Songhuai，Zhou Xinghua，Mo Lu，and Xue Hui. A Novel Nucleolus Based Loss Allocation Method In Bilateral Electricity Markets. IEEE Transactions on Power Systems，2006，21 (1)：28 - 33.

[94] 谢开，宋永华，于尔铿，等. 基于 OPF 的实时电价分解模型及其内点法实现：兼论最优潮流中 λp，λq 乘子的经济意义. 电力系统自动化，1991，23 (2)：5 - 11.

[95] 郝玉国，刘广一，于尔铿. 一种基于 Karmarkar 内点法的最优潮流算法. 中国电机工程学报，1996，16 (6)：409 - 412.

[96] 白晓民，于尔铿，S. M. Shahidehpour. 电力系统中的系统优化与分散控制问题. 电网技术，1996 (1)：56 - 59.

[97] 韩祯祥，薛禹胜，张伯明. 1996 年国际大电网会议（CIGRE）第 37、38、39 组简介. 电力系统自动化，1996 (12)：34 - 36.

[98] 常宝波，孙洪波. 计及无功成本的实时电价模型. 重庆大学学报，1997，11，16 - 22.

[99] 常宝波，孙洪波，周家启等. 新的实时有功无功电价模型及算法. 电网技术，1997，21 (10)：62 - 65.

[100] 张小平，陈朝晖. 基于内点法的安全约束经济调度. 电力系统自动化，1997，6，27 - 30.

[101] 曾鸣. 电网削峰最优计划与调度数学模型及其应用. 中国电力，1997，30 (1)：58 - 61.

[102] 曹世光，柳焯，周为民. 电力需求侧管理自动化监控技术. 中国电力，1997，30 (6)：50 - 52.

[103] 刘友翔. 对建立中国电力市场的必要性及其框架的探讨. 合肥工业大学学报，1997，20 (6)：125 - 131.

[104] 张惠勤. 关于我国电网互联状况的调查与建议. 中国电力，1997，30 (1)：3 - 5.

[105] 蒋建民. 我国电网的发展趋势及电网新技术. 东北电力技术，1998，1，28 - 33.

[106] 俞国勤. 实行两部制上网电价的探讨. 华东电力，1998，2，8 - 11.

[107] 白晓民，于尔铿，仲金等. 我国电力系统商业化运营亟待解决的问题. 中国电力，1998，31 (7)：63 -66.

[108] 刘明波，陈学军. 电力系统无功优化的改进内点算法. 电力系统自动化，1998，5，33-36.
[109] 刘明波，陈学军. 基于原对偶仿射尺度内点法的电力系统无功优化算法. 电网技术，1998，22 (3)：24-28.
[110] 张元明，王晓东，李乃湖. 基于原—对偶内点法的二次电压—无功功率优化. 东南大学学报，1998，3，51-56.
[111] 曹世光，柳焯，杨以涵. 紧急电压态势下的需求侧管理. 中国电力，1998，31 (5)：33-37.
[112] 曹世光，杜大明. 与动态优化调度相结合的需求侧管理. 中国电力，1998，31 (11)：9-11.
[113] 王锡凡，王秀丽，郑斌. 电力市场过网费的潮流分析基础：网损分摊问题. 中国电力，1998，6：6-9.
[114] 王锡凡，王秀丽，郑斌. 电力市场过网费的潮流分析基础——输电设备利用份额问题. 中国电力，1998，7，31-35.
[115] 言茂松，辛洁晴. 在电力市场环境下网嵌入的边际成本输电定价新方法. 中国电机工程学报，1998，18 (2)：111-116.
[116] 孙洪波，常宝波，周家启. 电力市场中电网成本分配问题及其改进. 电力系统自动化，1998，10，26-30.
[117] 常宝波，孙洪波，周家启. 跟踪交流潮流的理论与方法. 电网技术，1998，22 (1)：68-74.
[118] 朱成章. 世界各国电力改革模式探讨. 中国电力企业管理，1998，12，51-53.
[119] 蒋建民. 我国电网的发展趋势及电网新技术. 东北电力技术，1998 (1)：28-33.
[120] 刘明波，王晓村. 内点法在求解电力系统优化问题中的应用综述. 电网技术，1999，23 (8)：61-65.
[121] 王晓东，李乃湖，丁恰. 基于稀疏技术的原对偶内点法电压无功功率优化. 电网技术，1999，23 (3)：23-28.
[122] 周永兴，黄洁刚. 输电网固定成本的分摊原理. 中国电力，1999，32 (8)：40-43.
[123] 孙洪波，常宝波，周家启. 网损分摊决策研究. 电力系统自动化，1999，1，59-62.
[124] 瞿昭，江峰青，骆敏，李渝曾. 发电成本及网损分摊的潮流追踪方法. 上海大学学报，1999，5 (6)：496-500.
[125] 赵晋泉，侯志俭，吴际舜. 电力市场中的交易模式和传输拥挤管理. 电力系统自动化，1999，10，5-8.
[126] 李帆，朱敏. 英国电力市场及输电系统简介. 电力系统自动化，1999，1，33-34.
[127] 李帆，朱敏，宋永华. 英国电力市场模式改革回顾与展望. 国际电力，1999，13 (1)：55-59.
[128] 宋永华，孙锦鑫. 英国将推出电力市场的新模式. 电网技术，1999，8，69-73.
[129] 朱成章. 各国电力企业改革模式探讨. 华东电力，1999，1，49-53.
[130] 于尔铿，周京阳，王兴. 电力市场的技术支持系统. 电力系统自动化，1999，23 (2)：24-28.
[131] 戴彦，文福栓，韩祯祥. 电力系统市场化的影响和最新发展. 电力系统自动化，1999，23 (2)：50-54.
[132] 张玉惠. 两部制上网电价定价的成本分解方法. 四川电力技术，2000，44-47.
[133] 王锡凡，王秀丽. 电流追踪问题. 中国科学 (E辑)，2000，30 (3)：265-270.
[134] 杨富春. 电价形成机制改革的战略选择. 中国电力企业管理，2000，5，15-17.
[135] 李乃湖，丁恰，王晓东. 基于原对偶内点法的电压无功实时优化控制算法. 电力系统自动化，2000，3，20-24.
[136] 林曦，顾锦汶. 用最优潮流计算电力转送费用. 电力系统自动化，2000，4，11-15.
[137] 许诺，黄民翔. 原对偶内点法与定界法在无功优化中的应用. 电力系统及其自动化学报，2000，6，26-31.
[138] 侯林，赵晋泉，侯志俭. 一种带动态修正加速策略的最优潮流内点算法. 华东电力，2000，6：1-4.
[139] 杜松怀. 电力系统负荷预测技术. 华东电力，2000，28 (9)：50-52.
[140] 王正风. 平衡节点电压幅值影响电力系统经济运行的分析. 华东电力，2000，28 (9)：18-19.
[141] 赖菲，刘亚安，王庆，刘云国. 电力系统负荷预测与电价预测. 继电器，2000，28 (10)：31-33.
[142] 王锡凡，王秀丽. 电流追踪问题. 中国科学 (E辑)，2000，30 (3)：265-270.

[143] 吴政球. 有功、无功功率分摊及网损分摊的研究（一）MVA 损耗功率、充电功率的分解及 MVA 潮流分析基础. 电力系统及其自动化学报，2000，12（3）：9-13.

[144] 吴政球. 基于潮流分析的有功无功联合功率追踪的研究. 电力自动化设备，2000，20（3）：4-7.

[145] 曾鸣，刘敏. 我国区域性电力市场中电价及其相关问题研究. 电力系统自动化，2000，10：5-10.

[146] 沈瑜，夏清，康重庆. 中国电力市场模式的探讨. 电力系统自动化，2000，24（2）：6-9.

[147] 戴彦，倪以信，文福拴，韩祯祥. 电力市场下的无功电价研究. 电力系统自动化，2000，24（5）：9-14.

[148] 黄日星，康重庆，夏青. 电力市场中的系统边际电价预测. 电力系统自动化，2000，24（25）：9-12.

[149] 伍瑞，冯林桥，曹斌勇等. 基于流跟踪算法的网损分摊. 长沙电力学院学报，2000，15（1）：51-55.

[150] 彭建春，刘卫华，陈景怀等. 面向全电网用户的输电费用分配模式与仿真研究. 电力系统自动化，2000，24（22）：13-15.

[151] 杜松怀，侯志俭. 电力市场结构模式及运营的最新进展. 华东电力，2001，29（6）：48-52.

[152] 杜松怀. 美国加州电力危机对电力市场改革的影响. 农村电气化，2001，7，No. 107：50-51.

[153] 杜松怀. 电力市场交易模式的现状与发展趋势. 中国农业大学学报，2001，6（4）：56-62.

[154] 杨莉，邱家驹，江道灼. 基于 BP 网络的下一交易日无约束市场清算价格预测模型. 电力系统自动化，2001，25（19）：11-14.

[155] 杜松怀，侯志俭. 电力危机对电力工业市场化的影响与对策. 华北电力技术，2001，No. 11：43-46.

[156] 温步瀛，杜松怀. 新英格兰电力市场运行备用辅助服务浅析. 东北电力，2001，Vol. 22，No. 11，8-10.

[157] 温步瀛，佘占兴，杜松怀. 新英格兰电力市场 AGC 辅助服务市场分析. 华北电力技术，2001，No. 9，pp. 3-5.

[158] 彭建春，江辉，成连生. 复功率电源的支路功率分量理论. 中国电机工程学报，2001，21（1）：1-4.

[159] 王锡凡. 有关当前我国电力市场若干问题讨论. 中国电力，2001，34（10）：66-69.

[160] 刘亚安，管晓宏，孙婕等. 电力市场电价飞升机理分析. 中国电力，2001，34（8）：67-70.

[161] 文福栓，A. K. David. 加州电力市场失败的教训. 电力系统自动化，2001，25（5）：1-5.

[162] 于尔铿，王功涛，赵豫等. 美国电力市场的安全问题与区域输电组织. 电力系统自动化，2001，24（24）：2001.

[163] 李卫东，孙辉，武亚光. 输电成本计算中损耗分摊原则的研究. 中国电机工程学报，2002，22（1）：85-90.

[164] 邰能灵，侯志俭，李涛等. 基于小波分析的电力系统短期负荷预测方法. 中国电机工程学报，2003，23（1）：45-50.

[165] 魏平，李均利，陈刚，等. 基于小波分解的改进神经网络 MCP 预测方法及应用. 电力系统自动化，2004，28（11）：17-21.

[166] 朱敏. 英国第三次电力工业改革——BETTA 实施. 现代电力，2005，22（3）：94-98.

[167] Alex D. Papalexopoulos，Timothy. c. Hesterberg. A Regression-Based Approach To Short Term System Load Forecasting. IEEE Transaction On Power System，1990，5（4）.

[168] 耿艳. 基于最小二乘支持向量机的短期负荷预测方法及应用研究. 山东大学，2008，26-28.

[169] 顾凯成. 改进网格搜索的支持向量机参数优化研究及应用［D］. 兰州：兰州理工大学，2016.

[170] 康琦. 零售电力市场研究［D］. 北京：华北电力大学（北京），2008.

[171] 朱锐. 我国竞争性售电市场构建研究［D］. 成都：西南财经大学，2010.

[172] 舒畅，钟海旺，夏清. 兼顾效率与公平的用电市场竞价机制研究［J］. 电网技术，2014，38（3）：681-686.

[173] 罗琴. 市场环境下售电公司购售电策略研究［D］. 上海：上海交通大学，2014.

[174] 雷晓蒙，刘舫，周剑等. 欧盟国家统一电力市场化改革分析［J］. 电网技术，2014，38（2）：431-439.

[175] 中共中央 国务院. 关于进一步深化电力体制改革的若干意见（中发〔2015〕9 号）［Z］，2015.

[176] 国家发改委 国家能源局. 关于印发电力体制改革配套文件的通知，2015. 11.

[177] Ofuji K，Tatsumi N. Wholesale and retail electricity markets in Japan：Results of market revitalization measures and prospects for the current reform [J]. Economics of Energy & Environmental Policy，2016，5 (1)：31 - 49.

[178] 白杨，李昂，夏清. 新形势下电力市场营销模式与新型电价体系 [J]. 电力系统保护与控制，2016，44 (5)：10 - 16.

[179] 胡晨，杜松怀，苏娟，童光毅，王梦真. 新电改背景下我国售电公司的购售电途径与经营模式探讨. 电网技术，2016，40 (11)：3293 - 3299.

[180] 张晓龙，杜松怀，苏娟，范婷婷. 考虑碳排放价格的电力市场均衡分析 [J]. 智能电网，2015，3 (09)：818 - 822. DOI：10. 14171.

[181] 杨德昌，赵肖余，何绍文，杜松怀，苏娟，巨云涛. 面向海量用户用电数据的集成负荷预测 [J]. 电网技术，2018，42 (09)：2923 - 2929.

[182] 苏娟，方舒，刘博，杜松怀，单葆国，高天. 基于模态组合的短期负荷预测方法 [J]. 农业工程学报，2021，37 (14)：186 - 196.

[183] 苏娟，方舒，邢广进，杜松怀，单葆国. 考虑需求价格弹性的 CS－SVM 短期负荷预测方法 [J]. 江苏大学学报（自然科学版），2022，43 (03)：319 - 324.

[184] G. Yang，S. Du，Q. Duan and J. Su. Short - Term Demand Forecasting Method in Power Markets Based on the KSVM - TCN - GBRT [J]. Computational Intelligence and Neuroscience，Volume 2022，doi：10. 1155/2022/6909558.

[185] G. Yang，S. Du，Q. Duan and J. Su. Short - term Price Forecasting Method in Electricity Spot Markets Based on Attention - LSTM - mTCN [J]. Journal of Electrical Engineering & Technology，2022，17 (2)：1009 - 1018.

农耕劳动教育实践与创新

NONGGENG LAODONG JIAOYU SHIJIAN YU CHUANGXIN

左　欣　丁云鹏　朱厚颖　编著

中国农业出版社
农村读物出版社
北　京